公元一八七〇年，年少的馬偕與家人合照。（收藏者柯吉文先生）

馬偕博士。

偕師母張聰明女士。

北部教會首批受封本地籍牧師嚴清華。

北部教會首批受封本地籍牧師陳榮輝。

北部教會第一位受洗婦女陳塔嫂。

公元一八七二年，馬偕博士從加拿大抵淡水時的淡水港口，左上角為紅毛城，白色建築為總稅務司公署。

淡水河岸的大稻埕，淡水內港。

臺灣） 舟寄る河邊（淡水河岸）A View of Tansui river
Formosa. 繪にあるワーゴンの樣な感じの舟
川邊の運送に大きな役割を持つて居ます

馬偕博士收集的民間宗教偶像。

當時因牙齒患病的人。

異教徒的迷信，一男兩女三牲禮（稻草人）。

出草獵頭的武裝獵人。

馬偕博士來臺第一次投宿的中壢皇后客棧。

馬偕博士所拍攝的清勇，
提供者陳長城老師。

南勢番婦女。

1. 馬偕在客棧休息。
2. 馬偕在家中研究臺灣礦石。
3. 英國領事館醫生、馬偕（右二）及兩位助手於偕醫館為病人開刀。
4. 馬偕及學生們徒步四方做醫療傳道。

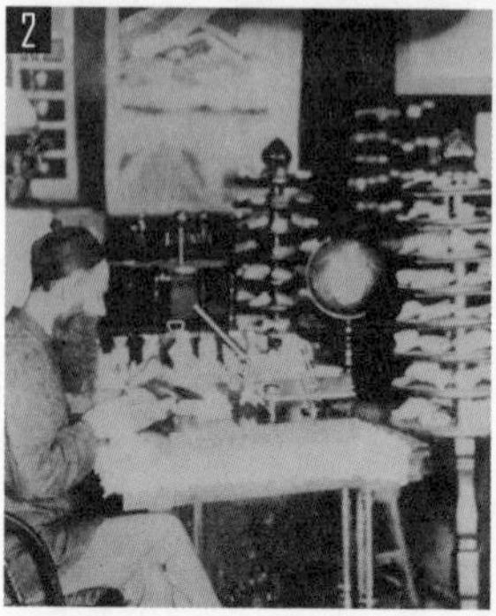

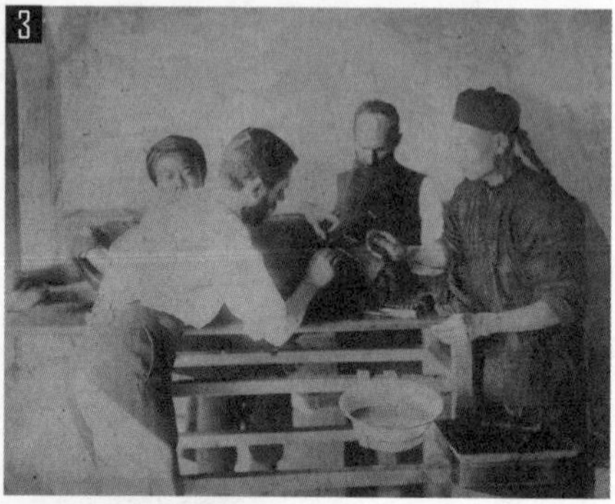

1. 馬偕與學生們為民眾拔牙。
2. 馬偕與學生前往奇萊平原宣教。
3. 嚴清華、馬偕、助手柯維思。
4. 臺灣早時的糧食商洋行收購稻穀的情形。

1. 婦女磨粿。
2. 早期艋舺至淡水的交通船，前面穿馬褂的是牛津學堂的學生。
3. 馬偕指導信徒修繕禮拜堂。
4. 早期臺灣的樂隊。

1. 平埔族保護馬偕出番界。
2. 宜蘭的平埔信徒。
3. 五股教會。
4. 馬偕及其學生們合影。

1. 馬偕的宣教事工：打馬煙教會。
2. 馬偕的宣教事工：水返腳教會。

1. 馬偕和從加拿大來訪的宣教師合影。
2. 馬偕與巴克理牧師。
3. 公元一八九四年，馬偕被選為加拿大長老教會總會議長。

從空中鳥瞰牛津學堂。

1. 公元一八九〇年，馬偕與牛津學堂學生合影，戴白帽為馬偕，右邊小孩為童年的偕叡廉牧師。
2. 公元一八九六年，日本統治臺灣，馬偕回到淡水商量對策，因應新局勢。

1. 馬偕的後裔：偕叡廉牧師訪問五股和母親的家族。
2. 馬偕克服在艋舺宣教的種種困難。
3. 南崁禮拜堂。
4. 公元一九五六年，臺灣神學院嶺頭新院舍奉獻典禮。
5. 馬偕與家人攝於加拿大。

公元一八九三年至一八九五年間，馬偕與家人第二次例假回國期間拍攝全家福。

馬偕傳

George Leslie MacKay

All for Christ

攏是為主基督

郭和烈 牧師 著

目錄

推薦序

劃時代性的意義

林昌華牧師
玉山神學院教會歷史助理教授

馬偕牧師一直是十九世紀臺灣歷史的傳奇人物。他認同這塊土地娶本地人爲妻，也在過世後埋骨於此。在他不到三十年的服事期間，建立一間神學院一座醫館，也建立了六十間的教會。除了有形的貢獻之外，馬偕也留下可觀的史料和文獻作爲後人研究十九世紀北部臺灣社會不可或缺的參考資料。馬偕的後代與學生也體認到留下記錄的重要性，因此從馬偕的兒子偕叡廉長老節錄翻譯《馬偕日記》成羅馬字版本的*Pak-po Kau-hoe e Lek-su: Tui Kai-joe-li Phok-su Jit-ki Huan-ek*（北部教會的歷史：由偕叡理博士日記翻譯，以下簡稱《馬偕日記摘要》）、郭水龍牧師的隨筆手稿《北部教會史實隨筆》到郭和烈牧師所撰寫的《宣教師偕叡理牧師傳》（現爲本書《馬偕傳：攏是爲主基督》），可以算是這個嘗試的結果。當然，我們也不能忽略北部教會爲了慶祝設教五十週年所出版的兩本書，一爲劉忠堅牧師（Rev. Duncan Mcleod）所撰寫的*The Island Beautiful*（美麗之島）以及羅馬字版本的*Pak-po Tai-oan Ki-tok TiuN-lo Kau-hoe e Lek-su*（北部臺灣基督長老教會的歷史）這兩部重要的參考資料。

在這些現存的資料中，堪稱爲整合先前史料與文獻的著作則非郭和烈牧師所撰寫的本著作莫屬。

郭和烈牧師（1906-1974）先後畢業於東京神學大學以及美國Westminster神學院，爲臺灣神學院新約學教授。儘管專研新約學，卻對教會歷史有極大的興趣，先後在一九六二年曾經出版《北部教會歷史》以及《宣教師偕叡理牧師傳》兩本北部教會的歷史著作。儘管目前馬偕相關史料如日記與書信的次第出版，以致於歷史學者能夠更完整的勾勒出馬偕和他時代的歷史圖像出來，但這部在一九七一年出版的馬偕傳記嘗試在有限的史料之下仍然能勾勒出馬偕一生的大致面貌，因此仍有其劃時代性的意義。

整體來講本書的結構分爲四章，包括：臺灣的概略性介紹、北部教會以前的基督教簡史、來臺佈教前偕叡理牧師，以及佈教設立教會時代。然而整本著作的重心放在最後一章的佈教設立教會時代，在四百多頁的篇幅中占了超過三百頁之譜。可說在文字份量的調配上有點失衡。當然，篇幅的長短不是最主要的問題。事實上，在史料的使用上，噶瑪蘭教會的人數與教會數的討論上，仍有一些值得討論的空間。因此筆者就本人所研究的成果來與郭和烈牧師的著作做一個簡單的對話。

一、本書所引用資料《馬偕日記摘要》與《臺灣遙寄》的問題

本書末尾〈附錄〉中對於《馬偕日記摘要》和《臺灣遙寄》*From Far Formosa*以一位引

用者的身分表達相當的遺憾。郭和烈說：「《馬偕日記摘要》對於要研究偕牧師傳或是北部教會初代歷史非常的不完全：一、簡單：僅譯佈教方面事情的一小部分而已。二、摘要其日記的一小部分而已，也就是說，漏了大部分的事蹟。三、有些譯語的不適當。四、抄寫而來的錯誤。五、一八八三年的日記原文遺失。

對於《臺灣遙寄》，郭和烈牧師認爲：「馬偕牧師，把自己一大批的文獻資料草稿，觀察紀錄，日記及報告的摘要，科學研究，描寫文的斷片，人物的略寫，交給他的故友麥唐納先生整理……它還是很不完全的資料，其理由如後：一、內容是二十一年的事情，少了八年的史實。二、由於偕牧師提供的資料是摘要的，因此無法詳細的知道偕牧師設教時的情形。三、事情的情節連不起來。四、記事發生的前後不明」。

對於郭和烈牧師的遺憾，筆者也很有同感，筆者舉二個例子來說明：

一、時間的錯置：在《臺灣遙寄》東部之旅中記錄在一八七六年六月四日搭乘英國戰艦拉普溫號（Lapwing），最主要的目的是要前往花蓮港。途中在蘇澳的與花蓮間的外海曾經試圖要上岸，但是因爲有數百位原住民的在岸上俯瞰，由於先前有許多探險家在當地被原住民殺害，因此他們立刻折返船上，當天中午到達花蓮港。檢視馬偕日記的先後紀錄。這一次馬偕牧師是搭船前往噶瑪蘭平原，但是在日記當中並沒有記載他是搭乘何種船舶出海。在他歸返雞籠之後，就回去淡水。馬偕牧師並沒有前往花蓮。

二、有一些重要的資料被刪減以致於失去原來作者所要表達的內容。馬偕日記在一八九二年五月四日那次前往南方澳之後，以兩頁的篇幅來介紹南方澳人是猴猴社的後代，並且也介紹記錄他們的飲酒歌和風俗、傳說，連馬偕牧師本人都在日記旁註記「重要」，但是這些資料到了《臺灣遙寄》和《馬偕日記摘要》中不是整個被刪減掉，就是改掉原作者的意思。因此，雖然《馬偕日記摘要》和《臺灣遙寄》是研究北部教會初期的重要史料，但是當中有許多的陷阱，是要很小心來使用裡面的資料。

二、噶瑪蘭平原受洗人數的問題：

郭和烈牧師的《宣教師偕叡理牧師傳》的統計，馬偕牧師在噶瑪蘭平原的傳教，共有二千八百零四人接受洗禮，他的統計如下：

一八八三年	四九〇人
一八八四年	六一八人
一八八六年	一、一二〇人
一八八七年	二四五人
一八八八年	一六六人
一八八九年	一〇七人
一八九〇年	五十八人

總計施洗成人與小孩二、八〇四人，但是對於這個統計的數目郭和烈牧師也不太有把握，因此在統計表後加註「因資料不夠，一定有漏洞的地方」。

詹素娟在他的博士論文《族群、歷史與地域——噶瑪蘭人的歷史變遷》中第五章第三節〈馬偕宣教與族群空間性〉關於馬偕施洗的人數問題方面，由於她知道資料的不足，因此迴避受洗人數的討論，轉而討論一八八六年信徒人數與一八九六年噶瑪蘭村落人數的百分比。但是這種嘗試並沒有讓問題減少。原因如下：

第一，一八八六與一八九六年間相隔十年，如果不是同年統計數據的比較，這種比較有意義嗎？而且長老教會信徒的統計有累加性，因此不能在許多年的過程中挑選一年來作比較，而且爲什麼是一八八六年而不是其他年呢？

第二，在一八八六年的前後有相當多的人數受洗，爲什麼這些受洗的人不計算進入百分比的統計之中？

以下筆者就《馬偕日記原稿》的紀錄來討論有關信徒的數目的問題。在日記當中所記，他總共前往噶瑪蘭教會十六次，而以一八八四年，一八八六年和一八八七年是他爲信徒洗禮的高峰期。一八八四年二月二十四日當中記載，甲子蘭舉行第一次的洗禮和聖餐，此次的旅程中有六三〇名受洗，先前受洗者四九〇名（其中二十四名已經亡故），故受洗人數總共一、一二〇名，扣掉已經亡故者，共計一、〇四六名。（Baptism and Lord's supper first time in Kap-tsu-lan. During trip bap. 630. Formerly 490. 24 died. total 1120. now living 1046.）

而在一八八六年以後，日記當中有詳細記錄舉行洗禮的教會和受洗的人數，統計如下：

一八八六年，一八八七年，一八八八年和一九〇〇年的人數加總，受洗的人數有一、四一三人，表列於後：

	一八八六年 三月十四日至十九日	一八八七年 三月一日至十四日	一八八八年 一月八日至十六日
番社頭	三十六人	十二人	——
奇立板	九十一人	——	——
嘉里宛	三十三人	八人	——
婆羅辛仔宛	四十四人	三人	——
流流仔	五十四人	十二人	——
南方澳	一二六人	十人	——
奇武蘭	一一八人	八人	——
珍珠理簡	一六九人	十二人	——
埤頭	一一四人	十三人	——
打那美	十六人	六人	——
掃笏	三十六人	四人	——
董門頭	四十二人	十九人	——
武暖	七十八人	二十六人	——

奇武荖	五十七人		
（奇立丹）	十二人		
大竹圍	二十七人	四人	
打馬煙	八十二人	三十二人	
蘇澳	——	十人	一人
阿里史	——	——	九人
辛仔罕	——	——	六十五人
（一九〇〇年　番社頭　二十四人）			
小計：	一、一二三人	一九一人	七十五人
總計：	一、三八九人	加上一九〇〇年的二十四人合計一、四一三人	

如果將日記當中一八八四年（包含先前的）受洗人數加總人數總共有一、五三三人。

這和郭和烈牧師的統計比較起來，雖然比他的二、八〇四人少了二百七十一人，但是仍然是很值得討論的。這當中值得討論的問題在於一八八四年的人數統計資料。如果一八八四年是馬偕牧師第一次在噶瑪蘭舉行洗禮和聖餐，那麼在一八八四年以前的紀錄中的四九〇人是在什麼樣的情形下算是受洗的人數呢？因爲根據基督教的教義，只有受過洗禮的基督徒才能算是基督教會的會員。所以這四九〇人嚴格來講應該不能算入的名單當中。根據筆者的推斷，他們可能是在馬偕先前的佈道講道中決志要接受基督教的信仰的然而尚未接受正式洗禮的人數。如果是這樣子，那麼這四九〇人應該算進去一八八四年受洗的六三〇位信徒當中。所以教會的信徒人數應該是二、〇四三人。

三、關於設立教會數目的問題

根據徐謙信牧師所著《宣蘭傳教七十年簡史》中的記載，一八八三年有十一所禮拜堂，一八八四年增加三所，一八八六年到一八八七年間又增加九所，至一八八八年噶瑪蘭平原的教會總共有二十八所。而郭和烈牧師所著的《宣教師偕叡理牧師傳》中，馬偕在一八八三年所設立的教會爲十四間，至一八八六年三月時共有十八所，同年十月再增加一間，一八八七年再開拓七間教會。一八八八年時再開拓五處，一八八九再設二間，總計由一八八三年至一九〇〇年爲只設立的教會共有四十二間，教會名錄如下：

「番社頭教會一八八三年二月五日，婆羅辛仔宛教會一八八三年二月八日，奇武蘭教會一八八三年二月十二日，武暖教會一八八三年二月十三日，打馬煙教會一八八三年二月十七日，掃笏教會一八八三年八月十六日，南方澳教會一八八三年八月十七日，打那美教會一八八三年八月十七日，埤頭教會一八八三年八月十八日，奇立板教會一八八三年八月十九日，董門頭一八八三年八月十九日，奇立丹教會一八八三年八月二十二日，奇武荖教會一八八三年八月二十三日，大竹圍一八八三年八月二十四日，奇立簡一八八五年六月一日，嘉里宛一八八六年三月十一日，流流仔一八八六年三月十六日，珍珠理簡一八八六年三月十六日，辛仔罕一八八六年三月十八日，頭城一八八六年六月二十二日，北關一八八六年十月九日，阿里史一八八七年二月九日，銃櫃城一八八七年二月十日，冬瓜山一八八七年三月三日，中洲營盤一八八七年三月？，月眉一八八七年三月？，叭哩沙一八八七年三月？，三結仔街一八八七年四月八日，礁溪一八八七年四月八日，大里簡一八八八年一月八日，抵瑤埤一八八八年一月十日，舊埔城一八八七年一月十日，大洲一八八八年一月十日，大澳一八八八年一月十日，羅東一八八八年一月十一日，蚊仔煕埔一八八九年十一月十四日，紅柴林一八八九年十二月十四日，頂破布烏一八八九年十二月十五日，蘇澳一八八九年十二月十七日，八王城一八八九年？，擺里一八九〇年五月二十一日，天送埤一八九二年十二月二十三日。」如果扣掉漢人的地方，如頭城，北關，礁溪，羅東，蘇澳？有三十七間到三十六間。

這兩部作品各有其引用的資料。郭和烈牧師所引用的資料爲《馬偕日記摘要》和郭水龍牧師的《北部教會史實隨筆》等文獻。徐謙信牧師的作品並沒有註明引用資料的出處。由於筆者手頭上並沒有徐謙信牧師的著作，因此以郭何烈和郭水龍牧師的教會數來作一介紹。

根據郭水龍牧師的北部教會史實所列出的教會名錄如下：

「北關教會，頭城教會，打馬煙教會，番社頭教會，奇立板教會，加禮遠教會，婆羅辛仔宛教會，流流仔教會，南方澳教會，奇武荖教會，珍珠里簡教會，埤頭教會，三結仔街教會，辛仔罕教會，武暖教會，奇武蘭教會，大竹圍教會，奇立丹教會，紅柴林教會，頂破布屋教會，下破布烏教會，天送埤教會，八王城教會，阿里史教會，銃櫃城教會」。其中要扣掉以漢人爲主的教會如三結仔街教會，頭城教會等。所以噶瑪蘭人的教會有二十三間。

郭和烈牧師的教會當中，有些地名是有問題的，如礁溪，在郭和烈的書中註明，此教會設立的時間是在一八八七年四月八日，但是那個時間偕牧師並沒有在噶瑪蘭地區，他要如何設教會呢？而大澳，根據馬偕的日記一八八八年一月十日中所記，這是一個原住民盤據的山谷。因此他根本不是一個村社的名稱，而是一個山谷的名稱，由此可以推斷，郭和烈牧師的看法，只要馬偕牧師的日記中有記錄曾經去過的地方，就是教會設立的日期，除此之外也有一些日期是作者自己本身臆測的，如在他的紀錄中的前十三間教會設立的時間都是一八八三年，但是不管是馬偕日記原稿或是日記的摘要，一八八三年的日記是失落的，既然是已經失落，那麼這個設教的日期是從那裡知道的呢？

郭水龍的手稿並沒有註明設教的日期，而且他所提的教會數目也較爲謹愼，但是郭水龍牧師這些教會的名錄是由什麼資料而來呢？雖說郭水龍牧師是馬偕的學生之一，但是當他前往神學院就讀的時候，馬偕牧師就已經因爲喉癌而無法說話，所以馬偕牧師早期在噶瑪蘭平原設教的事蹟，他並沒有參與。

除了兩郭的主張以外，《臺灣遙寄》中的紀錄也是另一個可以參考的資料，在最後一章有收錄了馬偕在噶瑪蘭族的村社所設立教會的名錄如下：

「打馬煙，番社頭，奇立板，嘉里宛，婆羅辛仔宛，流流仔，南方澳，珍珠里簡，埤頭，打那美，掃笏，董門頭，辛仔罕，武暖，奇武蘭，奇立丹，大竹圍，頭社，三結仔街，八王城，紅柴林，天送埤，頂破布烏，共有二十三間教會」。

教會的數目與郭水龍牧師所提的教會數目一致，但是教會的地點則是不盡相同。

而且，郭和烈牧師的著作，參考書目也列入《臺灣遙寄》，但是在教會數目的問題上，他為什麼不採用《臺灣遙寄》的說法呢？

其實，也難怪郭和烈牧師和郭水龍牧師沒有採用《臺灣遙寄》中的教會數目。因為筆者比對日記當中在一八八四年二月二十日中記錄，他在婆羅辛仔宛見到學生陳和的墳墓（應該是在一八八四年以前派駐在噶瑪蘭平原當傳道），但是在《臺灣遙寄》與教會名錄同樣的章節，記錄當時的傳道名錄第十一，竟然也是陳和。由此看來，有關馬偕牧師在噶瑪蘭設教會的數目，眞的是各說各話般，渾沌不明。

筆者認為，有關設立教會的問題上，先前的研究者並沒有一個學理上的標準，來判斷出較為正確的教會數目，這實在是相當可惜的事情。筆者認為，先前的研究者他們大概以兩個標準來推測馬偕所設立的教會數目，第一個是馬偕牧師曾經佈道過的地方就是教會的地方。第二，已有教堂的地方為教會。

但是筆者認為前者的推斷太過草率，後者未經過較為深沈的思考。因為教會的主體在於組成教會的人，而非區區的建築物。就連馬偕牧師在一九〇〇年見到大竹圍和奇立丹禮拜堂雖然已經成為廢墟，但是他仍然說，只要信徒熱心，仍然有盼望。

除了信徒是教會的指標以外，教會的組織是才是判斷是否能稱為教會的決定性指標。因此筆者認為，馬偕在噶瑪蘭人當中所設立的教會應該是以一八八六年三月間，設立長執會的教會。所以在馬偕牧師噶瑪蘭平原設立的教會應該是：

「番社頭，奇立板，嘉里宛，婆羅辛仔宛，流流仔，南方澳，奇武蘭，珍珠里簡，埤頭，掃笏，董門頭，武暖，奇武荖，奇立丹，大竹圍，打馬煙等十六間教會」。

除了以筆者設立長執會來作標準的教會數較爲合理以外，其實在一九〇四年第一屆的北部中會會議中，曾經整理北部教會名冊，稱爲確定堂會界線。議事錄中記錄：三結仔街，擺里，紅柴林，掃笏，打那美，珍珠里簡，流流仔，嘉里宛，奇立板，南方澳合爲三結仔街堂會。打馬煙，番社頭，北關，奇立丹，武暖，辛仔罕合爲打馬煙堂會。因此筆者所推斷的照會數目與一九〇四年教會名單整理時的數目較爲接近，如果筆者的推斷可以被接受的話，那麼馬偕在噶瑪蘭人中的宣教是以建立教會和佈道會兩種方式的工作齊頭進行，人數很多的佈道會地方不一定會設立教會。而噶瑪蘭族人的教會數目在一八八六年設立之後一直到一九〇四年教士還是維持在穩定的狀態中。只是後來隨者噶瑪蘭人移居花蓮的人數增加而逐漸式微。

推薦序

期待共同迎接北臺灣教會一五〇週年

郭和烈牧師長子、退休牧師
曾任淡水工商專科學校（眞理大學）校牧室主任
郭應啟牧師

家父郭和烈牧師生於一九〇六年二月十二日在士林崙仔嶺（現三角埔），他畢業於淡水中學後赴及日本東京神學大學深造。家父於一九三五年東京神學大學畢業後即回國，獻身事主，受任聖旨，相繼在頭城，玉里，中壢，大甲，三重埔及濟南街等教會牧會。一九五二年由美國衛斯敏斯德神學院學成歸國，即相繼在臺灣聖經書院及臺灣神學院任教，擔任新約學教授，並擔任臺神教務長及代理院長等職務，教會事工方面，他曾擔任七星中會議長，北部大會議長，馬偕醫院董事長，新竹聖經書院董事長，淡江中學董事，及其他總會，大會，中會重要公職，共計事奉主工於茲三十四載。

家父對神學的研究熱衷，造詣良深。他著有《耶穌基督》，《北部教會史》，《臺灣基督長老教會北部教會歷史》，《耶穌傳緒論》，曾因代表參加東南亞神學教育協會，負責報告臺灣宗教現況，著手調查與撰寫《臺灣諸宗教》，*Buddhism in Taiwan Today*，*Folk Religion in Taiwan*，《臺灣民間宗教》等宗教研究專書，在有限的史料下，完成《宣教師偕叡理牧師傳》等著作，貢獻於臺灣教會及神學界。上列書籍因具史料參考價值，故我國國史館曾函索典藏，足見家父對教會及國家社會皆有珍貴貢獻。

家父自幼喜愛運動和音樂。中學時代曾是橄欖球健將聞名當時。他也曾組團到日本演奏鋼琴。一九三〇年與我母親彰化原斗教會紀玉蘭小姐結婚，育有三男四女。長男郭應啓、三男郭應言，長女郭理利，女婿王英世（娶長女郭理利），女婿王成章（娶次女郭明利），外孫王榮信，王淑娟，王榮義，王榮昌，都是牧師。全家族熱心事奉主。

家父一生信心堅定，意志極其堅強，在病入膏肓時尚且臥病執筆撰寫巨著《宣教師偕叡理牧師傳》，誠然他也是屬於「寧願燒盡，而不願銹掉」的那一種人。他於民國六十三年六月二十八日蒙主恩召，榮歸天家，安息主懷，享壽七十歲。其先前獨立支撐家庭，撫育群兒之恩情及其爲主獻身努力傳教不懈的精神，永爲後人所懷念。

今由眞理大學校牧室主任外甥王榮昌牧師接洽主流出版社鄭超睿社長，獲得鄭社長的好意協助，重新打字編輯出版，期待共同參與北臺灣教會迎接即將到來一百五十週年。

推薦序

焚而不燬

董芳苑牧師
臺灣神學院宗教學退休教授

執教於淡水「眞理大學」的王榮昌教授日前來電，請筆者爲其已故外祖父：郭和烈牧師（前「臺灣神學院」神學教授）之大作寫推薦序，即時一口答應。郭和烈牧師出身臺北市三角埔（社子），係郭珠記傳道師長男。一九三一年自「淡水中學」畢業後，即遠赴日本東京神學大學求學。一九三五年完成學業返臺，先後於中壢、頭城及東部玉里等地教會擔任傳道師職。封立牧師之後，於大甲及三角埔教會牧會。二次世界大戰（日人稱爲「大東亞戰爭」）期間，日本官方要求南、北長老教會成立「總會」（於一九四三年二月二十六日在「彰化教會」成立），其時郭和烈牧師擔任「日曜學校」（主日學校）局長。次年總會即被收編於「日本基督教臺灣教團」之中，直到一九四五年終戰之後才解散。

一九四六年十月，北部長老教會由宣教師劉忠堅牧師（Rev. Duncan MacLeod, D.D. 1872-1957）協助，接收日本基督教團所屬的「幸町教會」，並將其改稱「濟南街教會」。一九四七年郭和烈牧師就任該會牧師，會友都是鄰近「臺灣大學醫學院」的教授及學生。其中董大成、林宗義、林國煌等教授，對於教會青年事工鼎力協助。一九五三年郭和烈牧師離任赴美深造，返臺後在「新竹聖經學院」任教務長。執教兩年之後受聘成爲「臺灣神學院」新約學教授，一直服務至退休爲止。筆者係一九六一年就讀「臺灣神學院」，並且受郭牧師教導「新約學」及「比較宗教學」。一九六七年筆者畢業論文：《臺灣民間信仰之觀察—兼論基督教的關懷》，就是受郭牧師所指導，在十三位同學之中，獲得唯一的「畢業論文獎」。

郭和烈牧師一生好學不倦，不但是一位優秀神學教授，而且著作等身。他的作品有：《北部臺灣基督長老教會簡史》（一九五二年，白話字版）、《北部教會歷史》（一九六二年）、《耶穌傳導論》（一九六四年）、《臺灣民間宗教》（一九七〇年）、《臺灣諸宗教》（一九七一年）。以及兩篇英文論述：〈Folk Religions in Taiwan〉和〈Buddhism in Taiwan Today〉。至於本書《馬偕傳：攏是爲主基督》更是郭牧師之精心傑作及巨著。此書一共分爲六卷，第一卷：福爾摩沙臺灣，特別介紹臺灣的地理環境，強調它是太平洋中眞眞正正的「美麗島」（Ilha Formosa）。第二卷：馬偕時代以前的基督教簡史，介紹十七世紀西班牙天主教「道明會」（Dominican Order）在臺灣北部，及「荷蘭歸正教會」（Dutch Reformed Church）在臺灣南部的佈教。以至十九世紀中葉天主教「道明會」重來臺灣南部，以及「英國長老教會」（English Presbyterian Church）在臺灣南部成功建立教區之記述。第三卷：來臺宣教前的馬偕：介紹叡理牧師（Rev. George Leslie Mackay, D.D.，一八四四至一九〇一，人人尊稱他「馬偕博士」）之出身，影響他成爲宣教師的賓威廉牧師（Rev. William C. Burns, D.D.，一八一五至一八六八，英國長老教會首任駐華宣教師）及達夫博士（Dr. Alexander Duff，一八一六至一八七八，愛丁堡大學教授，英國長老教會首任駐印度宣教師），和他如何成爲海外宣教師之經過。第四卷：愛主愛臺灣的馬偕博士，介紹馬偕以淡水爲根據地，如何學習臺灣話、自編字典、招收門徒、拔齒醫療，展開北部的宣教事工等等。其中包含馬偕之婚姻、巡迴佈教、到處建設教會、神學教育、遭受清法戰爭及清日戰爭的苦難等等，可謂是一卷珍貴之教會史料。第五卷：臺灣社會初代教會歷史，介紹臺灣南部及北部教會之特色及其友好關係，馬偕訓練之門徒及本地傳教者，以及其宣教逸事。第六卷：馬偕逝世，介紹馬偕罹患重病依然不忘北部教會之未來發展，及一九四〇年六月二日馬偕別世，六月四日於淡水「理學堂大書院」禮堂舉行告別式情形。尚有：附錄一篇，分別介紹馬偕博士之「日記」摘錄，及其代表性著作：《From Far Formosa》（一八九六）、漢文譯本有：《臺灣六記》（一九六〇，周學普譯）、《臺灣遙寄》（一九五九，林耀南譯），以及其他有關研究馬偕博士的漢文及日本史料。言及這本書說它是郭牧師之大作，一點也不爲過。此書不但內容豐富，頁數達近五百頁之多。而且史料珍貴，是學者研究臺灣北部長老教會發展史必須參考之一本傳記文學。

根據朱瑞墉先生在〈臺北濟南長老教會歷史與信徒〉乙文所指，此書是郭和烈牧師於一九六八年臥病中以其堅強意志，右手無法執筆寫作時以左手撰寫完成的（一九七一年成書）。這種可敬的寫作精神，委實值得後輩學習。也可以印證：「寧願燒盡，不願鏽壞」（Rather burn out, than rust out）這句加拿大俗語，及「臺灣基督長老教會」的「焚而不燬」（Nec tamen consumebatur，拉丁文）精神。

上主特別祝福郭牧師家庭，賜給郭牧師和牧師娘紀玉蘭女士伉儷育有三男：應啓牧師、應命博士、應言牧師（博士），五女：理利牧師、明利教授、仁利女士、清枝女士，及女美教授。由此足見郭家一門子女十分優秀，學風有傳。又郭牧師二女婿王成章博士（前臺灣神學院「舊約學」教授）和筆者亦師亦友，也繼承郭牧師之學術執著，爲師生所敬愛。總之，教末能爲郭師之大作寫序，至爲榮幸！

推薦序

用心複刻的歷史圖像

——推介《馬偕傳：攏是為主基督》

臺灣神學研究學院 教會歷史學教授
鄭仰恩牧師

主流出版社將郭和烈牧師的大作《宣教師偕叡理牧師傳》重新修訂、打字、改版製作並以《馬偕傳：攏是爲主基督》爲新書名出版，實在是一件令人深感興奮的事。郭教授的舊書出版於將近半世紀前的一九七一年，早已絕版，知道的人也不多。我個人因爲很早就開始參閱使用且受益良多，因此常常向對馬偕研究有興趣的學者、研究生或地方文史工作者推薦這本書，也曾有不少人從我這裡取得原書的影印本再去影印、閱讀，是一本不斷被重新複製的重要史書。感謝主流出版社願意重新出版本書，可以說用心複刻了馬偕博士的美好歷史圖像。

近三十年來的馬偕研究熱潮

從一九九〇年代起，隨著臺灣歷史學界的「本土化」熱潮，關於北臺灣第一位長老教會宣教師馬偕博士（George Leslie Mackay, 1844-1901, B.A., D.D.，漢名「偕叡理」）的研究也再度受到注目，並於二〇〇一年紀念馬偕逝世百週年以及二〇〇二年慶祝馬偕來臺一百三十週年的各項活動中達到高峰，有些學者甚至以「不斷再生的馬偕」來形容此一熱潮。值得注意的是，近十多年來有三份代表性的歷史文獻陸續出版：

(1) 首先是由馬偕原著，再由他的好友也是當年加拿大《環球郵報》（原名*The Globe*，後改爲*The Globe and Mail*）的主筆麥唐納（J. A. MacDonald）用心編輯的《福爾摩沙紀事：馬偕臺灣回憶錄》（*From Far Formosa*）。這本先前已經有過兩個譯本（分別是《臺灣遙寄》（1959）及《臺灣六記》（1960））的經典傳記，經由林晚生重新翻譯，鄭仰恩導讀校註，並由前衛出版社於二〇〇七年推出，受到社會大眾相當的好評。

(2) 其次是二〇一二年三月出版的漢文版《馬偕日記》（三冊）。這是馬偕於一八七一至一九〇一年間（一八八三年份遺失）親筆撰寫的日記，原稿共十二冊，於一九九六年由現居加拿大的馬偕後代捐贈給北部臺灣基督長老教會，經由所屬史蹟委員會策劃，委託郭德士（John E. Geddes）及林昌華檢閱、謄錄，於二〇〇七年三月先推出英文版，其後再由陳容龐大的學者群參與翻譯及編校，最後和玉山社合作，共同推出漢文版，是一份深受矚目的史料。後來，英文版也再度由中央研究院臺灣史研究所和北大史蹟委員會於二〇一五年共同再版。

(3)第三份文獻是《北臺灣宣教報告：馬偕在北臺灣之紀事1868-1901》（*North Formosa Mission Reports: G. L. MacKay's Life in North Formosa 1868-1901*）（共五冊），二〇一二年先出英文版，漢文版則於二〇一五年面世。這份歷史文獻主要是加拿大長老教會海外宣道委員會的主事者（包括主委William McLaren, Thomas Wardrope, Hamilton Cassels及幹事R. P. MacKay及其助理A. E. Armstrong等）與派駐臺灣的宣教師之間於一八六八至一九二三年間的通信。在這第一套的宣教報告裡，我們讀到馬偕寫回加拿大的書信，也有部分加拿大宣教主事者的回信，內容包括來臺宣教師的工作近況、宣教進展、財務收支、教勢統計等，當然也談到所遭遇的困境與難題，稱之爲《馬偕書信》也不爲過。在此也必須指出，若非加拿大宣教師甘露絲（Louise Gamble）數年來細心的閱讀、謄錄，以及主編陳冠州的全心投入，《北臺灣宣教報告》將無法呈現在讀者面前。

確實，隨著這些歷史文獻的出版，我們看到了一幅更立體化的馬偕圖像。整體而言，除了官方的資料如《加拿大長老會會誌》（*Presbyterian Record*）或馬偕致總會的報告書外，

《福爾摩沙紀事》完整呈現馬偕生平與工作的梗概，《馬偕日記》則展現了他的內心世界，而《馬偕書信》更進一步反映了諸多事件背後的眞相、協調與運作，呈現出更人性化、更腳踏實地的馬偕形象。除此之外，我們其實還可以從牛津學堂保存的馬偕筆記簿和講義裡窺見他的學習心路歷程。另外，馬偕和學生謄錄的《洗禮記錄簿》則可以反映出初代信仰團體的宗教生活、社會變遷以及家庭異動等。這些資料都豐富化了馬偕的歷史圖像。

當然，談到因馬偕研究熱潮而重新出土的史料，我們也別忘了現存於加拿大多倫多的皇家安大略博物館（ROM）裡的六百多件由馬偕收集的臺灣歷史文物，其中兩百多件曾於二〇〇一年運來臺灣在順益臺灣原住民博物館展出，可參由許功明主編的《馬偕博士收藏臺灣原住民文物——沈寂百年的海外遺珍——特展圖錄》。這些由馬偕攜回加拿大的文物最寶貴之處就是它們所代表的時代意義，因為是在日據殖民初期展開人類學調查研究和田野收藏工作之前所收集的，也反映了馬偕的文化觀、臺灣觀以及原住民觀。

這幾年來，除了上述三份歷史文獻外，還有幾本值得注意的出版物或翻譯書。其中一本是二〇一二年由長久經營淡水地方文史的蘇文魁撰寫的《臺灣女婿黑鬚番：從馬偕博士說起》，述說不少在地的故事。另一本是馬偕紀念醫院於二〇一五年刊行、由杜福安編繪的漫畫書《愛與奉獻：馬偕的故事》，可以讓馬偕進入年輕的讀者群中。此外，由林一眞編譯的《馬偕的孩子說故事——來看偕叡廉》則是由馬偕子女的角度述說的馬偕故事，其中也翻譯了當年馬偕和加拿大婦女外國宣道會的來往信件，呈現極富戲劇性和張力的「黎約翰夫婦事件」。還有，吳永華撰寫了兩本通過文獻與歷史現場對話的小書，分別是《馬偕在宜蘭：日記、教會與現場》（2016）和《馬偕在淡蘭古道：頂雙溪、新社與宣教之路》（2018）。

郭和烈教授的馬偕傳

前一段之所以介紹近年來的馬偕研究熱潮，正是要凸顯出郭和烈教授這本書的歷史意義和價值。郭教授曾在日本東京大學及美國西敏斯德神學院就讀，先後在頭城、大甲、玉里、三重埔、中壢、臺北濟南等教會擔任牧師，從美國留學回來後先是在新竹聖經書院教書，最後在臺灣神學院擔任教授，也曾擔任教務主任及代理院長。從他的教學和研究出版的幾本專書（除了本書外，還有《耶穌傳緒論》、《北部教會歷史》、《臺灣諸宗教》、《臺灣民間宗教》等）來看，他的教學領域比較接近現今普世神學院學制裡的「歷史與宗教」（History and Religion）的範疇，換句話說，他可以算是我在神學教育專業領域裡的前輩。

在他一九七一年原著的〈自序〉裡，郭教授提到他原本是想要撰寫《北部教會百年史》，但是因爲當年年初時心臟病發作，後來雖然逐漸康復，但唯恐操勞過度而改爲撰寫宣教師偕叡理牧師傳，內容也包括早期西班牙與荷蘭的來臺佈教簡史。從本書後來的內容和篇幅觀之，其實可說已經呈現臺灣北部教會的早期歷史及其精華所在，而郭教授在病中竭力完成本書，更可說已充分展現一位神學教育者和歷史學者的美好典範，精神令人感佩。

本書的意義與價值，正是在於它寫作及出版的時間點：早於一九七〇年代初期，當臺灣還處於高度戒嚴以及黨國教育的處境下，郭教授基於一位宗教學及歷史學者的使命感，已經深深感受到對馬偕的生平及其在北臺灣的本土宣教工作做出一個全面研究與評價的重要性。值得注意的是，在他的敘事和呈現裡，我們已經可以感受到他的臺灣主體論述和觀點。

本書可說是郭教授晚年最重要的力作。他雖然謙稱自己不是教會歷史的專家，但從本書運用各種史料的詳實與嚴謹（包括英日文的一二手史料），再加上不少在地的文史資料（很顯然是過去他在各地牧會或訪視時所做田野調查的成果），中間更夾雜著不少過去信仰前輩所留下來的口傳敘事，都讓我們看到一位細膩、成熟的歷史學者的樣貌。整體而言，本書展現他強烈的企圖心，不但涉及的主題繁雜，敘事鉅細靡遺，連許多現今學者高度關注的議題都早已收錄在他的研究裡，在此不再贅述，請讀者們仔細閱讀。

感謝主流出版社用心複刻郭教授的重要大作！

作者序　合而為一

民國六十年二月十六日，臺灣神學院開學之前，筆者因心臟病人事不省住進醫院，開學一週後勉強出院。一方面在神學院教授宿舍療養，一方面神學生每週走路二、三分鐘到教授宿舍來上七堂課（因鑒及學生的勉學，自願抱病教課）。至清明節（陽曆四月五日）與母親節（陽曆五月九日），在臺灣的女婿們、兒女們、媳婦們及內外孫們陸續往先父母與先內人的墓地去掃墓，使我這未康復不能往墓地去掃墓的筆者，為要紀念主的忠僕先父郭珠記傳道師逝世五十一週年、主的女婢先母陳卻逝世三十五週年、主的女婢先內人紀玉蘭逝世十九週年，於六月廿五日神學院畢業典禮時，依該院所規定滿六十五歲退休後，便開始計劃寫作這一本書。

先父是北部臺灣基督長老教會初代教會末期的傳教者之一，適逢明年（民國六十一年，編按：作者寫作此書是民國六十年）三月九日是北部教會設教一百週年，故當時決定撰著北部教會百年史。但著手時，資料不夠，賤體還未康復，而且要著百年史恐會操勞過多，又筆者在教會歷史方面不是專家，故不敢盲爲。感謝上帝的鴻恩，使筆者最近漸漸康復，才能於今日寫完《宣教師偕叡理牧師傳》（編按：原書名），包括三百餘年前西班牙與荷蘭來臺佈教史先付梓。因才菲學淺，又加上相關的資料不夠，史實上定有許多漏洞，幸祈讀者多多指正。

北部臺灣基督長老教會設教，於民國六十一年三月九日已一百年了。它有四個中會、一個大會、平地教會一八四所，其教區內擁有山地教會三百一十所。中學一所、工商專科學校一所、神學院一所。其他所設立的馬偕醫院與其分院、新竹聖經學院（現臺灣基督長老教會聖經學院）、玉山聖經書院（現玉山神學院）已屬總會。這種驚人的成績是由上帝帶領偕叡理牧師來臺與初代及前代教會先輩的努力所遺留的果實。我們不要忘記民國四十年（西元一九五一年）三月十七日與南部臺灣基督長老教會合而爲一，成爲「臺灣基督長老教會總會」的一分子。我們應該要再努力強化各中會，愛護總會，使其發揮能力於傳教、醫療、教育及其他服務，以報答上帝之鴻恩。

願上帝藉著祂的聖子，我們的主耶穌基督與聖靈的引導，通過本書，使我們了解祂的聖旨意，與歷代的衆聖徒同工，榮耀祂的聖名。

阿們！

郭和烈　識

中華民國六十年十二月三十一日

第一卷

George Leslie MacKay

All for Christ

福爾摩沙・臺灣

1 太平洋上的美麗海島

要確實瞭解一個人，首先要認識該傳記人物所處的歷史與環境。

臺灣位於西太平洋靠近中國大陸的東南海岸，像一隻漂浮在碧綠海洋上的鯉魚。從南端至北端，長約三百九十五公里，東至西最寬約一四四公里，是一個約三萬五千餘平方公里的小島。

在島的西方約四十五公里處，有一群小島名叫澎湖群島。據地質學的研究，臺灣位於菲律賓海板塊和歐亞板塊的聚合邊界，之後由於地形的變化，經過了很多次的離合，終於在幾千年前，中間的陸地下沉，形成了像今天我們看到的這個海島——臺灣和一些群島。[1]

臺灣，只經最狹處一四四公里的臺灣海峽即到中國福建，由於地理上的優越條件，自古對中國移民到臺灣居住的引誘力很大。傳說公元前二一九年，徐福藉口爲秦始皇尋找長生不老的藥草，領了童男童女各五百名出海前往蓬萊、方丈、瀛洲，從此一去不復還。所謂蓬萊即日本，方丈即琉球，瀛洲即臺灣。不過這是傳說而已，不易確定。

三國時孫權對於海上的經營最感興趣，他於公元二三〇年，遣將軍衛溫、諸葛直率領甲士萬人，浮海進征夷洲（通常認爲夷洲即臺灣），俘虜了數千人。可是當時吳主孫權未曾將該時的臺灣置入版圖。[2]

據歷史記載，隋煬帝大業六年（公元六一〇年）曾派陳稜率領兵一萬人，由現在的鹿港附近登陸，令某平埔族降服，酋長拒絕，於是戰鬥開始。陳稜先擊敗了鹿港附近的平埔族的酋長，又斬殺大甲溪一帶平埔族的小頭目，最後驅其都邑，斬其酋長，燒其宮室，俘虜其兒子和男女數千人以及不少物資，可是那次戰役的結果與吳孫權的遠征臺灣一樣，未曾眞正將中國與臺灣海島切實地聯繫起來。[3]

然而中國對臺灣的認識與記述卻大有進展。根據陳漢光先生所作《臺灣移民史略》，「惟漢民族最遲應在北宋末葉（約公元一一二六年）來澎。此說只是限於有移民性質者而言。至於若干旅行家或征討者等則應當別論」。[4]

臺灣與澎湖僅一衣帶水、煙火相望之隔，而且澎湖僅是土瘠的小島，臺灣卻是沃野的地方，故在南宋時代（公元一二二七年至一二八〇年），就有漢民族遷移來臺居住。[5]

臺灣以往很少爲人所知悉，直到民國三十四年（公元一九四五年）八月十五日，日本的無條件投降結束了第二次世界大戰後，才漸爲世人所注意。臺灣是一個很美麗的海島。「葡萄牙的航海家於公元一五九〇年首次沿臺灣的東海岸航行時，發現它那青綠色而重疊的峻嶺，峰巒衝入雲層，許多瀑布在熱帶的陽光發出微光，竹林宛如羽毛在臺地的平野裡飄搖著，使他們自然地發出驚嘆道：Ilha Formosa, Ilha Formosa!（意即美麗島，美麗島）」[6]

一位荷蘭的航海船長叫林施侯登，被葡萄牙人僱用，於公元一五九五年繪製一幅臺灣略圖，稱爲「福爾摩沙」，聽來可愛，而且適合於美麗島，致使歐洲文學界，方開始採用此島之名稱爲「Formosa」。[7] 到了明朝末，始有臺灣之稱。[8]

臺灣四分之三爲山嶽地帶，其餘爲平原與丘陵地。海拔一萬英尺（約三〇四八公尺）以上的高山，有四十六座之多。貫穿南北的中央山脈，使臺灣自然地分爲東部和西部。本島介於北緯二十度至二十五度之間，東經自一百二十度起至一百二十二度止。北回歸線經過島的中央附近，因此實際上屬於熱帶的只有南部；北部雖屬於溫帶，但由於島的地理位置和高山的影響，導致氣候的變化多端。臺灣北部的氣候是屬於副熱帶季風氣候區，夏季多雨，冬季有東北季風的來襲。年均溫約在攝氏二十度以上，除了十、十一月和三、四、五月的春季是令人感到安適外，自十二月底開始延續至二月的雨季，和六、七、八月及九月上旬的燥熱夏季，似乎不太受人歡迎。僅從氣候觀點而論，在一百年多前，外國宣教師們來臺宣教是如何地吃苦，不言而喻。

由於氣候的溫暖，雨水的充沛，植物的長成非常迅速。稻米、甘蔗、香蕉及各種水果和蔬菜也都很豐富。

註釋

1 郭廷以著，臺灣史事概說一頁。林熊祥等著，臺灣文化論集（一）八頁（宋文薰作）
2 詳見吳志卷十三及卷十五。
3 郭廷以著，臺灣史事概說四—五頁。
4 林熊祥等著，臺灣文化論集（一）五〇頁，（陳漢光作）
5 清乾隆朱景英著，海東札記卷四。連雅堂著，臺灣通史卷二商務志四七九頁。
6 From far Formosa by G. L. Mackay 1896, P. 47.
7 牧尾哲編，臺灣基督教傳道史七頁。The Island of Formosa by J. W. Davidson 1903, P. 10.
8 郭廷以著，臺灣史事概說十—十一頁。

2 狂風中的燈火

外觀上，臺灣正如葡萄牙航海家所稱讚的「是一個美麗島」。但在一、二百餘年前，其內部事物則不然了。

深山裡有還未受到太多現代文明沾染的原住民，其族數在全島有十個種族之多，[1]他們經常下山偷襲平地人，獵取漢人的頭顱。從中國移往臺灣的漢人，比原住民來得開化，占據北部和西部大而肥沃的平原，迫使原住民移入山中。原住民因為語言、生活方式的相異，因而敵視漢人，他們居住山中以致與外界的文明隔絕，自然地在原始狀態中生活。臺灣平地一般住著漢人及平埔族，還有少數的外國人。平埔族受到漢人的同化，有著漢人的生活習慣，也有宗教崇拜的原住民。但，無論是平埔族或漢人，在昔日的文化程度較低。

當時雖有儒教修身治國平天下之道，惟因文辭和意義的深奧，故除了少數學者外，未能普及於民眾；雖有佛教，惟因和尚爲了自己的修行，隱居山中，不能盡教化民眾之責；雖有道教，但道士只爲自己的利益驅邪、押煞、祈福、起工、安胎、豎符、補運、主持葬儀或作功德等而賺錢，對民眾的精神、文化和思想沒有什麼貢獻；雖有齋教（佛教和道教在教義上和儀式上結合而產生的一派），也因自己的修行而與社會共同生活脫離了關係。

臺灣爲一海島。海島上的居民時常受著自然界如狂風、暴雨、地震、海嘯、乾旱及水患等天然災害的威脅。由於地理環境的關係，在每年的四月至十一月間（多半在七、八、九月中）常有颱風來襲，因此造成眾多人畜傷亡、屋宇塌倒、田園被埋沒、農作物受損害，例如民國五十八年九月二十六日颱風艾爾西來襲，房屋共倒塌一九、二一三間，船舶損失五十三艘，無家可歸災民一一、一五九人。

世界上有兩個地震帶，其中之一是環太平洋地震帶，在太平洋周圍沿岸。臺灣由於在環太平洋地震帶上，所以地震次數頻繁且都非常強烈。特別在清治時代的臺灣，房屋建築均極簡陋，多使用土角造屋。每遇地震發生便發生嚴重的災害，處於這種情形下，人們感覺自己的周圍有種種勢力要危害他們的生命，於是開始發生種種的迷信。有人說拜這個神可以消災，大家就拜這個神；有人說拜那個神可以增福，大家就拜那個神，因此容易構成多神教信仰，差不多三天一小拜，五天一大拜。今日拜的是石岩神，明日拜的是大樹公（「公」即神的意思），後天拜的是媽祖、土地公及日頭公等。在這種情況下，很少人堅定信仰於某一固定的宗教。因此臺灣儒、道、佛三教常混合爲一，或許是從這時期開始的。

當時首創北部臺灣長老教會的宣教師偕叡理（即馬偕博士），在《臺灣遙寄》這本書中，關於臺灣的宗教情況敘述如下：「儒教爲一道德教派，崇拜天，神化祖先，有倫理的金言。道教爲一鬼神教派，篤迷信，重唸咒。佛教爲一偶像崇拜教派，有寺廟並燒香點燭。此三派常混合爲一，常發生教義混亂、墮落知識、污穢生活和破害宗教感情。」。[2]

因爲臺灣人民時常受自然界種種的威脅，大多數的人想崇拜更多的神以保安全，他們覺得一廟一神是不夠的，因此導致臺灣民間信仰是一種七分道教，二分佛教，一分儒教所混合的多神教。多神教沒有教義，也沒有教團，也沒有經典，信徒任意選擇自己所喜歡的神，來祈禱自己的福祿壽與添丁而已。在此情形下，基督教來臺宣教如何的困難是可想而知的了。

光緒二十年（公元一八九四年），日本戰勝清廷，割讓臺灣與日本，隔年訂立《馬關條約》。日本初期統治臺灣時，因想利用臺灣的宗教來治理臺灣人，故對於神宮寺廟特別尊重，因此一八九六年八月十八日，日本政府以臺灣總督的名義發出諭告如下：「本島原有之廟宮寺院等，其創建雖有公私區別，可是都可歸於信仰尊崇之結果。在此有道德正義之標準、秩序之本源，治民保安上不可或缺者，因此目前軍務倥傯之秋，難免軍人一時占用，但須特別注意，不可損傷舊觀。尤其破毀神像，散亂各種祭祀用具等行爲，此實不能苟且許准，從此以後加強注意保存，現爲軍隊占用者，在可能的範圍內盡速回復舊狀。特此諭告。」。[3]

因此，民間宗教就開始昌盛起來。此後，臺灣總督派官員調查臺灣宗教情形且管理之，以防止有害的迷信並取締巫覡。據日治時代丸井圭治郎所著《臺灣宗教調查報告書》第一卷，以民國七年三月末調查的結果，全臺共有一萬一千二百七十一所大小廟宇，其中大廟宇三、三一二所，齋堂（俗稱菜堂）一七二所，小祠七、七八七所，[4] 以臺灣面積計算，平均約三平方公里就有一所廟宇。

臺灣及澎湖列島原爲中國東南海隅唯一門戶，不幸在甲午戰爭中被亡清政府割讓予日本，於是淪爲殖民地達五十一年之久。公元一九四五年第二次世界大戰結束，根據開羅三國會議才重入中國版圖。光復後的臺灣實施地方自治，各項經濟建設順利。至於宗教方面，政府採取宗教自由的政策，因此民間宗教有如雨後春筍，廟宇增加，神棍巫覡大肆橫行，私設神壇，以符咒治病，貽誤民命。[5]

馬偕博士於一百多年前來臺宣教時，交通也不太方便。當時他住在淡水，以淡水爲宣教本營。雖然自淡水至臺北有小船和煤煙船在淡水河上通行，可是卻還沒有電話、電信和汽車，更談不上飛機。清廷要防備法軍的攻擊，光緒十年（公元一八八四年）六月二十六日命劉銘傳爲福建巡撫身分督辦臺灣軍務，凡所有臺灣鎮道各官均歸其節制。七月十六日，他輕裝抵達基隆，即行登岸勘查砲臺形勢，七月二十八日到達臺北。劉巡撫是一個聰慧賢明的文武全才，也是一位廉潔、有魄力、肯做事的政治家。他於公元一八八五年就在臺北規劃電燈來照明全市，因電氣供應的費用很昂貴，不久後除了衙門外，全市停電。

公元一八八八年，劉巡撫在臺北引進人力車，並從臺北至臺南規劃電話線路，再從臺南連接到打狗（今高雄）。[6]（臺南至高雄的電話設施較早些完成。）另外，火車鐵路的設施則比較困難，劉巡撫首先聘用德國工程師於公元一八八七年三月開工，以臺北大稻埕爲總站向基隆延伸，因山川阻礙導致工程困難，後再聘數名外國工程師協助，於公元一八九一年竣工並開始營運。臺北至基隆鐵路長約三十二公里，同年再由大稻埕開始向新竹延伸，公元一八九三年竣工通車，長約六十四公里左右。因此，由基隆至新竹總長達九十六公里半，[7]當時從北部到南部，除了少數富人會騎馬或僱用轎夫外，一般百姓還是用雙腿徒步旅行比較普遍。

劉巡撫還沒到任臺灣前，滿清二一二年專制的統治下，政治長期腐敗不堪，貪污之風盛行，在衙門內受冤的好人不勝枚舉。馬偕博士在佈教時代說：「在衙門或法庭，『萬能的金錢』能改變司法的權衡。[8] 關於刑罰，官吏也可以任意處理，尤其是賄賂之多寡。[9] 犯人的處罰往往以代用犯人施行之，如果找不到犯人或犯人能賄賂官吏時，很容易買一個不謹慎的人來代受懲罰。」[10]

十九世紀中葉，英國長老會馬雅各醫師來臺，於公元一八六五年在臺南開始醫療宣教。公元一八七二年三月九日，加拿大長老會馬偕博士在淡水宣教前，中國史是一部國際關係史，臺灣遭遇的外患尤爲嚴重。當時清廷腐敗無能，以致俄國、英國、法國、日本和德國屢次侵擾，鴉片戰爭改變了中國的命運，[11] 臺灣人也由此開始再度感到威脅與不安。公元一八二四年至公元一八三三年，英國貨船駛進鹿耳門（今安平港）、雞籠（今基隆）、滬尾（今淡水）私售鴉片，暗中私買樟腦，導致英國和臺灣開戰三次。[12] 第一次於公元一八四一年九月三十日在基隆開戰，第二次於同年十月二十七日在基隆外港，第三次於公元一八四二年三月十一日於大安港（今臺中）外。結果，英國三戰三敗，俘虜被殺頗多。[13]

後道光二十二年（公元一八四二年），清廷與英國訂定《南京條約》後，又於咸豐八年（公元一八五八年）六月先後與英、法、俄、日訂《天津條約》，[14] 因此英國領事於公元一八六一年先至臺灣駐任，之後美、法、俄繼之。公元一八六一年後，德、荷、丹麥、西班牙等國相繼與清廷訂約，也享有到臺灣通商的權利。[15] 因此，南北長老會尚未來臺宣教以前，臺灣已有許多外國人居住，並在高雄、臺南、臺中、臺北、基隆、淡水等地從事辦公與通商的工作。

當時臺灣漢人因當時的國際關係，並自認傳承五千年文化，因此打從心裡視外國人爲侵略者，視外國人爲夷狄。明朝時，漢人先稱荷蘭人爲「紅毛番」，因他們頭髮紅，由五千年文化看外國人把他們視之爲原住民，即未開化人。[16] 清朝時也沿用此名稱，視一切外國人爲紅毛番。基督教被稱爲番仔教，水泥被稱爲紅毛塗，火柴稱之爲番仔火等。當時馬偕博士來臺宣教也被漢人視爲外國番，或被稱爲黑鬚奴、黑鬚鬼，[17] 因爲他的頰上有一臉茂密的黑鬚。

公元一八八四年，清法戰爭爆發，基隆、淡水被法艦封鎖並砲擊。公元一八九四年，中日甲午戰爭爆發，清廷陸海軍戰敗，隔年三月二十三日簽訂《馬關條約》，將臺灣割讓給日本，然而中國朝野人士一致反對，清德宗命李鴻章力爭，不獲挽回，臺灣人民誓不從日，決心死守，同年五月二十九日下午二時，日軍第一批步兵隊由三貂角（福隆附近）登陸，翌日（五月三十日）四艘遲到的輸送船載著約一萬二千名的軍隊繼之。五月三十一日下午，馬匹、糧食及軍需品都搬運到陸地，六月一日早上向基隆進軍，六月三日當天，日軍入基隆。[18] 公元一八九五年日軍占據臺灣，直至公元一九四五年第二次世界大戰結束，臺灣長達五十一年之桎梏遂告解除，十月二十五日在臺北受降，臺灣光復，重入中國版圖。

頻繁的戰爭導致社會的混亂、生活的不安，進而引起搶劫和作亂。《馬關條約》簽訂時，李鴻章對日本全權大使伊藤博文說，臺灣是一個難治理的地方，因三年一小叛，五年一大亂；又因衛生不好，溝渠不通，便溺垃圾充滿排水渠，幼蛆、蚊子和蒼蠅叢生，易於生病，流行傳染病；沒有自來水道的設施，飲水只靠河川及掘井而來的水，對於身體的健康也不太理想，甚至瘟疫發生時其害更甚。

據記載，「華人的污穢骯髒是出名的。除二、三所基督教醫院之外，全臺灣沒有醫院，而患者被無知的中醫師藉迷信欺騙的行爲，以最原始的方法來治療。」。[19]（筆者按：「藉迷信欺騙的行爲」意指生病是由沖犯鬼神而來的，故必須以符咒治療。）馬偕來臺宣教開始前，除季節性的病症、霍亂、斑疹傷寒、天花、黏膜炎、消化不良之外，瘧疾和牙痛在臺灣也是盛行。他來臺宣教時說：「在臺灣，常見一個村鎮有半數的住民都因瘧疾而病倒。我曾見過一個有二、三十人的家裡，卻沒有一個人能工作。」他又說：「我必須述及牙痛的治療，因爲這與治療瘧疾都是在臺灣醫療傳道工作最重要的部門。因嚴重的瘧疾或因嚼檳榔、吸菸及其他惡習而引起的牙痛，是數萬名漢人及原住民常受的病痛。」[20]

總而言之，由昔日的表象看來，臺灣是一個美麗的小島，但實際上，內部的情形卻非如此：山中有獵取頭顱的原住民、平地有文化低落的平埔族與漢人、各港口住有貪財圖利、被漢人敵視的外國商人，加上民間宗教持續活動，民眾沈溺於迷信、危害人命。交通非常不方便、官吏貪污，好人受冤，常有戰爭或叛亂的事件發生，人心恐慌、生活不安定，衛生不佳容易生病，或因迷信或無良醫，人命如狂風中的燈火，實屬黑暗時代。

註釋

1 Taiwan Tribes Prayer Survey, by Taiwan Missionary Fellowship.
2 From Far Formosa, bv G. L. Mackay 1896, PP. 125-126.
3 章嘉等著，中國佛教史論集（三）九四〇頁—九四一頁，（李添春作）。
4 丸井圭治郎著，臺灣宗教報告書第一卷，附錄一頁。
5 民國五十七年五月八日中央日報。民國五十七年十一月廿三日中國時報。民國五十八年四月十三日聯合報。
6 The Island of Formosa, bv J. W. Davidson 1903, P. 247.
7 Ibid. PP. 248-250.
8 G. L. Mackay, op. cit. P. 106.

9 Ibid. P. 107.
10 Ibid. P. 109.
11 郭廷以著，臺灣史事概說，一三八頁。
12 同上，一三八頁。
13 同上，一四〇頁。
14 中華印書局印行，辭海，南京條約及天津條約條。
15 郭廷以著，臺灣史事概說，一五〇頁—一五一頁。
16 中華印書局印行，辭海，紅毛番條。
17 G. L. Mackay, op. cit. P. 191.
18 J. W. Davidson, op. cit. P. 291, P. 298.
19 Ibid. P. 612.
20 G. L. Mackay, op. cp. P. 314.

第二卷

George Leslie MacKay

All for Christ

馬偕時代以前的基督教簡史

1 撒下第一顆福音種籽

黑暗中應有眞光，這是上帝創造宇宙與救贖人類的聖旨意。公元一六二六年二月八日，西班牙天主教神父馬地涅帶領五位多米尼克教團修道士從菲律賓馬尼拉出發，因季風的阻礙，五月十日到達臺灣三貂角。三貂角即SanDiago譯音，也可寫作Santiago，就是聖地牙哥。他們發現當地非良港，不能防禦季風，所以神父命令艦隊向北沿著海岸偵查，翌日進入基隆港，名之爲「至聖三位一體城」，[1]大約在社寮島（今和平島）的地方建築要塞，並命名爲「聖救主城」。

西班牙人在基隆一方面想要開展菲日、中菲貿易以及抵抗荷蘭人之制海權（因爲荷蘭於公元一六二二年占據澎湖，兩年後入侵臺灣南部），另一方面也想宣教，開展臺灣基督教史的第一頁。

由於宣教非常成功，神父莫拉隔年又帶領四位修道士到臺灣宣教。[2]公元一六二九年，西班牙軍隊占據淡水，建築要塞，漢人稱之爲「紅毛城」。因荷蘭與西班牙互爭地盤，但公元一六四二年八月二十四日，被荷蘭驅逐離開臺灣。[3]從公元一六二六年到一六四二年這十六年間，西班牙天主教宣教團以基隆與淡水爲中心。宣教初期，有兩、三位宣教師遭原住民殺害，兩、三位宣教師病死殉教，但仍是不屈不撓繼續傳教，並在社寮島與淡水建有教堂。

駐基隆的神父基洛（公元一六三三年至一六四二年來臺）著有《原住民語宗教問答》、《聖經原住民語譯抄》、《原住民語集與曆法》等。駐淡水的神父艾斯奇維（公元一六三一年至一六三三年來臺）記憶力極強，能通淡水原住民語，著有《淡水語辭彙》和《淡水語教理書》。他們宣教的對象雖是原住民，可是在基隆也創辦了一所學校，為要教育漢人與日本人。總計十六年來臺宣教的宣教師有三、四十位。[4]

因北部原住民兇悍，以致宣教工作非常困難。如神父巴耶慈（公元一六二九至一六三三年來臺）在淡水與關渡宣教，一六三三年一月二十七日卻在關渡附近被批拉族原住民所刺，鎗從腹入，並斬其右腕。批拉族人恐西班牙人報復，於是逃往士林、北投。[5]在八里坌一帶宣教的神父莫洛（公元一六三五至一六三六年來臺）特向西班牙司令官請求免予追究批拉族刺死神父巴耶慈之罪。但不幸的是在一六三六年三月，他因藉一艘西班牙軍需船向淡水河上游航行的機會，想訪問逃往士林及北投的批拉族，但卻遭三百餘名原住民襲擊，身受五百餘箭，遺屍十二日後仍未腐爛，[6]大概是箭頭有毒素能保存屍體，不致迅速腐爛，或者是因三月氣候遇冷所致。後莫洛安葬於淡水。

最可惜的是西班牙人被荷蘭驅逐離臺後，當時雖已有五、六千位信徒，但後因缺乏指導者，天主教信仰便漸漸消失了。

公元一五九八年，荷蘭因與葡萄牙及西班牙爭取中荷、荷日的貿易地盤，於是在遠東地區出現。公元一六〇二年，荷蘭聯合東印度公司成立。公元一六二二年，荷蘭占據澎湖，一六二四年八月離開澎湖，前進航行一日的水路到臺南，八月三十日從安平港登陸，重建城砦。安平古堡，首先被稱爲「奧倫治城」，後改爲「熱蘭遮城」，是荷蘭統治臺灣的根據地。

公元一六四二年八月二十四日侵入北部，戰勝西班牙後占據全臺。荷蘭人對臺灣的政策有一個目標：以臺灣爲荷蘭在遠東永久的根據地，並且教化原住民以便開發臺灣內部的資源。因此，東印度公司聘用宣教師來臺宣教。

荷蘭第一位受聘來臺宣教的是改革教會宣教師甘治士牧師（公元一六二七至一六三一年第一次來臺，一六三三年至一六三七年第二次來臺）。他到臺灣後第一件事就是學習原住民語，並在新港地區宣教。本來原住民不懂文字，且有祖先遺留下來的迷信，但是甘治士牧師熱心宣教，一年四個月後，一部分的原住民開始學習語言、一百二十人聽道。[7] 二年後，獲得宣教師尤羅伯（一六二九年至一六四一年第一次來臺，一六四一年至一六四三年第二次來臺）的協力，讓宣教工作相當有成就。

宣教八年後（公元一六三五年），七百人接受這兩位宣教師的洗禮並進入教會。甘治士牧師和尤羅伯牧師對原住民的教育也有非常大的貢獻：公元一六三六年，尤羅伯牧師建立一所學校，招收七十位原住民學生，用羅馬字教他們學母語，讓學生有衣食方面的補貼，三年後，學校增加爲五所，受補助的學生約有四百五十位。[8] 之後，荷蘭東印度公司相繼聘用宣教師來臺宣教，據宣教十三年之後（公元一六三九年）的報告，受洗者有二千零五十六名。[9] 公元一六四三年，學校的兒童學生數已達六百位。學生們會寫字，背唸十誡、信條、主禱文、朝夕的禱告和基督教問答等。[10] 爲擴大原住民的教育程度，教會揀選五十位原住民當教員，不但教育兒童，也對成人施行教育。

荷蘭人的宣教和教育工作做得非常成功。茲將戴維遜引用甘治士牧師的報告試譯如下，將使我們更明瞭荷蘭宣教師來臺十五、六年在臺灣宣教和教育的成功：

「因爲外邦人或異教徒要信而受洗禮之前，一定先要聽道受教訓；宣教師尤羅伯每日辛勞，先以問答式的教育法教育他們有關基督教的教義，告白他們的信仰，並能答對所問上帝的道理，再由尤羅伯爲他們施洗。在臺灣的成人有五千九百人因此信基督。當時行浸水禮，誓約而信的人，其幼兒洗禮數目不算在內。對那些在新港、蕭壠及其他地方充分地受教育過聖餐教義的人，都以非常虔誠、喜樂和文明的方式參加基督教儀式。」

「因教導讀書和寫字，不僅對人民和政治上有很多好處，同時對人的靈性上也有助益；因此，尤羅伯很辛苦地再進行二件事，訓練原住民爲學校的教師，並訪問和教導那被原住民教師所教的學生。」

「除兩、三位荷蘭宣教師之外，也有原住民教員在教導其他的學生。在所謂六個鄉鎮（筆者按：新港、大目降、目加留灣、蕭壠、麻豆、大傑顚），已信基督的原住民中，尤羅伯訓練過約五十位教員非常適合從事這份教書的工作。他們天生有虔誠、知識、勤勉、靈巧和赤誠的心。尤羅伯從臺灣回國前（筆者按：大約公元一六四三年），原住民教員已經教導過高達六百位學生讀書和寫字。他們以基督教信仰的基本教導成人與兒童。」。[11] 據牧尾哲編的《臺灣基督教傳道史》中，第三十頁也記載當時原住民以基督教儀式舉行結婚典禮的人有五百對。

荷蘭自公元一六二七年開始宣教和教育工作，至公元一六六二年被鄭成功驅逐離開臺灣爲止，受東印度公司聘任來臺宣教的宣教師達二十九位之多。

昔日宣教師到較不文明的地方去宣教時，首先必須精通宣教地方的語言及環境的知識，然後以口頭、必要時也要使用那地方的文字來宣教，有時候也要引例來證明其所傳的教義。因此，開拓時代的宣教師都依照他們的樂趣，研究那個地方的文字，而沒有文字的地方，就創造適當的文字來記錄，或研究博物，或翻譯對宣教合用的書籍及著作。荷蘭宣教師因宣教研究或翻譯書本及著作，其數目不少。因篇幅有限，僅舉三、四位荷蘭來臺宣教的宣教師在這方面所表現的成績，以窺其一斑。

宣教師倪但理（公元一六四七—一六五一年來臺）：他僅在臺灣原住民部落宣教四年，但因有語學之才，以西拉雅原住民語翻譯〈馬太福音〉、基督教信仰告白書及主禱文，並用原住民語去主持洗禮和結婚用的典禮等儀式。[12]

宣教師哈帕特（公元一六四九至一六五二年第一次來臺，公元一六五二至一六五五年第二次來臺）：他撰著虎尾壟原住民語字典，西拉雅原住民語彙，虎尾壟原住民語稿本。[13]

宣教師哈約翰（公元一六四四至一六四七年來臺）在臺宣教四年，因身體虛弱，最後二個月經歷在病榻中的痛苦而別世。他在這四年的宣教生涯中，完成了用原住民語編輯基督教實踐生活問答、講道集、教義問答，寫教導信仰的傳單，翻譯〈馬太福音〉等工作。[14]

宣教師雅各·花德烈（公元一六四七至一六五一年來臺），以原住民語著有基督教要義數種類的小冊子、講道集、排斥異教偶像的對話書等。[15]

荷蘭二十九位宣教師中，有四、五名因水土不慣或工作過勞而生病致死，可是宣教中不曾有被原住民殺死而殉道的，這大概是荷蘭人在治理臺灣原住民上有一套方法，也就是說，派宣教師運用信仰與愛心跟原住民接近，實施宣教及教育工作，爲原住民創造文字，教導他們耕作及狩獵，給原住民牛、馬、車、犂、鎗及子彈，等農作物收成時，再請他們繳租稅。像這樣收租稅及辦理持鎗執照的工作都由宣教師負責。

不幸的是，公元一六六一年四月三十日至一六六二年二月一日之間，鄭成功與在臺荷蘭政府交戰過程中，有五位荷蘭宣教師都被原住民殺死。其經過如下：

荷蘭宣教師亨布魯克（或譯范無如區，公元一六四八至一六六一年來臺），因宣教的緣故被臺灣荷蘭政府不正當的對待，在公元一六六一年四月二十五日，他就回到巴達維亞去了。巴達維亞是爪哇島的首都、荷蘭在東洋的根據地，設有巴達維亞總督府。當時，亨布魯克的妻子、二位年幼的女兒、五位同工宣教師因爲在臺被鄭成功俘虜，亨布魯克就趕回臺灣會見鄭氏。沒想到，鄭成功要求亨布魯克擔任使節，前往熱蘭遮城城內勸降。可是亨布魯克一方面鼓勵荷蘭人不可投降，一方面也因心疼被鄭氏俘去的妻子、子女、五位同工和其他人員，竟不顧守城太守的勸告，決心想犧牲自己，隻身回到鄭氏營寨投降，希望鄭氏饒赦俘虜們。當亨布魯克要動身時，另外已嫁至城內的兩個女兒悲傷得淚流滿面，當勸勉無效時，其中一位女兒因悲傷而昏倒，另一位女兒則用兩手抱著父親的頸項，暈了過去。但亨布魯克還是毅然拉開女兒的手，返身向鄭氏營寨投降，這種哀戚的情景令人動容。

後來亨布魯克在鄭氏面前以威嚴和平靜的態度說：「我們太守和參議員決心死守城砦，直到流完最後一滴血爲止，我們要盡人事，聽天命，無意投降。」鄭氏聽了勃然大怒，同時看到在旁的原住民趁機要向他作亂，竟情急說：「這些俘虜全部都要斬首！」斬首正是原住民最大的嗜好。鄭氏此言一出，原住民即刻襲擊俘虜，進行大屠殺。鄭氏見狀，即刻發出號令，只斬男俘虜。因此其中荷蘭五位宣教師就被原住民殺死。據說，許多婦女和孩子也被殺，其餘未被殺的婦女都分配給未婚漢人。鄭氏後來也納亨布魯克的小女兒爲妾。[16]

鄭氏於公元一六六二年二月一日克復臺灣後，基督教信仰便漸漸在臺灣消失。耶穌會宣教師杜哈德自荷蘭占據臺灣七十年後，他的報告說，雖然首先許多原住民懂得荷蘭語，能讀，能寫，且家中保有荷蘭人的遺物，特別是書籍，可是不久後便忘記他們的荷蘭宣教師們和其教導了。[17]

因清廷想要更加了解臺灣，公元一七一四至一七一五年間，曾派耶穌會德麥拉、雷孝思和德瑪諾三位宣教師，自臺灣北端至南端製作了一幅臺灣全島的地圖。三位宣教師利用機會探訪原住民，德麥拉報告說：「我們由廈門動身，聽過臺灣島內有基督徒。因此我們就查問，可是當時的漢人中確實沒有一位是基督徒。然而從荷蘭占據安平港起算，原住民之間似乎又有認識基督教的痕跡。我們會見幾個能說荷蘭話、能讀荷蘭書，又書面可用荷蘭文字的人，甚至我們發現他們的手裡還拿著我們的五本書斷片（舊約五經）。他們不崇拜偶像。他們懼怕任何接近該項的行爲，而且他們沒舉行宗教儀式，也沒背唸禱告文。更甚者，我們遇到一些人，承認天地造物主唯一的上帝，即父、子、聖靈三位一體唯一的上帝。他們說，最初的男人名叫亞當，最初的女人名叫夏娃。又說，這兩個人因爲不順服上帝，惹了上帝的憤怒在他們和其後裔的身上。又說，要抹去這污辱必須依靠洗禮，其洗禮的儀式他們甚至也知道。然而我們不能確實地發現他們是否有那種洗禮的習俗。」[18]

在鄭成功以前，西班牙天主教及荷蘭改革教會在臺宣教或教管的成果斐然。但爲何當他們一回國之後，基督教信仰在臺灣便前功盡棄了呢？他們留下許多教堂、學校和著作，更領許多人受過洗禮，但爲何當時的基督教如此薄弱以致於消失了呢？有的宣教師因宣教而殉教，有的宣教師忘寢廢食地工作，才有當時顯著的成果。所以我們不可歸罪於他們宣教不忠。如果我們能知道當時基督教那麼易於消失的原因，或許可爲我們今後教會之警戒，筆者研究並深思出以下原因：

一、宣教對象不應該限制於某一階級的人。福音是傳給眾人，要救萬民的。公元一六二六年鄭芝龍獎勵移民，吸引到數萬閩南飢民前來臺灣居住。公元一六三〇年，福建旱災更爲嚴重，那時鄭氏建議巡撫熊文燦招飢民數萬人，人給銀三兩，三人給牛一頭，用海船載至臺灣，開墾荒土。據荷蘭人自己的報告，當他們從澎湖撤至臺灣時，和原住民共處的華人，除婦孺以外，能戰鬥的壯丁就有兩萬五千人。[19]那麼，西班牙天主教與有關改革教會在臺宣教時，中國男人與婦孺估計約有十萬人左右。如果當時宣教士不僅向原住民宣教、也向文化程度稍高的漢人宣教的話，後雖宣教師一同離開臺灣，那麼當時的教會可能還可以互助，維持信仰與其生活。

二、當時中南部的原住民族，偏好一種比酒更強勁的自製飲料：因以米爲原料，因此在田野種稻似乎是爲此而農作的。原住民族的習性較爲懶惰，強壯的男人不耕耘，只讓婦女或四十歲至六十歲的老夫婦在田間勞動。他們沒有馬、牛、犁，只使用鶴嘴鋤，因此，工作速度極慢，過著一天吃過一天的生活。[20] 昔時北部原住民也嗜好喝一種用旱稻釀成的米酒，那種酒似乎會使他們陶然昏睡。他們只用一把短柄的鋤來耕種，且都由婦女擔任之。[21] 這樣看來，到後來，西班牙與荷蘭宣教者離臺回國後，他們便沒有經濟力量去維持自己所屬的教會活動了。

三、荷蘭在臺宣教達三十五年之久，宣教師始終站在領導的地位，壓根沒培養宗教方面的人才，也沒給教會有機會組織中會來維持自立、自治和自傳的功能：公元一六四一年五月九日，第二代宣教師尤羅伯回巴達維亞的時候，教會議會的議長曾問他臺灣教會是否需要設立中會?他即刻說：「需要。」[22] 但可惜的是，雖然荷蘭離開臺灣前，信徒已占原住民總人口的百分之七十，可是卻未曾設立過中會；既無自治、自傳、自養的精神和行爲，也沒有原住民自己的領導者，一旦遇到宣教師們一齊退去時，怎能去延續自己的信心呢?

四、荷蘭教會爲了殖民化臺灣而宣教：荷蘭宣教師在政教未分離期間，曾應荷蘭東印度公司的邀請到臺灣宣教。有的宣教師還要做軍中的牧師，有的還要做翻譯官或代替官吏收稅、辦理狩獵的持鎗執照、代替公司收買原住民的鹿皮及其他土產等。如果宣教師不按照東印度公司的安排去做，或所做的事情抵觸了公司的利益時，宣教師馬上會被譴責，或月俸被控制住，或被施以罰金、被革職等。因此，第一任宣教師回國後要再度來臺宣教時，曾向東印度公司提出三項條件，最後一個條件就是「不能控制他們的薪水」，他們才能依照上帝的旨意自由地展開宣教工作。[23] 我認爲，宣教是屬於神國的事業，忠實於神的命令而宣教，其結果才會利於國家、社會和世界，若宣教的目的不單純，則信徒哪會對教會負起眞實的責任呢？

五、荷蘭駐臺長官、參議員和宣教師們彼此不和而互相攻擊：這和他們在臺宣教失敗有很大的關係。茲舉一例窺其一斑：

在蕭壠和目加留灣主持裁判事務所的宣教師倪但理，以誹謗的態度寫信給駐臺的長官，去攻擊參議員德史諾是一個可恥可憎的人。參議員之中也有人附和倪但理。因此，德史諾被禁止享用聖餐。但是後來長官和參議員正式開會討論後，判決倪但理態度驕慢，應該要停職，不能繼續擔任宣教師與地方裁判事務所的工作，於是在倪但理等待回巴達維亞期間也不給他薪水，還罰他必須繳交一千荷蘭銀元給東印度公司。[24]

有時候宣教師們會聯合與駐臺的長官和參議員彼此控告，有時候參議員又與長官之間不和，這樣的攻擊事件不勝枚舉，而不和的原因都屬於互相爭權奪利、宣教師要求增加薪水或想建造一棟石造的房屋居住，有的被控怠慢，包括辦事、宣教與舉行聖餐等，因此大家的感情愈弄愈糟，所以信徒對於荷蘭在臺宣教工作皆有所疑惑。這也是荷蘭在臺宣教失敗的最大原因之一。[25]

六、信仰是個人的，不是團體性的：在宣教上，不要因信徒數目增多而引爲滿足。集體信仰，易於興旺，也易於消滅；群眾心理，易於興奮，也易於冷卻。

註釋

1 The Island of Formosa, by J. W. Davidson, 1903, P. 19.
2 Ibid. P. 20.
3 Ibid. P. 22.
4 臺灣省通志稿卷三，六一頁—六二頁的名單。
5 林熊祥等著，臺灣文化論集（三），四六五頁（方豪作）。
6 同上四六六頁（方豪作）。
7 J. W. Davidson, op. cit. P. 25.
8 Ibid.
9 牧尾哲編，臺灣基督教傳道史，二九頁—三〇頁。
10 同上，三一頁。
11 J. W. Davidson, op. cit. P. 25.
12 Formosa under the Dutch by W. M. Campell. 1967, P. 72. P. 239.臺灣省通志稿卷三，一四四頁。
13 同上，一四四頁。
14 W. M. Campell, op. cit. PP. 215, 235, 219, 217-228, 239.
15 Ibid. P. 258.
16 Ibid. PP. 83-85, P. 327.
17 J. W. Davidson P. 66.
18 Ibid. P. 68; W. M. Campbell. op. cit. P. 510. 其他有譯文與原文不符請注意。
19 郭廷以著，臺灣史事概說，十六頁：W. M. Campbell. op. cit. P. 86, P. 384.
20 W. M. Campbell. op. cit. PP. 10-11.
21 From Far Formosa, by G. L. Mackay, 1896, P. 256, P. 262.
22 W. M. Campbell. op. cit. P. 79, P. 80.
23 Ibid. PP. 5AO-541, P. 78.
24 Ibid. PP. 265-269.
25 Ibid P. 270, 273, 277, 278, 283, 286, 290.

2 西班牙教會復來臺

在前節已說過，西班牙天主教會於公元一六二六年隨其政府來臺，在臺灣北部向原住民宣教十六年。自公元一六四二年敗戰於荷蘭而退出臺灣後，因當時的信徒都是原住民，沒有自治、自養、自傳的思想與才幹，一旦遇到逆境，信仰便漸漸消失，可是西班牙天主教會退出臺灣之後，又經過二一七年（公元一八五八年），菲律賓多米尼克教團決定派神父桑英士（又名郭德剛神父，公元一八五九年至一八六九年來臺）、神父杜篤拉來臺宣教。

他們先往廈門，因杜篤拉神父懂華語，就留在廈門。公元一八五九年五月十五日，神父桑英士、神父蒲富路（公元一八五九年至一八五九年來臺）、華籍修士三人及教友二人互相陪伴來臺。五月十八日抵達高雄，二十二日往戲獅甲（今西甲）居住並宣教，因爲戲獅甲不屬於通商的條約港邑，不久後，兩位神父被當地人向鳳山縣知縣控告，後下獄於臺南府（今臺南），六月一日出獄。浦富路神父因患病所以於六月七日返回廈門。桑英士神父一人獨自前往高雄前金地區並盡力向漢人宣教，於公元一八六〇年在當地創立第一所天主堂。

公元一八六一年，天主教傳入屏東縣萬巒鄉赤山區平埔族。平埔族屬於臺灣原住民的一支，但他們與漢人長期接觸且接受了漢人的風俗與信仰者。公元一八六〇年以後，天主教神父繼續來臺宣教並遍及全島。

傳入各地的年代大約如下：

公元一八五九年高雄前金、公元一八六二年屏東萬金、公元一八六二年高雄山下、公元一八六四年屏東溝子墘、公元一八六六年臺南、公元一八七〇年屏東老埤、公元一八七二年彰化羅厝、公元一八七六年嘉義沙崙仔、公元一八七七年嘉義埔姜崙、公元一八八一年高雄五塊厝、公元一八八二年雲林西螺、公元一八八七年新北蘆洲，公元一八八八年臺北大稻埕、公元一八九〇年雲林樹仔腳、公元一八九二年斗六及斗南和臺南大目降、公元一八九三年基隆四腳亭。[1]

依照公元一九〇三年駐臺美國領事的記載：「本島分爲六個中心教區站，其中二個教區站設有大教堂，其他設有小教堂。以每一個教區站爲中心，延伸出數公里的距離環繞一周來做巡迴宣教。在每一個中心教區站駐任的某一位神父與其巡迴區所設立的各支會經常接觸，並且各種集會都與中心教區站有所聯繫。在高雄受過特別訓練的修士們會幫助神父做宣教工作，其差會全然屬多米尼克教團，而西方的主教們是來自修道院駐在的馬尼拉派出的。宣教士每人一年被允許有一百元作爲私用，包括旅費在內。我在臺灣看過的西班牙神父都是和藹、同情心、有禮貌的，毫無疑問的是他們的宣教工作一定是成功的。」[2]

公元一九三二年其教勢如下：

「教堂三十二所，神父三十九名，日本人信徒三百九十七人，臺灣人信徒約六千五百人，外國人信徒三十名。附屬事業設有神學校（臺北）、靜修女子中學（臺北）、二所孤兒院：一在臺中仁慈堂，二在高雄養生堂。」[3]

註釋

1 臺灣省通志稿卷三，一四六頁。

2 The Island of Formosa by James W. Davidsen 1903, P. 608.

3 牧尾哲編，臺灣基督教傳道史，昭和七年版，四七頁。

3 臺灣南部教會的簡史

西班牙天主教捲土重來，不久後，英國長老教會平信徒馬雅各醫師（公元一八六五年至一八八五年來臺）受派爲宣教師，於公元一八六五年五月二十八日自廈門和三位助手來臺，住在現今臺南市看西街的地方，六月十六日開始從事醫療宣教工作，這是南部臺灣基督長老教會的開端。

馬雅各醫師在醫療宣教中遭遇的困難和逼迫是非常大的，因爲馬雅各醫師還沒來臺前，英國的貨船（自公元一八二四年至一八三三年）在安平港、基隆港和淡水港私售鴉片，私買樟腦，導致公元一八四一年至一八四二年間英國與臺灣的開戰，戰爭三次之後敗走。

公元一八四二年，清廷與英國訂了《南京條約》，在公元一八五八年又先後與英、法、俄、日訂了《天津條約》。一八六一年以後，德、荷、丹麥和西班牙等國相繼與清廷訂約，與前述等國享有臺灣通商的權利，因此當時臺灣人一看到外國人（無論是商人或宣教師）都把他們視爲國土及經濟侵略者，所以當時西班牙天主教及英國長老教會在臺的宣教，都是相當艱鉅的工作。

馬雅各醫師和助手們在臺南醫療宣教不到一個月，宣教所就被暴徒包圍，並向他們投石，不得已，只好將宣教中心遷至高雄。馬雅各沒有停留，立刻以高雄為中心，建築禮拜堂及小型醫院。患者及聽道者接踵而至。公元一八六六年八月十二日，四名成人悔改信主，由英國長老會駐廈門宣教師宣為霖牧師施洗。宣為霖牧師是當時在廈門到高雄暫時幫馬雅各醫師宣教工作的。隔年二月，廈門美國歸正教會汲澧瀾牧師及其夫人到高雄協助馬雅各。三、四月間，由汲澧瀾牧師施洗的成人信徒就有六位，可見馬雅各醫師在高雄的醫療宣教工作是相當成功的。馬雅各醫師雖在彰化埤頭北門地區也開設一所禮拜堂，但可惜的是那座禮拜堂僅經過二個禮拜就被暴徒拆毀、劫掠。

英國長老教會最初派遣有牧師職位的宣教師是李庥牧師（公元一八六七至一八七九年來臺），他和妻子在公元一八六七年十二月十三日抵達高雄。李庥牧師是一位有才幹、度量寬大，富有自我犧牲的熱情和具有高尚理想的基督徒宣教師，他可敬的太太也是一位一如其夫的同工。[1]

公元一八六八年是教會遭受大逼迫的一年，但李庥牧師仍然堅持在高雄地區繼續宣教，並為四位成人信徒施洗。同年十二月二十五日，當馬雅各醫師又在臺南地區找到適當的宣教所之後，打狗禮拜堂（今旗後教會）的醫館就託他的朋友萬巴德馬太醫師繼續維持，而李庥牧師就承接高雄宣教區。李庥牧師之後以高雄為中心，前往附近各地區去宣教，包括阿里港、東港、阿猴（屏東）、竹子腳、杜君英（屏東平原東邊）、鹽埔、橋仔頭等地。李庥牧師於一八七九年九月因病逝世於臺南。

南部教會遭遇的大逼迫，茲舉三、四個例子，以窺其一斑。

公元一八六八年四月，英人畢麒麟在高雄開設怡記洋行，在非條約港口梧棲私買樟腦，將運出口之際，被鹿港同知（官名）洪熙恬扣留，其所收購的樟腦價值約六千元。貨物雖然被沒收，可是此事一傳出，臺灣人對外國人的仇恨愈來愈深，他們不斷想辦法去襲擊外國洋行，並誣控外國宣教師及本地傳教者，導致過溝仔天主堂被暴徒燒毀、埤頭長老教會禮拜堂也被拆毀，同時臺灣基督長老教會第一位信徒及傳道者高長也被衙門抓捕，無情監禁了長達七週的時間。四月二十四日，距離高雄英國領事館約八公里的村子裡，傳教者莊清風被殺，其屍體被切碎，心臟由謀殺者中之膽大者，在附近的舊城之北門予以食之。埤頭長老教會信徒們的房屋被拆毀，東西被劫掠，婦女被驅逐於街上，男人被迫跑到高雄逃命。七月三十日，埤頭禮拜堂在重建中又被暴徒拆毀，建材也被暴徒劫掠。[2]

同年九月三日，埤頭縣一位名叫貓角的縣役，命人盜童骸埋於埤頭長老教會禮拜堂被拆毀的廢墟下面，並誣控馬雅各醫師「暗殺兒童、剖其腦製藥、將童骸埋於禮拜堂地下」的烏有之罪。知縣凌定國即往勘查。觀者如堵。貓角主張掘地並發現三個白骨和頭蓋骨。凌定國知縣信以為真，即向高雄英國代理領事古必勳要求「一定要捕拿傳教者高長和馬雅各醫師」。古必勳領事認為他們被誣陷，於是快速稟告駐京公使，並與總理衙門交涉，雙方各執一辭，乃命福建興泉永海防兵備道曾憲德和廈門英領事渡臺共同會辦此案，發現此事乃貓角所為，即定其罪，流於泉州；埤頭衙門賠償工費千兩並恤死者之家。從此結案。[3] 南部長老教會的宣教工作當年遭遇許多逼迫，不勝枚舉，篇幅有限，不再贅言。

儘管教會遭遇逼迫，教堂被拆毀，傳教者被誣告陷害，信徒被殺或被驅逐，可是馬雅各醫師盡力於醫療宣教，並由英國長老教會繼續派有爲的宣教師或醫師來臺宣教，教區愈來愈廣，信徒大有日增月盛之勢。

公元一八七一年十二月十日，英國長老教會母會牧師甘爲霖（公元一八七一至一九一七年來臺）受派宣教，先抵高雄，翌日抵臺南。甘爲霖牧師在宣教工作和文學才華是世人所廣知的，他對昔時臺灣歷史的研究非常廣博，也是被推崇的權威人物。他於公元一九〇六年著有《荷蘭時代的福爾摩沙》一書，是荷蘭據臺時代重要史料的集成。荷蘭文和西班牙文的史料都由他譯爲英文，全書六二九頁。公元一九一三年，又著有《廈門音新字典》，共有漢字約一萬五千字，以羅馬字體註解其音和解釋其意思，漳州、泉州和臺灣都能通行，使得讀書人裨益匪淺，甘爲霖牧師對臺灣教會、語言、盲啞教育及社會改進等各方面貢獻甚大，著書也多。

公元一八七〇年，馬雅各醫師和李庥牧師前往大社對平埔族宣教，大受歡迎，也到南部的木柵庄、拔馬、崗仔林、柑仔林等地。公元一八七一年七月，二位本地傳道師從臺南往大社、內社（苗栗縣鯉魚潭）和埔社等地宣教。公元一八七〇年以後，南部教會在平埔部落宣教，信而受洗加入教會的人數相當可觀。據馬雅各醫師在公元一八七〇年四月在信中寫道：「有將近五十個家族放棄了偶像而信教。當每一個大家長改信以後，整個家族都欣然順從其榜樣而入信。」[4] 不過這封信沒有說明正式施洗的事，因爲南部教會於一八七〇年才正式開始向平埔族宣教。

英國長老教會來臺灣南部宣教較加拿大長老教會到北部宣教早了七年。在這七年當中，南部教會已有如下的好成績：

一、漢人教會八所：打狗、臺南府、阿里港、埤頭、東港、鹽埔、阿猴、竹仔腳。

二、漢人信徒人數：成人受洗者二百五十一位，小兒受洗者四位。

三、平埔教會七所：木柵庄、柑仔林、崗仔林、拔馬、大社、內社、埔社。

四、平埔信徒人數：成人受洗者一百五十四位，小兒受洗者無。

五、宣教師人數：四位（其中二位醫師，二位牧師）。

六、本地傳教者人數：四位。

七、醫院：二所。一在打狗，一在臺灣府（即臺南）。兩所醫院在門診部患者很多，在臺灣府的醫院，住院患者二十、三十位。在打狗的醫院，住院患者十幾位。[5]

註釋

1 From Far Formosa, bv G. L. Mackay, 1896, P. 31.

2 The Island of Formosa, by James W. Davidson, 1903, PP. 190-192.

3 Ibid. PP. 193-196.；連雅堂著，臺灣通史，下卷四四六頁。

4 臺灣基督長老教會百年史，二一頁，賴英澤由The messenger, August, 1870. P. 186. 引用的。

5 筆者以黃武東和徐謙信合編，臺灣基督長老教會年譜，第一部，第四頁至第十七頁爲材料，自作的統計表。

第三卷

George Leslie MacKay

All for Christ

來臺宣教前的馬偕

1 馬偕的誕生

我們要詳細了解馬偕博士這個人，必須先關心他的家世、幼年與童年，因爲這些事情跟一個人的爲人有很大的關係。北部臺灣基督長老教會的開拓者就是偕叡理牧師（生於公元一八四四年三月二十一日，卒於公元一九〇一年六月二日），這姓名是臺語音譯的，因爲華人的「姓」，通常是一個字，「名字」是兩個字，所以臺語音才不譯爲「馬偕叡士理」。他是一位有名的宣教師，所以有人僅稱他爲「偕牧師」或「馬偕牧師」。公元一八八〇年，加拿大安大略省芳堤娜縣京斯敦市有一所皇后大學，贈與馬偕神學博士學位之後，有人也稱他爲「偕博士」或「馬偕博士」。因他在臺灣廣爲人知，所以有人乾脆就直接叫他「馬偕」。

馬偕的雙親是蘇格蘭高地人（蘇格蘭高地是指蘇格蘭北部），父親叫喬治，母親叫海倫，他們住在蘇格蘭北部撒德蘭郡東海岸多諾赫向西入山中不遠的地方。馬偕在蘇格蘭的愛丁堡大學結束學業後，往訪祖先的故鄉撒德蘭郡的時候，大部分的時間都消閒在多諾赫或附近的地方，如Tain, Golspie, Rogart，這些地方都在撒德蘭郡的東海岸地帶，後來他接到加拿大長老會國外宣道會的信後，才離開撒德蘭郡石楠叢生的山丘地。[1]

由於馬偕的雙親是在峽谷裡耕作的小農戶，公元一八一一年至一八二〇年間，撒德蘭郡的公爵因爲要養羊圖利，就命令土地代理人們驅逐那些在峽谷耕作的小農民，要他們全部離開，驅逐他們轉往西海岸的石頭地去過活。聽說，在世界上還沒有一個地方像撒德蘭郡土地代理人那樣兇惡地去處理驅逐小農民的事件。依照馬偕所說的：「小農戶被驅逐的時候，村莊被毀壞，禮拜堂被褻瀆，墳墓被侵害。」[2]

像清掃小農戶這個殘忍的事件，曾經有一則譏刺的軼事如下：有一個小農戶接到驅逐的恐嚇聲明後去見牧師，希望牧師給他意見。牧師告訴他，你回去向上帝禱告。兩個星期過後，那個小農戶很高興對牧師說：「呀，那個狗奴才！」牧師說：「怎麼那樣說呢？」那個小農戶回答：「那個土地代理人死了！」。[3]

從這個故事，我們可以想像當時那些大地主因爲要養羊圖利，所以驅逐小農戶，他們所用的手段非常的兇惡無理，不但沒有補貼，反而不容許小農戶猶豫，並即刻放火燒農戶們的房屋。[4] 這是最令人可憎且可忿的手段。

這件發生在公元一八一一年至一八二〇年間，蘇格蘭北部撒德蘭郡公爵驅逐農戶的事件，在歷史上稱爲「不名譽的撒德蘭驅逐事件（高地肅清）」。公元一八二〇年，那些被迫往西海岸石頭地去居住的農民們在無法生活的情況下，由蘇格蘭北部另一位馬偕博士的雙親，首次渡過大西洋，往加拿大安大略省的南部、很偏僻的若拉村開墾土地，砍樹、造道路、建築禮拜堂，使蠻荒偏僻的地方變成美麗安適的樂土。此後，那些被趕到石頭地的農民就因此陸續移往若拉村開墾新家鄉。

馬偕的雙親是在公元一八三〇年才移往加拿大若拉村的。當時若拉村的移民們，個個體格強壯。據臺灣北部長老教會明有德牧師（公元一九二四年至一九六〇年來臺）說：「其家鄉離若拉村不遠，常常聽過若拉村人誇口他們有三件事，其中之一就是若拉村都出產世界拔河比賽最強的選手，[5]並虔誠敬畏上帝，以《聖經》教養子女，遵守安息日，依照上帝所賜給他們的一切，憑著良心來行事。」

馬偕於一八四四年三月二十一日出生，地點就是在那樣美麗、和諧且有一所宣講上帝話語禮拜堂的若拉村。他是家中六個孩子的么兒，他的家是虔誠敬畏上帝的家。馬偕出生那年，適逢加拿大蘇格蘭教會分裂之年。公元一六九〇年，以加爾文主義爲主的長老教會是蘇格蘭的國教，可是教職者的任免權還是屬於貴族與大地主。馬偕出生的前一年，在蘇格蘭有一位查麥士牧師，他反對蘇格蘭國教會這樣的制度，主張教職者任免權該歸於教會員的選舉，他在教會總會裡一千二百位教職者中，率領和他有共同想法的教職者（約四百七十名）脫離國家教會，另組織蘇格蘭自由教會，以熱情與信心建立新教會，推廣教育，實行教職者的互助，並派遣宣教師往國內外去宣教。[6]

查麥士牧師是加爾文主義衛理公會的創辦者。他一方面看到當時蘇格蘭教會由制度、儀式和神學漸漸僵化，另一方面也是被啓蒙主義所潛移默化，有感於信徒對教會無關心，道德又墮落，因此效法衛理公會組織小團體，重祈禱、查經、靈修、傳道、互助和服務，以補足當時教會的缺陷。一年後，啓蒙運動影響了加拿大若拉村教會的牧師馬肯基，馬肯基牧師因此加入了蘇格蘭自由教會。

馬偕的兒童時代就是在這種自由教會裡和雙親一起禮拜的。當時教會雖然還沒有創辦主日學和青少年團契，可是他卻在家中就承受了《聖經》及韋斯敏斯德小要理問答的教育，可見馬偕在童年時代受加爾文主義及衛斯理主義的影響頗多。「至高無上的神，要用平安和恩典來救人，祂降生爲人，生在極卑微的馬槽裡，名叫耶穌。」幼小的他對這個故事有深刻的印象。他說，他記得在母親膝上屢次聽她唱這首《While humble sheperds Watched their flocks》聖詩：「夜間在伯利恒的曠野裡，當卑微的牧者看守羊群。」。[7] 這首聖歌現在被收錄在臺灣基督長老教會聖詩第八十七首。快十歲的時侯，馬偕頭一次想要當一位宣教師，我想這與他的母親對他的信仰培養以及若拉村自由教會內的衛斯理主義（敬虔派主義）不無關係。

北部臺灣基督長老教會設教已有一百年的歷史了。不知道讀者對於馬偕在十歲時就想要做一名宣教師的志願，有何感想呢？今日臺灣青少年有許多問題常使人傷腦筋，那麼在教會裡的青少年又如何呢？這說明了兒童在家庭、在教會裡受到端正信仰的培育以及敬虔生活的培養，是何等的重要呀！加爾文主義長老會神學是我們教會的誇口，但可惜的是，我們開小會、中會、大會時，又常被誤會是開著小花（Hoe）、中花、大花（「花」的臺語音與「會」的臺灣音「Hōe」，聽來是差不多，但其意思是『亂』也。）例如，有一個中會常委會與教會某一機關董事長，對總會常委會依教會憲法規則所發出的通知置之不聞，並且對合法應該舉行牧師就任典禮的中會之抗議或讓步而妥協的建議也不聽，擅自舉行牧師就任典禮，使當日的典禮變成非常的委曲且尷尬。參加觀禮的會眾中一部分較敏感的人，看見合法主持典禮的中會常委都臨場，卻沒有主持典禮，覺得莫名奇妙。像這樣總會權威受蔑視，教會憲法規則被踐踏，可是日後總會的紀錄上卻僅記一筆，「合法的中會對不合法的行爲」而已，對其不合法行爲的責任劃分卻毫無影響。類似這種爭權奪利的行爲，以後不再發生才怪呢！

教會神學是研究、宣揚上帝話語的學問，若不以上帝的話爲我們的中心，僅是誇耀的說：「我們是加爾文主義長老教會。」這樣又有何益處呢？敬虔而熱情要成爲一位宣教師的馬偕是在若拉村的加拿大自由教會產生出來的，他們的加爾文主義長老會有衛理公會信仰復興的精神與動力。我在本書曾提過，明有德牧師說，若拉村民誇口三件有名的事件，其中之二就是若拉村出了很多到神學校就讀並立志成爲牧師的青年，其三就是有一位年輕人往臺灣淡水成爲爲外國宣教師（意指馬偕）。[8] 依照馬偕於公元一八九五年的回憶，「在那所『古老的木造教堂』裡作過禮拜的信徒家中，至少有三十八個年輕人出去做長老教會宣教的先驅者。」[9]

若拉村民最早是蘇格蘭北部地方的移民，屬克勒特人，其特質勇敢、堅忍和熱情，信奉耶穌基督以後，心靈充滿虔誠，遵守上帝的話爲其良心行事。他們在若拉村的自由教會接觸著衛理公會信仰復興的精神，才有上述好成績。這是臺灣長老教會於迎接北部設教百週年之際所必須記得的好教訓。

馬偕大約三、四歲的時候，在心靈上就受了英國長老教會派往中國大陸的宣教師賓威廉牧師的影響。馬偕自己說：「賓威廉在旅行加拿大時，也到過伍德斯多克和若拉村，注入了一種新思潮於當時宗教生活的潮流中。他的名聲在我國很受珍重，他有些精神感動了我幼小的心靈。」當時的英國長老教會多少也受到衛斯理兄弟與其他敬虔主義派的信仰復興運動的影響，因此一方面努力於表現新教福音主義的本質，另一方面派宣教師往國內外宣教，並努力實行「教會的民眾化」或「代議政治化」。

若拉村民原來是蘇格蘭長老教會的信徒，到若拉村後再受到敬虔主義信仰復興運動的潛移默化，加入自由教會，又聽著賓威廉牧師的講道，親眼看到外國宣教師的熱情與犧牲精神，村民無不盛大歡迎他。當時才三、四歲的馬偕，小小心靈接觸著這位國外宣教的英雄，無不大受感動。因此，當他讀著或聽著〈馬可福音〉十六章十五節主耶穌的命令：「你們往普天下去，傳福音給萬民聽」的時候，雖未達到十歲，但就想要做個外國宣教師，實不容易。

註釋

1 From Far Formosa, by G. L. Mackay, 1896, P. 22.
2 Ibid. op. cit. P. 14.
3 National Geograpic, by The National Geograpic Society, vol 133. no. 3, P. 433, P. 429; Encyclopaedia Britanica, vol. 21, 1959, P. 624.
4 齋藤勇編，マッカイ博士の業蹟，昭和十四年，一〇四頁，明有德牧師作。
5 鄉司慥爾，基督教史，昭和七年，四一四－四一六頁。
6 G. L. Mackay, op. cit. P. 16.
7 齋藤勇編，op. cit. P. 104.
8 G. L. Mackay, op. cit. P. 15.
9 Ibid. P. 16.

2 神學生時期的馬偕

公元一八五〇年，馬偕進入伍德斯多克小學就讀，於公元一八五五年畢業，同年進入多倫多師範學校，並在公元一八五八年畢業。據說他自少好學。我們可以從他來臺灣從事宣教、醫療和教育工作之餘，還搜集許多有關植物的材料，並孜孜不倦地研究時，他自少好學是可以肯定的。馬偕自公元一八五九年就做過幾年小學教師，公元一八六六年進入多倫多大學神學部，翌年九月進入美國普林斯頓神學院，並於公元一八七〇年畢業。

普林斯頓神學院是美國長老教會第一流的神學院。該神學院是因教會需要養成傳教者，因此由費城長老教會提案，於一八一一年從普林斯頓大學分開，後隸屬於美國長老教會大會。當初神學院在神學方面是以加爾文神學主義爲基礎，在傳統方面是重嚴肅和敬虔。校內有兩、三位聞名的學者。一九二九年，新約教授、也是世界有名的神學者梅欽博士，因更要忠實於韋斯敏斯德信仰告白，與幾位教授脫離神學院，在費城重建韋斯敏斯德神學院。

馬偕於公元一八六七年九月初進入普林斯頓神學院就讀時，他印象最深的學者就是何基博士，當時他已是一位七十歲的老學者了。何基博士教的是系統神學、新約神學、長老教會神學和近東文學，且著書不少。

馬偕對何基博士的學問、著書、人格、教課的熱情與魄力等，曾回憶說：「普林斯頓的學生無不敬愛他的。不敬愛他的人是不知道他的眞價值。想從他在系統神學方面的偉大著作發掘學問，還不如從他在教室內的講義或安息日下午集會於禮拜堂內的講道最可以窺知。在那裡，你看到這位名實相符的人，也能感受到他的力量，普林斯頓的學生有誰能忘卻這些往事呢？他迷人的容貌多麼耀眼，他炯炯的雙眼顯得多麼平靜柔和，具有慈愛的光輝啊！當他顫抖的手落在講桌上，口裡說出奇妙而神聖的講詞時，我們常常聽得很敬畏！訪問當時在普林斯頓上課的情形，就可以了解他絕對是有足夠的理由被尊敬的。」1

馬偕非常幸福，因爲他曾受過一位在神學、人格、口才、著書都很有成就的教授的薰陶，使他日後在臺灣宣教上有美好的成績。因此，一位神學教授應該努力於神學的研究或著書立說，這樣在講道時，講詞自然會新鮮而神妙，加上態度熱情有魄力，做人虔誠、正義而慈愛，如此才能造就出有爲的宣教者。如果僅講些前人所立的學說，自己卻沒有創作或毫不關心自己所處時代和環境的問題，僅用「塡補講道的時間」這種心態，那麼，就不要勉強爭取神學教授這個地位。宣教者或神學教授的工作是一種被上帝呼召的職業，有薪水，也可以調整薪水，可是要盡力回應神召你的使命。

公元一八七〇年四月二十六日，馬偕畢業於普林斯頓神學院。夏天時，他回到加拿大故鄉，並在多倫多長老教會中會所屬的新城和艾伯特山傳道所工作。夏季傳道工作告一段落後，九月再向國外宣道委員會召集人教授馬克蘭牧師提出申請，說他想要成爲一位外國宣教師。那時馬偕才二十六歲。隨後他獲得馬克蘭牧師的鼓勵，十月初就被引見到國外宣道委員會。馬偕說，「可是委員會未曾處理過這樣子的申請，所以不知道要幫國外宣道工作的候補者處理什麼，因此與會人士不熱心、會議也沒有多大的希望。後來我鄭重地向他們說，願對加拿大長老教會盡力，有一位與會者瞪視我說：『馬偕先生，你最好再等幾年！』另一位與會者則主張延期：『如果他想要到蘇格蘭去，就讓他去，至少這段期間，我們還有一、二年的時間可以考慮。』還有一位與會者提議以馬達加斯加島（南非東方印度洋中的島嶼）爲將來考慮國外宣教的地區。不過，馬克蘭牧師主張即刻接受申請並指派我去國外宣教。無論如何，我獲得的答案是，這個問題我們會考慮，等我們決定後就會通知你』[2]的回答。」

試想：一位年輕人向加拿大長老教會申請要到國外去宣教，可是國外宣道委員會對要往國外去宣教的志願者是如此的不知所措——已設有國外宣道委員會，但卻使志願者要去的人幾乎快要失去希望，實屬難解。因此，筆者不得不找出理由，以資互相勉勵如下：

公元一七五六年起，英、法爲爭取殖民地，兩國曾打過七年的仗。結果英勝法敗，兩國締結《巴黎條約》：首條是英國從法國取得加拿大、布雷頓角島（加拿大東部沿海東北方之一小島）、美國中部的密西西比河以東的法領及非洲西部塞內加爾河的地方。《巴黎條約》未訂立前，英、法兩國在多倫多地區的爭奪戰非常激烈。

我們可以說，長老教會能夠在加拿大立下根基是在《巴黎條約》以後的事。最初教會有若干派，各自都是很微弱的小教派，到了公元一八二六年才組織加拿大聯合長老教會，公元一八四〇年再與蘇格蘭教會聯合，成爲有力量的大教會。可惜的是僅經過五年（公元一八四五年）再度四分五裂，導致加拿大長老教會的力量日漸微弱。幸哉！公元一八七五年，若干分裂的教派又再聯合成爲加拿大長老教會。[3]

多倫多是加拿大安大略省的首都，也是加拿大第二大都市。根據公元一八三四年的統計，當時人口僅一萬人，[4]可見土地那麼大的加拿大，人口一定是非常疏落，特別是鄉村更爲稀微，除了都市教會的信徒較多之外，鄉村教會和信徒的數目都較少。

以上這些事情可由馬偕自己的話來證明：「當時加拿大的教會是分裂而衰弱的。這種使英屬北美洲的長老教會團結成一個調和、堅強且進取的教會，且讓加拿大長老教會都在宗教改革教會大體系之中的聯合，直到公元一八七五年都還未完成。加拿大教會對宣教的努力，幾乎完全傾注於國內，當時針對我的新提議，教會都必須籌款以供國外宣教的費用。」[5]後因提議通過了，馬偕才於公元一八七一年夏季受指派往訪教會募捐。

我們根據以上這三段記事作一個結論，列舉其理由如下：

一、教會有眞實的聯合，力量才大；教會分裂，力量就衰弱。馬偕當時申請要往國外宣教，適逢加拿大聯合長老教會四分五裂，且未再聯合成一個堅強的教會之際，哪裡有膽量派出外國宣教師呢？所以國外宣教委員會才躊躇不決且非常冷淡。雖然最後有所決定，可是都是勉強的。

二、當時加拿大長老教會的歷史還很短。從公元一八二六年，加拿大組織聯合教會算起到馬偕提出申請的公元一八七〇年，才四十四年而已；若從最早移居到若拉村另外那位馬偕博士的雙親移民算起，也才五十年歷史而已。我們可以得知，「教會歷史長」比「教會歷史短」較有基礎、較有責任。

三、都市教會以外的鄉村教會與信徒數偏少，而且經濟力量微弱。

四、長老教會太過於注重神學、教會組織與政治，這對於教會來說雖是需要的，可是在教會歷史上，卻常常看到長老教會主義或改革教會主義的硬化，而且因過於重視組織及其政治，常失掉教會的生命。因此，教會宣教工作幾乎偏重國內。更甚者，僅維持住自己教會的集會，其獻金就作爲傳教者的薪水，偶爾辦理信徒喪喜事之外就別無他事。

北部臺灣基督長老教會已有一百多年歷史了，南部教會早七年的歷史。南北教會於公元一九五一年三月七日聯合爲一堅強的臺灣基督長老教會總會。國外宣教機會早已成熟，願臺灣基督長老教會全體響應國外開拓宣教的呼召：「你們往普天下去，傳福音給萬民聽。」

原本國外宣教是由敬虔主義者（十七世紀晚期到十八世紀中期，發生在路德宗的一次變革所產生的思想）開始的。公元一六二二年，荷蘭改革教會雖然設立「國外傳道協會」，也來過臺灣宣教，可是他們的目的是爲著自己的殖民著想，實際上並沒有成功。雖然宗教改革主義教會於公元一六四九年在新英格蘭設立「福音宣傳協會」，公元一六八九年在英國設立「基督教知識開發協會」，公元一七〇一年設立「國外福音宣傳協會」等，可是沒有直接計劃國外傳道，僅對國內開拓傳道而已。

當時馬偕申請要做外國宣教師（公元一八七〇年），加拿大長老教會所設立的「國外宣道委員會」也不例外。首先差遣宣教師往國外開拓宣教者乃是敬虔主義者。例如公元一七〇五年設立的「丁抹傳道協會」，此協會是德國敬虔主義者富朗開設立的。富朗開以哈勒大學爲宣教師訓練中心，並於公元一七〇五年差遣兩位宣教師，即Bartholomäus Ziegenbalag和

Heinrich Plutschau，往印度傳道，可是他們停留在南非洲從事宣教。[6]公元一七三二年，莫拉維雅弟兄會受到德國撒克遜貴族欽岑多夫伯爵的鼓勵，派遣一團宣教師往國外宣教，其宣教的對象是西印度原住民，公元一七三三年在格陵蘭（加拿大東北靠近北極的大島嶼）宣教，公元一七三五年對北美印第安原住民及南非洲的原住民開始宣教。[7]

莫拉維雅弟兄會熱心又敬虔，採用團體修道院生活，克己勤勉，時常以十位會友維持一位宣教師的費用，會友徹底實行耶穌山上寶訓與《聖經》的諸教訓。這派敬虔主義者影響了英國信仰的復興。

公元一七九二年設立「浸信會差會」的過程如下：

有一位英國國教會會友，後來轉入浸信會，名叫威廉克理，因熱心查經，不久後成爲牧師，但因教會很貧窮，就經營皮靴店自給傳道，自習拉丁語、希臘語、希伯來語和博物學。公元一七九二年，浸信會接受他的提議，設立浸信會異域傳播福音差會。翌年六月，他受派前往印度去宣教。威廉克理一家人到達印度東部的塞蘭坡、孟加拉地區，因水災失去全部的財產，但威廉克理卻拒絕接受差會的經濟資助，並開始自給傳道。他以二十四種印度語翻譯《聖經》，自己設立《聖經》印刷公司，出版印度語《聖經》分給三億以上的人口。他也著有印度的植物學論文，也著作數種印度語字典，在印度傳教達三十年之久。[8]可見，國外宣教工作是敬虔主義教派先開始的。敬虔主義教派在宣教、教育、醫療、《聖經》翻譯、著書、語言、博物研究等工作非常活躍，是加爾文主義或長老會主義教會應當效法的。

註釋

1 From Far Formosa, G. L. Mackay, 1896, P. 18.

2 Ibid. P. 19.

3 Encyclopaedia Britanica 1959, vol. 22, P. 304; vol. 18, P. 443.

4 Ibid. vol. 22, P. 304.

5 G. L. Mackay, op. cit. P. 24.

6 Encyclopaedia Britanica vol. 15, P. 599；鄉司慥爾，基督教史P. 455.

7 Ibid. vol. 23, PP. 953-954；鄉司慥爾，op. cit. P. 455.

8 Ibid. vol. 15, P. 599；日曜世界社，基督百科事典二八九頁。

3 影響馬偕的關鍵人物

話說回來，當馬偕聽到加拿大長老教會國外宣道委員會勉強回覆的「等我們決定後再通知你」這句話後，馬偕心裡就想著，一定要去見蘇格蘭愛丁堡大學教授、宣教英雄達夫博士一面，就隻身渡過大西洋，進入愛丁堡大學研究所，那時是公元一八七〇年十一月。[1]

當時達夫博士已是一位高齡六十四歲的教授，也因身體狀況不佳，看起來一定顯得較老吧？他受過加爾文主義衛理公會創辦者查麥士潛移默化的指導，所以達夫博士二十三歲時成為蘇格蘭教會最早受派往印度宣教的宣教師。因前往非洲途中，船破遇險，達夫博士失掉了一切，僅找到一本《聖經》，認爲這是上帝的旨意，於是長達三十三年的時間都在印度的加爾各答宣教，盡力從事教育事業、建設加爾各答大學，盡量使用英語來教育學生；一方面藉此養成傳道者，另一方面從教育工作來開啓黑暗的印度。

期間，達夫博士因生病而曾回到蘇格蘭二次，第三次才再往印度宣教。公元一八六四年又因身體不佳回到蘇格蘭休養，之後成爲一位自由主義神學教授。馬偕因爲想到印度去宣教，所以向他學習印度的婆羅門教和佛教知識。馬偕回憶達夫博士的爲人，說：「達夫博士的講義資料豐富，具有宗教的熱情；他常常會一高興就脫掉教授的服裝，流露著克勒特人的天性。他對我特別親切，我常常到他家消磨許多時間。我記得有一個晚上，他給我看他在非洲遭難後再度發現的那本《聖經》。那本《聖經》令我覺得心生敬畏與神聖。」[2]可見馬偕被達夫博士潛移默化了很多，使他在臺灣的宣教上不僅有膽量且熱情親切，在後來宣教遇到的困難上，在精神上獲得了很大的鼓勵。上帝的恩賜除了會給人特別的事情之外，時常是透過別的信仰者而來的。

公元一八七一年三月中旬，馬偕結束了愛丁堡大學的學業後，又回到撒德蘭郡。他對加拿大國外宣道會申請派往異地去做宣教師的事情感到絕望了。因當時已經過了九個月卻全無音訊。四月十四日晚上，他正在考慮「是否應申請服務於蘇格蘭教會或美國教會」時，就意外地接到馬克蘭博士寄來的信，信中陳述「國外宣道委員會已經決定，要向加拿大長老教會總會推薦你爲加拿大長老教會往異教地方去宣教的首任宣教師。」他看了信之後，相信不管總會是否能接受該委員會的推薦，馬偕相信神必有安排，心裡覺得非常快樂。

四月十五日，馬偕離開撒德蘭郡。四月十八日乘船趕回加拿大，參加六月第二個禮拜三在加拿大魁北克南部召開的加拿大長老教會總會。總會有許多問題，先要討論和議決，可是馬偕關心的是國外宣道委員會的報告：「總會肯否接納該委員會的建議？如蒙採納，又要派他到什麼地方去？如不採納又是甚麼結果？」想必他的心情一定很緊張又焦急。到了該委員會的報告時間，根據報告書中的一段記載如下：「有人提出申請，而我們的教會似乎要負起一切責任。我們教會的學生馬偕先生，去年冬天曾受過達夫博士的教導，目前已來本市，接受我們教會指派的任何工作。」

報告書中提議了三個地區：印度、新赫布里底群島共管地（在澳大利亞的東方之西太平洋的一群小島嶼）和中國。該報告書指定「赴中國」較爲妥當。總會的決議如下：「本總會誠摯接受偕叡理先生去異教地方宣教的申請，因此本屆總會派他成爲加拿大長老教會的宣教師並前往國外去工作。」決議中註釋：「茲選定中國爲偕先生前往工作之地區。」並批准如下：「茲授權於多倫多長老教會中會封立偕先生爲牧師，並依照國外宣道委員會的提案，爲他受派去工作的任命作之後種種的安排。」[3]

年輕人能達成志向，那種欣喜應該是人人可以想像的，不過雖然已獲總會的批准，但是面對前途的重重困難，不免還是會有一些疑慮的情緒，連馬偕也不例外。當他被介紹給總會並應邀即席演講時，有些人以爲他是「狂熱的信徒」而憐憫他。公元一八七一年夏天，當馬偕因爲要引起教會對國外宣教行動的關注時，曾先後訪問魁北克省及安大略省全境的禮拜集會，也曾到過南部城市戈德里奇之間的一些教會，可是有些會眾對他的說明沒有一絲好感，甚至有部分的人以非常無禮的言辭譏諷他，並稱馬偕是「一個激動的青年」。所到之處人人無情，連教會也顯得很冷淡，馬偕說：「這時對我似乎是一個冰河時期。」[4]

加爾文主義長老教會有許多優良的傳統，可是反過來說也有許多不良的傳統，例如在信仰、行爲、工作、人情味等，既不冷也不熱，好像老底嘉教會一樣，以爲自己是富足的，已經發了財、一樣都不缺，卻不知道自己還是那個困苦、可憐、貧窮、瞎眼、赤身的人，甚至因教會組織和神學各類繁瑣的制度，而使得教會硬化、或冬眠、或不能活動的癱瘓狀態。

我們不可唯我獨尊。請看世界教會歷史就可以明白「敬虔主義教派產生的理由」。約十七世紀末，改革派教會的宗教狀態漸漸地退潮。從十五、六世紀的文藝復興運動以後，科學家、思想家、哲學家漸漸承認人的價值、能力和理性的力量，這種「人本主義運動」侵入基督教產生自然神論或稱爲自然神教，代表者就是英國醫師也是哲學家的洛克、蘇格蘭哲學家休謨等人。

洛克和休謨他們承認「人的好行爲在神面前能獲得報酬，並認爲人的理性不能證明的事就是迷信」而推翻許多事情。因此，否認了三位一體神觀、基督的神性、十字架的贖罪、神蹟、聖禮典的果效等。這種自然神教的潛移默化影響到歐洲大陸。由啓蒙運動的純理主講及儀式、制度組織及埋頭於煩瑣神學論，教會硬化癱瘓，不能活動，也不關心宗教的個人經驗，即個人的心由聖靈直接的照耀，悔改信《聖經》裡上帝眞實的話，而生活，盡其使命與服務。德國敬虔主義運動就是因耐不住當時這種教會的狀態因而產生的。他們聚集少數人查經、祈禱、克己勤勉，派宣教師到國外開拓宣教。英國比歐洲大陸早，就因改革教會在教理、禮拜及教會組織制度有曖昧、不徹底，所以爲了要打破英國教會使用牧師服裝（似乎暗示牧師的特權職分）、儀式及羅馬教會的迷信，於是在公元一五六四年開始有清教徒。

公元一六一一年，第一浸禮會成立。美國清教主義的教會大約於十七世紀中成立。英國的牧師約翰·福克斯二十二歲入信，主張基督教非外表的信仰告白，而是基督直接照耀信者靈魂的「內在的光」。約翰·福克斯立即開始傳道，否認那些教導信徒的職務、可見的儀式及組織化的教會。他雖有些極端的想法，可是當時英國的基督教會是極端制度化、儀式化及神學化的組織，他的宗教運動深深感動人心。因此，北英國在公元一六五二年設立了第一間貴格會。此後，衛理公會、浸信會、聖靈派、普里茅斯兄弟會（普里茅斯在英國的西南海岸，當時從那邊發起的）、牛津運動、救世軍等，就陸續設立。

回溯馬偕當時進入愛丁堡大學研究所，從加拿大航向蘇格蘭的途中，在船上看到的情景是：「船員們都醉酒，船客們也痛飲」。返回加拿大的途中，他在船上又看到：「我在做三等艙房客，其中有愛爾蘭羅馬天主教的移民，其數逾七百人，爲同伴。從那時候起，我看見了些人生的黑暗面，我旁觀了人類墮落的行爲及污穢的情景。之後無論我遇到什麼情況，都不能抹滅掉那一次我在歸鄉航行中所見聞的那些印象。」[5]

人生的黑暗面是什麼？人類墮落的行爲、污穢的情景又是什麼呢？一定是沒信心、不敬虔所導致的醉酒、污言、賭博、偷竊、打架、淫猥等狀況。當時的羅馬天主教因組織制度化、政治化、神學化、人的權威化及傳統化，因此失去了教會的生命。改革主義的新教是由它分裂出來的，具有其血統，因此更要小心警醒。臺灣長老教會已陷入教會的組織制度化及其政治化，對於信仰與生活，查經、禱告與宣教的熱情漸漸退潮也是當然的。北部教會已一百多年的歷史，前事不忘爲後事之師。

幸運的是，馬偕於公元一八七一年夏季訪問魁北克省和安大略省各教會，也遇到過三、四位傑出的人物，其中一位是地質學家，兩位是神學博士，還有一位是成熟老練的宣教師，曾在黑暗的大陸做宣教師長達二十五年之久。馬偕受到他們很大的鼓勵。那位成熟的宣教師叫英格利士，他過去也深感加拿大教會的冷淡和無情。英格利士對馬偕說：「年輕人，不必介意！大家會指教你、忠告你，但也會討論到所需要的經費，你把那些冷淡和無情放入衣袋裡，不要想它們，只管去宣教，一切事情將會改變的，這樣，你會迎接更光明的一天。」[6] 年輕人在失意時獲得鼓勵，是一件非常重要的事，鼓勵能讓一個人恢復信心、希望與重新振作的力量。

註釋

1 From Far Formosa, G. L. Mackay, 1896, P. 20.
2 Ibid. op. cit. PP. 20-21.
3 Ibid. op. cit. P. 23.
4 Ibid. op. cit. P. 21.
5 Ibid. op. cit. P. 20; P. 22.
6 Ibid. op. cit. P. 25.

4　受派到國外宣教的馬偕

公元一八七一年九月十九日晚上，馬偕與聞名加拿大的教育家、著作家且在教會勤於服事的博士伯來斯，同時在古德街教會，跪在多倫多基督長老教會中，在會議長前被按手封立為宣教師。伯來斯博士受派到新西方的新世界曼尼托巴（加拿大西北部的一個省），馬偕則被派到東方的舊世界中國。封立後，國內宣道委員會代表人向伯來斯博士說訓誡的話，而國外宣道委員會召集人以國外宣道的任務為題，向馬偕說訓誡的話。

封立一個月後，公元一八七一年十月十九日，馬偕回到若拉村向家人親友辭行。有人說，釋迦牟尼講人生八苦，其中一個苦是「恩愛別離苦。」[1]因此，我們不怪馬偕對於離別會有痛苦的情緒，他辭行時說道：「當時我們說過什麼話或有過什麼情緒，現在不必說。只有上帝知道某些人的心境，他們或許因離別而心碎，但卻將悲傷深藏在心中。」[2]

在國外宣教史上，馬偕並非是第一位被派遣到國外的宣教師。在他之前已有成千成萬的外國宣教師，只不過因他是加拿大長老教會首任的外國宣教師。他知道之前的宣教師中，有的人可以順利回家鄉，可是也有因水土不適病倒在異鄉的、有的被兇蠻未開化的人殺死。中國有五千年的文化，應該會比較安全，可是因國際間的政治與經濟問題，他們對外國人應該是不會抱有好感。特別是因鴉片戰爭使得世界各國對中國締結下的不平等條約事件，一定會受影響，馬偕對這些國際情勢不會不知情的。他到中國宣教的時候，會不會因被華人仇恨而喪命？他也知道自己所屬的加拿大長老教會，對他在精神與物質上的國外宣教支援「不夠熱切」。死，對於一個外國宣教師是已有所覺悟，可是能否完成國外宣教的任務？這個問題常懸在馬偕的心頭。人生的價値非在壽命的長短，而是在有所作爲。

馬偕從若拉村附近的伍德斯多克火車站出發到達底特律，再換別家鐵路線到芝加哥，接著又換到鄂馬哈（美國內布拉斯加州的東邊）。因爲加拿大長老教會給馬偕的費用有限，因此他每次轉換不同的鐵路線時，都會先去跟鐵路人員交涉「牧師乘車優惠」的折扣，可是沒想到從鄂馬哈火車站再度出發時，鐵路局就不給他打折了。

馬偕對鐵路管理員說：「我是一位宣教師，要到異教國家去，請照我之前搭乘過的三條鐵路線那樣的折扣優待我。」但鐵路管理員卻回答：「我不認識你，你有證件嗎？」當時馬偕身上沒攜帶任何證件，又因爲加拿大長老教會是首次派遣外國宣教師出國，也不知道要準備甚麼，另外，馬偕又是第一次受派出國，自然也不知道要準備甚麼證明文件，在鄂馬哈那個地方，他也沒有認識的朋友可爲他證明身分。不過馬偕窮極思變、急中生智，拿出國外宣道委員會贈送他的那本《聖經》，並請鐵路管理員閱讀扉頁上的題辭：

偕叡理馬偕惠存：

國外宣道委員會派你為加拿大長老教會首任赴中國的宣教師，在你即將離開祖國並前往宣教工作的異教地時，本會敬贈此本《聖經》，以表敬意。

國外宣道委員會召集人　威廉・馬克蘭

公元一八七一年十月九日　於鄂大瓦

馬太福音第二十八章十八節至第二十節

詩篇第一百二十一篇

鐵路管理員看完後，就把他要去舊金山的鐵路票打了一個優惠的折扣。馬偕抵達舊金山的時間是十月二十七日，並且在一位加拿大人家裡作客五、六天，他們熱情的招待他。[3]

十一月三日，馬偕搭乘輪船往香港駛去，出了金門灣後，各種思緒就開始在他心裡旋繞著，想家，並想念相隔四千八百三十餘公里外親愛的家人們，想著未來可能會發生的事情。四周盡是一片茫茫大海、要前往的國家充滿了異教地區的危險；他不知將來是否能安全重返故鄉？他的生命能否經得起那樣可怕的磨難？他到國外宣教是不是一個錯誤的決定？

馬偕有那樣的思緒，不代表馬偕比別人軟弱或怕死，當然也不是表示他沒有信心。我認爲這不過是一種試探，這種情形人人都會有。幸運的是，馬偕有上帝的話——《聖經》。他常讀國外宣道委員會題在《聖經》扉頁上〈詩篇〉裡的經文：「我要向山舉目」、「看哪！我常與你們同在。」還有〈詩篇〉四十六篇常帶給他安慰和平安的心。不管是海上的波濤洶湧、風雨更狂暴地翻騰在一望無際的太平洋時，或是日後當踏上異教地區，面對那些異教徒的憎恨時，他都讀那些經文，心中並獲得很大的祝福：「上帝是我們的避難所，是我們的力量。」[4]

馬偕於公元一八七一年十一月一日從舊金山搭乘輪船「亞美利加號」，並於同年十二月五日上午抵達香港爲止，那段期間的每個禮拜日和禮拜三，凡受派往中國、日本和暹邏（泰國）的宣教師們都聚集一起作禮拜、一起開禱告會，互相輪流主持聚會。雖然只有三、四人，不是大型聚會，但是互相了解、彼此鼓勵，大家都一同領受上帝的安慰與力量。

公元一九五三年九月中旬，筆者記得當時從舊金山搭乘「庫利伯蘭總統號」經檀香山、日本將回臺灣的航行中，認識了一位住在美國的中國僑胞，她是一位中年的婦人基督徒。在談話中，她知道我是臺灣基督長老教會的牧師後，就在前一個禮拜六跟船長商量，借用三等船客的客廳當作禮拜日暫時的禮拜堂，又臨時組了一團聖詩隊，在禮拜日上午十時舉行基督教禮拜，並邀請我主講一小時的主理和講道。所以，我在禮拜六晚上準備了英語講道、禱告以及禮拜的順序，過了半夜才去睡覺。

那個禮拜日，我的講道題目是取自約翰福音十五章四節：「你們要常在我裡面，我也常在你們裡面。」赴會者約百餘人，其中未信者更多，獻金收到美金三十幾元。禮拜結束後，我邀請一位年近八十歲的日本牧師爲大家祝禱。後來那位姊妹和我商量的結果是「將當時全部獻金贈送給那位年老的日本牧師，以表華人愛日本人之心」。

之後四、五天的航海旅行中，每個人的心中都非常的喜樂。英國、美國人碰到我都很和藹可親，日本人看到我都叫我「牧師」，印尼人，特別是菲律賓人，都叫我神父，每個人都流露出愉快、親切和安詳的喜樂之心。

我想，與馬偕同乘一艘船的人，當中一定有未信上帝的人。他們一定因太平洋上的波濤翻騰而心生懼怕，且因不可預期的航行而膽寒。這是免不了的事。雖然那些人最後還是和馬偕一同平安抵達目的地，可是兩方的心情有如天地之隔，相去甚遠。信上帝者，雖有試探，可是心平氣和，安枕而臥。不信者，心煩意亂，六神無主，說不定還會因心驚膽顫而昏倒或自尋煩惱。假使輪船在波濤洶湧的太平洋中翻覆而沈沒，船上人員全部喪生，兩者也有雲泥殊路。不信者，不知所措，驚惶、絕望而死。信者，「雖然行過死蔭的幽谷也不怕遭害，因爲神與他同在。」[5]這是信者馬偕比未信者剛強的地方，也是他到異教徒中要宣揚的道理：「神是我們的避難所，是我們的力量，是我們在患難中隨時的幫助。（詩篇四十六篇一節）」「我就與你們同在，直到世界的末了。（馬太福音二十八章二十節）」

從舊金山航行經過二十六天後，高峰積雪的富士山出現了。馬偕在船上的圖書館借閱有關中國事物的幾本書籍，以作有益身心的消遣。公元一八七一年十一月二十七日，船停在日本橫濱港口，馬偕終於看到東方人的生活。這一切對他來說都是新奇有趣的，包括人力車、馬車，他還到市場去買水果吃呢！船隨即離開橫濱，不久後，十二月五日上午就到了香港，他去了朋友家裡作客。翌日，馬偕去廣東找朋友聊天，晚上與眾宣教師們聚會，並由翻譯人員翻成中文向華人講道。

十二月八日，馬偕回到香港後，去拜訪德國宣教師並參觀他們的女學校。翌日再乘輪船去廣東汕頭。十日下午二時，馬偕平安抵達汕頭，英國長老教會宣教師湯普遜博士來接他。

原來在他未任命前，加拿大與英國雙方的國外宣道委員會已有書信往來。英國長老教會也曾寫信給加拿大長老教會，邀請他們同享在中國宣道工作的特權。加拿大長老教會總會指派馬偕至中國時，也特別交代要與英國長老教會宣教師們合作。因此，汕頭會友事先知道馬偕要到汕頭來，就很誠懇地迎接他。他在汕頭住了十六天，期間也參觀、也傳道。

馬偕到了汕頭後，對於自己要去哪裡傳道還沒有什麼特別的想法。他說：「我並無什麼計劃，不過好像有一條無形的繩子引導我去了這『美麗島』[6]。因此，十二月二十七日，馬偕離開汕頭，隔天到達廈門，雖然汕頭會友邀請他住在他那裡，可是他卻想先到臺灣看一看。

十二月二十八日上午十一時，馬偕再從廈門換搭一艘帆船，橫渡臺灣海峽，這次的航行是他從加拿大起行中，最後、也是最苦的航行。漆黑的夜晚中，天空沒有一點兒星光。狂風怒號、海浪洶湧，船艙也污穢不堪。十二月二十九日下午四時前，馬偕終於抵達打狗（高雄）。上岸後，暫住在德記洋行哈地先生借他的一個地方。十二月三十一日禮拜日，馬偕就在哈地先生的房子裡向英國人講道，這也是馬偕在臺灣的首次講道，題目是「被釘救主的福音」。當天下午四時，他住在南部教會宣教師李麻牧師家裡（李麻牧師的家也在高雄），但是當時他們夫婦倆不在家，去阿里港（現今的里港）探訪教會。

隔天（公元一八七二年元旦），馬偕就去里港找正在巡視教會的李麻牧師夫婦，受到他們熱烈的款待，從元旦到四號都帶著馬偕去參觀他們夫婦的教會工作。一月五日，馬偕隨李牧師夫婦回到高雄，暫住他家直到三月六日止，學習了許多有關臺灣事物及南部教會宣教的方法，多次巡歷李牧師負責的九個宣教所，並且常請益李牧師的臺語老師，學會了臺語八聲。[7]依據馬偕的日記記載，馬偕至三月六日止，在李牧師家裡已背唸過九百餘個漢字與其意義，也學會二百一十四個漢字典的部首。可見馬偕謙遜好學地為宣教工作作準備。

後來，當馬偕決定了自己的去向，他說：「有人（若不是李麻牧師夫婦、就是南部教會會友）跟我說臺灣北部的事情：在城市及平野地區，人口稠密，山上有要塞，但住民心中沒有依靠，沒有宣教師，宣教的基礎亦未奠定。我覺得我是受上帝蒙召做這份工作的。那一天，我對李麻牧師說：『我已經決定住在臺灣北部了。』他欣然回答我說，馬偕，神祝福你！」[8]

所以，隔天（三月七日），馬偕和李麻牧師相偕乘船沿海岸北上，考察馬偕所選定的工作地區。當船開到臺南時，南部教會德馬太醫師（公元一八七一年至一八七六年來臺）暫將南部教會交給甘為霖牧師管理，也上船參加馬偕的行列。兩天之後（三月九日），他們一行人所乘的汽船駛入淡水河口，而後靠岸。馬偕上岸後，向北邊眺望，又轉望南方，他遙望北部內陸一片濃綠的山丘，心中很滿足。有一種平靜的、清晰的、預言的確信對馬偕說：「這是你的家。」又好像有聲音對他說：「這就是你要宣教的地方。」這一天，三月九日，就是臺灣北部教會設教紀念日。

汽船停在淡水河口，馬偕一行人從甲板上看過去，覺得北部非常美麗。黃昏時，他們到廣闊的山丘、海邊的沙灘及沿岸上散步，觀察淡水的地勢。他們看到前方屹立著一座海拔五一二公尺的高山，後方東南面有海拔六〇九公尺至一、二一九公尺的山嶺重疊。李麻牧師非常感動，以手指著地平線對馬偕說：「馬偕，這是你的教區。」德馬太醫師也同樣強調說：

「這裡比打狗更優美。」[9]

淡水的英國商人約翰·陶德把他的自宅外面、一間平日沒居住的房子借給他們暫住，馬偕一行人非常感謝他。翌日是禮拜日，互相商量的結果是「先不要公然禮拜比較好」，因爲畢竟還不知道淡水地區的風土民情，所以各自守安息日。隔天，三月十一日，李麻牧師與德馬太醫師要從淡水沿路回南部，以便視察中部以南他們所建設的教會。馬偕也決定和他們一起同行，希望能探察自己將來的教區。[10]

一百多年前，臺灣基督長老教會分爲南部教會與北部教會，並沒有分界線。因爲英國長老教會先由南部開始宣教，叫作南部教會。之後加拿大長老教會從北部開始宣教，叫作北部教會。這種分南、北教會的原因是很自然的，不能怪誰是誰非。馬偕本來受派的目的地是中國，可是好像有一條無形的繩子牽引他到這個「美麗島」。他決定要在臺灣北部設教，李麻牧師與德馬太醫師也未曾反對過，並且贊成，還用手指著四周的地平線說：「馬偕，這是你的教區。」馬偕不是一個普通的宣教師，他有信心、敬虔、體壯、能幹、熱情、愛心的特質，從小就爲國外宣教作準備，他是夠資格經營一個大教區的宣教師。因此，他在臺灣北部與南部教會宣教師們並肩而立，創設北部教會有何不可？同時，他受加拿大教會指派爲外國宣教師也要有一個交代，所以在南部教會之外創設北部教會也是理所當然的。

話說回來，公元一八七二年三月十一日早晨，李麻牧師、德馬太醫師與馬偕，各僱一位挑行李的工人，一行共六人，沿著淡水北岸走向港口，渡船到對岸觀音山下，穿過稻田、小徑和樹林，不久就到大馬路上。上午十點到達坪頂（今桃園龜山），黃昏時到了中壢。在這段徒步旅行中，他們內心非常高興，因爲臺灣的春天，氣候不僅好，景色山清水秀、綠草如茵，琪花瑤草、雲雀高飛且歌聲悅耳，很是迷人。

中壢客棧是土角蓋成的平房，很低矮，房間非常小，只能擺三張床，沒辦法再擺其他椅、桌和立錐之地。所謂的床也只是一塊木板，以磚爲腳，床上只鋪一張破舊且骯髒的草蓆，無彈簧也無被褥。房間沒有窗子，也沒有可以通風的開口，房內所用的燈火是一個花生油碟子裡的一條燈芯草。地面潮濕，壁上發霉，不但被人亂寫了字，還有三代同堂的小動物在爬行，還有令人發昏的鴉片煙味，房門外有豬隻在污泥中打滾，雞、鴨隨意在各處散步，因此，房內外的「奇香異味」使首次宿在臺灣客棧的馬偕好不難受。不過，之後馬偕還聽說「中壢的客棧在臺灣算是一級的！」翌日（十二日），他們離開中壢，黃昏時到了竹塹城（今新竹），宿在一間較好的客棧。中壢那間客棧若是可稱爲「女王旅館」，那新竹所宿的那間客棧，馬偕覺得可稱爲「宮殿旅館」。

十三日，他們一行人繼續南下，沿海邊走，下午抵達白沙屯（今苗栗通霄），入夜宿在一間工人休息的茅舍中，床底下被大豬和許多小豬占領，作爲牠們的大本營。十四日，李麻牧師患了瘧疾，只好坐轎子隨行。李麻牧師全身被病毒襲擊，滿臉瘡疤如蜂巢。下午三點，他們抵達了骯髒的城鎮大甲，李麻牧師因病暫歇於客棧，馬偕和德馬太醫師到處去逛逛。

十五日到達大社（今神岡）。大社當時已經是英國長老教會宣教區最北的一站，是平埔部落，有佈道所也有會友。禮拜日的主日約一百人以上參加。馬偕、李麻牧師與德馬太醫師以此爲中心，訪問附近的平埔族教會，如內社和埔社。埔社的平埔族看到李麻牧師一行外國人，沒有辮髮，以爲他們不是臺灣人，而是平埔族的親戚，因此，那夜他們宰了一隻大公牛，舉行盛大的宴會慶祝他們的光臨。

最後，馬偕於四月二日在神岡與李麻牧師、德馬太醫師分手。他們兩位南下，馬偕與一位漢人回到淡水。馬偕說：「外出之後，二十三日之久，我從另一條路回來，四月六日下午四點抵達淡水。[11]（筆者註：原書記載二十三日的數字與事實有出入，應該要改爲二十六日。）

註釋

1 中國佛教月刊社印行，漢英佛學大辭典三二九頁B。
2 From Far Formosa, by G. L. Mackay, 1896, P. 27.
3 Ibid. op. cit. P. 28.
4 Ibid. op. cit. PP. 28-29.
5 詩篇第廿三篇第四節。
6 G. L. Mackay op. cit. P. 31.
7 Ibid. op. cit. P. 31.
8 Ibid. op. cit. P. 32.
9 Ibid. op. cit. P. 33.
10 Ibid. op. cit. P. 34.
11 Ibid. op. cit. P. 37.

第四卷

George Leslie MacKay

All for Christ

愛主愛臺灣的馬偕博士

1 淡水租屋棲身

公元一八七二年四月六日下午四點，馬偕從大社平安回到淡水。他必須做的第一件事就是「找棲身之處」。當時外國宣教師要租一間房子是不容易的，如果馬偕是一位外國富商的話，即使旁有漢人敵視，但錢能使鬼推磨，要租屋也是沒有多大問題的，但是馬偕是加拿大長老教會首任派駐的外國宣教師，教會不知道要如何安排，甚至有些信徒對他到異教地獻身的行動表現得很冷淡，因此，教會給他的川資、生活費及宣教資金必然很有限，加上宣教是虧損的工作，絕非是營利事業，所以要非常謹慎使用教會所奉獻的資金，況且馬偕是宣揚與華人不同的宗教，甚至相反的宗教——基督教，種種情形下，租屋這件事就更發困難了。

當時淡水居民不僅反對他、對他叫罵，還有人拒絕租房子給馬偕。四天之後，馬偕才從英國商人約翰·陶德那邊，租到了一間原是中國軍官準備作爲馬廄的房屋。租金每月十五元，是個骯髒的地方，房屋的牆壁是從一座陡峭的小丘挖掘而成的。屋邊有一條小路，把房子與淡水河流隔離開來。乾季時，空氣悶熱；雨季時，水從山坡上流下來，衝入屋內，經過地板，流入前面的河中。房屋的情況既然如此，就未必能夠保障人住在屋內的身體健康。不過大家大概還不會忘記之前我在前文提過的，北部教會宣教師明有德牧師說：「關於若拉村村民的三件事」吧？其中之一就是若拉村出產世界拔河比賽最強的選手，[1] 馬偕就是若拉村民體質強壯的代表，否則，這樣的房屋怎麼可能住了不生病呢？不會隨即生病才怪呢。

馬偕只有帶兩個松木箱，但屋裡甚麼都沒有。當地的英國領事費里德借給他一張椅子和一張床。一位名叫陳阿順的漢人送給他一盞破舊的老油燈。除此之外，馬偕又僱了一個泥水匠，用石灰把整個房子粉刷一遍。至此，房子已經比之前乾淨許多，馬偕再用報紙貼在牆壁其他部分需要遮掩的地方。屋內有門的地方就用紅色的棉布做一條垂簾。四月十三日，馬偕就遷居到那邊。

疑問是：馬偕從四月六日下午四點從中部抵達淡水後，到四月十三日遷居到租屋處那段期間是住在那裡呢？原來他是住在約翰·陶德棧房裡的一間浴室裡，那間浴室僅八尺平方大，一個很潮濕的地方。前次借給馬偕、李牧師和德馬太醫師住的那間，因為當時有一艘船被海浪衝破，所以就借給船長和一群水手們住，所以當馬偕從中部回來時，約翰·陶德已沒有地方給馬偕住，只剩浴室。但馬偕一想到約翰·陶德親切、大方的度量，把浴室借給他暫住，仍非常感激地說：「他將他最好的、多餘的房間借給我住。」

公元一八七二年四月十日，馬偕租到房屋時，日記寫著：「猶如在我的旅行箱貼上了一張字條『中國—臺灣—淡水』所寫明的地址，從若拉村的老家一路受耶穌的引導之後，如今我在此屋。喔，將基督的教會奠基於頑固的異教地區，是多麼榮耀的特權啊！願上帝用祂的話——《聖經》幫助我盡此義務！喔，我的領導者，主耶穌，我再次宣誓忠順於祢。上帝啊！如此幫助我吧。」[2]

四月十三日，馬偕遷入那間房屋的日記如下：「遷入所租的房屋。這是很簡單的，因我只有兩個箱子而已。我沒有睡床、椅子和桌子，可是我已有自己的房屋，並且有自由，勝過富人的大廈。我滿足高興。」

從這裡我們可以看見，馬偕願意忠誠於主耶穌的命令，犧牲自己，在異教地區中宣教，使異教徒獲得上帝的救贖。這就是耶穌基督的精神。正如保羅所說的：「你們知道我們主耶穌基督的恩典，祂本來富足，卻爲你們成了貧窮，叫你們因祂的貧窮，可以成爲富足。」[3]使徒保羅也有耶穌的這種精神，他說：「我們爲基督的緣故算是愚拙的，你們在基督裡倒是聰明的；我們軟弱，你們倒強壯；你們有榮耀，我們倒被藐視。直到如今，我們還是又飢又渴，又赤身露體，又挨打，又沒有一定的住處。」[4]

臺灣教會不可忘記馬偕，因爲他隻身在臺灣這個異教地區宣揚福音，遇到種種的不便：在淡水首次暫住在浴室，後再遷住在原是準備用作馬廄的房屋，而且房屋情況對於人體的健康非常不利，但他都克服了。

註釋

1 本書第三卷第一節4。
2 From Far Formosa, by G. L. Mackay, 1896, P. 38.
3 哥林多後書第八章第九節。
4 哥林多前書第四章第十節—十一節。

2 勤學語言、自編字典

人類令人驚訝的成就之一，是傳達思想感情的方法。這種方法有很多形式：一是手勢、信號及語言，二是記號及文字。手勢與信號是語言的輔助；記號是文字的先驅。事實上，語言與文字也是同一件事情，因爲文字也不過是寫下的語言，其發生爲語言發展的最後一段。語言及文字的功效能使各人的經驗藉以互相參考，而各人的協作程度也藉以提高。因此，語言及文字實是傳播之媒介。由語言及文字的媒介，各人的知識觀念才得以傳播出去。

馬偕既已有馬廄改成的房屋作爲棲身之處，再來重要的工作就是學習臺灣的語言和文字。他在李麻牧師家裡作客時，已學會了臺語（閩南語）八聲和幾句會話，並曾背唸九百餘個漢字和二百一十四字的字典部首，並於公元一八七二年四月十三日遷入所租的房子。

翌日是禮拜日，馬偕向一些人做第一次的臺語講道，之後每天晚上的佈道也是使用臺語。四月二十日起四、五日之久，許多讀書人去跟馬偕辯論時，他也是使用臺語，可是還未流利，而且他當時還不懂俚語和俗語，也沒有臺語老師教他，也沒有初學者適用的書籍可進修。因此，馬偕覺得最好向自己家裡的男僕學習臺語發音與語調會比較適合。可是男僕未曾做過這種老師的工作，覺得不耐煩，竟然離開馬偕不做了。馬偕不得已就到鄉間尋找，希望能碰到些可以和他談話的農夫，以便學習一般人溝通所講的語言。

很幸運地，馬偕在鄉下的丘原上終於看到十幾個看水牛的兒童。可是當馬偕一接近他們時，他們就立刻喊著：「洋鬼子，洋鬼子！」一邊跑到大石頭後面躲起來了。第二天，他又去找他們，這次他們雖然靜默地注視他，但似乎還是有些戒備，又紛紛逃走了。第三天他又去找他們，向他們講話，因為他對他們所講的話，都先細心練習過的，所以他們聽得懂而驚訝地說：「他懂我們的話呢！」孩童們既然對外國人會講些臺語而感興趣，馬偕就利用這個機會，拿出他的一個錶，高舉起來給他們看。他們就跑近馬偕，把他圍起來，摸摸他的手、手指、鈕扣和衣服。那天，兩方便成為朋友。從此以後，牧童們都以熱烈的心盼望著馬偕到來。[1] 這件事，表示馬偕有耐心、熱情和機智，能捉住機會，與陌生人交際有術，是我們會友和宣教者所當模仿學習的地方。

馬偕每天都去那個丘原找牧童們，和他們在一起達四、五小時之久，跟他們說話，也聽他們說話，把新聽到的字句都記下來，於是，他的語言能力很快就增加了。可說他從牧童處學習最多。[2] 大約到了四月底，馬偕不僅學會俚語、俗語，連鄙語都知道了。

白天，馬偕從牧童那邊學習臺語的口語表達，晚上利用書籍研究中國文字。因為沒有教師或幫助者，也沒有良好的辭典，常常因為要懂一個字的意義，花費了數小時。他平常盡量迴避歐美人或能說英語的漢人，而與任何喜歡和他談臺語的人講話。常常有讀書人喜歡在晚上到馬偕家裡討論宗教問題，這也是他學習語言和文字的機會。[3]

馬偕對學習語言及文字非常有恆心又很努力，來臺五個月就能說一口流利的臺語，另一方面又寫成一本《中西字典》，這是大約在他來臺後第三年的事。公元一八七四年，他獲得上海美華書館刻版的一本字表，此字表是依照部首及字劃編排的，共有六千六百六十四字。他把這些字抄寫在自己的筆記薄，逐漸完成其注音及釋義，這就是《中西字典》的由來。當時馬偕的門徒中有書齋（學校）的教師，也有藥商等專業人士，可是漢文的知識很淺薄，所以他研究漢文要非常的細心，講究正確性，他的門徒每天也抄寫一百個漢字以便背唸。每天晚上禮拜聚會後，再重覆背誦一千個單字。因此，馬偕和門徒的漢文知識的程度，是當時臺灣北部的教師所不可及的。

馬偕研究寫成的漢字原稿，當時唸給門徒抄寫以茲背唸，可是在公元一八八四年法國艦隊砲擊淡水時，自己的原稿被燒掉一部分。原本馬偕不是因爲要出版字典而研究漢字的，但是日後應大家的要求，才派連和與劉澄清二位門徒做編列漢字的工作，門徒汪式金清楚地抄寫之，門徒嚴彰用羅馬字寫讀音和解義。一八八九年八月十日由陳榮輝、連和、葉順和洪胡校正完畢，一八九一年，嚴彰和蔡生受馬偕之託去上海辦理印刷事務，停留三個月，八月十一日搭船「史密斯號」回淡水。一八九三年，《中西字典》終於正式出版。[4]

公元一八七四年，最初的字表是六千六百六十四字，在計劃出版的時候，刪除在臺灣不使用的字之後又增加由《聖經》、《漢書》及當時出版的威廉斯著作《漢英韻府》等所選出的字，終於達到九千四百五十一字。這本《中西字典》於公元一八七六年編纂完成的，字典編纂的經過，由馬偕於公元一八九一年七月三日所寫的序文可以得知：當時本書是最早的臺語音漢字典，而且是馬偕在臺五年苦心研究完成的。字典的大小，長七台吋（約二十一公分）、寬四台吋半（約十二公分），僅二百二十六頁。讀音和解義非常簡略。因此，《中西字典》是一本珍書。其扉頁寫著：「Chinese-Romanized Dictionary of the Formosan Vernacular. Shanghai: Printed at The Presbyterian Mission Press. 1893.」

其背面寫著：

耶穌降世一千八百七十四年英屬加拿大國偕叡理作
中西字典
大清光緒十七年臺北耶穌聖教會寄印
上海美華書館復版[5]

在臺灣，大部分都懂廈門音、漳州音、泉州音。雖然是客家人也會聽講臺語，臺語音可以說就是這三種音。自南部宣教師甘爲霖牧師於一九一三年編有《廈門音新字典》以後，在臺灣、泉州和漳州都通用，所收漢文約有一萬五千字，附有常用的外國地名和人名、姓氏，六十甲子和節期，《聖經》地名和人名譯表，共一千一百十一頁。但馬偕所著《中西字典》僅收漢字九千四百五十一個字，二百二十六頁，因此就沒有銷路，漸漸也絕版了。甘爲霖牧師著的《廈門音新字典》於公元一九六五年印行第九版，並增補新字並標注有國語音，現時還適用著。

註釋

1 From Far Formosa by G. L. Mackay, 1896, P. 136.

2 Ibid.

3 Ibid. op. cit. P. 138.

4 齋藤勇編，マッカイ博士の業蹟，一三二—一三三頁（嚴彰作）。並馬偕牧師兩次的日記。

5 Ibid. PP. 60-62. 山中樵、中村孝志等作。

3 活躍的淡水教會

依馬偕的外孫柯設偕先生所作「馬偕博士年表」，裡面提到淡水教會是公元一八七二年四月十日開設的，可是那天恐怕馬偕還沒開始宣教吧？因爲那天是他租屋、清掃、粉刷石灰的日子，後於四月十三日遷入租屋處。依照馬偕的日記，他在四月十四日用臺語在上午和晚上講道，不過只向一些人談道的樣子。因爲他還必須勤於學習語言和研究文字，所以積極宣教、開設教會的工作要經過一段時間之後，才開始的吧？按筆者的研究，所謂這一段時間不會超過二個月。有人認爲馬偕於公元一八七三年二月九日（來臺十一個月後）爲五名慕道友施洗起，以這些人爲中心，北部第一個教會就成立在淡水。可是我認爲，像馬偕這樣熱情、勇敢、強壯、宣教精神如此充沛的宣教師，淡水教會恐早已成立，並且非常的活躍。其理由如下：

一、耶穌說：「因爲無論在哪裡，有兩三個人奉我的名聚會，那裡就有我在他們中間。」[1]

二、公元一八七二年四月六日，有一位名叫福仔的漢人，離開臺南到淡水來，作馬偕的廚師，馬偕每日與他學習漢字並練習寫字，十四日便開始禮拜佈道。[2]

三、公元一八七二年五月三日已經有幾位門徒在馬偕家裡聚會、唱聖詩、作禮拜。[3]

四、公元一八七二年五月中，嚴清華已經決心成爲基督徒，並作馬偕的門徒。[4]依照馬偕四月二十四日的日記，阿華已經告白自己的信仰，翌日就作馬偕的雜役兼門徒，四月三十日起伴隨馬偕到附近去傳道。

五、有一位熱心的基督徒名叫許銳，之後受派於新港社教會，公元一八七二年六月十日從臺南去幫忙馬偕。此後，許銳在新港社再入山中的獅潭底傳教時，被原住民殺死。[5]

六、公元一八七二年五月二十一日起至五月底止，馬偕於淡水教會每晚有三十人至五十人參加禮拜。

由此可見，公元一八七二年四、五月，在馬偕的身邊已經有一些人，以耶穌基督的名時常聚集祈禱、查經及傳教。因爲要使我們更清楚了解上述的事實，茲述筆者的想像與判斷以資參考。

馬偕學習語言、研究文字，爲著是宣教，絕非爲著學習而學習，也絕非爲著研究而研究。因此，一方面在丘原上從牧童們那邊學習語言時，或互相交談時，就用片語與手勢談論上帝所創造的自然世界，這是可以推想的，而且他是專程到異教國家宣教的宣教師。聾啞的人互相都能使用手勢對談，更何況馬偕與牧童們已經成爲朋友又都不是聾啞人士。

加上馬偕在南部教會李麻牧師家裡學會若干語句與臺語八音以及約一千個漢字，其讀音及解釋，到淡水後從自己的男僕身上一定也學了幾句話，所以才能向牧童們說出他們能懂的幾句臺語。因此，毋須等到他能以臺語講道才開始對牧童傳道，他一定在牧童不知不覺之中灌注簡單的基督教道理於牧童的腦袋裡。

四月十五日，馬偕的日記寫著：「外出到牧牛的草原上去散步，遇到一群牧童，他們罵惡言，向我投擲石頭，然後跑掉，我叫他們進前來且教他們唱詩歌，也試講些道。」他與牧童們互為朋友，開始學習彼此的語言，就自然把他們視為自己的主日學學生，當然馬偕尚不敢明目張膽對他們宣教，以免引起他們的反感。關於這些事，馬偕回憶說：「我從牧童們學習來的話，比用其他方法學習來得更多。經過多年，當他們成年後，對我仍十分友善，且時常喜歡回憶當年在牧場上的事情。他們之中，有幾個人成為基督徒，有一個人成為我的門徒，此後成為傳道師。」[6]此人是陳道，原名為陳蛐，可見馬偕學習臺語時，就開始宣教了。

馬偕既然不是為著研究而研究，所以他在開始學習文字時，也就開始文字傳道了。他說：「我在學習語言時，也和一般人有所接觸。我弄來一大張當地的報紙，把十誡印在報紙上，貼在我的門外。這張報紙立刻就被人塗上污泥，且被撕掉。貼了第二張也同樣被撕掉。貼了第三張後，卻未受損害。」[7]據馬偕的日記記載，這事發生在四月二十四日，就是文字傳道的開始。他知道宣教必須用語言，同時也知道文字對於宣教的重要性。事實上，文字就是寫下來的語言，文字對宣教是一個非常重要的工具。他的《中西字典》就是他重視文字傳道的產物。

大約在馬偕學語言與文字的一個月之間，馬偕的日記說，公元一八七二年四月十九日下午，有一位外貌文雅、看起來聰明的青年去拜訪他。隔天晚上，那位青年又帶了許多讀書人去和馬偕討論一些問題。四月二十二日晚上，那位青年又再帶六位讀書人前來與馬偕討論道、佛、儒三教的問題。又有一次，那位青年又再帶若干名讀書人去；又有一次，他帶了一位舉人和二十位讀書人，他們與馬偕的討論愈來愈熱烈，也非常驚訝馬偕都也懂儒、道、佛三教的問題。後來，他們的發言人承認輸了，旁邊的人也拔腿就走。半小時之後，那位青年回來向馬偕表明他決心要作一位基督徒，要做馬偕的門徒。[8] 那位青年就是嚴清華（阿華）。可見馬偕一方面學習語言與文字，學習的同時就開始宣教了。因此，從馬偕租屋起，經過不到二個月，在他身邊，至少有幾個人跟他共鳴、聚集禱告、查經、協力宣教，每晚有三十至五十人的禮拜集會。在這時候，可說淡水教會已經是一個非常活躍的教會。所以當馬偕住在淡水經過約一個月後，他的臺灣話已經非常熟練，每次都能用很流利的臺語講道。[9]

據馬偕於公元一八七二年十月二十八日的日記所載，陳火（陳榮輝）帶領他的弟弟陳能來作馬偕的門徒。陳火是在馬偕從淡水宣教後不久就去聽道的人。陳能作了門徒隔天（十月二十九日），益（益裕）和求仔（劉求）也去作馬偕的門徒。可見淡水教會未給人施洗以前，已經是一個人數眾多、資質良好且非常活躍的教會。

公元一八七三年二月第二個禮拜日（二月九日），馬偕到淡水第十一個月，他在當天禮拜結束後，宣佈要接納一批人受洗禮入基督教會。門外傳來叫囂聲：「我們必須阻止他，打那些改宗者吧！」屋內擠滿了人，街上也人山人海。他們唱完一首聖詩之後，要受洗的五個人一齊走到前面，公然告白他們信基督的心，每個人都以清晰而堅決的語調表示。馬偕便為他們施洗。他們的姓名、年齡和職業如下：

嚴清華，二十二歲，讀書人。吳益裕，也稱吳寬裕，三十一歲，油漆匠。王長水，二十四歲，讀書人。林孽（林輝成），二十六歲，木匠。林杯，四十二歲，農夫。

等到下一週的禮拜日，這五個人已圍坐在主的聖餐桌。馬偕回憶當時的情況，說：「這都是我們最值得紀念的日子，他們一向未見過這樣的儀式，我也未曾主持過這樣的聖餐典禮，當我朗讀這種聖餐禮嚴肅的證詞時，他們顯然深受感動。可憐的林孽因過度惶恐，啜泣地說：『我不值得，我不值得。』他在小房間作了一會兒禱告後，才接受勸說，一起共享聖餐用的麵包和葡萄汁。這個第一次的聖餐典禮在阿華的心靈劃下了新的紀元，從那天起，他不再視自己爲己有，而把自己完全交給耶穌基督，蒙召爲祂服務。」[10] 受洗禮的人，依臺灣教會的慣例（當然也有例外），至少要經過一年的聽道、還要通過一番的審查，才有資格領洗。因此，我們知道公元一八七二年四、五月時就已經有淡水教會的存在，並且以這些已經信而未領洗的人爲中心，他們勇敢抵擋家屬、朋友和民眾的逼迫，信心非常的活躍。

馬偕最先租的房子是淡水埤仔頭，英國商人約翰·陶德的房屋。不久後另租撓仔街（即福興街）一間房屋當作禮拜堂及醫館，此後也曾租過日治時代淡水圖書館對面的東洋館，它的西邊隔壁的廣興隆當作禮拜堂。馬偕那時候才從埤仔頭搬到廣興隆左邊的房屋住，當作自己的棲身之處。之後，馬偕買下田仔街陳阿順的一間房屋，改造作爲禮拜堂，即今日淡水教會的地址。[11]

註釋

1 馬太福音節十八章廿節。

2 齋藤勇編，マッカイ博士の業蹟一四八頁。鍾天枝牧師作的馬偕的口述筆記。

3 Ibid. op. cit. P. 148.
4 From Far Formosa by G. L. Mackay, 1896, P. 139.
5 齋藤勇編，op. cit. P. 149; Campell, Missionary Success vol. 1, PP. 293-294.
6 G. L. Mackay, op. cit. PP. 136-137.
7 Ibid. op. cit. PP. 137-138.
8 Ibid. op. cit. 139.
9 Ibid. op. cit. PP. 137. 五個月之內臺灣語很老練，能做第一次的講道是由住打狗算起吧。
10 Ibid. op. cit. PP. 147-148.
11 齋藤勇編，op. cit. P. 127.（嚴彰作）。

4 馬偕的五位門徒

前節已經提到淡水教會首批受洗的五位信徒。茲記錄其略傳於後，使我們知道他們悔改信主的經過，以及他們之後作基督徒或傳教者的歷程，以資互相鼓勵。

嚴清華

馬偕通常都叫他阿華，公元一八五二年十月二十三日生、一九〇九年六月二日卒，享年五十七歲。如果依照華人的慣例，離世時年歲要增加一歲的話，他的享年是五十八歲。阿華的父親十歲時，全家從福州附近的家鄉移居臺灣。阿華的母親出生於臺灣東北的龜山島，姓陳，十三歲時移居淡水。

阿華出生於淡水，家世頗貧，生活困苦。阿華雖是頭胎的兒子，但他還沒出生前，他的父親不幸去世，母親遂成爲可憐無依的寡婦，當時才十八歲的年輕母親，很難維持她自己和孩子的生活。因此，阿華小時候身體虛弱，他的母親帶他到淡水街的廟宇去拜神，請求指示。神回答她說：「讓他當我的孩子，起名爲佛仔吧。」不久後，「佛仔」轉爲「福仔」，而後變為「華」，最後成為「阿華」。阿華長大後很孝敬母親。

阿華童年時，白天和母親在一起，晚上跟老師讀漢學，十歲到十七歲之間非常專心求學。那時馬偕也還沒到臺灣。此後，阿華到某位官吏廚房裡當一名雜役，最後那位官吏升他為私人秘書，曾旅行過中國，從福州到天津，也在北京住過半年之久。他在那裡學習官話（北京話）後回臺灣。

公元一八七二年四月十九日，阿華首次去拜訪馬偕，請教他許多問題。馬偕看見他容貌優雅、聰明並有求道之志，暗中特地禱告上帝，使他能信基督，成為他的門徒，將來能作傳教者，管理本地教會。

自馬偕租房搬去住後，嚴清華在一星期的時間內就曾帶著讀書人、漢學者和一位舉人去跟馬偕辯論宗教問題，他的目的是要看雙方的勝負如何？可是最後，阿華知道馬偕高人一籌，即向馬偕告白決心要作基督徒的心志，即使因此而死也甘願，甚至也請求要作馬偕的門徒。那時候是馬偕到淡水租屋棲身的第十二日（四月二十四日）。

一個月後，馬偕邀請阿華向上帝禱告。在馬偕五月二十四日的日記記載說：「晚上我請阿華祈禱。他坐在一張壞掉的竹椅子上。禱告時，他跪下，推撞著椅子，一時間全是椅子的噪聲。他禱告說：『上帝啊，祢是眞的上帝，幾個月前我不認識祢，如今我認識了。求祢幫助我。現在我已知道偶像、佛陀是無用的，他們不能救我的靈魂。我從心裡感謝祢，因為祢帶領馬偕到臺灣來，求祢以聖靈引導我的父母來信祢，求神幫助我，也幫助我的父母。心所願（即現時的阿們）！』」（前述提到的父母是因阿華的母親後來再婚。）

阿華是一個誠實的僕人，每日幫忙馬偕作雜役，也是一個最靈敏、勤勉的學生。馬偕教他臺語的羅馬字拼音，讀與寫的能力進步驚人。馬偕也沒失去這個好機會，以阿華爲助手，學習華語，進步也很迅速，發音的困難也更易於克服。他們整天在屋子裡共同讀書、共同唱歌，研究和練習，因爲非常的熱衷，居然被鄰居誤會是「發了神經病」。

阿華的學問有了相當驚人的進步，後來他看到世界地圖才知道「臺灣不過是世界的一部分而已」，於是他愛上了地理，也很喜歡研究天文學，可是他的主要功課還是《聖經》——奇妙的拯救，上帝代人贖罪。每個晚上，當馬偕佈道時，他都跟在身邊。當時他聽道不到一個月，所以還沒受洗禮，可是他已經告白信仰，並成爲馬偕首位的門徒，因此，人家稱他爲北部臺灣基督長老教會第一位信徒。

阿華是公元一八七三年二月九日，在淡水教會第一批五位受洗禮者中的一位。他在受洗前和受洗後，時常與馬偕外出巡迴宣教，並遭到朋友或暴徒許多的逼迫。有時候在危險時，受上帝的保護脫離危險，雖然常遭難，可是他不灰心，一生忠誠於基督。這是我們應當效法的。他不但是北部臺灣第一位基督徒，也是第一位傳教者，後來受派往五股坑（五股）傳道，此後駐新店教會。公元一八八三年成爲神學院教員，公元一八八五年五月十七日與陳火被封立爲牧師，當時有十位長老和許多人在場。

阿華因爲懂得官話，常常與官吏來往，並向他們傳福音。此後協助馬偕辦理北部教會全部六十所的事務。阿華因患病很久，於公元一九〇九年六月二日魂歸天國，享年五十八歲。

吳益裕

吳益裕也稱吳寬裕，生於公元一八四三年農曆四月十六日，卒於公元一九二〇年十一月十四日，享年七十八歲。吳益裕出生於艋舺（今萬華），童年時期讀過漢學，到十四歲才學習油漆、雕刻佛像和繪畫的技術。他的顏面削瘦、痲臉，但很有才幹。他到淡水作一名油漆匠，有朋友告訴他說：「有番仔（指馬偕）來淡水設教。」他就跟著大家一起去誹謗馬偕的傳教工作，因此，吳氏常常去搗亂馬偕的聚會。比方說，馬偕夜間聚會時，他常拿小石塊丟屋子。或是禮拜完畢後，阿華走在回家的途中就被欺負。吳氏起初是一個人，後來又帶幾個人去埋伏在路邊，等阿華經過，就拉阿華的辮子，攔住他的去路、打他的臉，或者用其他的方法傷害他，因此馬偕常爲吳氏禱告，求神開啓他的心。

有一天早晨，吳氏經過馬偕的住處。外門還關著，吳氏從門縫窺探，看見四個人在房子門前坐著，各人手裡拿看一本書。他不知道他們正在做什麼把戲。他們就是馬偕、阿華、許銳和李福（從臺南來的廚師）。他們當時正在做早晨的禮拜。禮拜完畢，大門開了，許銳請吳氏進入房子裡，並以香菸敬他（許銳是南部教會會友，有抽香菸的習慣。）吳氏吸一口菸，到外面去吐掉；再進入屋裡，許氏再以茶敬他；吳氏將茶含在口中，又到外面去吐掉；吳氏又進入屋子裡，許氏給他一本聖詩歌看，吳氏故意拿不住，讓書掉在地上，可是都看不到聖詩歌本當中有私藏著什麼「迷魂藥」，因爲吳氏聽人家說，馬偕一黨人都用迷魂藥給人吃，吃了會昏倒，七孔流血，之後就挖眼睛、取心臟。吳氏在抽菸、喝茶和查看聖詩歌本時親自試驗過，都沒發生什麼毛病，才知道人家的誹謗是不確實的，便回家去。此後吳氏在海關做完油漆工作後，有一次，回到家的途中又再遇見馬偕。馬偕發給他一張十誡的海報。吳氏一邊走、一邊看海報。當他看到第五條「當孝敬父母」，內心受了很大的感動。一個禮拜後，吳氏去拜訪馬偕。

馬偕問他說：「你有沒有唸過書？」。

「有。」吳氏答道。

馬偕又問說：「你有沒有唸過上帝？」。

「沒有。」吳氏回答說。

馬偕說：「你唸過書，沒唸過上帝，那麼你說謊。」

「眞的嗎？」吳氏驚奇地問。

馬偕說：「孔子說，郊社之禮，所以事上帝也。孟子說，雖有惡人，齋戒沐浴，則可以祀上帝。」

「喔，這是有的。」吳氏答道。

馬偕說：「那麼，剛才你怎麼說沒有唸過上帝呢？」

「我以爲那是書句而已，不知道上帝是什麼，因爲教師沒說明其意義。」吳氏回答。

馬偕說：「我來傳的，就是這位上帝。」

談完話，吳氏便回家去了。

不久後，吳氏再來找馬偕，並表示歉意：「我以前對你和阿華做了壞事，非常抱歉，請你原諒我。」吳氏那天晚上便決定作基督徒，公然聲明皈依基督。

不多久，吳氏又來找馬偕。

「你要不要唸書？」馬偕問吳氏。

吳氏回答說：「要。」

「你就從明天開始吧。每個月我先給你三塊錢，如果你用功的話，以後會給你每個月六、七塊錢。」馬偕說。

吳氏答應了，因吳氏是油漆匠，需要錢養家。這是在公元一八七二年六月所發生的事。吳氏母親起初不贊成這件事，暴怒並大罵自己的兒子，且威嚇他，因此，十月二十九日，他才正式向馬偕求學。因作馬偕的門徒，在十一月某一天，他的母親曾舉起舂米的木槌要打他，恰巧馬偕來訪，見當時情況兇狠危險，就跑近她，奪下木槌，丟棄在地，否則，吳氏恐怕會被打昏在地。馬偕爲她向上帝禱告，使她能了解眞道。

幾天之後，她其中一個女兒患了很嚴重的瘧疾，雖請巫師、求神拜佛，都不見效。她也請過中醫、吃過藥草，也不見起色。有人勸她請馬偕醫治，因束手待斃，不如一試。最後她終於請馬偕去家裡醫治她的女兒，服藥痊癒之後，全家即皈依基督。

吳氏活潑、忠厚、謙虛、不管閒事、專心傳福音。他的夫人也跟著他熱心傳道，夫唱婦隨。吳氏在新店、三重埔（南港）、汐止、錫口（松山）、新莊、其他等地傳福音。吳氏七十三歲退休，七十八歲逝世。

王長水

王長水生於公元一八四九年，卒於公元一八八六年元旦。享年三十八歲。公元一八七二年十月七日去找馬偕聽道，約四個月後（公元一八七三年二月九日）受洗禮進入教會，此後成爲馬偕的門徒。大概因爲他是讀書人的關係，基督教的基本教義了解較快，所以聽道僅四個月便獲准領洗，此後也受派往若干地方傳道。

林孽

林孽也稱林輝成，生於公元一八四七年，卒於公元一八九六年農曆七月二十日，享年五十歲。他出生於福建省，十八歲作船夫，乘帆船渡過臺灣海峽到達臺灣，住在艋舺，作木匠。二十五歲時，他因眼疾到淡水找馬偕治療，當時拿藥不用付錢，都是免費爲貧窮人治病，不過要再去拿藥時，要帶玻璃藥瓶回去。因爲一百多年前，玻璃瓶很稀有，有些人索性不還，有些人根本沒生病，也去找馬偕看病，目的在於那罐玻璃藥瓶。可是林孽很老實，每次都帶藥水瓶子回去，並且也很熱心聽道。此後（公元一八七二年十月以後），他每天晚上都到教會聽道，每個禮拜日都休業去作禮拜。他曾做過淡水海關洋人的木匠，因禮拜日不做工，所以洋人老闆問他：「你怎麼禮拜天都不做工賺錢？」林氏答：「因爲我是敬拜上帝的人。」

有一天那海關的洋人與馬偕相會，對馬偕說：「我僱用一位木匠，在禮拜天不工作。」馬偕回答：「那位木匠是誠實人，禮拜天都到教會來作禮拜。」那位洋人聽了很高興：「果然如此！雖然他禮拜天沒來工作，但我仍要發工錢給他。」那個洋人爲何這樣做呢？因爲他僱用了一位誠實的基督徒，不會偷工減料，雖然禮拜天沒去工作，也照發工錢給他，對老闆來說是絕對不會吃虧的。

過了不久，林孽到醫館去幫忙，成爲醫師的助手。兩、三年過後，作馬偕的門徒，革心唸書，也跟著馬偕到各處去巡迴佈道和醫療工作。此後曾駐在紅毛港、後埔仔、金包里（今金山）、基隆、宜蘭和雙溪等教會。他的兒子林清廉後來也跟著他成爲牧師。

林杯

林杯是淡水人，生來瞎眼。在他四十餘歲時曾求醫於馬偕。公元一八七二年十月七日以後去教會聽道，很深信上帝。但他的太太卻因此離棄他，朋友和親族都壓迫他。有一天他把偶像、祖公牌（神主牌）、香爐集中在竹籃中，拿到河邊，棄於河中。他的眼疾治療過後，稍有進步。他是農夫所以能舂米，在被人家僱用舂米工作時，到處去宣揚福音，因爲當時臺灣人家不喜歡基督教，所以沒有人想再僱用他。不久，淡水流行瘟疫，很難找到一位會舂米的工人，大家不得已再去求林杯，不僅要讓他多賺些錢，而且也不敢因他信基督教而怒罵他了。他是忠誠的基督徒，一生勇敢做主的見證，一點兒畏懼都沒有。

（作者註：上述五位首批基督徒略傳是參考*From Far Formosa* by G. L. Mackay 1896, PP. 138-152，北部臺灣基督長老教會傳道局發行，北部臺灣基督長老教會的歷史、羅馬字音，一九二三年版，第二十三頁至三十九頁。齋藤勇編。《マッカイ博士の業蹟》第一四七頁—一五一頁等。）

註釋

1 From Far Formosa by G. L. Mackay, 1896, P. 135.

2 Ibid. op. cit. PP. 312-315.

3 齋藤勇編，マッカイ博士の業蹟第一五四頁—一五五頁。

4 G. L. Mackay, op. cit. P. 316.

5　樂做見證的三位平信徒

兩千多年前，耶穌時代或使徒時代，平信徒非常的活躍，到處做見證。怎說呢？因爲如果只有耶穌的門徒保羅和巴拿巴這些正式且專精的傳道者在宣教，那麼耶穌基督的福音怎能從猶太的耶路撒冷傳到當時所謂的全世界，即全敘利亞、小亞細亞、歐羅巴（歐洲）直至羅馬去呢？耶穌基督被釘在十字架，死、埋葬、復活、顯現給使徒們看，後來同時顯現給五百多位弟兄看（哥林多前書十五章六節）。其後基督徒愈加被逼迫時，那些平信徒就逃到各地，在他們所到之處宣揚福音。因此，福音是從耶路撒冷傳到撒馬利亞（公元前十世紀以色列王國分裂後，北部十個支派形成北國以色列的首都）、加利利、敘利亞沿海岸、耶路撒冷的南方地帶或北部地帶：大馬色、安提阿，此後越過小亞細亞和歐洲，終於傳到羅馬。當時在敘利亞地區有許多教會都是因爲平信徒做主的見證而設立的。在小亞細亞的許多教會亦然，如歌羅西教會、老底嘉教會、希拉坡里教會，都是因爲平信徒傳福音而設立的教會。甚至羅馬教會，都不是使徒設立的，而是由平信徒傳福音建設的。

臺灣初代基督徒也不例外。他們雖然不是傳教者，可是因獲得上帝的救恩，內心深受感動，進而在自己的鄰近地區開始做見證，這樣的人不少。本章第四節所述的淡水教會首批受洗的五人中，其中之一的林杯就是到處做見證的平信徒。因信教不久、所悉不多，所以在禮拜天帶領人到教會聽道的平信徒也不少。茲舉此例子於後：

陳塔嫂

淡水河對岸的觀音山下，溯河而上十六公里的地方，有一個鄉村名叫五股，該村有一個寡婦名叫陳塔嫂。有一天她到淡水去，正當馬偕在自己的屋子裡講道時，她也去聽道。禮拜結束時，她走近馬偕，跟他說：「我是五股坑一個貧窮的寡婦，我經歷過世間的許多苦難，我敬拜的偶像不能給我什麼安慰。我非常喜歡聽你宣講的道理，相信你所講的上帝會賜給我平安。我會再來，而且帶別人一起來。」。[1]

下一個禮拜天，她果然帶領數位婦女同來聽道。一星期過一星期，她的同伴們漸漸增加，後來竟然坐滿一艘小船順流而上，一同進入馬偕的屋子聽道。她們對眞道很有興趣、也非常熱心。最後，她們勸馬偕去拜訪她們的鄉村五股。馬偕答應了，公元一八七二年八月二十八日馬偕與門徒阿華去到五股。[2]

當時有許多村民前來迎接馬偕和阿華，一起到村長陳炮的家。馬偕給村長數張十誡的海報。村長在村民和其他人面前，把海報貼在自己家裡的牆壁上，對民眾說，他對諸偶像已失去信心，而且決心要依照現在他所貼在壁上的十誡而生活。

馬偕就借了一個空穀倉當作暫時的寢室和佈道的場所，以這個地方作爲五股宣教的中心，在附近的山谷和村莊宣教，歷經數月之久，陳村長也奉獻自己家對面的一片地皮以用作建築禮拜堂的用地。

正當禮拜堂建築時，萬華的官員以爲是外國人在建造砲臺，就派了一隊士兵和警備人員去阻止，要他們停工。官府人員帶著鏢、鎗和刀並叫囂威脅著，走進陳村長的家裡去找村長理論。村長是從中國移居來臺的人，身高一八八公分的巨大身材，也經歷過數次的叛變，對於少數兵士的恫嚇毫不在乎，昂然起來對付他們，指著壁上的十誡，說：「無論如何，我決定遵行十誡」。兵士們轉而到陳塔嫂家裡去威脅，她也不示弱，舉起聖歌集說：「我決心敬拜獨一眞神。」兵士們才不得不退回去。

公元一八七三年三月二日，這一間北部臺灣最早成立的禮拜堂完工了。禮拜堂奉獻典禮那一天，禮拜堂內擠滿了人，還有許多人站在外面，有一百五十人公開聲明自己願意拋棄偶像、接受基督教的教訓。[3] 公元一八七三年二月十八日，阿華受派在這間五股教會傳教。公元一八七四年三月十五日，有七位受洗。[4] 陳塔嫂當時在教會成爲阿華的助手。她六十二歲才受洗禮，是一位堅定不移的信仰者和熱心的傳道工作者。她有一個在中國的女兒還未信基督，因此公元一八九二年，陳塔嫂乘船渡過臺灣海峽去大陸找她的女兒，與她同住幾星期，傳福音給女兒後才回到臺灣。之後，她覺得自己在世上的工作已完畢了，不久就逝世。當她逝世前，她看見異象。她以甜美的音調說：「金色的門開了，有白色的大轎來迎接我。請不要留我，不要把我叫回，我要回家去了。」[5] 她是平信徒，在世時爲主服務了二十年，公元一八九二年魂歸天國，享年七十九歲。

顏有年

顏有年也是平信徒。他是宜蘭當地的平埔族，因才能遲鈍，所以央求進入神學校就讀時，馬偕不准，但讓他當神學校的廚師。[6] 顏有年是一位很熱心的平信徒，因想要將福音分享給他人，就買一些藥品並帶著一本聖詩歌集，在公元一八八八年五月到臺灣東部去了。他在花蓮港賣藥，同時使用聖詩歌集傳道理，信的人頗多。

當時在東部花蓮港的平埔族很多，漢人也不少。因顏有年的熱心見證，信的人漸漸變多，他一個人沒辦法應付，便回淡水請馬偕去花蓮港支援他。馬偕答應了，公元一八九〇年九月三日下午五時，馬偕帶領柯維思、陳火、順仔從南方澳乘船出發，隔天登陸花蓮港，到加禮宛社的時候，受到熱烈的歡迎。馬偕就在花蓮港設立三所禮拜堂。[7] 之後，馬偕派當時還是平信徒的顏有年、偕士遙和偕英源擔任這三所教會的傳道者。[8]

有一次，顏有年搭船要回西部時，途中忽然怒濤洶湧，船先暫時靠岸，恰巧停在太魯閣海岸。太魯閣的原住民很兇悍，所幸那時是夜晚，船內乘客十幾人，顏氏覺得危險，怕原住民會突襲，便自己一人找了一個洞穴躲起來。因夜已深，不知不覺就進入甜蜜的夢鄉。船夫一早看見風平浪靜，雖找不到顏有年，但仍駛船離去了。翌日早晨，顏氏醒來後，看見船隻與乘客已無蹤影，才知道自己身處危險中。

一邊是大海茫茫，一邊是陡峭山崖，進退無路，插翅難飛。顏有年便舉目禱告上帝，心情才漸漸平靜下來。他看見絕壁中有蔓藤，便依靠它慢慢地爬上去，若不小心就會墜落在數十丈的山崖下，粉身碎骨。幸運的是，他終於爬過危崖絕壁，走入密林中。他在深林密菁中徘徊十二天，不吃不喝，不眠不休。終於找到一棵野生橘樹，生有十八顆果子，便摘取而食。此後遇到一位原住民婦女，被帶到原住民部落去見番割（與原住民通商的漢人）李阿良。因他之前在密林中徘徊很久，身體被荊棘刺傷，皮肉發炎浮脹而腐爛，傷勢嚴重，便暫留在原住民部落直至傷勢痊癒後，才由另外一位原住民帶路，回到花蓮港。之後，顏氏進入神學校，終身做傳道師至逝世為止。[9]

陳士美

和尚洲（今蘆洲）教會是公元一八七三年六月二十二日開設的。有一位姓陳名士美，於公元一八七四年十一月十日受洗禮。當和尚洲要再建築新的禮拜堂時，他買地皮要奉獻給教會，但有一個富豪從中作梗，並用許多金銀去賄賂衙門並計謀陷害他，誣告他鬧公堂，以致陳氏於公元一八七六年下獄，官方也與他作對。

筆者在本書第一卷第二節「狂風中的燈火」的中段，已經陳述過：在滿清二一二年間專制的統治下，政治腐敗不堪，貪污之風盛行，在衙門或法庭內，「萬能的金錢」能改變司法的權衡，好人在衙門內受冤之事不勝枚舉。但陳士美在監獄裡仍不拋棄上帝，每日禱告上帝五次，在獄中向囚犯傳福音做見證。他常常抄寫《聖經》給囚犯讀，因此，囚犯中有的也悔改信福音。此後，監獄的戒嚴稍鬆時，他便時常寫信安慰教會會友。

馬偕也常常收到他從監裡寄來的信。信中的內容多寫著：「我陳士美相信一切——天和地，天使和人，都是上帝所創造的。我相信我的主基督降生爲人，而且也爲士美而死。我相信上帝愛護在監裡的我，祂的聖靈賜我安慰，使我愉快。我感謝上帝，因爲福音傳到淡水。」他最後的一封信，以如下的話結束：「我相信我的救主耶穌有能力拯救我，給我永生。」不久後，公元一八八四年死在獄中。囚犯因他的枉死而悲傷。全北部的會友對他的枉死都非常哀悼。[10]

現今平信徒做主的見證沒有生命的危險，可是當時不然。當時平信徒要做見證，必須有覺悟會被人怒罵、侮辱，甚至財物損失、喪失生命，可是他們不怕死，勇敢地到處做主的見證。

註釋

1 From Far Formosa by G. L. Mackay, 1896 P. 149.

2 齋藤勇編，マッカイ博士の業蹟第一五〇頁（鐘天枝牧師作的馬偕的口述筆記。）（筆者註：據馬偕的日記，往五股坑的日子是八月廿八日。所以筆者把引用文中七月廿八日改爲八月廿八日，這樣才是正確）

3 齋藤勇編，op. cit. P. 184; G. L. Mackay, op. cit. P. 150.

4 Ibid.；北部臺灣基督長老教會傳道局發行，羅馬字音，北部臺灣基督長老教會歷史第四〇頁。

5 G. L. Mackay, op. cut. PP. 151-152.

6 Ibid. op. cit. P. 230.

7 Ibid. op. cit. PP. 226-230；北部臺灣基督長老教會傳道局發行，op. cit. PP. 85-86.

8 郭水龍馬偕隨筆，北部教會史實，第一章花蓮設教會（手寫）。

9 北部臺灣基督長老教會傳道局發行，op. cit. PP. 85-86.

10 Ibid. op. cit. PP. 92-93. G. L. Mackay, op. cit. PP. 111-112.

6 醫療宣教

藉著醫療來宣教，是馬偕在一百多年前開始宣教的方法之一。許多患者治癒後，因受感激而聽道，後來有很多人受洗。雖有患者不願意信教，可是對基督教反感者也漸少。馬偕不像現今臺灣的神學家持有複雜的想法：「爲要人家信基督入教會而服務是不對的，應該要爲服務而服務才是眞正的服務。」可是馬偕不然。

他在淡水首次租房子時，便自問：「我爲何而來這裡呢？是否爲了研究臺灣的地質學、動物學和植物學嗎？這些都不是我的目的。我並非爲此而離開故鄉，加拿大的教會亦非爲此而授給我聖職，並派我出國。我的任務很清楚，教會之首、也是主給我的任務，就是『你們往普天下去，傳福音給萬民聽。』我無論做什麼其他事情，這個任務必須完成；加之，無論做什麼其他的事情，都必須與這任務的完成有切實的關係。使異教徒於心中獲得上帝恩典的福音，改宗時，培養他們的信仰，這就是我來臺灣的目的。我在最初即認清這使命，絕不爲其他事物所妨礙。」[1]因此，他幫人家診察和給藥，都是免費的，爲著是要找機會宣教。這種想法和作法是他在臺灣一貫不變的信條。這不是說，若有患者不肯聽道，不信基督，就不給他治病，而是凡病苦的人，馬偕都樂意治癒他們，至於信不信是患者本身的自由，因爲信仰不能強迫。可是馬偕一方面醫療，一方面開始宣教，這與爲服務而服務的精神稍有不同。他要異教徒悔改信基督，所以才來臺灣。他行醫是爲著這高尚的目的。

馬偕開始設立淡水教會時，就開始醫療宣教的工作。他爲吳寬裕的一個妹妹治癒了嚴重的瘧疾後，吳氏的母親才知道基督教非人家所誹謗的『是那樣壞的宗教』，也知道患病求神佛或請巫醫來唸咒、施法術都是無效的，因此，全家改信成爲基督徒。馬偕醫治林孽的眼疾，使其有聽道的機會，此後信而受洗禮，並且自動到病院去幫助病人，其次作醫師的助手，最後進而成爲傳道師，受派往許多地方去傳教。林杯也是去求醫，此後信而受洗禮，爲一平信徒到處做主見證的代表人物之一。

在本書第一卷第二節中的後段已說過，在一百多年前臺灣的衛生很不好，易於生病，又沒有醫院，所以患者容易被迷信的行爲欺騙，以最原始的方法來治療。當時人們都以爲生病是由於沖犯鬼神而來的，所以常常依靠巫醫、以符咒治療或求於神佛等方法治病。但是，其實瘧疾和牙疾是國際上很普遍的疾病。當時在臺灣，瘧疾的治療法很多，例如道士（俗稱司公）是用桃葉、綠竹及黃紙驅鬼，再繫於病人的衣服或繫在病人的身上作爲符咒，或者用老子的印（如像在豆干上所蓋的印）蓋在病人的衣背上，或者搖鈴、吹法螺、拍法索驅逐鬼神。

佛教的和尚使病人喝香灰水，如果沒有效果，就叫病人到廟宇去躲在神像的桌下，以逃避惡鬼的侵害。巫師約以三尺長的竹棒三支，每支竹棒端處縛以紅布驅逐病魔，或做一個草人，請妖魔入草人中，把草人送到屋外去，以銀紙（陰間用的紙錢）及菜飯祭送，或者以黑狗身上所拔下來的七根毛繫在瘧疾患者的手上。漢醫所用的主要藥材是車前草、廣皮（橘皮）、甘草、白牡丹根、人參、榲桲等等。

本地人患牙疾時，在當時的臺灣，拔牙齒的方法是笨拙又殘忍，就是用強細的線拔出，或用剪刀挖出。江湖醫生使用鉗子或小鋏子。因此，往往會引發牙床壞死、流血過多而致昏厥，甚至致死的例子。[2]

雖然馬偕沒有正式進入醫學院學習醫學，但他因要到國外落後的國家宣教，所以在加拿大多倫多或在美國紐約讀書時，對醫學知識有稍作準備。一百多年前，在臺灣北部沒有醫院，所謂的中醫都是運用沒有科學研究的土法，可是馬偕曾研究過一點兒醫學和醫藥的基礎知識，來臺後，才能一方面宣教，另一方面孜孜不倦再自修醫學。

有一位不願具名的日本人，自稱為「人忙我閑生」，與安藤某氏在馬偕逝世前大約一、二年前，到淡水去拜訪馬偕。馬偕恰巧外出不在，所以由當時馬偕的二女婿柯維思先生帶領他們到博物研究室和圖書室參觀。他說：「圖書室約二十張榻榻米大的房間，其中有若干書架。書架上有政法、經濟、宗教、教育、哲學、博物及其他萬卷的書籍，整然排著，其中也有某某人著的內科醫學書及某某人著的外科醫學書。圖書室中有一張桌子，是馬偕每當有空的時候，靜坐、深思、讀書和執筆的地方。」[3]

由此可知，馬偕常常自修醫學。他若遭遇到自己不知道的疾病時，一定翻閱醫學書籍，尚且他對門徒也要講論醫學，因此，自己必須先研究過才能講論。另外，他的臨床經驗也是相當豐富的。因為馬偕首次在自己租屋處作為臨時醫館時，洋行的醫師富蘭克林也去幫忙，馬偕付給他五十元，並向他買些藥（根據一八七二年六月二十一日的馬偕日記），後來患者漸漸增加，他就聘請外國商行西醫師林格一起爲病人看病，自公元一八七三年五月至一八八〇年，林格醫師每天犧牲時間去診治病人，起初馬偕在林格醫師身邊，爲他和漢人之間充當翻譯，所以推測馬偕一定從中學習到豐富的臨床經驗。一八八〇至一八八六年，醫師約翰遜每天都去幫忙馬偕診治病人，馬偕剛開始也會帶門徒在醫館幫忙，所以，馬偕雖然沒有醫師執照，可是醫藥常識與臨床經驗應該相當豐富才對。

馬偕帶領門徒外出巡迴宣教時，通常是站在空地或廟宇的石階上，先唱一、兩首聖詩歌，其次便是拔牙齒，然後宣講福音的信息。馬偕的一些門徒是「用夾鉗拔齲齒」的專家。馬偕說：「我常在一小時內拔了一百顆牙齒。從公元一八七三年起（至一八九三年止），我拔了二萬一千顆以上的牙齒，門徒和傳道師們拔了大約這個數字的一半。臺灣人現在（公元一八九三年）知道他們不必被慘烈的牙痛所折磨，也不必爲解除牙疾的痛苦而冒生命危險。和尚、道士和敵視基督教的人們可能對人們胡說八道：『瘧疾及其他疾病之所以被醫好，不是因爲我藥品的功效，而是由於諸神明的保庇。』然而我們解除病人的牙痛是非常明顯的事實。因此，對於破除偏見及反對基督的人們來說，拔牙實在比其他任何工作有更大的效用。」[4]

馬偕診治的病人當然不是每個人都痊癒，而痊癒的人也不是每個人都成爲基督徒。可是許多被治癒的人改信基督教，不僅是只有患者一人，有時候全家人也跟著信耶穌基督，並且做主的見證，使他人也改信基督並進入教會，此後做傳教者的人也不少。

因此，馬偕的醫療工作對於他的宣教影響甚大：

一、能使基督徒和患者直接談話。

二、被醫治的患者，甚至其家族，對基督教不會抱惡意。

三、對基督教熱心的服務心受感激，有許多治癒的患者，甚至全家，在聽道後信基督並進入教會。

四、治癒而未改信者，有時當他們看到基督徒被人欺侮的時候，也會出來替基督徒排解，如果那人是地方有勢力者，其排解非常有效。

註釋

1 From Far Formosa by G. L. Mackay, 1896, P. 135.

2 Ibid. op. cit. PP. 312-315.

3 齋藤勇編，マッカイ博士の業蹟第一五四頁－一五五頁。

4 G. L. Mackay, op. cit. P. 316.

7 詩歌宣教

馬偕在宣教中，時常唸聖詩歌或唱聖詩歌。基督教的聖詩是一種詩歌體，詩歌是藝術表現的一種。通常，藝術分二種，其一是靜的藝術，即由靜止的狀態表現美感，如裝飾藝術、繪畫藝術和雕刻藝術，臺灣基督教會還未充分藉著靜的藝術去宣教。其二是動的藝術，由運動或變遷的狀態表現美感，如跳舞、唱詩歌和音樂。藝術是一種審美的感受。審美的感情在原始生活中大爲發達，未開化地區對美的重視和普遍性不亞於文明國家，例如臺灣原住民就是其中的佼佼者。

既然原始民族就已經有了藝術，那麼藝術是與人類同時出現的，也就是說，有人類就有藝術。因此，藝術的起源是由於人類內在的衝動，而藝術的衝動是由於每個人都有對每種感情不同表達的傾向。其表現的結果能增加其快樂，而減少其苦惱。可是藝術不僅使表現的人獲得快樂，減少苦惱，同時也能引起別人有同樣的感情。舉一個例子來證明：比方說，唱歌時，聽眾往往受到共鳴，而流淚、搖擺其頭或手腳，甚至全身。歌唱或音樂時常與跳舞相伴就是這個理由。藝術能引起別人同樣的感情，其結果更能使原來表現感情的本人再增加其強烈感情。

話說回來，詩歌也有二個種類，其一是主觀的詩歌，即抒情詩（lyric），表現內部的現象，也就是說，主觀的感情和觀念。抒情詩是以口語抒發感情，只需用有效的審美形式，例如按節奏的重複即可。《禮記·樂記》說：「言之不足，故長言之；長言之不足，故嗟嘆之。」就是這個意思。其二是客觀的詩歌，即敘事詩（epic）與戲劇，表現外界的現象（即客觀的事件）。這二個種類的詩歌都具有審美的目的，凡詩歌都發自感情、歸於感情，它的起源和影響所及的不可思議便在於此。

基督教自古至今都充分地利用詩歌和音樂在主日崇拜和宣教上，近來，教會也漸漸知道戲劇和舞蹈對於崇拜與宣教的重要意義，這是好的現象。因為戲劇和舞蹈不是此一章節的目的，所以在此不多談。

詩歌的社會作用有二：一是在於團結個人。詩歌雖然只是表現出詩人自己的感情，但也能引起別人同樣的感情，使其發生共鳴，而在精神上結合為一。二是在於提高人類的精神。詩人自身如有高尚的精神，便也能提高人民的精神。音樂對於崇拜與佈道也有很大的影響力。因為馬偕宣教的時候，沒使用過樂器，所以在此也不談樂器，僅提唱詩歌。唱詩歌與平常語言的差異在於表現感情的聲調。唱詩歌只不過是更加重感情的聲調而已。人類最初的音樂工具是人類自己的聲音。原始文化中，人聲比樂器重要，也方便。唱聖詩歌或音樂的效用很多，例如可引起注意、仁慈及優勝感、激起勇氣以保護社群人類。

茲根據以上筆者對藝術的了解來看馬偕藉著聖詩或唱聖詩宣教的事情。

馬偕開始學語言和文字時，嚴清華去拜訪他。雙方談論許多問題。阿華臨走前，馬偕請他晚上再去談談。到了晚上，他果然依約再去。馬偕做了簡單的禮拜、唱一首聖詩時，阿華也在場。馬偕回憶說：「我唸了一首聖詩，題目是人生的短促，又贈送他一本聖詩集。」[1]阿華離去後，馬偕有預感他會成爲第一個改宗者，因爲馬偕以前常禱告上帝「賜他一位聰明熱心的青年」爲第一個信徒，爲第一位傳教者，管理自己本地的教會。之後阿華就常常帶讀書人去和馬偕辯論宗教問題。有一次，那些讀書人的發言人被馬偕的辯論弄得頭昏了，大家只好離去。可是在半小時之後，阿華又回到馬偕住處，態度比以前更眞摯。馬偕就唸一首聖詩《一日站站較近祖家》給他聽。他聽完了就說：「你剛才所唸的聖詩很適合我，我喜歡這些話，相信你所講的道理是眞實的，關於近日的事我想了很多，我決心要作一個基督徒，即使爲此而死。《聖經》確實含有眞理，我願意和你一起研究。」[2]阿華成爲基督徒，也成爲馬偕第一個門徒，最後作一位傳道師，也作牧師，經過二十二年的磨難和考驗之後，爲本地傳道師的領導人物，較任何人更能負起當時臺灣北部六十個教會事務的責任。

拯救是在於上帝傳遞祂的福音給人，上帝也用聖詩當作救人的器皿。因爲聖詩會引導人與作者的信仰共鳴，也提高人的靈性。

又有一次，馬偕與嚴清華站在基隆廟宇的石階上，唱了一首聖詩，眾人聞聲而來，擠滿街道，民眾當中有許多嚴清華的朋友，還怒罵他：「與洋鬼子在一起！」馬偕叫阿華講基督的道理。阿華低下頭，默默無言，馬偕就臨機應變，唱起一首聖詩：「我認救主無驚見羞，好膽干證道理，稱呼耶穌恩典奧妙，歡喜趁祂教示。」嚴清華也一同唱下去。聖詩唱完，他抬起頭來，不再覺得慚愧，傲視憤怒的暴民，鎮靜而清楚地說：「我是一個基督徒，信奉眞神，不能崇拜老鼠所能毀壞的偶像。我毫無恐懼，我愛耶穌，祂是我的救主和朋友。」[3] 唱聖詩或音樂能使懦弱的人變勇敢，也能壓倒暴民的憤怒。

前節所述，顏有年的故事也暗示著聖詩的效用。他大概不是一位善於講道的人，可是他一邊賣藥，一邊讀聖詩，或者唱聖詩佈道，聽道者多。這也是證明聖詩效果的一個好例子。

馬偕一行人，曾在一個平埔部落宣教，因村民的知識教育普遍低落，所以先唱聖詩歌開始，然後佈道。經過七、八個禮拜後，全村由老至幼都會唱聖詩。兒童們整天唱著：「耶穌愛我，我知明，因爲記載於《聖經》。」老人們一邊織布一邊以低音吟唱著，「天堂攏無苦難，永活無死。」漁夫清早在船上搖著長櫓，唱起聖詩歌：「我認救主無驚見羞，好膽見證道理。」

馬偕在宣教上盡量利用由唱詩歌而來的力量。鄰村的代表聽著二百人齊唱著讚美全能上帝的歌，非常感動，邀請馬偕等人到他們的村子去講道。馬偕當下就編成了一個隊伍，由自己與門徒阿華領先，會友站成雙列，跟隨在後，一邊走一邊唱，到了該村，仍然唱詩歌並講道。全村人民都接受了福音。後來他們也蓋了一間禮拜堂，入信者五百人。當五百人唱起《郇城》的詩歌時，馬偕有無限的感慨。他忘了宣教所受的一切殘酷待遇和疲倦。他說：「喔！這是上帝的啓示，令人感動痛快！」[4]

馬偕不但用唱聖詩歌宣教，並以此獲得精神上的安慰，在危險中亦常唱聖詩藉以獲得勇氣度過危險。例如一八八四年初，在結束噶瑪蘭地區傳道歸途中，到了一個村子。村民信基督，也有傳道者駐任，但還沒有建立禮拜堂。那時候原住民正在「出草」（原住民獵人頭習俗的別稱，就是將敵人的頭顱割下的行爲。）騷擾平地人，村民們在夜裡攜槍巡邏，以護家屬。馬偕聚集男女老幼會友，以山地歌調，高唱優美的聖詩，使山谷發出回音，一直到天亮。「當下，原住民在外面徘徊蠢動，雖然時時向他們投擲石塊等東西，但不敢向他們襲擊。」[5]不是聖詩有什麼魔術的效力，而是聖詩激起勇氣來保護自己的家園，提高人類的精神等等。不過影響感情方面是不夠的，必須在知識方面持續的開導，才能結實。

馬偕藉著唱聖詩宣教的事件不勝枚舉，因篇幅有限，不再贅言。

註釋

1 From Far Formosa by G. L. Mackay, 1896, P. 138.
2 Ibid. op. cit. P. 139.
3 Ibid. op. cit. P. 147.
4 Ibid. op. cit. PP. 218-220.
5 Ibid. op. cit. P. 222.

8 大自然宣教

馬偕爲要宣教，便開始學習臺灣的語言和文字。可是他對研究臺灣的博物，如天文、地理、礦物、動植物、人種以及宗教等也頗有嗜好。可見他是個博學的人。他不僅自己研究，也講解傳授予門徒。可惜，他沒有在這方面留下較有系統和組織的著作，僅在《臺灣遙寄》約四百頁中的第二部，分爲五章來敘述五項題目：地理及歷史占六頁半、地質占六頁半、植物占二十一頁、動物占十六頁、人種概況占七頁。除了植物與動物的篇幅較多之外，地理及歷史、地質、人種概況都是僅六、七頁而已，書內的第三部第十三章論「華人的宗教生活」也不過占十頁的篇幅而已。

關於植物和動物的記事，馬偕僅鑑定及命名某種類，也就是說僅舉其目錄而已，沒有進一步研究其生態學及進化學，所以沒有什麼特色可言。[1] 因此，研究臺灣動植物的人不會引用他的研究作爲參考。但這不能怪他，因爲他到臺灣的任務不是在研究生物，而是宣教。雖然他對臺灣生物界的觀察，其記事無多大價值，可是他爲著宣教，所以對臺灣的植物界有興趣，從這方面看，他是個悉時悉地的偉大宣教師。

馬偕自己說：「臺灣的植物界對於一個肯深思的學生來說，是一個有興趣的科目。對於一個宣教師，可說每一片葉子裡有語言，每一朵花裡有聲音。我們爲什麼不像生物地理學之父華萊士所說的：『獲得更充分明瞭大自然的道理，而且更相信我們在任何地方看到的偉大、迷人的東西都不是沒有計劃的！』我們踏過像地毯的常綠草地，看見樹上、蔓上及樹叢中，許多顏色的花，看見茂密的竹林、棕櫚樹，文雅的桫欏樹，莊嚴靜寂的森林，誰能不驚異上帝的語言和造物之間的和諧嗎？瞭解了臺灣若干特殊的植物，哪一位傳教者不成爲良善的人和更偉大的福音使者呢？那一個改宗者會不因此變成更堅固的基督徒呢？我們以虔誠的喜悅和讚美高呼：主啊，祢的作品多麼複雜啊！祢以智慧創造了一切的東西。這個世界充滿著祢的恩典。」[2]

關於《臺灣遙寄》第十三章論華人的宗教生活，僅占全書中的十頁而已。其中僅陳述偶像，儒、道、佛三教的混淆及華人敬拜祖先的事情，看不到論及偶像的由來、性質、演變及分類，也沒有論及最重要的儒家對上帝觀念與孝道的起源、性質及其缺點，更沒有論及道家及佛教的哲理。一百年前，臺灣已有大乘佛教中的禪宗和淨土宗。禪宗與基督教在教義上完全相反，而淨土宗在教義上和基督卻是非常相似，應該有互相的接觸點可論述。不過，這也不能怪馬偕，因爲他到臺灣不是專門研究華人的宗教，而是來傳福音的，所以略知中國的宗教概況，作爲傳福音之用即可。正如馬偕自己所說的：「我屢次站在廟宇的石階上，先唱一首聖詩歌，然後重覆地說第五誡『當孝敬父母』這句話，必定已被他們喜悅。每一次都有一位辮髮已白的老人，用抖顫著的手扶著拐杖，點頭表示贊同說：『先生所說的話，都是天理。』我先找其共通點，然後對他們講當孝敬世間的父母，就容易把他們的思想移轉於天父了。用這種方法逐漸克服他們的偏見，他們的心靈就轉向於福音的眞理。」[3]

日據時代，臺大地質學教授早坂一郎博士是一位熱誠的基督徒。戰後日本基督教會的牧師被遣送回國後，他仍留任臺大理學院工作至一九四九年。筆者每禮拜四上午到他家，客廳（約二十張榻榻米大）聚集了臺大、師大的日本基督徒諸家族一起作禮拜，大約一年之久。因此筆者與早坂教授很知己。他是個敬虔謙遜的基督徒。公元一九三九年三月三日，他受託寫一篇評論馬偕博士對臺灣礦物的觀察文章，「馬偕博士一方面宣教，另一方面常常與大自然接近，採集研究動植物與礦物，雖然對臺灣地質礦物的觀察不太充分，而且對其解釋極其幼稚，可是在半世紀前的今天，能有一位像馬偕博士那樣熱心觀察和採集各種標本的人，眞是鳳毛麟角。」[4]

早坂教授又說，馬偕對於「地質學」與「礦物學」的研究記載在《臺灣遙寄》中的第六章，僅七頁篇幅而已。關於臺灣的地質學記事，早在馬偕博士的研究資料以前，中國也有出版書籍，另外西方人著作臺灣關於地質礦物的書籍也已有五、六種類之多。馬偕博士在宣教旅行中東奔西走，常攜帶鐵錘、鑿子、透鏡，採集資料帶回淡水，保存在自己的陳列室，他雖然沒有受過專門的訓練，卻有那麼大的興趣去蒐集材料，這種精神實在令人敬佩。[5]

馬偕一方面宣教，一方面對天文、地理、動物學、植物學、宗教、地質等有興趣，其目的有三：

一、觀察大自然，是他對創造宇宙萬有、管理萬物的天父敬虔的信仰告白，誠心信賴和滿心的感謝。正如馬偕所說：「雖然地會改變，眾山會移入海中，然而我們無所懼怕，永遠的上帝是我們的避難所，祂的雙臂懷抱著我們，我要畢生歌頌主，在世時讚美我的上帝。」[6]

二、要訓練自己的門徒觀察大自然，使他們更能從其中了解上帝的偉大。馬偕說：「我常常想，應當訓練我的門徒以眼睛觀察、以心智去了解那些海中、叢樹中和山谷中自然界的大信息。」[7]由此可知，馬偕希望門徒眞實了解自然萬物才能由此更了解上帝。他講解信仰，同時還教導門徒觀察大自然，値得欽佩。

三、藉以宣教：此與前述可以合而爲一，因爲訓練門徒的目的也是在於宣教。

馬偕的門徒都讚美他的講道有生命力。如其門徒柯維思先生說：「先生（意指馬偕）雄辯。先生講道時，非常活潑、生氣勃勃。許多成年人都說：『我小時候曾聽過馬偕的講道，至今他講道的大部分內容還記得呢！』[8]馬偕的另一門徒嚴彰先生說：『恩師馬偕博士是在我六十數年間的經驗中，最好的講道者，眾人聽馬偕博士的講道，聽久也不會疲倦。」[9]

馬偕大概是因爲常用大自然和當地的人文、宗教的事實爲例，運用在講道內容中講出上帝的能力、保護、經綸、愛和恩典吧？我們的主耶穌也常常引用大自然的事講道：「你們看那天上的飛鳥，也不種也不收，也不積蓄在倉裡，你們的天父尚且養活牠，你們不比飛鳥貴重得多嗎？」又說：「何必爲衣裳憂慮呢？你想野地裡的百合花怎麼長起來，它也不勞苦，也不紡線，然而我告訴你們：就是所羅門極榮華的時候，他所穿戴的還不如這花一朵呢！」又說：「你們中間誰有兒子求餅，反給他石頭呢？求魚，反給他蛇呢？你們雖然不好，尚且知道拿好東西給兒女，何況你們在天上的父，豈不更把好東西給求他的人嗎？」[10]

前已陳述過，馬偕到臺灣來不是爲了研究臺灣的博物或人文，而是宣教。他無論做什麼其他事情，宣教的任務必須首先完成，都必須與這任務的完成有切實的關係。

現代是科學的時代（或太空的時代），而且也是問題最多的時代，如青少年問題、人口爆炸問題、交通問題、工業、都市、鄉村及山地等問題，臺灣諸宗教問題、基督教教派問題等等。可是現代的傳教者有多少人，會爲了要使傳教更有效，而減少聊天的時間去研究現代的諸問題呢？現代的青年不喜歡作禮拜聽道，聚會的人大大減少，一定有許多原因。另外，傳教者的講道與現代的生活或此時此地的問題沒有產生什麼交集，可能也是很大的一個理由吧。

註釋

1 齋藤勇編，マッカイ博士の業蹟第廿二頁，早坂一郎作。
2 From Far Formosa by G. L. Mackay, 1896, P. 75.
3 Ibid. op. cit, P. 133.
4 齋藤勇編，op. cit, P. 3.
5 Ibid. op. cit. P. 7.
6 G. L. Mackay, op. cit. P. 54.
7 Ibid. op. cit. P. 47.
8 齋藤勇編，op. cit, P. 120.
9 Ibid. op. cit. P. 135.
10 馬太福音第六章廿六節、廿八節；第七章九節—十一節。

9 文字宣教

公元一八七二年四月六日下午四點，馬偕從中部返回淡水，住在外國商人約翰·陶德的棧房裡的浴室，就馬上利用他在南部所學習的漢字（約一千字），再繼續自習漢字。四月十三日遷入他所租的房子，隨即繼續學習語言。四月二十四日，他拿到一大張中文報紙，把十誡印在報上，貼在門外。第一次，這張海報被人撕掉了。第二次再貼，又被撕掉了。第三次再貼，才未受損害。[1]

淡水教會首批五名信徒中的吳益裕，在淡水海關做完油漆工作後，在回家途中遇到馬偕，馬偕手裡拿了一大綑十誡的海報，分發一張給他。吳氏一邊走，一邊看海報。當他看到第五誡：「當孝敬父母。」受了很大的感動。一個禮拜過後，吳氏去拜訪馬偕與之談道。吳氏悔改信基督，並且作馬偕的門徒，此後做傳道師。[2]

公元一八七二年八月二十八日，馬偕和阿華一到五股坑便分發好幾張十誡的海報給陳村長。村長隨即把十誡海報貼在家裡的壁上，向村民說，他對諸偶像已失去信心，而且決心要依照現在他所貼在壁上的十誡而生活。[3]

公元一八七二年七月二十八日，馬偕前往五股坑，拿掉一個人家中的偶像，分發十誡的海報給他貼在壁上。公元一八七二年九月二十六日，馬偕和幾位門徒從淡水出發往內港（臺北）分發十誡的海報。[4] 馬偕藉十誡海報宣教的事情不再贅言。

馬偕重視分發十誡海報這種方法，在宣教工作上有何意義呢？一、馬偕知道華人在四書五經裡面讀過「天」、「上帝」、或「帝」這三個字。這三個字是互用的。他知道大部分華人沒有敬拜四書五經中所講論的上帝，甚至讀書人也沒有敬拜這位上帝，反而敬拜孔子爲神明或其他的群神。甚至一般百姓都拜日、月、星、山、川、河、海或動植物爲神明，或敬拜偉人爲神明，或敬拜祖先爲神明，更甚者敬拜鬼神，向之求五福（壽、富、康寧、修好德、考終命）臨門。不僅如此，還相信一切禍福都是受這些神明的支配。因此，事事都要受著這些神明的束縛，人不得自由，情形非常悲慘，甚至因而喪失生命。

馬偕到臺灣的任務是要傳這位上帝成爲人（即耶穌基督）、爲罪人捨命的福音。這位上帝是聖、義、愛的上帝，是人類應該敬拜的，並且我們要照這位上帝的旨意而生活，不僅求五福，最重要的還是對人、對國家、對社會實行上帝的聖、義、愛來榮耀上帝，才有所貢獻。

馬偕知道華人的四書五經有「上帝」的字眼及關於其好的思想，他也知道華人有許多木造的偶像，便發現基督教的十誡中，第一誡和華人的宗教有一個接觸點，隨即就藉著十誡的海報來宣教，使人們看到十誡的第一誡「除了我以外，你不可有別的神。不可爲自己雕刻偶像，也不可做甚麼形像彷彿上天、下地，和地底下、水中的百物。不可跪拜那些像，也不可事奉它，因爲我耶和華—你的神是忌邪的神。恨我的，我必追討他的罪，自父及子，直到三四代；愛我、守我誡命的，我必向他們發慈愛，直到千代。」[5]便能發現基督教也有上帝，同時也反對偶像，而喚起華人注意聽道。這表示馬偕是一位賢明的宣教師，對臺灣的宗教有所研究。

我們講道時，能找出與聽眾的接觸點，使聽眾知道所講的道與他們有關，這是非常重要的事情。不僅是講道，講神學也是這樣。有些人只把歐美的神學學說拿到講臺上，而與當地處境一點兒都沒有相關，有什麼好處？講者費了那麼多時間去準備內容，但是講得那麼玄又玄的哲理，盡講些風馬牛不相及的神學學說或道理，又是何苦呢？臺灣的神學者或傳教者應該研究一些本地的宗教、社會、經濟、政治、倫理道德、文學……等，才能眞實知道本地所需要的是什麼。

馬偕曾因「極端排斥偶像、收集偶像、或拋棄、或燒毀」的行爲而遭受當地人的反感。他的門徒鍾天枝牧師曾記錄其恩師的口述：「公元一八七二年七月二十八日，馬偕首先到五股坑，拿掉一個人的偶像，分發十誡的海報，給他貼上去。」[6]馬偕在臺灣東部宣教時，收集八竹筐的偶像與拜偶像的器具全部燒掉。[7]這些行爲跟後來會外人對會內人的仇忿不無關係。因此，民眾藉戰亂搶劫信徒的財產及其房屋，禮拜堂也被拆毀，甚至會友及傳教者被殺，更甚者有父子、兄弟、夫婦爲除偶像，發生家庭不睦或離異的情形。

比方說，馬偕的門徒阿華首次站在基隆一所廟宇的石階上做見證說：「我是一個基督徒，信奉眞神，不能崇拜老鼠所能毀壞的偶像云云。」[8]筆者以爲這句「老鼠所能毀壞的偶像」在會外的大眾面前最好不要說爲妙。後來雖然沒有發生什麼意外，可是對民眾的心理刺激想必非常大。他們一定積忿在心頭。難怪戰亂暴發時，基隆教會會友的財產被搶劫，禮拜堂被拆毀，甚至無蹤無跡。

偶像是一種象徵、符號或代表。對關公的偶像，我們可以對非基督徒說：「關公是三國時，蜀漢的大將關羽，字雲長，美鬢髯，武勇絕倫。他與劉備、張飛結義於桃園。平定西蜀，督帥荊州。曾大破曹軍。忠義大節。但後來中了吳將呂蒙的『驕兵之計』，進兵樊城，而失荊州，被困麥城。不幸敗走臨汾。在中途遇伏被捕，不屈而死。[9]他值得我們尊敬紀念並效法其武勇思義。他在世並沒有自覺自己是神，也不敢叫人在他死後崇拜他爲神。我們應該崇拜的就是賜他武勇忠義的上帝，就是創造天地萬物、賜人類有天理良心，獨一眞神的上帝。」

這樣開導人心，總比說「老鼠所能毀壞的偶像」來得有效，並且不會留下一點兒聽眾的忿怒在心頭，以致讓他們到了有機會時才藉機報仇。對釋迦佛的偶像，我們可以對非基督徒說：「釋迦是印度的哲人，爲要解脫世間的痛苦，出家修苦行。當他八十歲時，有一天銅匠純陀請他赴宴，因吃了腐敗的東西，或有毒的東西而生病。當他自覺餘命已無幾，最後留遺言說：「於我滅後，當尊重戒律，當知此則是汝等大師，若我住世，無異此也。」[10]釋迦叫人視戒律爲大師，更不敢叫人視他爲神明。

對媽祖這尊偶像，我們可以對非基督徒說：「媽祖是福建省興化府莆田縣的湄洲嶼林惟慤的女兒。傳說她是神仙懷胎，能顯聖，行神蹟，史實證明她是個聰明的女子，二十八歲未嫁離家。在世中她沒有門徒，沒有傳授什麼經典，也沒有人尊敬她爲神，甚至她自己也不覺得自己是一位神，也未曾要求過大家在她離家後，應該崇拜她爲神。她起初被封爲「崇福夫人」，其次被封爲「護國明著天妃」，又其次被封爲「天上聖母」，終於被封爲「護國庇民昭靈顯應天后」。她原來是未出嫁的處女，其次變成夫人，再變成天妃，嗣後變成聖母，最後變成天后。此乃「人被封爲神」的一個例子。[11]

我們當敬拜的不是人所封的神明，而是神，天地、萬物和人類的造物主——上帝。祂就是我們中國古代所信的獨一無二的上帝，爲愛人類，成爲人，即爲人類的罪，願意犧牲自己，被釘在十字架贖我們的罪，這位神才是我們當敬拜的。這樣開導，比說「偶像是木頭造的、棺材也是木頭造的、馬桶也是木頭造的」來得有效。

二、馬偕知道中國是孝道之邦。他在第五誡找到了與華人的共通點，由此，把華人的孝道的思想移轉於孝敬天父。第五誡：「當孝敬父母，使你的日子在耶和華你上帝所賜你的地上得以長久。」[12] 馬偕自己說：「我屢次站在廟宇的石階上，先唱一首聖詩歌，然後重覆地說第五誡：『當孝敬父母。』這句話，必定爲他們所喜悅。我先找共同點，然後對他們講當孝敬世間的父母，就容易把他們的思想移轉於天父了。用這種方法逐漸克服他們的偏見，他們的心靈就轉向於福音的眞理。」[13] 這表示著馬偕是一位賢明的宣教師。可是他對神主牌過於極端厭惡，他說若要改宗，一定要把神主牌除掉。

淡水首批五位信徒之一的林杯，他把偶像、祖公牌以及香爐集於竹籃中，拿到河邊，拋棄於河流中。[14] 如果我們能以開導的方法，說明神主牌是象徵或記號，不是要給我們崇拜的，只是給我們紀念或效法祖先的好人格，或讓我們知道我們的祖先是從哪裡來的而已。那麼，就不必除去神主牌，而惹得家庭當中還未信主的手足、父母或親戚的反感與忿怒。

淡江中學校長陳泗治牧師和筆者在中學時代是同窗。他改教受洗以後，偶像和神主牌一直留下來，與一個小十字架安置在客廳的案桌上。他的母親在世時雖未信主，可是母子相處很和睦。雖然她母親到年邁還不相信上帝，可是未曾與陳泗治牧師發生過宗教上的摩擦。幸其在她臨終前不久，告白信仰而受洗。筆者家裡的客廳還安置一尊笑咪咪、和藹可親的彌勒佛呢！可是陳泗治牧師和筆者都是敬拜獨一無二的上帝，因此，這些偶像與神主牌就成為藝術品和紀念物。

有些基督徒不僅在一百多年前因遺棄神主牌位，受會外以及受親屬或親戚的怨恨而斷絕關係，或被逼迫，時至今日，仍有佛教的法師還在攻擊基督徒不孝，因改宗時一定要燒毀神主牌。我們不要只靠感情做事，之後也要致力於知識方面的開導。知、情、意要有適當的調和才是品格高尚的人，不可只是產生對立情緒、一味的信教。因此，傳教者要研究世界諸宗教；在臺灣，特別要研究臺灣民間宗教或諸宗教。

三、馬偕分發十誡的海報還有其他重要的意義，如：守安息日聽道、遵守倫理道德，使讀者能知道基督教是注重德行的宗教，不用盲目地排斥。這也與我們重道義之邦有個很好的接觸點。由此可見，馬偕是一位賢明的宣教師。

註釋

1 From Far Fomosa, by G. L. Mackay, 1896, PP. 137-138.
2 北部臺灣基督長老教會傳道局發行，羅馬字版，北部臺灣基督長老教會歷史第卅一頁—卅三頁。
3 G. L. Mackay op. cit. P. 150; 北部臺灣基督長老教會傳道局發行，op. cit. P. 40.
4 齋藤勇編，マッカイ博士の業蹟一五〇頁（鐘天枝牧師的筆記）。
5 出埃及記第廿章三節—六節。
6 齋藤勇編，op. cit. P. 150.
7 G. L. Mackay, op. cit. P. 231.
8 Ibid. op. cit. P. 147.
9 筆者著，臺灣民間宗教，附錄諸宗教，一三五頁—一四〇頁。
10 筆者著，臺灣民間宗教，op. cit. PP. 304-308.
11 筆者著，臺灣民間宗教，op. cit. PP. 192-209.
12 出埃及記第廿章十二節。
13 G. L. Mackay, op. cit. P. 133.
14 北部臺灣基督長老教會傳道局發行，op. cit. PP. 34-35.

10 「聰明」嫁馬偕

公元一八七八年五月二十七日，馬偕到臺灣北部宣教的第七年，與一位臺灣女子結婚。當時新郎馬偕是三十五歲，新娘偕師母才十八歲。馬偕是加拿大人，一個在大學研究所深造過的學者，偕師母是淡水對岸觀音山下五股坑鄉村一位沒有唸過書的本地女子。當時北部教會除了馬偕自己之外，還沒有本地牧師或有牧師職分的宣教師，所以他們就由英國領事證婚，在淡水英國領事館完成了結婚手續。[1]

一百多年前，東西洋聯姻一定是很稀奇的事。難怪加拿大長老教會國外宣道會在接到馬偕結婚的消息時，感到出乎意料，而顯得相當震驚。一位大學研究所深造過的洋學士與一位全然沒有唸過書的鄉下女子結婚，更是一樁大冒險的事件。婚姻是終身大事，一位是洋學士，一位是無學的鄉下女子，在見識、思想和生活方式，兩方有天淵之別，還有人情風俗、語言等隔閡，這種結合很容易發生分釵破鏡的危險；但他們後來的婚姻生活是圓滿的。當然，他們中間有許多因素，使他們的結合鞏固而不可破。但偕師母吃虧很大。

北部教會聞名的牧師，也曾做過神學校的教師郭水龍，在他的隨筆中，關於偕師母的來歷，其中一段說道：「在五股坑有一位陳塔嫂，初次到淡水聽道，並設立北部第一所禮拜堂於五股坑。這位陳塔嫂有一位孫媳婦，名叫葱仔，十餘歲時，因不喜歡纏足，每天被公婆打。馬偕常到她們家裡去，看到這種事，很同情她。因她沒有婚配對象，馬偕便喜愛她，娶之爲妻，請英國領事證婚。經過一年之後，生頭胎的女兒，名叫媽連。產後經過六個月，馬偕第一次例假帶她回國。偕師母在加拿大例假中，再生第二胎的女兒，名叫以利。第三年又生叡廉，後來回到臺灣來。偕師母雖然沒有唸過書，可是聰明、有知識，會講英語，性情溫柔。」[2]

筆者在五、六十年前常聽到一句俗語：「纏足才是娘，不纏足不像樣。」意即女子纏足才是淑女，不纏足不像淑女的樣子。因爲不纏足，腳不能變小如拳頭大，人稱具有自然腳的女子爲大腳婆。纏足的過程非常痛苦難受，因爲每天一次或二次要用腳帛（即綿紗帶，如現今的繃帶）緊束自然腳，就是腳趾壓在腳下，包紮起來。每天加強紮緊一些，久而久之，自然腳就會變得小如拳頭大，然後穿尖而小的閨鞋。雖然纏足的過程這麼痛苦，但當時的女子不得不做，因爲與終身大事有關，當時家財學問相當程度的男士，甚至普通的男人都不喜歡大腳婆。

葱仔不喜歡纏足，每天挨打，當時馬偕大約有半年以上的時間駐在五股坑宣教，常拜訪她們家，非常同情她，喜愛她，娶之爲妻，改名爲「聰明」。原來的「葱」字是普通的菜名，沒有什麼好的意義，所以馬偕給她改名爲「聰明」。因爲「葱」的臺語讀音與「聰明」的「聰」字的臺語音相同，她雖沒有唸過書，可是當時的人評論她是聰明有知識的人，所以「葱仔」改名爲「聰明」，可說是名符其實。

筆者不認爲她像沒有唸過書的人，會講英語，就說是聰明有知識的人。一個普通的女子，嫁給洋人，如果她不是智力極低的人，結婚當天至少也會說幾句英語，如「你愛我，我也愛你」之類的話。筆者要說的是，偕師母有改除中國婦女纏足惡習之先覺，她至少知道婦女的美不在於外表的纏足，而是在於內在的爲人。郭水龍牧師評論她的性情溫柔，這就是證明她的內在美。他們結婚後，馬偕隨即帶她外出巡迴訪問在北部他所建設的教會。在一百多年前，這種蜜月旅行不但不愉快，且是辛苦危險的。偕師母雖然坐轎子（馬偕步行），可是在路途中仍遭遇過許多困難。臺灣的六、七月是颱風期，曾遭遇過好幾次大雨、暴風，甚至有一次涉河時，險些淹死。這些事她不畏懼，也證明她有信心、關心教會，雖然有許多困難和危險，也要協助丈夫的宣教工作並設立教會這種偉大的事業。

他們結婚十六天後（六月十二日），加拿大國外宣道會所派第二位宣教師閏虔益牧師（公元一八七八年至一八八二年在北部傳教）與其家眷已到達淡水。偕師母結婚一年後（公元一八七九年）隨即與閏師母從事教會內的婦女工作。[3] 未滿二十歲就能做教會內的婦女工作，在一百多年前眞是了不起的事。公元一八八〇年一月，馬偕帶偕師母第一次例假回加拿大。翌年十二月將離開加拿大的前夕，在盛大的歡送會席上，偕師母敢站在臺上報告到加拿大的觀感，由馬偕翻譯，這也是證明著她的不凡。

馬偕在外被叫罵爲「洋鬼子或紅毛番」，而且巡迴宣教或巡迴監督教會，有時候要數日或數週才能回到家，甚至隨時都會有意外。馬偕的門徒陳清和說：「恩師每天巡迴教會，前往臺北、宜蘭、新竹、大甲等地，一個月沒有十日是在家的。」馬偕的第二女婿、也是他的門徒柯維思說：「先生嗜好閱讀書籍，幾乎不抱他自己的三個孩子。雖然偶爾抱著次女，因他那樣地耽樂於讀書，故幾乎離開了自己的家庭生活。」[4]一旦回家，因研究博物、動植物、宗教、醫家，還要教書，晝夜忙得團團轉。雖然這樣，但兩人的婚姻非常圓滿。因偕師母溫柔順服丈夫，而馬偕把妻子對他的順服奉獻給基督，做基督的利益。正如使徒保羅所說的：「基督是各人的頭，男人是女人的頭。」[5]其意義就是說，女人要順服男人，男人要順服基督，換一句話說，基督是家庭的主，是夫婦的頭。

昔時的人思念偕師母說，創設淡水女學校時，她也盡力協助。古時候的人不喜歡他們的女兒讀書，所以剛設立學校時，學生大部份是平埔族女子。對貧寒的學生，偕師母都給她們衣服穿。許多教會會友喜歡到淡水玩，無論貧富，偕師母都一視同仁。[6]她結婚第三年再生一個男孩，名叫偕叡廉。[7]大女兒媽連嫁給本地聞名的陳清義牧師，二女兒以利嫁給馬偕有名的門徒柯玖（後改名為柯維思）。老三偕叡廉牧師在北部教會做教育事工的宣教師。

馬偕為何在英國領事館公證結婚呢？一般的見解是說，因為當時北部教會除馬偕自己之外，還沒有本地的牧師或具有牧師職的宣教師，所以才這樣做。這個見解很幼稚。馬偕結婚後十六天，宣教師閏虔益牧師是不是就來了？加拿大長老教會派第二位宣教師要到淡水和他同工，事先必通知他。馬偕事先知道閏牧師不久後會到，而且當時南部教會也有宣教師具有牧師職的，乘輪船從臺南出發或自高雄出發，一夜兩晝就會到淡水，馬偕與南部宣教師甘為霖牧師與李庥牧師也時常來往，是很知己的朋友。但怎麼那麼簡單地說，北部還沒有本地牧師，所以才在英領事館公證呢？

結婚當然是私事，不必在此討論，只是因與教會結婚典禮有關，不得不提。筆者首先要聲明自己沒有反對馬偕在英國領事館公證的意思，因爲他是在特殊的環境中揀選最好的方式去做而已，的確非出於馬虎而爲之，甚至不是在破壞教會結婚典禮的傳統。

我們必須記住，一百多年前的基督教在臺灣的環境和當時尚未十分成熟的民智下，如果馬偕在淡水禮拜堂或在自宅聘請南部宣教師或等待十六天後延請宣教師閏虔益牧師證婚的話，會內和會外人隨即知道，專程按時來觀禮。試想：新郎是會外人所厭惡的「洋番仔」，新娘要站在輕視養女的民眾們擠滿的禮拜堂或住宅的內外，你可想像一下，如果結婚典禮進行中，有會外人叫喊：『來看哪，洋番仔娶人家的養女。』或以別種的手段去搗亂，那麼那場喜樂的結婚典禮是否會變成一種尷尬的局面？倘若沒有人搗亂，觀禮者只在心中議論，例如：東、西方聯婚、年齡的懸殊、學問的差異等，對他們倆的心理壓力也是很大。這是當時的社會環境，一般民智尚未十分開化，使他們沒有採取教會的儀式而採取公證的形式。

我們信徒請自己教會的牧師或傳道師（除了特殊以外，不需要再特別請某某會的議長）爲證婚人，可說是最好不過的，因爲我們自己的傳教者知道，新郎和新娘的信仰狀態及做人處世態度，到了婚後，牧師和會友們也會時常關心新婚雙方的生活，並爲之代禱。

公元一八七八年五月二十七日，馬偕公證結婚當日的日記如下，以資參考：

「今天在英國領事館和張聰明結婚。領事費里德夫婦、約翰·陶德和林格醫師，並稅務司李華達夫婦以及其他人都在場。」能被請到英國領事館去觀禮的人都是馬偕的好朋友，是能了解他們倆婚姻的人。馬偕的公證結婚非一般研究馬偕生平的人們所想像的那麼單純——「因爲都沒有本地牧師，所以在英領事的證婚下完成結婚手續。」馬偕的公證結婚非爲基督徒結婚手續的榜樣，只是當時周圍的事情使他們採取此公證的方法而已。

還有一件事必須說明，就是「張聰明非陳塔嫂之孫女」，張聰明不是幼小時給人做養女、此後用錢贖回的。事實是「張聰明是張家的女兒，給陳塔嫂做孫養女。」因爲如果是陳塔嫂的孫女，給人家做養女，既贖回來，應該是姓陳，而不是姓張。郭水龍牧師說，「阿葱仔是陳塔嫂的孫媳婦仔。但是無有配偶云云。」柯設偕先生說：「昔時重男輕女，常常把自己的女兒給人家爲養女。偕師母是姓張的女兒給陳塔嫂做孫養女。」

古時養別人家的女子，其目的很多：以轉賣取利而養者、爲使操賤業博利而養者、爲要招贅婿者、當作「查某嫺（女僕）」而養者，比比皆是。所以養女遭遇之惡劣比媳婦（女嬰送給人家養大配給他兒子爲妻）有過之而無不及，畢竟媳婦身分是有既定的未婚夫，只是等她長大之後，要與養家的兒子「推做堆」（意即結婚）成養家的一員，所以受到的待遇比較好些。

陳塔嫂是熱心的信徒，對於取利或博利等事是不敢去做的。可是做人家的媳婦或養女，多數是沒有好處境的，俗稱「媳婦仔命」或「養女淚」正道盡了這一群可憐女人的苦境。筆者敘述這些事情，是要我們更了解馬偕當時採取公證而沒有採取教會的證婚儀式，是有其正當的理由。筆者認爲馬偕在他的結婚所做的一切事，是非常的賢明。

註釋

1 The Island Beautifal, Duncan MacLeod P. 68.
2 郭水龍牧師隨筆，北部教會史實第四章（手抄原稿）。
3 Duncan MacLeod, op. cit. P. 188.
4 齋藤勇編，マッカイ博士の業蹟一〇八頁，一二〇頁。
5 哥林多前書第十一章三節。
6 北部臺灣基督長老教會傳道局發行，羅馬字版，北部臺灣基督教會歷史第廿二頁—廿三頁。
7 郭水龍牧師隨筆，op. cit. chap. 4.

11 巡迴宣教設立教會

諺云：好的開始是成功的一半，故「凡事起頭難」。在氣候不適合外國人、衛生習慣較差、交通不便、生活水準較低又輕蔑外國人（故稱之爲紅毛蕃）、固執自己的宗教而敵視基督教的種種情況之下，宣教實屬不易，如果沒有堅強與鞏固的信心、體質強壯、熱情、愛心及不屈不撓的精神是辦不到的。馬偕是一位個性顯著的人，他有勇氣，堅強的意志和非常大的忍耐力，並且經得起勞苦的考驗。他對上帝抱持著不疑不動的信心，無論遭遇任何艱難都抱著不移的決心與堅忍不拔的意志。

馬偕的座右銘是「寧願燒盡而不願銹掉」[1]。同時他還有一個特殊的性格，就是不肯輕易居於次位或與他人同享首位。這是他的知己麥唐納給他的評論。[2]也正因爲他有上述種種的個性，所以才能負起上帝委託開拓的任務。本書第一卷第二節中段已說過，自臺北至基隆的鐵路於公元一八九一年才開通，臺北至新竹的鐵路於公元一八九三年才開通，因此，馬偕宣教工作的前半期（十五年）是沒有鐵路交通工具的。他宣教的後半年（十四年）雖然可以利用鐵路，可是他和門徒還是用走路的方式沿路到各地去巡迴宣教。他們一行人有時候要走路兩、三天，有時候要走路五、六天。

馬偕宣教方法之一是帶領門徒外出巡迴宣教，並開設教會。首先以淡水爲中心，再前往附近的地方去分發十誡的海報，藉此宣教。

圓窟（林口）教會、五股坑教會

圓窟教會：公元一八七二年四月下旬，馬偕有了阿華這個門徒，經過數天之後，相偕前往淡水河對岸的觀音山後面，一個名叫「圓窟」的小鄉村去宣教。有一位拳師是個賭徒，如果他輸了錢，就用武力強迫贏錢的人把錢還給他。馬偕與他第一次見面時，受到馬偕的勸告，因此心裡非常憤怒。後當馬偕到此地巡迴宣教數次且設立教會，拳師還記得馬偕對他的勸告，觸動了他的良心，漸漸對馬偕的佈道工作感興趣，此後他悔改信耶穌，並熱心爲基督服務。拳師也常常去關心當地人，勸他們信基督，因他的熱心努力，禮拜堂被建立，信徒眾多。[3]馬偕在圓窟宣教比在五股坑宣教早一些。依照馬偕公元一八九二年八月的日記記載「圓窟申請建堂。」、「公元一八九三年一月七日，圓窟禮拜堂建築竣工，於一月八日獻堂」等事。據馬偕於公元一八九三年五月一日以後巡迴各教會的日記所示，圓窟仔教會禮拜有九十三人。可見圓窟仔教會是公元一八九二年以前設教的。

五股坑教會：五股坑位於淡水對岸觀音山下，溯河而上十六公里的地方，即現今的五股。該村有一位寡婦陳塔嫂，常到淡水教會禮拜聽馬偕講道，此後她也率領許多五股坑村民到淡水聽道。因她的懇求，馬偕和阿華於公元一八七二年八月二十八日首次往五股坑探訪求道者。據當日馬偕的日記說：「我和阿華坐船往五股坑，抵達時，許多人出來迎接我們，因為他們常常到淡水。我去探訪一個人，好像也是當地的領袖。我送他好幾張十誡的海報，他馬上把海報貼在牆壁上，當時眾人圍著看。這人身材很高，大約六尺餘（前記一百八十八公分），看起來很強壯且勇敢。晚上我們就回到淡水。」此後，馬偕借用這位村長陳炮的空穀倉當作住處，每天和阿華出去附近地方宣教並達數個月之久。其結果是在五股坑成立一個教會，而且陳炮也奉獻建堂的土地，公元一八七三年二月十七日，馬偕便任命阿華為傳道師，將其派駐於五股坑。當時淡水教會首屆受洗禮者和其他的門徒都在場，馬偕等人把必要的書籍贈送給阿華，並為他禱告。翌日（十八日），馬偕等人便歡送阿華到渡船頭，阿華便往五股坑去，成為首任傳道師並監督建堂。

關於五股坑建堂與艋舺官方所發生的不愉快之事，詳情請看本卷第五節「樂做見證的三位平信徒」的前段。同年三月二日，五股坑禮拜堂竣工並獻堂，當時有一百五十位信徒聲明要拋棄偶像，接受基督的教訓。[4] 此後馬偕時常訪問五股坑教會並協助宣教和監督。

公元一八七七年八月十九日，馬偕為十二個人施洗並舉行聖餐。馬偕到處施洗，普通一次的施洗至少有四、五個人，或十幾個、或數十個（在平埔社教會的施洗人數，有時候是算百位以上的）。可是在公元一八七八年二月三日，馬偕在五股坑教會只施洗一位成人，即張聰明，並於同年五月二十七日在英國領事館和張聰明結婚。

因清法戰爭五股坑禮拜堂被毀壞，公元一八八六年十二月二十四日再建竣工。可惜，馬偕在公元一八九三年九月十八日第二次例假要回國前，巡迴北部眾教會時，五股坑教會禮拜人數只剩下三十三人。後來，馬偕於公元一九〇一年六月二日受主選召息勞之後，五股坑教會也漸漸衰滅。

基隆教會

基隆以前的名稱爲「雞籠」。公元一八七二年秋天，馬偕帶領阿華和一位挑行李的未信者，要往基隆做巡迴的佈道，途經艋舺、錫口（松山），半夜到了基隆，住在一間低矮且潮溼的茅舍。[5]據馬偕的日記，那次的巡迴宣教是在公元一八七二年九月二十六日。其記事如下：

「走路到關渡，然後循著河邊走到大稻埕，一個很熱鬧的地方，在那裡有外國人的茶行。我去探訪那些外國人。此後與阿華及一個挑行李的人一同到艋舺去，分發佈道論單張並唱聖詩歌。再走路到錫口，分發佈道論和十誡的海報。很多人圍住我們，一直向我們叫囂：『番仔教，番仔鬼，當殺死他。』他們很兇惡。我們繼續走路，從田野經過到水返腳（汐止），我們唱聖詩歌宣教，忽然下大雨。我們又到了五堵，景緻眞好。又到了七堵。然後從蘆葦草林經過，我們滿身大汗，赤著腳、又飢餓，也還不知道要在什麼地方過夜？我們拾起些柴枝生火，如火把似的。道路很彎曲，我們再前進，忽然再轉一個彎，在我們前面，相離五、六步而已，出現十幾個人，手裡都拿著鏢，衝到我們前面，容貌兇惡如鬼。他們舉起鏢要刺我們，但我們手裡有火把。他們一直注視我們的臉。我開口說：『我們沒有錢，我是個教師，你們若要殺死我們，會受天罰。』他們也跟著我說：『教師，教師。』他們便叫我們繼續前進。雨不停，風又吹，我們的火把滅掉了。我們只能用手摸索，可是找不到路，常常跌倒，踏入坑溝再爬起來，邊走邊爬，終於走到雞籠。時已半夜，我們到海關去找蘭得先生，在那裡過夜。」

翌日（二十七日），馬偕等人乘船往社寮去宣教。當時社寮人口約二百人，其中五十人是平埔族人。在那裡，馬偕等人就傳主的福音、播揚上帝的名，那些平埔族人很專心聽道。在馬偕等人將離開前，有的人站在水中，靜聽馬偕等人唱聖詩歌讚美上帝。他們又回到雞籠，住在客棧，一個非常污穢的地方，沒有窗、沒有椅子，使用竹製的睡床，以石為枕，房間很潮溼，不但不衛生且到處都是蝨子、跳蚤和蜘蛛。那一夜，馬偕無法成眠。次日（二十八日），他們往暖暖宣教，當日又回到雞籠，幫大家拔鱷齒。大概此時，馬偕等人在一座宮廟的石階上宣教，阿華首次做見證，其詳情請看本卷第七節「詩歌宣教」的後半部。九月二十九日，馬偕等人還在基隆向外國人、平埔族人宣教，九月三十日才返回淡水。

公元一八七二年七月中旬，馬偕到金包里和附近鄉村，然後也到雞籠去播揚主的福音。公元一八七四年四、五月中旬，馬偕等人走到雞籠，沿路佈道，有一個人讓他們在他那邊過夜，他們就睡在豬舍旁。公元一八七五年四月二十四日，馬偕等人又從艋舺、錫口、三重埔到雞籠去宣教。

公元一八七五年六月中旬，馬偕等人又往雞籠和社寮島去。他們很親切地在海邊向漁夫傳道，在雞籠時，於路中傳福音，也去過周圍地方，為了設禮拜堂而準備。他們當時租到一間房屋，就開始清掃，也借長椅子，可是周圍的人很憤怒並咒罵個不停。六月二十七日禮拜日上午，幾百人去參加雞籠禮拜堂設立典禮，也有人從三重埔（南港）、大龍峒以及別的地方來參加。在雞籠，也有許多患者去求醫。禮拜堂設立後，馬偕等人就在社寮島、雞籠和其附近地宣教大約一個月之久。

馬偕說，雞籠教會的設立大部分是高振的幫忙。他原本是迎神賽會的鼓手和琴師，篤信偶像，在馬偕開始宣教（公元一八七二年）幾個月後才去聽道。後來他到松山做牲畜販賣生意時，常常走十六公里的遠路到淡水作禮拜。這個第一所雞籠禮拜堂就是高振租的。高振四十五歲受洗，後來因做生意的關係，妨礙他不能參加禮拜，就毅然放棄生意，遷回雞籠，全家信上帝。他被選為雞籠教會的長老，此後做傳道師。公元一八八四年，法國侵犯臺灣時，暴徒毀壞了他在鶴籠的房屋，沒收了他的財產，並且逼迫他和他的家屬。後來他患了瘧疾，臨終前，教會的長執和會友們齊聚他的床邊，唱聖詩歌，他安然逝世。[6]

據馬偕的日記說，公元一八七七年三月至八月之間，馬偕有一次和門徒劉和、陳雲騰、吳寬裕、林蘗、陳萍等人往八斗子和雞籠去傳福音。同年八月二十八日，他們也到雞籠為二十六人施洗並舉行聖餐典禮。

公元一八七九年五月五日，馬偕又去雞籠醫療宣教。洋行醫師曼醫師幫忙治病和開刀。據馬偕的日記所載，公元一八七九年五月十八日，他在雞籠也設醫館，並請曼醫師幫忙治病。公元一八八四年八月十八日的日記所載，清法戰爭中，清國負傷兵到他在雞籠所設立的醫館去治傷，船裡的醫生也去幫忙。這間醫院以後如何，就不得而知了。

在清法戰爭中，雞籠禮拜堂被暴徒拆毀得無蹤無跡，信徒受逼迫。公元一八八五年六月一日，馬偕到雞籠去視察被拆毀的禮拜堂，後來到社寮島聚集會友一同作禮拜。同年八月九日，馬偕僱用二十人去清除雞籠被拆毀的禮拜堂。雞籠正要再建堂時，有一次馬偕從艋舺走路到雞籠，因沒有地方住，便在路中草寮仔（草棚，用茅草搭蓋而成的棚子、工寮）過夜，裡面有雞、鴨、豬，是很污穢的地方。此後他住在社寮島，每天到雞籠去監督建堂工作，可是何時竣工獻堂，不得而知。大約在公元一八八五年十月初吧。

新港社（苗栗）教會、獅潭底教會

新港社教會：新港社位於現今的香山和後龍中間的中港，朝中央山脈走約一、兩個鐘頭的地方，是在苗栗地區。馬偕宣教時代將臺灣原住民分爲四種類：

一、生番：在山中不受漢人所同化，維持著獨立曠野的生活。他們認爲漢人是侵略者，而他們是被逐入山中的。因此，遇有機會就報仇，斬取漢人的頭顱。他們普通被稱爲生番。

二、南勢番：已爲漢人所同化，但幾乎還未開化，昔時被稱爲南勢番。他們不會敵視漢人而去獵其頭顱，可是他們的生活與宗教跟生番大致相同。他們的人數少，大部分住在臺灣的東海岸的南部奇萊平原。

三、熟番：因被漢人的文明同化，其人情、風俗、宗教、生活等與漢人混合，他們不會獵人頭。當時被稱爲熟番，他們住在西海岸，在這節敘述的新港社，就是熟番部落。

四、平埔族：爲漢人的文明所同化，程度很高的原住民，其生活方式及宗教信仰都與漢人相同，沒有跟漢人混合，天性憨直。他們昔時被稱爲平埔族，散住在臺灣各地。

據馬偕的日記說到，公元一八七二年十月八日，他和阿華由淡水出發，經過中壢、竹塹（即新竹）、後埔附近，往新港社去，即熟番社。馬偕等人走到後壠之後，沒有人要留他們過夜，所以才走進山中到新港社去。時已夜晚卻找不到地方住，終於有一位高大強壯的老人請他們去家裡住，才解決當晚的住宿問題。不久後，聽到那裡的熟番將從隔天起要舉行三天的典禮，以祭祀他們的祖先，在那三天熱鬧的祭典中，不准陌生人或是漢人到他們鄉村去參觀，馬偕是外國人，更不能住在當地。然後熟番的代表者用漢字寫了一封信給馬偕：「你們這個洋鬼和門徒，明天早晨必須離開這裡，否則，三天之內要住在屋子裡，一步也不准你們踏出門外，因爲我們要祭祀我們的祖先，不能讓陌生人觀看。」

馬偕回答說：「我們來這裡不是要打擾你們，而是要傳播主的福音，要傳播上帝的名而已。」熟番很不高興，大聲叫囂，整夜不睡，圍住馬偕等人所住的房子，憤怒至極。翌日早晨，馬偕步出門外，看到一大群人坐在地上，他們面前堆積著一堆一堆的石頭和土塊。馬偕和阿華再走出幾步，看見家家戶戶在房子裡正在祭祀他們的祖先。忽然間，一個青年投了一塊石頭，飛過阿華的肩、擦傷了馬偕的頭部，馬偕和阿華隨即走入這青年所住的房子裡。（這個青年後來改信基督教，爲馬偕的門徒，終於成爲傳道師，在噶瑪蘭平原傳道，不幸在瘟疫發生時，因照顧病人而殉職了。）

話說回來，馬偕等人一走入房子裡，在外面那一大群的熟番便安靜下來。吃過午飯後，馬偕等人再到外面去，站在一個外庭去齊唱聖詩歌「我認救主無驚見羞」，也唱聖詩歌「咱人生命無定著」，才回去他們住的房子裡。

在房子裡面，有許多人正在議論馬偕等人的作法。那時候馬偕安慰他們，說明了許多事情給他們聽，要熟番了解他們只是來傳道理而已。因此，房子裡的人就安靜下來。到晚上，馬偕等人再到街上去唱聖詩歌，並宣教，都沒有再發生什麼事情，反而吸引三十人至四十人前來聽道。

翌日，馬偕等人又出去唱聖詩歌和宣教。比起前一天，熟番沒有那麼生氣了，並有些人接近馬偕和他們講話。因此，馬偕等人整天忙於播揚福音。第三天，馬偕等人再出去宣教，有五十人去聽道。當天晚上的宣教，很肅靜，聽道的人眾多，約有八十個人。馬偕等人佈道後，和熟番個人談道，他們也請問許多問題。

馬偕回淡水後，十一月二十七日，新港社派二位代表遞給馬偕一張寫在紅紙上的申請書，邀請馬偕再去新港社傳基督的福音。紅紙請帖上蓋了許多請求者的印章。馬偕斟酌地查問那兩位代表有關於新港社的實意，然後邀請他們住他家三天，還教他們唱聖歌和基督教的道理。到了離別時，他們說不久後要再去淡水找馬偕。果眞，不到一個月（十二月九日），新港社的代表又再度出現在馬偕面前，迫切地懇求馬偕等人去新港社設教。

馬偕有一位外國朋友，熱心的信徒，是船長，叫做巴克，身材很高，要進入馬偕的屋子做英語禮拜，還必須彎腰才能進入。當新港社代表第二次到淡水邀請馬偕後，不久，巴克的船進入淡水港，馬偕便率領阿華和巴克以及挑行李的人，於十二月二十六日從淡水對岸八里坌出發，走路經過桃園坪頂，在中壢過夜，翌日再走路到竹塹（新竹），在一間很骯髒的客棧住宿。住宿的人很多，整夜喧嚷、打架，令人不能成眠。二十八日他們經過香山到新港社，他們都出來迎接馬偕等人，大家都很親切，晚上去參加的佈道者有五十位。

二十九日，熟番頭目率領新港社約三十多人和馬偕等人進入深山，要向深山裡的生番宣教。他們經過彎曲崎嶇的山路，以刀砍荊棘、除蔓草，一直爬到山上，黃昏時，已爬到高度約三千五百尺（十萬零五千公尺）的地方。馬偕的隊伍那時已深入番界，進入生番的生活領域。

馬偕看到他腳下的山麓有很多生番，便向他們大聲呼喊。那些生番也呼喊應聲，他們攜帶刀、鎗、鏢和弓箭，從山麓爬上去，馬偕的隊伍也走下去，直至兩方相遇，熟番與生番比手勢之後，才允許要讓馬偕的隊伍進入番社。

因番社還遠，走路的時候，生番們都跟在馬偕一行人後面。到了晚上，在途中再遇到幾百個生番，新港社熟番的頭目與他們比手勢，他們才再讓馬偕的隊伍通行。到了山麓，還未到番社，馬偕等人（馬偕、阿華、巴克和挑行李的人）滿身大汗，又飢又累，就休息，生火燒飯。熟番最喜歡砍樹、割草、搭寮仔（草棚），生火吃飯。在夜晚，而且是十二月底，天氣很冷，馬偕的隊伍圍在火邊和熟番一起唱歌，那些生番圍住他們，並且注視著馬偕一行人。雖然馬偕等人躺在地上睡覺，生番都坐著監視，也因天氣非常的寒冷，實際上馬偕等人也不能睡覺。

翌日（三十日），生番們率領馬偕的隊伍要進入番社，在途中遇見了生番頭目。恰巧那時候，馬偕看見樹上有一隻大鳥，生番們都停下來，大家用手指指著自己的額頭，生番的頭目便拿起鎗打中那隻大鳥，鎗術很準確。馬偕一時寒心，不知道這些生番有何計謀？不久，行走到一個地方，好像有人在耕作，因爲樹木都砍掉了，正在開墾著。

生番頭目叫大家停步，讓懂臺語的原住民當通譯對馬偕說：「在那邊的草寮裡有漢人，大家分成兩隊，從前後包圍，把漢人全部殺掉，一個都不要讓他逃走！」馬偕很生氣，藉通譯對生番頭目說：「你一點兒誠意都沒有！你是騙我們的，我們從遠方來探訪你們是好意，如今你叫我們幫忙你們殺人。」生番們聽了，非常生氣，商量很久，頭目終於向馬偕認錯，決意率領馬偕的隊伍入他的番社。

將到達前，首先要經過別的番社，生番頭目叫馬偕等人肅靜，其餘生番則大聲呼喊。這個番社裡，有幾百個男女老少也在應聲呼喊，狗也在吠著。馬偕的隊伍跟著頭目走，不久進入這個番社。頭目請馬偕等人坐下。忽然生番們大聲叫喊且跳躍，因爲有生番拿著一個漢人的頭顱回來，還流著血。因此，他們很高興，爲著是殺人的緣故。這裡的房子是竹製的，連屋頂也是竹製的。在屋簷下排了許多他們之前所殺的頭顱，漢人的頭髮。可憐得很，那麼多靠近番社生活的漢人失掉了生命！辭行後，頭目再率領馬偕一行人到山麓去。到了他們的番社，才知道這番社是前一天（二十九日）晚上，在途中遇見的那些生番的村子。他們認得馬偕等人，非常高興，進前來拍拍馬偕等人的肩說：「我和你們是親戚。（我和你們是朋友，表示親切的意思。）」馬偕便拿出東西贈送給他們，然後藉通譯在生番面前傳主的福音。

新港社的熟番和馬偕等人齊唱聖詩歌讚美上帝。他們的歌聲迴盪在山林中。那地未曾有人去傳耶穌的名，他們也未曾聽過救世的福音。夜晚，馬偕等人進屋子裡（其實是竹製的小寮），可是整夜不能睡覺。爲什麼不能睡覺？不得而知。

公元一八七三年一月一日，馬偕一行人從番社出發要回新港社，遭遇天昏地暗、大雨傾盆、狂風大起的天氣，馬偕等人以樹葉遮蓋於頭上和行李上。道路溼滑，數度跌倒再起，全身淋得像個落湯雞，一邊穿過蘆葦叢林，一邊唱聖詩歌，晚上終於回到新港社。因船長巴克生病，馬偕整夜看護著他。翌日，巴克因病坐轎，馬偕等人走路，經過新竹，在客棧過夜，次日趕到中壢客棧過夜。天亮時，沿路走，風雨不停，再經過一天才回到淡水。

一百多年前的宣教工作實在辛苦。可是馬偕靠信心克服一切困難，公元一八七三年四月六日，終於設立新港社教會，並舉行禮拜堂奉獻典禮。[7]之後，馬偕和阿華常到新港社協助宣教，並進入山中番社宣教。根據四月中的日記，馬偕和生番的頭目商量登次高山（雪山）的計劃，頭目終於答應，率領五十位生番和馬偕等人登上雪山，經過許多艱難苦境，夜間在山洞過夜，爬過六、七天的山之後，大約來到雪山的山麓，他們繼續再爬，愈爬愈高。可是經過數日後，頭目不肯再登，因爲太累了。馬偕不得已才轉身和生番下山，經過許多日子才再回到新港社，可見馬偕和生番很融洽。

獅潭底教會：獅潭底位於從新港社向中央山脈，走到山中與番社連接的地方。馬偕等人於公元一八七三年五月下旬，當時新港社熟番再次祭祀他們的祖先，在熱鬧節期時，馬偕他們再次勇敢地再去新港社宣教。當時新港社已在一個多月前設立了教會，也有禮拜堂了，去新港社宣教，再往獅潭底走，看看是否有機會可向生番宣教？五月二十九日便到獅潭底去，住宿在生番的房子裡。翌日要回新港社時，路過一個轉彎的地方，離馬偕六、七步的距離，有一個生番藏匿在蘆葦很高的草裡。

當生番舉起鎗要射殺馬偕時，被馬偕看到。馬偕趕快以手勢拍自己的胸膛，並以手勢拍生番的胸膛。藏匿在蘆葦草中的生番才站起來，走到馬偕身邊，以他的手拍馬偕的胸膛，然後他也拍他自己的胸膛。他們兩位就大聲呼喊。此時馬偕的隨員們從後面走上前來，那些和馬偕一行人作伴的生番中，有一個生番一直說：「馬偕險些被射殺而死！」生番頭目很不高興地責備那要射殺馬偕的生番：「你怎麼沒看見馬偕的黑鬍鬚呢！」（馬偕有一副黑鬍鬚，生在他腮上和嘴邊，看來非常的英俊，這是他的特徵，一看就知道他是馬偕。）因爲有同伴，馬偕整夜走路到新港社，然後到中港。此後馬偕等人才走路回到淡水。

同年（一八七三年）七月中旬，馬偕再到新港社宣教，也住在獅潭底很久，傳道給幾百個生番聽，他們也喜歡聽道。在這期間，馬偕等人和生番同伴進入更深的山中，然後聽著狗在吠著，許多生番呼喊著，都出來歡迎馬偕一行人，非常高興且招待他們。生番有紋身。婦人刺花於兩頰，男人刺於額頭和胸膛。若殺了一個敵人，就刺一條花於胸膛。馬偕遇到一個頭目，胸膛有二十九條紋身，也就是說，他殺了二十九個人。

同年十月初，馬偕等人再往新港社和獅潭底向熟番和生番作醫療佈道。十月十日，獅潭底的生番搭建一個草寮給馬偕作爲集會禮拜的地方。一百多年前，在道路不平坦、客棧衛生惡劣、路中還有匪盜的環境，馬偕和阿華於公元一八七二年十月八日起，一直到一八七三年十一月中旬爲止，走路到新港社熟番中和獅潭底的生番中作過數次（一次三、四日或十數日不等）醫療宣教，終於也設立了教會，也有禮拜堂。可惜得很，當時一位南部教會的會友許銳於，公元一八七二年六月十日走路到淡水幫忙馬偕傳教，並作馬偕的門徒，在公元一八七三年四月六日新港社教會成立時，受派爲傳道師駐任於新港社，並於同年十月十日獅潭教會成立之後，他也常常往訪獅潭底教會，但不幸在同年十二月下旬，他在獅潭底被生番殺死。

馬偕聽到這噩耗，十二月二十五日和門徒從淡水動身到新港社去，和會友到獅潭底去找許銳的屍體，於公元一八七四年一月一日才找到，爲他埋葬，然後訂石碑，作爲紀念。由此事件可見當時的生番，僅在感情上接受基督教文明，在知識和意志上還未達到接受基督福音的程度。新港社的熟番大半亦然。由他們只喜歡唱聖詩歌看來，也能知道其一斑。現在新港社教會和獅潭底教會在那裡？馬偕逝世後，漸漸地自然消失。筆者不是說馬偕對他們的宣教是徒然的，也不敢說是枉然的，因爲馬偕等人至少使當時新港社和獅潭底，凡信上帝福音的熟番與生番獲得上帝的救恩。（新港社教會在消失百年後，已於二〇一七年五月二十八日在後龍鎭新港地區重新設立。獅潭教會於一九九四年年底完工並獻堂。）

洲裡教會、三重埔（南港）教會

洲裡教會：日據時代叫作和尚洲教會，現今稱爲蘆洲教會。據馬偕的日記所載，他們一行人於公元一八七三年二月二十四日往洲裡去宣教。許多人跟著他們後面，口出惡言，大聲叫罵。有的拾起石塊向馬偕等人投擲。有的拿天然肥料（排泄物）從馬偕等人的背後潑去、有的投擲豬糞在馬偕等人的頭上、有的從屋頂上把糞便潑下來，可是馬偕等人一直走到宮廟面前，唱聖詩歌宣教，可見當時還是有些人喜歡聽道。

公元一八七三年六月二十二日，馬偕的日記裡寫著：「六月二十二日，禮拜日，設立洲裡禮拜堂，當天早晨下霜，來參加禮拜者有四百人。」（當時六月二日大概是農曆四月底，天氣寒冷，因爲蘆洲的人，特別是衙門，非常反對基督教。但是淡水、林口、五股坑等會友去參加獻堂典禮。）

公元一八七四年正月中旬，馬偕等人再去洲裡宣教，許許多多人圍住馬偕他們，馬偕等人播揚主的救恩，然後到鄉村去播揚主的聖名，行至一座大房子門外，有人唆使兩隻狗要去咬他們，一群兒童叫罵他們，婦人們也很兇，以惡言咒罵，男人旁觀，馬偕無法宣教，只好唱聖詩歌讚美主名，後來離開，到新莊去作醫療佈道。

公元一八七五年正月，馬偕的日記裡記載說：「這些日子常常到洲裡，去宣教，許多人來聽道。」有一位洲裡信徒名叫陳士美，因洲裡要再建設新的禮拜堂時，他買地奉獻，於公元一八七六年被一個富豪誣告下獄，公元一八八四年死於獄中（詳情請參看本卷第五節「樂做見證的三位平信徒」）。

建築在陳士美所獻的地皮上的新禮拜堂，於公元一八七七年三月六日竣工並獻堂，約三百人赴會。一八七八年馬偕派張耐、劉玖和李德作長老；李內、劉牛和陳芳德作執事，並爲十六人施洗，六十人守聖餐。

公元一八八四年八月五日起至公元一八八五年六月九日止，清法戰爭中，洲裡禮拜堂被暴徒拆毀至無蹤無跡，連樹木也被砍去（看馬偕公元一八八五年四月十九日的日記）。

公元一八八六年十月一日，馬偕再往洲裡擇地建堂，洲裡禮拜堂即現在的蘆洲教會。禮拜堂是在公元一八八六年十二月二十四日建築竣工並於二十五日獻堂，很多信徒參加獻堂典禮。禮拜堂前後和大馬路上有許多會外人站著觀禮。馬偕因為枋隙（大稻埕教會，現今是大橋教會地址）、洲裡（現在蘆洲教會地址）和五股坑等禮拜堂建築中，每日前往監督，一方面教導門徒，導致公元一八八六年十一月中旬生病，十二月十一日手腳全冷、身體無力，急召門徒陳雲騰和葉順前來照料一切。幸甚每日由葉順看護和洋行禮德醫生的醫治，否則，險些死去。

南港教會：以前叫作三重埔教會。據馬偕公元一八七三年十二月六日的日記，他準備要在這裡設教，並舉行佈道，許多人去聽道。公元一八七四年正月下旬，馬偕等人也到三重埔去宣教，反對的人眾多。同年二月二十四日，馬偕等人再往三重埔宣教，許多人喜歡聽道。馬偕和門徒們以土塡滿禮拜堂的牆壁，會友也來獻工協助建堂，終於在同年三月一日禮拜日上午十時舉行獻堂典禮。禮拜堂是土壁，裡面是塗灰，屋頂蓋草。此後馬偕也常到此地做醫療宣教。據馬偕的日記，公元一八七七年九月一日，他和阿華到三重埔去，給三十一人施洗，並選舉三名長老、一名執事。同年九月中旬，馬偕等人再去播揚主名。

於公元一八八二年一月二日，馬偕廢止該教會，將信徒移去水返腳（汐止）設立汐止教會，至公元一九二八年，南港再設立教會。

八里坌教會

據馬偕的日記記載，馬偕等人於公元一八七三年二月二十五日到八里坌去，在各處宣教。八里坌位於淡水對岸，在觀音山的山麓，沿海岸走路不遠的地方，即現今的八里。馬偕等人到八里坌，就在路中或靠近住屋的地方開始宣教，可是有人不喜歡聽道並厭惡馬偕等人。其中也有人很有禮貌，因為曾去過淡水看病領藥並聽道。馬偕等人在草棚過夜，有心地很好的人，煮稀飯給他們吃。翌日，在各處宣教時，忽然看到房子外面的牆壁上和樹幹上貼有告示的海報，畫馬偕的像，手拿著刀子在挖人的眼睛，並寫惡言、誹謗和褻瀆等語，馬偕撕下兩、三張。

公元一八七四年二月上旬，馬偕等人再到八里坌去，整天傳福音。在那裡有一棵大榕樹，已經是老榕樹了，因為它的樹皮已經都結一瘤一瘤，但有人去給它燒香跪拜求平安。馬偕和他的門徒們常在這棵神木下宣教和作禮拜，也教書和研究《聖經》。因靠近海岸，時常風號沙飛，頗感不便，此後遷移到一位漁夫的家裡作禮拜。

公元一八七四年三月二十二日，一所簡陋的茅屋建築竣工。當日馬偕的日記寫著：「今日很多人赴八里坌禮拜堂的奉獻典禮。我雖然身體因病困乏，但因著這個典禮，都忘掉了我的疾病，整天傳福音。到了晚上，身體疲倦而無力氣。」可見當時馬偕為宣教而設教會，如何的犧牲辛苦。讀其日記，含淚盈目。

此後，八里坌教會再建築一所乾燥的泥土所造的房屋爲禮拜堂。可是在清法戰爭時，禮拜堂被毀了。馬偕決意再建築一所更堅固而美觀的禮拜堂。於公元一八八六年五月一日開工，首先設計製圖，僱用石工和木匠。一邊在山邊採集地基用的石塊，一邊到大稻埕去購買木料和磚，又燒珊瑚爲石灰，一方面又挖掘泥土，迅速地進行著工作。因爲氣候炎熱，飛沙能使眼睛發炎，終於在一個月內（即五月底），一間美麗、堅固的禮拜堂建築竣工——用曬乾且燒成的磚塊造的牆壁有二英尺半（約七十五公分）厚，內面以白灰塗白、外面則塗以灰泥，如石屋似的堅固，足以抵禦暴風雨、颱風及地震。[8] 馬偕於公元一八八六年五月三十一日也記載說，「八里坌禮拜堂建築竣工了。」這所禮拜堂現在還存在著。

新店教會

新店背山面河，距離淡水約二十九公里。該教會建設的由來如下：有一個新店人到淡水聽道，回去之後，他告訴他的朋友們。由於他的見證，就有幾個人又到淡水聽道，並跟著馬偕到處去巡迴宣教。禮拜日要作禮拜時，新店的求道者中，有的往三重埔（南港）教會去、有的往淡水去，因路遠，所以在禮拜六就動身出發，並且禮拜一才能回到新店。[9]

可能是因爲求道者作禮拜上的方便，加上有好幾個聽道者，甚至福音也需要在新店地區被傳開，所以，新店的聽道者們勸馬偕到新店去宣教。

馬偕到新店時，該地正在舉辦迎神賽會，非常熱鬧。許多人因爲沒有見過外國人，便紛紛喊叫：「番仔，洋鬼子。」忽然，在群眾中，有人大喊：「番仔打傷一個男孩子。」群眾就湧向那個地點。群眾的外圍當中有些人狂呼喊：「打死他，打死番仔，他並不很高大啊！」馬偕明知他們誣賴他，但還是勉強地擠過去看那被打傷的男孩。眞的！那男孩子的頭上受了傷，流血很多。當時馬偕攜帶了外科器具，就爲他醫治，用自己的手帕給他裹傷。

民眾中有些人喊著：「心地很好，心地很好。」過了幾天，有個老人在一堆石塊上跌倒且受了傷，馬偕的一位門徒把老人扶到一棵樹蔭下並醫治他。民眾又再大聲喊著說：「心地很好，心地很好。」因此，民眾日後對馬偕的態度就逐漸和善。

據馬偕日記說，公元一八七四年六月十一日，馬偕到新店時，有一位住在洲裡、聽過道理的人，把一個地方借給馬偕等人住，很暗且潮濕。當時因馬偕患了熱病，住在那裡很久，遇有機會，馬偕和門徒就出去宣教。公元一八七四年七月二十六日，有一對老夫婦（夫人被稱爲高霞嫂）借馬偕一間房子作爲佈道所。[10] 當日禮拜後，馬偕走路進入山中，經過許多日子才抵達原住民部落。再回到新店時，就又和門徒繼續佈道。之後馬偕等人也常常到新店醫療佈道。

據馬偕日記所述，這間禮拜堂在公元一八七六年六月十八日被火燒掉了。何時再建堂、或租屋以作禮拜堂？因資料不夠，不得而知。自設教起八年後，公元一八八二年七月，馬偕在新店教會施洗三十四人，參加禮拜者五百人。因會友日增，需要再建新堂。雖然有一個老婦人很頑固，反對並威嚇說，如果一定要建堂，她要用石塊打碎馬偕的頭。可是建築工作一直在進行，據馬偕的日記說：「終於在公元一八八四年三月二十日粗石造成的教堂竣工，便獻堂敬拜上帝。會友很高興，宰一隻牛，兩隻豬，參加禮拜者五百人，受洗者五十一人，守聖餐者一百六十三人。大家吃宴熱鬧地慶祝禮拜堂的落成。」

新店人大多拜偶像，可是建堂那時候信徒約有二百多人，其他還有許多未受洗的求道者。公元一八八四年至一八八五年清法戰爭時，他們爲了耶穌的名受了許多的苦難，有些人被搶劫，有些人被迫害，有兩個老夫婦被投到河裡的急流中。禮拜堂也受毀，可是新店教會的信徒們自己能自給、自足，也能捐助臺灣的一般宣教工作及救濟貧民。[11]

公元一八八五年六月，清法戰爭停止後，馬偕將教會禮拜堂被暴徒拆毀、信徒被迫害的事情告訴劉巡撫，劉巡撫於公元一八八五年九月派遣部下向馬偕說，清國政府要賠償墨西哥金一萬元，使他能夠再興建教堂。這個判決書遲至九月二十八日才送到馬偕手中。於是馬偕在十月五日才開始計劃錫口、艋舺和新店再建堂的事宜，十月二十九日才開始動工。

那時候，新店禮拜堂的地還未清除整理完成、枋隙禮拜堂的再建也較遲些。據馬偕的日記所載：「於公元一八八五年十月二十九日新店教會將起工建堂時，地皮尚未準備好，便叫人來清除禮拜堂地。因還未有禮拜堂，被窘逐的會友同來時，都在外面禮拜。」禮拜堂何時落成？因馬偕的日記翻譯沒有齊全，所以資料不夠，不得而知，大概於當年年底才落成吧？《臺灣遙寄》記載艋舺、錫口、新店等禮拜堂在十二個禮拜的時間內建築竣工。

公元一九二四年，新店禮拜堂遭遇水災被毀壞，公元一九二七年再建，即現時的新店禮拜堂。

後埔仔、溪洲、枋寮（中和）、新莊等教會

後埔仔教會：就是新莊教會的前身。馬偕等人於公元一八七三年二月下旬就到新莊去宣教。民眾挨近他們、推撞他們、對他們叫罵、大聲呼喊，好像都要擠過來打他們。馬偕等人也看到路邊的樹幹上有告示的海報，上面有馬偕的畫像，手拿刀子在挖人的眼睛並寫著惡言、誹謗和褻瀆等語。馬偕等人撕掉了海報。

同年十一月三日，馬偕再到後埔仔和新莊宣教。筆者所讀過的資料只是馬偕日記的一部分而已，雖然沒有其他確實的證據，可是可以推測馬偕等人常去後埔仔和新莊宣教，因爲這兩個地方很靠近淡水和五股坑宣教站。

公元一八七四年一月中旬，在蘆洲宣教時，馬偕等人被人唆使兩隻狗要來咬他們，兒童叫罵他們，婦人們咒罵惡言，使他們不能宣教，只能唱詩歌讚美主名，便離開那裡到新莊作醫療佈道。

公元一八七五年四月中旬，馬偕的日記寫著，他們在新莊幫許多人拔齲齒，然後往溪洲去宣教。同年六月十四日的日記寫著：「到新莊宮廟前佈道、醫病兼拔牙齒，衙門的差役叫民眾們解散，可是民眾不散夥，反而叫差役不要干涉，差役離去。這地方有許多人吸鴉片，我們住宿的地方（指客棧）都是鴉片味道。」可見馬偕等人不僅常去新莊及附近的後埔仔、溪洲和枋寮宣教，而且一次的宣教都是持續數天。

公元一八七六年一月十六日，馬偕等人再去到後埔仔，看看有什麼機會可以佈道。同年六月十八日，馬偕就在後埔仔設教會並獻堂。他聽到新店禮拜堂被火燒掉時，在獻堂後隨即去新店料理一切，再回到後埔仔鼓舞教會，也到板橋和溪洲傳道理。之後馬偕等人也常到後埔仔教會協助宣教。公元一八七七年九月中旬的日記寫著：「這些日子在艋舺和後埔仔鼓舞教會，阿華、陳和與我同去，並醫病。」

溪洲教會：公元一八七六年十月八月溪洲教會成立並獻堂，赴會者約三百人。由於馬偕等人盡忠且勇敢地宣教，教會一個再一個地設立起來。

枋寮教會：公元一八七九年四月二日馬偕等人再往枋寮，經過許多日子的宣教，終於四月二十七日枋寮禮拜堂竣工並獻堂。馬偕在這天的日記寫著：「枋寮新的禮拜堂竣工並獻堂，陳火（即陳榮輝）、蔡生、寬裕、洪胡、陳能、陳九、姚陽等傳道師都在場。」公元一八九七年五月二日枋寮教會修繕完畢並獻堂。

新莊教會：公元一八八二年三月十九日，新莊禮拜堂竣工獻堂。可見新莊教會成立較遲，可是比後埔仔、溪洲、枋寮等教會久遠。據馬偕於公元一八八二年三月十九日的日記寫著：「新莊禮拜堂落成，很多會友來參加，若干信徒站起來做見證，所講的內容都眞好。」今日，已沒有後埔仔教會、溪洲教會和枋寮教會，可是新莊教會還存在著，並且有一座大而美麗的禮拜堂，以後應該加倍努力於傳教。

大龍峒（大稻埕）、錫口等教會

大龍峒教會：馬偕等人在公元一八七五年二月到大龍峒去宣教，許多人聽道。據馬偕於同年四月二十三日的日記寫說；「大龍峒禮拜堂建築很完善，距大馬路約三十丈（約一百公尺），並有走廊，很涼快。我們出去做主的見證。恰巧遇到他們在演外台戲（歌仔戲）。臺下眾多人。我們站在榕樹下，傳福音兼拔壞牙齒。當時月亮，很好機會。」可是北部臺灣基督長老教會歷史部發行的《北部臺灣基督長老教會之歷史》（羅馬字版）記載說：「大龍峒的禮拜堂於公元一八七五年八月十五日建築完畢就舉行獻堂典禮，許多人來信教，同年給十七人施洗。」[12]那麼設教與禮拜堂的落成，其時日與馬偕的日記大有出入。該教堂的地址是在當時馬偕的門徒柯維思先生（馬偕的二女婿）的家鄉附近。

其設教和建堂的由來大約如下：大龍峒有一位從少年時代就學武藝的人，名叫陳願。他篤信神佛，也曾到過大陸去進香。公元一八七四年，他因心不安，打算要吃齋時，聽到馬偕傳的福音而悔改信主。他不僅信主並做見證，也切望要在大龍峒建立禮拜堂。可是陳姓的大家族在大龍峒非常兇惡，不准陳願建堂，可是陳願也有勢力，他不僅是一位醫師，而且有三品道員的官銜，不顧陳姓宗族的反對，致力建堂。如有從遠途來、熱心希望聽馬偕道理的人，都住在陳願家裡，吃和住宿都受到招待。基隆教會也有一位女信徒名叫和尙嫂，像陳願一樣，款待從遠方到基隆教會聽道作禮拜的人。所以當時北部教會有句俗語說：「基隆和尙嫂，臺北阿願哥。」[13]

馬偕於公元一八七九年九月到大龍峒教會舉行聖餐，參加禮拜者二百人，守聖餐者四十人。

公元一八八四年至一八八五年清法戰爭時，北部七間較好的禮拜堂遭搶劫並被拆毀。大龍峒禮拜堂也是其中之一。暴徒們毀了大龍峒禮拜堂，使其化爲一處巨大的土墩，且在旁邊以拆毀教堂的磚塊，積了八英尺（大約二公尺多）高的石堆，塗以黑泥後，面對著大馬路的一邊用漢字大書誌銘：「黑鬍奴馬偕橫於此，彼事終矣。」[14]據馬偕的日記說道，他於公元一八八五年四月下旬至大龍峒視察這間禮拜堂的廢址，隨即召集傳教者討論再傳福音之事宜。何獅、林孽、陳才、高振都去參加。

公元一八八五年六月戰後，九月二十八日當馬偕領到清國政府以墨西哥金一萬元作爲北部七間較好的教堂被毀的賠款，隨即以該款在四個地方再建禮拜堂。其中之一就是大龍峒教會，遷移到枋隙，改稱爲大稻埕禮拜堂。枋隙即現時大橋教會的地址。馬偕於公元一八八六年十月二十五日擇地（枋隙），於同年十二月二十四日禮拜堂竣工。

關於當時大稻埕教會建築竣工後的外觀與教勢，馬偕以無限感慨的心情在日記中說：「全教會中最美觀的禮拜堂是大稻埕。這城鎭在淡水河畔與艋舺相隔一．六公里，幾乎與新設的臺北府城牆相接，是北部臺灣商業最盛的地方。跨越河上的火車鐵路橋有一千四百六十英尺（約四百四十五公尺）。英國與其他歐美商人，都在此地有商行。我們禮拜堂是一座華麗的石造禮拜堂，有角塔、正面的塔及廣大的講堂。我曾看到從講堂到門口，都擠滿了熱心的聽眾。公元一八九一年十年十八日，我依據『主是偉大的神，諸神明的大君王』（因耶和華爲大，當受極大的讚美，他在萬神之上，當受敬畏。）的經文向五百餘人講道之後，有一百三十人領受聖餐。會中有一位陌生人，是韓國基督徒朴依平，到臺灣尋找他的兄弟。他爲華人基督徒的熱心及禮拜的誠懇所感動，在禮拜結束後說：『這是上帝國眞正地降臨在地上。我不能忘記這種情形，願你們都平安。』[15] 由此可見馬偕來臺第二十年時當時教會的興旺。

大稻埕教會有一位聞名的長老名叫李春生先生，公元一八三六年生於廈門，十五歲領洗禮，唸過書，也讀過英文，此後到臺北做茶業生意，發展得很順利。公元一九〇一年，李春生擔任大稻埕教會的長老，教會的經常費有一半是他奉獻的。各教會請他募捐，他絕不推辭。他不僅以口頭傳道，也著書做文字傳道工作。公元一九一五年，他獨自出資建築現在臺北市甘州街四十號的禮拜堂，奉獻爲大稻埕禮拜堂。雖然達至八十七高齡，但無論天氣如何都到禮拜堂守禮拜，且在家庭裡每日讀《聖經》、祈禱不斷。[16] 開設大稻埕教會後，枋隙禮拜堂即停止禮拜，直至公元一九五六年四月二十二日，北大、其所屬傳道局及財團法人出面託余約束長老在枋隙禮拜堂再開設大橋教會。[17]

錫口教會：錫口位於從臺北火車站開往基隆的頭一站，即現今的松山。馬偕等人於公元一八七二年九月二十六日從淡水經過大稻埕、艋舺，走路到錫口，分發佈道論和十誡的海報。很多人圍住他們，一直向馬偕叫囂說：「番仔教，番仔鬼，殺死他吧！」民眾非常兇惡，以致在當地不能宣教，隨即往水返腳（現在的汐止）、五堵、七堵、基隆沿路宣教。據馬偕的日記說，他一行此後常常到當地宣教。因此，馬偕於公元一八七五年九月二日在此地設立教會。

公元一八八四年至一八八五年清法戰爭，錫口教堂受暴徒拆毀，馬偕等人於一八八五年四月下旬到錫口巡視，站在廢址上，唱聖詩歌作禮拜，旁觀的民眾很憤怒，對著馬偕等人投擲石塊。馬偕等人因傳上帝的救恩，醫病施藥，造福萬民，忍受一切的欺侮，絕不會以言語或行動反抗。實際上反抗也無濟於事。

公元一八八五年九月二十八日，馬偕拿到清廷以墨西哥金一萬元作爲北部七間教會被暴徒拆毀的賠償款，又再建四間美而堅的禮拜堂。錫口禮拜堂就是其中之一。同年的十月二十九日動工，十一月二十七日了僱用一位法軍侵臺時的法軍逃兵（德國人）油漆錫口禮拜堂的門窗（可能因此錫口新禮拜堂於同年十二月中旬才落成吧），《臺灣遙寄》記載，艋舺、新店、錫口等禮拜堂在十二個星期內建築竣工。

三角湧、大科崁、枋橋頭等教會

三角湧教會：三角湧即現在的三峽。據馬偕於公元一八七三年六月二十四日的日記寫著：「走路、涉溪至三角湧，住在寮仔過夜。景緻甚美，但原住民常下山獵取漢人頭顱。我們宣教、醫病、拔壞牙齒，此地民眾非常反對。」由此可知，馬偕和門徒很早就到三角湧那個危險地界作醫療宣教。之後也去過好幾次。公元一八七五年六月中旬到三角湧去宣教時，有人問他：「外國人是否取人的眼睛去做鴉片？」馬偕等人告訴他，他所聽、所信的是錯誤的。

公元一八七六年十月五日，馬偕要在三角湧（三峽）設立教會。當時三角湧是北部最亂的地方、居民二千人的市鎮。有許多匪徒以附近的山爲根據地，人心不得安寧。政府對他們的懲罰也沒有起太大作用，因爲他們的親屬有的在中國、有的在臺灣偏鄉，散居各地，否則當時是可以用懲罰其父母、妻兒或兄弟姊妹的方法，使土匪就範。當時居住在市鎮裡的人們往往會跟土匪妥協、或串通，以抵制官方的偵查和干涉，因此他們更大膽，還結隊進入市內，大聲叫喊，耀武揚威地喊說：「你們靠官、我們靠山！」

馬偕當時要進入那個市鎮是不容易的。他費了一番苦心才進去。正當一位強壯的族長把他店鋪後面的一個房間借給馬偕時，就有人狂呼威嚇，要把馬偕等人拖到山裡去，堵塞嘴，挖掉眼睛。面對如此猛烈的反對聲浪，馬偕等人不得不遷居城外，但是暴徒們也時常去包圍馬偕的寓所。

據馬偕的日記所載，公元一八七九年十二月二十四日，他又在三角湧建堂。第一次例假回國再回臺不久，公元一八八二年又到三角湧教會作醫療宣教，拔了二百四十八顆壞牙齒。

公元一八八三年大約二月期間，馬偕和門徒阿華踏出禮拜堂門外時，突然聽到吶喊聲，有一個人在馬偕旁邊注視著他的頭頂，向他投擲了一顆扁平的大石塊，碰到牆壁，破裂成三塊石片。馬偕轉過身，拾起那些石片作爲那天的紀念物。其中一片有三磅（大約一點三公斤）重，其中有一片後來贈送給加拿大多倫多的諾克斯學院博物館。

數月之後，馬偕進入禮拜堂時，看到有一個人躺在一張長椅上。那個人站起來，對馬偕鞠躬說：「你肯原諒我嗎？」原來那天投擲石頭的是他，目的是要擊死馬偕。之後三個月，他每天到教會和本地傳教者相交談道。將到年末時，已信靠基督拯救的他就逝世。據馬偕於公元一八八七年十月三十日的日記寫著：「在三角湧禮拜時，禮拜堂滿座沒有空位。參觀一所學堂，給原住民兒童讀書的。再回到三角湧禮拜堂時，那地的傳道師告訴我說，有一個人叫林瑞源，曾經承認他就是曾用石頭投擲我的人，反悔認錯請求赦免，過不久此人去世。還有一位（向阿華投擲石頭的）被法國兵打死了。」當時林瑞源向馬偕所投擲的石頭從馬偕的頭頂過去，還有一個人對阿華投擲的石頭從阿華的耳邊經過，那兩塊石頭僅差一寸的距離就會打中他們，馬偕與阿華兩個人可能當場就死掉，卻不料那二人比馬偕和阿華先逝世。幸哉！林瑞源悔改得救，另一人還未悔改得救，就先死在法國兵槍下。人人要警醒。

因爲基督徒是敬拜獨一無二的造物主上帝，祂是光明正大且慈愛的神，所以信祂的人是行在光明的道路上。如果基督教影響到惡黨匪徒的利害關係時，他們就不喜歡基督教並要加害基督徒。因此，於公元一八九一年九月中旬，三角湧的惡黨們要去拆毀禮拜堂、該鎮的頭目開賭場，唆使黨徒去打教友，實在蠻橫之至。

馬偕自從在三角湧建設教會後，過了二十年，三角湧也與以前不相同了。土匪已分散、他們的巢窟被郭清和開墾了，禮拜堂的房屋也買了。民眾對信徒和傳教者的偏見也消除了。馬偕最後一次去三角湧的時候，三角湧的民眾護送他和門徒，到相距約六公里半的另一個禮拜堂，還有一個樂隊領路歡送呢。[18]

公元一九〇〇年一月十六日，三角湧教會信徒到淡水與馬偕商量再建堂的事，馬偕即派嚴清華牧師、郭主（郭希信）、陳錫、林有路、葉順、柯維思等傳道師去辦理。可見馬偕如何愛這個教會、關心這個教會，因爲這是他和門徒們辛辛苦苦、經過許多困難及危險所設立的教會。

大科崁教會：大科崁位於三角湧西南方、走路約三小時的地方，即現今的大溪。馬偕等人於公元一八七三年六月二十四日到三角湧醫療宣教時，該地人民非常反對，所以馬偕等人便走路到大科崁宣教，又進入更深的山中，終於到達一個漢人與原住民交易物品的地方。返程時，因下大雨，溪流洶湧，涉溪時險些被溪流衝走而喪命，可見當時宣教的困難，但是宣教是每一位信徒的召命，不能辭退，何況是馬偕與門徒啊！因此，同年十一月中旬，馬偕等人再從淡水往大科崁去，進入污穢、潮濕的舊房屋講道並教導門徒。屋子裡光線不夠、也沒有燈火，然後他們又進入深山中，在途中有一個破舊的寮仔，他們在那裡唱聖詩歌、祈禱和讀書，之後返回洲裡和五股坑。

公元一八八九年十月三十一日，馬偕在大科崁租屋作爲禮拜堂。房子是屬於一位原住民婦女的，早年她曾嫁給一位漢人。禮拜堂成立後，除了漢人之外，還有二十一位原住民來聽道，且有若干原住民兒童也來學習漢文。當時沒有主日學，禮拜堂設有義塾，禮拜一至六讀漢文，禮拜日學習聖詩、讀眞道問答、背唸《聖經》等。

公元一八九二年四月二十九日，大科崁教會有一位青年會友遭逼迫，房子被人拆毀，並被對方恐嚇說要去拆毀禮拜堂。原來是因爲那位青年到教會信道理，親戚唆使人去逼迫他。黑暗愚昧暫時肆虐，可是光明絕對勝利。北部教會是馬偕在一百多年前在各種苛刻的逼迫中開拓而建設的，北部教會一百多年的歷史可以證明這事。現今臺灣有哪一個團體像基督教的上帝使罪人悔改得救，獲得眞實的安慰、喜樂、自由而生活在光明中，且有力地服務於家庭、社會與國家呢？被拆毀一間房子有什麼可怕呢？大科崁教會就是現今的大溪鎭大溪教會的前身。

枋橋頭教會：枋橋頭位於新莊東南方走路不遠的地方，即現今的板橋。公元一八七四年三月至六月之間，馬偕等人往枋橋頭去做醫療宣教並施藥。何時建設禮拜堂？因資料不夠不得而知。這間教會就是現在板橋教會的前身。據馬偕的日記所述，他和門徒於公元一八七六年六月下旬也到板橋和溪洲去傳福音。據馬偕保存的施洗名冊，他於公元一八八二年四月九日設立枋橋頭禮拜堂。他的日記也記錄著公元一八九三年八月十八日，第二次例假要回加拿大前巡迴各地的禮拜堂，板橋教會二百五十一人參加禮拜歡送他們（馬偕和偕師母同行巡視教會），可見一百多年前的板橋教會是一所活躍的教會。

崙仔頂、金包里、暖暖、水返腳等教會

崙仔頂教會：即三角埔教會的前身，其由來如下：淡水首屆受洗禮的信徒、也是馬偕的門徒，此後做傳道師的吳寬裕，於公元一八七四年首先向他的表哥李恭傳教。李恭心有疑難，便約李沃去拜訪住在臺北的李春生，向他請教。他們認爲李春生常與外國人來往，一定知道外國人的宗教，卻還不知道李春生已受洗成爲基督徒。李春生對他們說，馬偕所傳的道

理是眞的，可以相信，並說，他自己也是敬拜上帝的人。李恭與李沃聽了很高興，不僅相信上帝，而且鼓勵他們的親戚每禮拜日往淡水教會去作禮拜。李恭此後做傳道師，李沃做教會的長老。李沃長老的兒子李炎此後也做傳道師。[19]

既然崙仔頂有人乘舟沿著淡水河去作禮拜聽道，據馬偕的日記所寫，馬偕等人於公元一八七七年十二月下旬巡迴到崙仔頂去佈道傳播主名，而崙仔頂和五股坑或蘆洲僅一衣帶水之隔，一定比公元一八七七年還早，所以他們已經到崙仔頂去宣教也是可想而知的。

公元一八七八年四月十四日，馬偕在崙仔頂設立教會。該教會禮拜堂建築竣工是在同年七月四日，當日獻堂典禮中，才剛於二十二日前受加拿大長老會派到北部來的閏虔益牧師和閏師母也來參加。

公元一八八四年八月五月清法戰爭爆發，不僅新店、三角湧、和尚洲、大龍峒、基隆等會友被窘逐、搶劫，連崙仔頂教會的會友也不例外。雖然會友被窘逐，大家都堅定不放棄上帝。[20]馬偕於公元一八八八年十一月十一日到崙仔頂教會舉行洗禮儀式時，在他的日記寫著：「在崙仔頂教會爲十四人施洗，一百人參加禮拜及教會活動。」可見當時崙仔頂教會的教勢之一斑。

公元一八九八年六月「颱風小姐」三次接踵而至，靠近淡水河岸的崙仔頂禮拜堂「倒在她們的裙下」而流失了。不得已只好重建禮拜堂，公元一八九九年十月二十九日落成。當時崙仔頂教會可說是崙仔頂庄李姓家族與社仔庄郭姓家族構成的教會，雖然有鄰居在嘲笑和侮視，但他們勇敢信奉上帝，熱心往禮拜堂作禮拜。筆者七歲時，與成人信徒從社子庄走路二十分鐘到崙仔頂教會去赴大禮拜。因信徒日增，禮拜堂不夠用，公元一九一三年在崙仔頂庄與社仔庄之中有一個三角埔庄，在那裡建築較大的禮拜堂，稱之爲三角埔教會。

先父在蘭陽地區作傳教者時，筆者才一、兩歲大。先父在北投嗄咾別教會、士林教會與北投教會作傳教師時，筆者是三歲至七歲的孩童。先父因病退休時，筆者當年七歲，再回到三角埔教會去作主日學學生並參加大禮拜。禮拜堂在崙仔頂時代還未設立主日學。當時在禮拜堂裡設有義塾，禮拜一至禮拜六上課，課程是漢文、史地及算術等科目。義塾的兒童禮拜日要到禮拜堂去學習聖歌、羅馬字的教義問答和背唸《聖經》。很像主日學，但是還沒有「主日學」這個名稱。

崙仔頂時代的義塾教員是一位聞名的漢學家李種松先生，後來他考中秀才，即轉任爲神學校的漢文教師。禮拜堂遷移到三角埔庄時，廢止義塾，設立主日學。記得筆者與成人信徒從社仔庄走路十分鐘到三角埔教會作禮拜的時候，成人信徒都用手巾把《聖經》和聖詩裹起來，在途中如有會外人問：「要去那裡呢？」同伴的成人信徒都答道：「沒有，要到那邊去逛逛。」這樣看來，好像是個懦弱者，其實不是，因爲當時會外的人對教會的會友還很輕視侮辱，因此，會友盡量避免引起跟會外人的衝突。筆者記得昔日的教會非常親密，信徒互相探訪，遇有信徒患病時，牧師、長執和信徒都相偕去探訪，爲之代禱。

全省大概沒有一間教會像三角埔教會這樣，培育出那麼多傳教者與長執在全省爲主工作了。傳教者如下：李任水、李幫助、李雅各、李鏡智、李明安、陳泗治、康智禮、郭春木、郭希信、郭水龍、郭馬西、郭樹德、郭和烈（筆者）、郭應啓、郭忠立等（以上牧師）。李水車（教師）。李恭、李牛港、李庚申、李炎、李嗣、李竣德、李長卿、康清塗、洪寬威、郭珠記、郭貞、郭大永、郭青年、郭英國、郭智惠、郭哲欽、郭理利、郭明利等（以上傳道師）。郭中堂（宣道師）。郭欽道、郭阿欽（以上二名神學生時代逝世）。

在艋舺、大稻埕、大橋、雙連、和平、士林、三重埔、新莊、淡水、大甲、彰化、宜蘭、羅東等教會作長執者有三十餘位。嫁出去做牧師娘（師母）的有四位。雖然那麼多傳教者、長執與其家族在外地活動，但該教會主日禮拜平均還有一百五十位、主日學平均八十位出席，並設有幼稚園或托兒所，兒童一百位。

金包里教會：金包里位於淡水東北方沿海岸走，大約四個小時的地方，即現在的金山，也可由北投或士林向北爬山四個小時的海岸地方。馬偕等人於公元一八七三年三月二日下午，赴五股坑禮拜堂獻堂典禮之後，便出發往洲裡、北投作巡迴佈教，然後走山路到金包里去宣教。同年七月從北投以及八月從士林走山路到金包里，住在該地許久並宣教。公元一八七六年五月中旬，馬偕等人又到金包里去宣教。

公元一八七九年四月一日，馬偕等人在金包里設立教會，同年四月二十七日和七月十四日，馬偕等人再到該教會協助宣教，在該禮拜堂周圍傳福音。

清法戰爭中，北部各地的信徒被逼迫，有些禮拜堂被暴徒拆毀洗劫。公元一八八五年八月九日，馬偕帶著阿華、偕英陽兩人往金包里去，看見該地的禮拜堂都損壞了，於是他們在街上作禮拜。之後很久，金包里教會都沒有再出現建堂的紀錄。到了馬偕逝世後，經過十五年，即公元一九一六年才新設佈道所，公元一九三三年建堂。

暖暖教會：公元一八七二年九月二十六日，馬偕率領門徒阿華和一位挑行李的人，從淡水出發經內港（臺北）、艋舺、松山、汐止、五堵、七堵，沿路分發佈道論和十誡的海報，並唱聖歌和宣教，時已靠近半夜才到雞籠，他們到稅關去叩門，受官員的照料，翌日天一亮，便往社寮島，此後往暖暖。[21]

據馬偕的日記，他們於九月二十八日在暖暖途中佈道，唱聖詩歌，播揚主的聖名，再回雞籠去。公元一八七四年大約四、五月中旬，馬偕等人往雞籠途中，在暖暖做主的見證，傳救世的福音，被人投擲土塊，之後還常常到暖暖宣教。據他的日記，公元一八七九年七月六日，在暖暖舉行禮拜獻堂典禮。

水返腳教會：水返腳是現今的汐止。公元一八七二年九月二十六日，馬偕和阿華從淡水走路，經由臺北、艋舺、錫口，往雞籠去的時候，他們在該地唱聖詩歌並宣教，然後走到雞籠去。此後，馬偕等人從淡水經臺北往雞籠去傳道時，常常在水返腳宣教。

公元一八七四年三月一日，馬偕在當時三重埔（南港）設教會，舉行獻堂典禮，可是八年後（公元一八八二年一月二日）把三重埔教會遷移到水返腳，設立水返腳教會。大概是當地的人口少，教勢不振，還有跟維持教會的費用也有關係吧？當時水返腳是人口四千人的市鎮，在此地設教會比較適合。因此，公元一八九〇年四月二十五日，一間價值墨西哥金七百元的禮拜堂開始在水返腳建造。地皮和房屋的款項都是臺灣諸教會所捐獻的，而契紙上的名義是水返腳教會。水返腳教會建堂的設計和監工都由阿華負責，同年五月三日落成。公元一八九〇年五月三日，馬偕的日記寫著：「水返腳禮拜堂獻堂典禮，我和家族及門徒搭煤煙船去參加。李貴、李恭、蕭田、陳能、陳存心、葉順、陳添貴等傳道師，以及宣教師黎約翰牧師、陳火（榮輝）牧師和嚴清華牧師都在場。」

在這間教會發生過一個有趣的故事。一位姓陳的人，叫他的長男到禮拜堂去參加禮拜，爲著要窺探教堂裡是講什麼道。長男聽道後覺得很有興趣，便帶他的弟弟同去參加禮拜，有一位慕道友教他們羅馬字拼音的臺語，他們愈來愈熱心研究福音，這三人終於告白信耶穌基督。因此，他們拒絕拜家裡的偶像和祖宗的神位，父親大怒，唯恐將來無人祭他的墳墓，便禁止他們再往禮拜堂去，並命令他們每夜拜神位。

爲了要平息父母的憤怒，就在祖先神位前行禮，可是當他們在祖先神位前點起線香後，頭卻轉向別處，並且仍到禮拜堂去作禮拜。父親發覺此事之後，便秘密到禮拜堂去查探，當他聽到兒子們唱讚美耶和華的詩歌時，尖聲大叫且暴跳如狂。

之後，兩個兒子不得已，只好在禮拜日主日時，相偕往山裡僻靜處自由唱聖詩歌、禱告、讀《聖經》，並爲發怒的父親代禱。夜間，他們常密會於稻田間看守用的小茅舍裡，但漸漸他們找不到一個可以長久不受煩擾的地方。父親愈來愈憤怒，監視他們愈加嚴密。到了年底，家裡開始準備做例行的大祭，他們拒絕參加，父親怒不可遏，便拿起一把長刀向長男衝過去。兄弟倆拚命跑到一位信徒家躲避。父親不饒恕他們，還把媳婦們和孫子們從家裡趕出去，兒子、媳婦和孫子們都不敢回家。但，母親的心軟了，她不願放棄兒子，就多次向丈夫懇求，希望他把長刀交給她，並要他答應等兒子回來時，不要傷害他們。後來兒子們終於回家，父親也饒恕了他們，並允許他們在家禮拜上帝。每個主日，他們都帶著妻子和兒女往水返腳教會作禮拜。[22]

公元一八九九年九月十五日，馬偕的日記所載如下：「往水返腳去，教會非常活躍，禮拜堂很整潔，一百二十人參加禮拜，四十八人守聖餐，十五人受洗。」

竹塹、北門口、客雅庄等教會

竹塹教會（現今的新竹教會前身）：竹塹當時是人口有四萬人的城市，即現今的新竹市。公元一八七二年三月七日，南部教會宣教師李麻牧師和德馬太醫師從高雄走水路經臺南陪伴馬偕，於三月九日抵達淡水。馬偕於三月十一日早晨從淡水走陸路，陪伴他們回南部大社教會（現在臺中縣神岡鄉大社）。

馬偕的目的是要去看看他將來的教區。他們於三月十二日晚上抵達竹塹，當時馬偕的日記寫著說：「我們晚上進入竹塹城，住宿在極污穢的客棧，客房小，骯髒，味道不好聞。到達大社後就開始視察以大社爲中心的附近各平埔社教會。」馬偕和一位漢人從大社再走陸路回淡水。馬偕於四月四日的日記寫著：「雖然只剩我自己一個人，但卻沒有孤單，也沒有疲倦，下午到竹塹。」他已看過二次的竹塹城並住宿過，所以竹塹城對他來說是一個印象很深的城市。

因此，馬偕在淡水、臺北、雞籠等地宣教後，同年十月八日和門徒阿華從淡水出發，走路經過中壢，隔天晚上抵達竹塹，在當地宣教，分發佈道論。之後往後壠、新港社（熟番社），再進入深山中的番社宣教，十月二十四日再回到竹塹城。因爲下大雨，全身淋得像落湯雞，住宿在一間客棧裡。他當時的日記說：「客棧非常污穢、黑暗、潮溼，外面有豬舍、臭水溝，很臭，許多人也跟我們一樣，進入客棧住宿。我們睡在地板上，以石爲枕。我們的衣服溼漉漉，沒有別的衣服換，很不舒服。我們的客房沒有窗，黑漆漆，沒有立錐之地，屋頂不到五尺（約一點七公尺）高，裡面沒有設備。後來有人拿一盞花生油燈來，才能看清楚客房裡面：土角壁、竹製睡床，滿處蜘蛛、垃圾和抬轎人所丟棄的破草鞋，已發霉如羽毛。又從隔壁一直吹來煤煙味。客房裡充滿臭味且骯髒不堪，令人嘔吐。還有房客，住了工人較多的房間裡，在隔壁喧嚷、互罵，吃過晚飯後，有的人還吸食鴉片，不久，整個屋子都充滿鴉片煙的味道。他們整夜喧嚷，互罵不停，口出惡言，然後打架。這都是出於屬世的心。我們整夜被打擾，不能安眠。早晨雖下大雨，還未吃早飯，阿華和我盡快離開，赤腳走出城外。途中涉遇溪流，經過中壢，在暴風雨中，以手帕裹頭，盡力行進，十月二十六日晚上才抵達淡水，終於趕赴晚上的禮拜。」這種使精神、身體疲倦的宣教在一百多年前是需要的，不過是誰要去喝這苦杯的問題而已？在外國宣教師馬偕和本地人嚴清華毅然接受上帝的召命，才有今日的北部教會。

公元一八七三年五月中旬，馬偕等人再往竹塹去宣教。關於那次在竹塹的宣教，他的日記寫著：「近日曾往金包里、中壢和客庄去。後來到竹塹去佈道、施藥和分發佈道論時，民眾對我們極力叫罵，在我們前面走著，叫喊宣嚷如狂人。有的拾起磚片和沙土向我們投擲。」

此後七、八次從淡水走路經過竹塹往新港社和附近去宣教。據馬偕日記所載，對竹塹地方的積極宣教是從公元一八七八年十一月六日開始的。馬偕和門徒李炎、李嗣、劉和及甘爲霖牧師（從南部到淡水拜訪馬偕和北部教會，十月十日抵達淡水），於十一月六日抵達竹塹，住宿在特約的客棧，馬偕稱它爲「先知的旅舍」。他們在竹塹城醫病達十一日之久，並傳福音。馬偕爲四百三十一人拔牙，在這中間租到了一間小房子，暫時可作爲禮拜堂。地址是在現今的新竹市中巷（今新竹市南門街關帝廟一帶），馬偕等人才剛把房間整理乾淨，那條小街巷已擠滿人，嘲笑、辱罵並吐唾於馬偕等人的臉上。三天之後，騷亂平息了，「主要是由於一位文士的力量，我以前曾經送藥給他過。」

公元一八七八年十一月十七日禮拜日，一切辦妥便舉行獻堂典禮。當日馬偕的日記寫著：「竹塹禮拜堂獻堂時，劉和與我講道，阿華也來幫忙。我往南崁教會帶領宣教師閏虔益牧師到竹塹，他也講道。」筆者讀到這些記事時，感激而含淚地說：「馬偕發令向竹塹城總攻擊了。」意即劉和、李炎、李嗣、甘爲霖牧師、閏虔益牧師、馬偕和嚴清華，一齊集中力量，終於攻破竹塹城。在一個月之內已經有三十個人登記要成爲基督徒。[23] 因甘爲霖牧師於十一月二十五日第一次例假要回國，所以不能逗留到十一月十七日的獻堂典禮，就先辭行下南部。

公元一八七九年二月四日，因暴徒搶劫竹塹禮拜堂，馬偕等人到竹塹去調查。搶劫的程度和調查結果如何，因資料不夠，不得而知。不過因信徒與日俱增，所以需要買一塊更大的地皮，後來終於買到一間較大的建築物，落成之前，宣教工作也逐漸發展。這間新的禮拜堂大廳甚大，前方的窗子裝著眞玻璃。玻璃在一百多年前是罕見的。一位有學問的傳道師駐任該堂傳道。

公元一八八七年十一月中旬，馬偕到竹塹禮拜堂去作禮拜的時候，參加禮拜者二百三十人，並幫人拔一百三十二顆牙及醫病、施藥。

日本占據臺灣四年後，公元一八九九年，竹塹教會再建堂。八月二十日竣工並舉行獻堂典禮。關於當日獻堂的情形，馬偕的日記寫著：「今日竹塹教會新禮拜堂建築竣工，很多人來參加獻堂典禮，計有四百一十七人，並爲二十七人施洗，也有幾位日本人來參加，河合龜輔牧師講道給他們聽，然後河合牧師又傳些道給臺灣教會會友聽，我做通譯，因爲他用英語講。許多會友從附近的地方來參加。」

公元一九二二年，竹塹教會在當時的西門城口再建堂，稱爲新竹教會，地址就是現在的新竹市勝利路（中山路口）。

新竹教會首次獨立聘牧是從公元一九〇七年四月三十日起，即聘郭春木牧師，至公元一九〇八年一月二十八日，郭春木牧師蒙召息勞爲止。第二任於公元一九一三年五月七日聘郭希信牧師，至一九一四年五月十二日辭任，往大稻埕教會擔任牧師爲止。第三任聘陳旺牧師一年。第四任聘莊聲茂牧師十三年。第五任聘鄭連坤牧師。

北門口教會：馬偕開設竹塹教會後不久，竹塹城外去聽道的人頗多。因晚上要關城門，所以他們不能在城內參加晚上的禮拜。因此城裡的會友以捐錢及其他的方法，在城外買了一間適當的房屋作爲禮拜堂，這就是竹塹北門口教會。馬偕也派一位傳道師駐任傳福音。

客雅庄教會：客雅庄靠近現今的新竹西門外，馬偕於公元一八九九年十二月十七日於日記寫說：「在竹塹城外設新禮拜堂，即客雅庄禮拜堂。」因公元一九二二年竹塹教會在西門城口建堂後，相離不遠，所以客雅客教會的信徒被吸引去。因此，於公元一九二三年宣佈廢止。其設立期間只有二十四年之久。

月眉、土牛、中港、後壠、外埔等教會

月眉教會：從竹塹朝山中約十六公里處，有一個客家人的村子叫作月眉，即現今的峨眉。當陳雲騰駐任竹塹宣教時，客家人陳阿崙等人曾經在竹塹城裡的禮拜堂參加過禮拜，所以公元一八八六年陳阿崙等人率領馬偕、嚴彰和葉順到那裡去。[24]關於這事，馬偕的日記寫著：「往客人庄去，途中景致很好。在月眉治病，給人拔牙，並探訪一個人，他的房子很大，恐怕是臺灣第一乾淨的房子，傳道理給很多人聽。（筆者註：前面所引照的本文是由嚴彰而來的，他忘記到月眉去宣教的年日，應改為公元一八八七年十一月三日。）

村民們首先聚集在一棵美麗的榕樹下，馬偕等人在那裡宣教。有一位誠懇的老人歡迎馬偕等人到他家裡去過夜。這個老人就是馬偕的日記所記載的「那個人，擁有一座大且乾淨的房子」。那位老人在禮拜天早上步行到竹塹教會參加禮拜，晚上請馬偕等人在他露天的院子裡講道。此後馬偕等人再去月眉宣教，聽道者也跟從馬偕等人到竹塹去參加禮拜。那位七十歲的老人非常熱心，所以馬偕就租了一間房，修繕後作為禮拜堂。會眾已經有了組織，馬偕

就派了一位本地傳教師駐任宣教。那間月眉教會在四個月後成爲自給的興旺教會。[25]之後馬偕等人也常去巡迴監督月眉教會，這間教會直到公元一九四一年底仍存在。

土牛教會：土牛位於月眉西方不遠的地方，從頭份走路約三十分鐘即到。馬偕常常往月眉去宣教，因此找機會往土牛宣教。公元一八九一年六月二十二日，馬偕的日記寫著說：「去港仔嘴（今板橋地區）佈道，是平埔社，離艋舺不遠。此後去北埔和月眉傳道理，許多人來聽道。其次往土牛、三灣和獅潭底，到各地方去聽兒童讀《聖經》以及問答，共有五十所禮拜堂，有四一六個兒童唱聖詩歌，唸教義問答和《聖經》，我聽他們唸。」由此可知，馬偕等人在公元一八九一年六月下旬以前，馬偕早就到土牛宣教了。因此，公元一八九二年十月二日，土牛禮拜堂建築竣工了。公元一八九六年十月，即日本占據臺灣一年後，馬偕等人也往月眉、土牛、貓裡（今苗栗）去巡迴宣教。公元一八九九年五月中旬，馬偕的日記寫著：「在中部巡視教會，即外埔、愛寮腳（今苗栗公館）、土牛、後壠以及許多地方。」馬偕逝世十六年後，公元一九一七年，土牛禮拜堂遷往斗煥坪，是竹南教會的前身。

中港教會：中港位於現今的香山和後龍中間，也是位於土牛的西方不遠的地方，也是位於獅潭底的西北方，最靠近新港社，是新港社的西北。馬偕等人於一八七三年五月二十九日抵達獅潭底，翌日走返途中險些被一位原住民用鎗打死，與馬偕同行的頭目責備那位原住民說：「你怎麼沒看見馬偕的黑鬍鬚呢？」意思是說，應該要會認馬偕，亂射錯人怎麼成呢？他們整夜走路到新港，然後到中港。那次在中港還沒有下工夫宣教，因爲他於六月一日已經回到五股坑主理禮拜了。

公元一八八七年十一月三日，馬偕等人首次到月眉去宣教，然後往頭份街上向客家人宣教，其次他的日記寫著：「後壠、中港在等待我們，聽道者二百餘人。大家傾耳而聽。感謝主的大恩典。」此後馬偕常常往月眉、土牛、中港等地巡迴教會。

後壠教會：後壠即現今的後龍。據馬偕的日記，馬偕等人於公元一八七四年六、七月已經到後壠、貓裡（現今的苗栗）地區去傳福音。公元一八七八年十一月十七日，竹塹禮拜堂獻堂後，加拿大長老教會派任北部第二位宣教師閏虔益牧師往後壠，而馬偕往新港社去宣教。

公元一八七九年十一月十六日，馬偕的日記寫著：「到通宵，然後到後壠和新港去，在這中間遇到閏虔益牧師。我在後壠和新港社許多日子獲得了好機會，許多人來聽道。經過竹塹、中壢，沿路到淡水。」

馬偕於公元一八八六年一月巡視教會時，已經有後壠教會的存在。清法戰爭期間，馬偕也沒有時間和經濟來支撐新設的教會，因此後壠教會是於公元一八八四年八月五日清法戰爭前就有的。

依照公元一八九三年五月以後，馬偕到各處去巡視教會時，後壠教會的禮拜出席人數統計是一百六十人，可見當時後壠是一間有活力的教會。

外埔教會：馬偕等人好像在外埔設立過教會。馬偕於公元一八九九年五月中的日記寫著：「在中部巡視教會，即在外埔、愛寮腳、土牛、後壠以及許多地方。」可見外埔於公元一八九九年五月以前已設立教會了。設立的事情如何，不得而知。

紅毛港、大湖口、田寮、愛寮腳、貓裡等教會

紅毛港教會：紅毛港位於中壢和竹塹中間的西海岸地帶，即中壢的西南海岸地帶。公元一八七七年十一月二十六日，馬偕的日記寫著：「至紅毛港，到處佈道，許多日子住在那裡。」教會可能是那時候設立的，因爲馬偕於公元一八七八年四月初，往中部的內社探訪南部宣教師李麻牧師和師母之後，也到紅毛港去，再從紅毛港同到淡水。可見當時以前就有紅毛港教會的存在。馬偕於公元一八八六年一月二日起巡迴教會時，至紅毛港教會爲十一人施洗。公元一八八九年十一月五日至八日，馬偕的日記說，他再到紅毛港去。

公元一八九三年八月十八日，馬偕第二次例假回加拿大之前，巡視各教會，去到紅毛港教會時，參加歡送禮拜的會友是一百四十三人。當時的紅毛港是一個小鄉村而已，但是會友不少。後來，這間教會在馬偕逝世後，經過二十二年（即公元一九二三年），因教勢不振，經濟困難而廢止。因爲荷蘭人盤據時，開爲商港，所以稱爲紅毛港。

大湖口教會：大湖口位於中壢和竹塹的中間，稍偏西方的一個小鄉村，即現今的湖口。馬偕等人何時在此一小鄉村設立教會，不得而知。依《臺灣遙寄》第三三五頁的教會統計表所示，公元一八九三年八月十八日以前就有這間教會。筆者看到馬偕於公元一八九七年十一月十日的日記寫著：「在大湖口張仁壽的家裡作禮拜。」公元一八九九年十一月二十四日，馬偕爲五位成人、三位小兒施洗。禮拜出席人數三十位。這間教會與紅毛港教會同時間於公

元一九二三年廢止。

田寮教會：田寮位於苑裡東南方的一個鄉村，即在現今的苗栗縣內，從苗栗走路三十分即到。馬偕等人何時到此地去宣教，不得而知。現在所知道的是田寮的聽道者於公元一八九二年十月二日，向馬偕申請要建堂。馬偕於公元一八九七年十一月六日的日記寫著：「田寮禮拜堂設備完善，田寮的人們信主之後，託鍾阿妹傳道師拿許多佛像和神主牌去贈送馬偕。」現在沒有這所教會。

愛寮腳教會：愛寮腳是現今苗栗公館鄉。馬偕於公元一八九九年十二月二十日的日記寫道：「與鍾阿妹、林有能、鐘天枝、柯維思到愛寮腳去，他們大大地歡迎我們，並放鞭炮。一百個人參加禮拜，照相爲紀念。禮拜堂是舊房子修築的。典押禮拜堂日幣一百四十元，椅子和桌子六十四元。」

貓裡教會：貓裡是現在的苗栗。公元一八九〇年黃哲臣先生信主以後，會同鎮上二位慕道者聯名申請馬偕前往貓裡去宣教。馬偕等人於同年秋季到貓裡去宣教並租屋爲禮拜堂。馬偕於公元一八九六年十月的日記寫著：「往月眉、土牛和貓裡去。」馬偕時常外出巡視、協助並監督教會。公元一九〇七年，馬偕逝世六年之後，蒙加拿大長老教會的協助及信徒的奉獻，建築一所禮拜堂於現在苗栗教會的地址。

頭北厝、灰窯仔、社後、坑仔、坪頂等教會

頭北厝教會：頭北厝離艋舺不遠。馬偕於公元一八九六年九月七日在頭北厝教會作禮拜。這所教會是租屋當作禮拜堂的，以後如何，不得而知。

灰窯仔教會：馬偕等人何時往灰窯仔去宣教？不清楚。公元一八九二年四月，馬偕的日記如下：「近來天主教的神父常常往灰窯仔去擾亂基督徒，信徒很不高興。」可見馬偕等人以前就往灰窯仔去宣教，也有聽道者和信徒了。同年九月一日，灰窯仔的信徒奉獻四十元要買土地建禮拜堂。

公元一八九三年三月二十六日，灰窯仔禮拜堂建築竣工，三百餘人去參加獻堂典禮。（筆者按：有遠、近的信徒去參加，才有那麼多人赴典禮。）馬偕和家眷第二次例假，於同年九月十八日將回加拿大之前，往訪各地方的教會，去到灰窯仔教會時，信者一百二十人出席禮拜歡送馬偕與其家眷，可見教會不小，也有力量自己捐獻錢財、買地建堂。

社後教會：筆者手中沒有社後教會的紀錄。所以其宣教和設立教會的事情，不得而知。筆者只知道馬偕在公元一八九五年十月十六日，結束第二次例假、將離開加拿大的一、兩個月前，把《臺灣遙寄》的資料親手交給編輯麥唐納時，其資料中記錄著臺灣北部已設立六十間教會的一覽表，其中有社後教會的名稱。[26] 可是在《臺灣遙寄》第一五三頁，添附一張公元一八九五年的「北部教會位置圖表」，其中找不到社後教會，甚至在那六十間教會中的崙仔

頂、天送埤、灰窯仔、北門口，也找不到。

反過來說，記載於這張「北部教會位置圖表」裡的教會，有的不在這六十間教會一覽表中，比方說香山、大甲、東勢角、屈尺、通霄和頭城東北方島外的龜山等諸教會。因此，筆者於此提醒研究北部初代教會的人，不宜把那六十間教會一覽表與「北部教會位置圖表」以為是一致的，因而作引用。事實上馬偕因第二次例假，於公元一八九三年八月十八日離開臺灣的十七日前（即八月一日），在他的日記上寫著：「晚上在牛津學堂（北部教會最初創立的神學院），傳教者們要送給我一百元為餞行金，嚴清華為代表呈獻時，我不收，並說，使用這錢再設立四所教會吧，因為現在教會五十六所，再設立四所，將成為六十所。」馬偕於公元一八九五年十月十六日，因結束第二次例假，離開加拿大一、兩個月前，把他的日記（當然包含上述的日記）交給編輯，因此怎麼會變成六十間教會呢？內容中增加的四間教會是怎麼來的？那四間教會的名稱又是什麼？令人費解。大概是他二年不在臺灣而建設的，這是可以了解的。

坑仔教會：距離南崁不遠的地方有一個鄉村叫作坑仔。馬偕等人何時往那邊去宣教，不清楚。公元一八九六年九月六日，他的日記寫著：「往坑仔去作禮拜，那裡的人奉獻一間房子作為禮拜堂。坑仔距離南崁不遠。」其他的情形，因資料不夠，不得而知。

坪頂教會：馬偕自公元一八七二年起，常常和門徒從淡水走路往竹塹、新港社，或說到往中部去的時候，要經過坪頂、桃園、中壢，所以馬偕等人在坪頂的宣教是早就開始的。公元一八七二年十二月二十六日，他的日記寫著：「早晨下船探訪船長（巴克），阿華和我同去。然後我們乘船至八里坌，走路到坪頂，後來至中壢住宿。」可是何時、在什麼情形下設立教會？不得而知。在《臺灣遙寄》第三三五頁的教會表中有坪頂教會，那張表是公元一八九五年八月製的。

內湖、南崁、桃仔園、中壢等教會

內湖教會：馬偕等人於公元一八七九年三月十九日往內湖去宣教，也往北勢湖、劍潭和八芝蘭（今士林）去宣教。當時馬偕來臺七年之久，宣教就較剛到時容易些，因他的醫病施藥，幫人家拔牙等服務，令人不敢反對他的宣教，雖然還有人因不同宗教會反對他，但不敢以蠻橫的方法和手段對付他們，最甚者只是不再干涉、不聽道而已。馬偕於公元一八九六年八月三十日的日記寫著：「往內湖去，信者說，他們要準備地方作禮拜堂，因爲每禮拜日往新店去作禮拜，距離實在太遠。」之後內湖有信徒並建有禮拜堂。

南崁教會：南崁位於桃園西北方，這也是離淡水西南一日路程的鄉鎮。馬偕等人於公元一八七四年八月中，往南崁和桃園去醫療宣教。馬偕在他的日記裡說，他在這些地方獲得傳道理的機會。一年之前（一八七三年），馬偕等人已經去南崁傳過福音，可是遇到一個人，趕他們走，因此他們一行人在牛舍過夜。據馬偕的日記說，第二位到北部宣教的閏虔益牧師，於公元一八七八年十一月中也在南崁宣教過。

公元一八九一年八月三十一日，南崁有一位林水源先生，曾在五股坑受過洗，專程到淡水去訪問馬偕，遞給他一張申請書說，南崁的百姓們希望馬偕去設立教會。那份名單上有五位地方領袖以及其他二十八位南崁人共同具名。馬偕就將有關基督教的書籍送給他，並約定隔週日，陳火牧師會去南崁、嚴清華牧師也會去。林水源好像也是該鄉鎮的領袖之一。馬偕等人不久前往南崁去宣教時，曾在他家裡住宿過。馬偕等人照約定常常往南崁去宣教，並設法辦理建堂事宜。

南崁禮拜堂建築竣工了。關於獻堂當日的情形，據馬偕於公元一八九二年二月十四日的日記記載如下：「今天是南崁禮拜堂落成典禮。二十八人坐在前面，站起來讀〈詩篇〉或聖詩。一百八十人來參加禮拜。在禮拜堂外面還有一百人。禮拜時，有一個人站起來說：『我也要服事天地的上帝。』問他何時聽道？他答：『昨天晚上來看外台戲時，頭一次聽道，如今我要服事於上帝。』又一個人站起來說，他也要事奉上帝。別的人也如此說，他們要事奉上帝。回憶十九年前，我去過南崁，有一個人趕我走，所以我和門徒便到了牛舍裡去、睡在那裡過夜，如今這個人說，他要事奉上帝。另外，陳道駐任南崁教會擔任傳道師，我頭一年在臺灣的時候，他還是一個牧童，其原名陳蛹。」（筆者註：這間禮拜堂是南崁鎮長帶領朋友們所建造的茅屋。當時鎮長五十歲，為要戒煙（鴉片），被馬偕帶到淡水去，以藥物的治療、會友的援助及倚賴上帝的恩典，終於得勝。這位鎮長就是馬偕於一八七三年第一次到南崁去宣教時，反對並拒絕給馬偕等人住宿的人。鎮長常常在禮拜中做三項見證：一、他是個鴉片鬼，如今醫好了。二、他以前反對馬偕等人入鄉鎮。三、他現在是耶穌基督的信者。所以馬偕於公元一八九二年二月十四日的日記中，特別說，回憶十九年前云云。）

這間茅屋的禮拜堂之後被颱風刮掉了。據馬偕的日記說，他於公元一八九八年十二月十七日往南崁擇地，靠近干愼平先生的房子，再建一所新的禮拜堂。

那間禮拜堂是堅而寬、用瓦蓋的禮拜堂，用了墨西哥金一百五十六元建築的。其中一百二十六元是貧窮的農夫所奉獻的。兩位窮苦的老婦人每逢禮拜天，走路約六公里半去參加禮拜，每次每人帶兩隻雞去作爲奉獻物。那些雞出售所得的錢買了五百張瓦片，蓋新禮拜堂的屋頂。（參看《臺灣遙寄》原文第一七九至一八〇頁）

桃仔園教會：桃仔園就是現今的桃園。馬偕於公元一八七二年三月十一日陪送南部教會宣教師李麻牧師和德馬太醫師回中部時，從淡水走路出發曾路過桃仔園。那時候還未做宣教工作，不過已在視察他將來的教區。四月二日在中部內社教會（即現今鯉魚潭教會）和李牧師等人辭行，經過竹塹、中壢，於四月五日至桃仔園住宿於客棧。此後屢次從淡水走路前往竹塹、新港社、獅潭底去宣教時，一定經過桃仔園。

因此，桃仔園給馬偕的印象是深刻的。所以馬偕和他的門徒於公元一八七三年六月一日便到桃仔園去宣教。據馬偕的日記所記載，馬偕等人於公元一八七五年四月中旬，由中部內社教會返回淡水途中，在桃仔園附近地方宣教，許多人反對並恫嚇他們，可是有的人後來願意聽道。此後馬偕等人也常常到桃仔園去宣教。

馬偕於公元一八八五年十二月十五日的日記寫著：「在桃仔園租一間房子要作爲禮拜堂。」

中壢教會：馬偕陪送李麻牧師和德馬太醫師回中部時，名義是陪送，可是在他心裡卻非常注意所到之處的情形。當日下午五時，他們一行人就到中壢。馬偕在他三月十二日的日記寫著：「昨夜睡在黑暗的客房裡（筆者註：中壢客棧）和豬作伴，處處都是跳蚤。中壢是很靜寂的地方，只有一條街路而已，兩邊的房子都是土角建造的。」

此後馬偕等人屢次由淡水走路往竹塹、新港社、獅潭底去宣教時，來往行程一定會經過中壢。公元一八七二年十二月二十六日，馬偕和他的朋友船長巴克以及門徒阿華要到新港社、獅潭底、山中的番社去，途中經過中壢，那天晚上他們住宿在中壢客棧；馬偕說，那裡有些人用沒有禮貌的態度對待他們。

據馬偕的日記說，公元一八七三年五月中旬，他和門徒往金包里、中壢和客家人的鄉莊，然後去竹塹佈道、醫病、施藥、分發佈道論。又據馬偕的日記，馬偕等人於公元一八七三年十月再往中壢、新港社、獅潭底和內社，整天傳道理、醫病和人家談論。

據筆者的推測，清法戰爭前已經有中壢教會的存在，並相當的活潑。法國的戰艦首先攻擊基隆是於公元一八八四年八月五日。清法媾和終戰是在公元一八八五年六月九日。戰爭中，馬偕等人先巡迴臺北、基隆、蘭陽地區的教會，戰爭後專心修築及再建築被拆毀的禮拜堂，到公元一八八六年一月二日才巡迴到中壢教會。請參看馬偕日記如下：「公元一八八六年一月，巡教會至中壢、竹塹、新港社、紅毛港、後壠。各地的信者很高興，因為反亂已平靜，教會還存在。竹塹教會很多人參加禮拜。在紅毛港施洗十一人、在中壢施洗十二人、在竹塹一人、在新莊二人，共二十六人。」馬偕等人在戰爭中巡迴教會是沒有時間與金錢新設教會的，因此，中壢教會於公元一八八四年八月五日前已經設立了。那麼，在清法戰爭前的什麼時候設立？因資料不夠，不得而知。

公元一八八二年一月一日，馬偕的日記寫著：「甘爲霖牧師來訪，陳雲騰和我往五股坑去，然後巡迴教會至新店、枋寮、板橋、錫口、暖暖、雞籠、金包里、中壢、後壠、新港、紅毛港、新莊、大稻埕、洲裡、艋舺、三角湧、崙仔頂、水返腳、八里坌。」從這段日記看，中壢教會可能於公元一八八二年前就被設立了，但只是可能而已，因爲這段日記中所提及的板橋教會在馬偕所記錄的施洗名冊裡，明白地記載板橋教會是於公元一八八二年四月九日設立的，但同年一月一日怎就去巡迴四月九日才設立的教會？

北投、唭哩岸、八芝蘭等教會

北投教會：公元一八七三年三月二日，馬偕舉行五股坑禮拜堂落成典禮後，與其門徒往洲裡和北投宣教，並分發佈道論。到晚上因走路很累，求人家給他們地方住宿，可是沒地方可借給馬偕等人，就叫馬偕他們到牛舍去住，裡面有水牛。幸甚，水牛之外，裡面有稻草，他們便躺下去休息。當時又恰巧下大雨，結果整晚無法安眠。翌日，雖然還下著大雨，他們還是外出宣教和分發十誡的海報。當晚又再回去牛舍住宿，天亮才又到金包里去傳福音。同年七月中旬，他們又到北投去探訪許多家戶作個別佈道，然後走路到金包里去傳道。北投靠近淡水，所以馬偕等人常常到北投去宣教是可以料想到的。

據北投教會所調查的，馬偕於公元一八七六年在北投嗄咾咧（番仔厝）創設教會。因筆者手中的資料不齊全，這事調查不出來，當然筆者不敢否定。據馬偕於公元一八九一年四月下旬的日記寫著：「北投禮拜堂設備很完善，今日落成。」（筆者註：關於四月下旬的某日？不清楚。）公元一八八三年三月，加拿大長老教會派黎約翰牧師爲北部第三位宣教師，大概因患肺病，於公元一八九一年四月二十三日逝世。馬偕在他的日記記載這件事，接著就記錄北投落成的事，所以北投禮拜堂在嗄咾唎地方落成是在四月二十三日至三十日止的某一日。這間教會是租屋來作爲禮拜堂的。

馬偕在《臺灣遙寄》說：「約在大屯山南方之山麓，有個平埔族的村子北投，在那附近有一百位以上的原住民。從淡水用輕快活潑的步伐，兩小時可到。我們在公元一八九一年獲得一個崇拜的地方。在鄰近有許多硫磺泉作嘶嘶聲和咆哮聲，從我們的禮拜堂走路五分鐘之內的地方，有一溫熱具有藥效的水流。我在十五年前就想在此地設立一間禮拜堂，因爲我們知道些關於這溫泉的價值。在這些溫泉中沐浴，可以完全治癒疥癬，用以醫治各種形式的禿瘡，頭癬也很有效，所以硫磺中其他的藥物更大有功效於根治病菌。」[27]

大概北投教會調查其教會沿革的人看錯上述本文吧？在上述的本文，馬偕是說，公元一八九一年的十五年前，即公元一八七六年，想在那地（即嗄咾唎）設立一間禮拜堂，意即未設立禮拜堂，至公元一八九一年才設立北投教會。這所在嗄咾唎的北投禮拜堂，馬偕把它買下來，因爲是舊的茅屋，容易拆毀再建築一所新的茅屋，於公元一八九三年二月五日建築竣工並落成。據馬偕的日記，關於當日的情形如下：「北投禮拜堂建築竣工並獻堂，如今不要再租屋了。蕭田、李恭、八寶、慕善、柯玖、嚴清華、吳威廉都上台講祝辭。」

公元一八九三年九月十八日，馬偕第二次例假回國前，往各地去巡迴教會時，北投教會信徒一百二十四人參加禮拜，歡送馬偕。這間在嗄嘮啁的北投禮拜堂，當筆者三、四歲時，先父郭珠記傳道駐任傳教，那時候是公元一九〇九年至一九一二年吧，然後轉任士林教會。

在嗄嘮啁的禮拜堂旁邊，那條溫泉水的下流，對筆者來說，印象還很深。當時禮拜堂位於從現在北投區公所走馬路往新北投火車站途中，經過一條小橋，再走十幾步的左方路邊（現在已打造成商店了）。筆者四、五歲時，常常站在那座橋上，看著上游的溫泉水經過橋下而升上去的水蒸氣（霧）。筆者也常常被先父帶到走路五分鐘的上游，以竹和茅草圍繞著的露天公共浴場去沐浴。男女分開，都免費的。我們父子不是因爲有疥癬才去泡，而是爲了清潔身體去沐浴的。

公元一九一二年，陳芳本牧師的令先尊陳近先生，奉獻一九六坪土地新建北投禮拜堂，於公元一九一六年竣工獻堂，即現在禮拜堂的地址。先父於公元一九一四年從士林教會再轉北投教會駐堂，當時新建禮拜堂因經費問題還未竣工，但可以暫住與作爲禮拜之用。經過半年後，先父患病，需要長期療養，即辭職回故鄉專心治病。

唭哩岸教會：唭哩岸位於士林和北投中間。馬偕等人於公元一八七三年二月下旬到八芝蘭（現今的士林）去宣教，從那裡走路回淡水去，他們沿路宣教，唭哩岸地方是在其途中，那裡的人當時一定有聽到馬偕的佈道，但到處都受到民眾的叫罵和反對，唭哩岸地方的人也不例外。因爲唭哩岸是靠近士林和北投的一小鄉村，馬偕等人在士林或北投宣教時，也常常到唭哩岸去宣教。因爲聽道者中信徒少，無法設立教會，信徒往北投教會、士林教會、臺北地區、淡水教會去參加禮拜。

據馬偕的日記，唭哩岸禮拜堂於公元一八九九年落成。公元一八九九年六月二十二日，馬偕的日記寫著：「在唭哩岸禮拜，給十人施洗。」可見當時的信徒不少。

八芝蘭教會：八芝蘭就是現今的士林。北投、唭哩岸、八芝蘭都是原住民語名，荷蘭和西班牙占據臺灣的時侯，原本都是原住民居住的地方。從大陸到臺灣的漢人愈來愈多，他們在生活、知識和宗教方面受到漢人的潛移默化，漢人就稱呼他們爲平埔族。筆者的童年時代還是沿用八芝蘭的名稱，此後才改爲士林。因爲當時八芝蘭的漢人中有許多讀書人、秀才和舉人，所以改爲士林（士，意即研究學問的人。林，即人物聚集的地方。）筆者是士林區社仔庄人，曾在士林國校一年級唸過書，公元一九一二年至一九一四年，先父郭珠記爲傳道師駐任士林教會傳道，舍妹郭阿知久年做士林教會的長老，總會的年鑑中有士林教會的項目，可是沒有士林教會的沿革，筆者現時覺得羞愧，沒有盡自己的責任調查清楚，送給士林教會以資參考。

據馬偕的日記，他和門徒們於公元一八七三年二月底到艋舺、大稻埕、八芝蘭去佈道。在各地方的路邊、房子外面的壁上、樹幹上、宮廟前貼有告示的海報，畫著馬偕的像，手拿著刀子在挖人的眼睛，並寫惡言和褻瀆等語。在告示中還唆使民眾當協力趕走洋番仔鬼離開臺灣，凡他所到的地方，無論是城中、鄉鎮、村莊都要驅逐他，不可給他住宿，不可讓他演講，連聽他演講的人也要被驅逐出境。又寫著說，孔子的教訓至上，臺灣不需要洋教的道理等等。馬偕等人於那種情形下，在八芝蘭沒有辦法佈道。依慣例，馬偕一邊走路，一邊唱聖詩歌，他和門徒最喜歡唱的詩歌就是「我認救主無驚見羞，好膽干證道理。」或「咱人生命無定著，一寸光陰當寶惜。」

因爲八芝蘭靠近臺北、崙仔頂、淡水等地，所以馬偕等人之後較有機會到八芝蘭去宣教，醫病施藥，幫人家拔牙齒。他於公元一八七九年三月十九日的日記中記載：「往內湖、北勢湖、劍潭、八芝蘭去傳道理。」這個時候，馬偕在北部宣教已經七年了，民眾對馬偕的醫療服務（除特殊的人以外），不會再蠻橫地反對馬偕的宣教。因爲士林讀書人多，比較驕傲，比較困難接受基督救世的福音。

雖然如此，公元一八九三年三月九日，八芝蘭教會終於成立了。禮拜堂是租的。地址不清楚。當日的獻堂典禮情形據馬偕的日記記載如下：「今天我到淡水來，已經二十一年之久了。牛津學堂（在淡水砲臺埔，北部的神學校）和女學堂（在神學院隔壁，現在的淡江中學）的學生以及宣教師吳威廉牧師，本地牧師嚴清華、陳火、傳道師吳寬裕、蕭田、葉順、柯維思和我的家族等人，搭煤煙船至八芝蘭。附近的教會信徒也去參加。禮拜堂奉獻典禮很熱鬧，放鞭炮、打鎗（放禮炮），共七百人參加。」（筆者註：本文中括號中的字句，爲要使讀者了解，由筆者加筆的。）公元一八七三年二月底開始宣教，一八九三年三月九日（即二十年後）才成立教會，可見士林居民如何地執迷，馬偕等人爲建設此教會如何地辛苦，獻堂當日也使馬偕等人那麼地高興。

公元一九〇七年，北部中會第五回記錄中，記載新設士林教會。但公元一八九二年三月九日設立八芝蘭教會（就是士林教會），怎麼經過十四年後士林教會再新設呢？那麼一定其中有一段時間士林教會衰微而中斷。由何時中斷呢？不清楚。先父於公元一九一二年至一九一四年駐任士林教會傳道時，禮拜堂是在現今的大北路，禮拜堂後面靠近士林市場，是租的店面，其後門隔一小巷就是市場對面慈誠宮，媽祖廟的後牆壁。記得常常有兒童在禮拜堂前拾起石塊向禮拜堂前面的玻璃窗投擲說：「基督教，死不孝。」然後逃之夭夭。「孝」，在臺灣有「祭祀」的意思。後來，先父就叫玻璃商人來，再裝上玻璃。

陳泗治牧師還未做牧師以前，駐任士林教會傳道師，禮拜堂遷移到靠近大北路口的一所小店面的房子。公元一九五八年四月六日，士林教會建築一所宏偉的禮拜堂，在現時的士林區中正路三三五巷九號的地址，教會興旺。

新社（貢寮）、龜山島、頂雙溪（雙溪）等教會

新社教會：新社是距三貂嶺西北方不遠的海岸地帶，是一個漢人人數比例相當高的平埔族村莊。據馬偕的日記，馬偕等人於公元一八七三年十月二十日從雞籠走路至三貂嶺，然後往頂雙溪去作醫療佈道，翌日到頭城，然後通過噶瑪蘭各平埔社，抵達蘇澳作醫療佈道，之後再由蘇澳沿路返回至三貂嶺、頂雙溪、基隆，在各處播揚主的聖名。雖然那次的宣教旅行沒提到新社的名字，但可想像他們也到過新社去宣教，因爲既然在三貂嶺和雙溪各地二次來往的宣教，怎麼能忽視新社平埔族的村莊呢？而且那次是專程往噶瑪蘭向平埔族宣教。

公元一八七五年四月二十六日，從新店經由石碇、坪林、礁溪往噶瑪蘭宣教，回去的時

候，經由頭城、大里簡（頭城地區）、頂雙溪、暖暖。既然經過頂雙溪，已經很接近新社，豈能忽視新社平埔族的宣教呢？公元一八七六年十月初或九月底，他們再從頂雙溪走路至頭城、噶瑪蘭各地方宣教。頂雙溪和新社距離不遠，一定在新社也宣教過了。

據馬偕給人施洗名冊中，記載公元一八八四年一月十二日設立新社禮拜堂。因此，馬偕於公元一八八六年十月四日的日記才記著：「往新社去。何獅在那裡做傳道師。五百名平埔族人參加禮拜，然後醫病和拔壞牙齒。」

公元一八八七年三月二日，馬偕的日記如下：「新社三十二人受洗。」可見新社教會當時也是一間很活潑的教會。

馬偕在《臺灣遙寄》說：「在一條乾淨的山溪堤防上，有我們的教會，叫作『賓教會』。其位置很優美，建物也相配。這間禮拜堂是石造的，用灰泥加以塗白，且有玻璃窗，使光線良好。其設計圖是我繪製的，但工程是由一位本地傳道師陳火監工。在臺灣要以契約中所規定的款項造一間房子，是一大難事，可是陳火很精明，所以沒有花費到額外的錢。底特律的馬偕船長夫人（筆者註：獻金建築偕醫館的馬偕船長夫人）贈送的一筆大款項（筆者註：一百多年前的美金五百元）足以完成那間禮拜堂，以紀念世界最偉大的福音宣傳者，也是宣教師中之一賓威廉牧師（筆者註：賓威廉牧師是英國長老教會於公元一八四七年派到中國首任的宣教師）。這個教會的傳道師是個平埔人，而且平埔人和漢人均在一起敬拜全地的造物主上帝。[28]這間禮拜堂是重新再建的，之前早已經設立教會，已經有五百人聚會的禮拜堂。馬偕收到底特律的馬偕船長夫人的贈與金才再度興建新堂。關於這間禮拜堂，馬偕於公元一八八九年十二月十一日也記錄在他的日記如下：「從頂雙溪到新社去，是一間新建築的禮拜堂，花費五百元美金。款項是底特律的馬偕船長夫人所捐獻的，她是加拿大人，這間禮拜堂要紀念賓威廉牧師。」

可惜！底特律的馬偕船長夫人贈與二筆大款項，一筆是一百多年前的美金三千元，目的是要建醫院，以紀念她的丈夫船長馬偕。[29]另一筆是美金五百元，目的是要建禮拜堂，以紀念世界最偉大的宣教師之一賓威廉牧師。但這二座紀念物早就消失了。公元一九一二年十二月二十六日「馬偕紀念醫院」在臺北市中山北路落成時，馬偕船長紀念醫院就消失了。馬偕船長夫人贈與款項要紀念賓威廉宣教師的「賓教會」也早就無蹤無跡了。實在對不起馬偕船長夫人，假使她如今還在世的話，我們要如何對她解釋呢?新社的花蕊晚開早凋。

龜山島教會：龜山島位於離臺灣東北海岸約數小時航程，是個小島嶼。從臺灣東北海岸望之，如一大龜昂首作戒備之狀。我們在臺灣的東北海岸所看到的龜山島，反面是垂直的，足有一千二百英尺（約三百六十六公尺）高。在水平線與該島相近的地方，能見硫磺蒸氣在上升，有淡白色灰燼和熱水，這顯然都是硫磺的噴出和沸騰。島民是漢人，當時約有三百人以上。他們大概都是漁民，在島上種蕃薯、玉蜀黍及蔬菜。只有一個村子在島上。近村子的地方有個天然的水池，不見出口；退潮時，水是淡的，漲潮時是鹹的。有一條溪從礁背上流下來，是島上淡水唯一的來源。馬偕的門徒阿華的母親生於此島。

馬偕在北部宣教，無處不去，因爲福音是上帝要拯救萬人的。公元一八七八年以前，有一天，馬偕等人從淡水僱用一艘帆船要往龜山島去，沒想到航行中遇到颱風，在狂風大浪中耽擱了兩天才駛至金包里。在那裡，他們裝滿了水和食物，又向北方駛去。他們在海上被無情的波浪翻騰了五晝夜之久，第五天才駛入龜山島的海岸。登陸後，受到島民的熱烈歡迎，使得馬偕等人感到非常快樂和感謝。島民們雖然貧窮，可是非常誠懇地歡迎馬偕等人，請他們吃山珍海味，馬偕等人爲他們醫病並傳福音給他們。[30]

據馬偕的日記所載，公元一八七八年四月十九日，馬偕等人從雞籠又乘帆船至龜山島，在島上住了許多日子並傳福音，三、四十人去聽道。據馬偕保存的施洗名冊資料，公元一八八七年二月十三日，馬偕等人到龜山島設立禮拜堂。公元一八八八年一月八日至九日，馬偕他們又到島上去宣教。據馬偕於公元一八八八年十月十七日的日記所載：「龜山島發生震災，四十餘所房子被火燒掉，禮拜堂險些也被燒掉。黃瓊傳道師在該教會駐任。」據馬偕於公元一八八九年九月一日的日記，馬偕獲悉黃瓊傳道師在龜山島受逼迫、下監獄的消息。慶幸得很，黃瓊傳道師後來在同年的十月一日被釋放了。

頂雙溪教會：頂雙溪是現今的雙溪。昔日馬偕等人往噶瑪蘭平原宣教時，自臺北或雞籠經由三貂嶺至頂雙溪，然後到該平原。公元一八七三年十月二十日，馬偕的日記寫著：「自雞籠走路至三貂嶺，然後至頂雙溪，在那裡給人家拔牙齒以及播揚主的聖名。翌日走路至頭城。」可見在頂雙溪宣教是很早就開始的，但卻是因爲路過該地，順便作醫療宣教而已。

公元一八七五年五月，馬偕等人從噶瑪蘭平原要返回臺北時，也經過頂雙溪，他們雖然讚嘆頂雙溪是一個很美麗的地方，但卻一點兒也沒提過在該地設教或住宿等事。公元一八八五年五月二十九日，在法軍侵臺時，馬偕等人要前往噶瑪蘭巡視諸教會時，當日在暖暖被法軍俘去法艦過夜。五月三十日上午八點，馬偕再從雞籠走路到三貂嶺山麓過夜，翌日至打馬煙（頭城），一點兒都沒有說過訪問頂雙溪教會的事情。

據馬偕施洗名冊中記載，馬偕等人於公元一八八六年八月八日設立頂雙溪教會（但頂雙溪教會的沿革與馬偕記錄的事實不相符），馬偕等人於公元一八八七年三月十三日由打馬煙巡視教會返回北部，他於三月十四日的日記寫著：「至頂雙溪，正在建石造的禮拜堂。」三月二十九日的日記說：「頂雙溪禮拜堂已經建築竣工。」公元一八八八年一月七日，首批爲二位成人、二位小兒施洗。公元一八九一年九月十三日為二位成人、一位小兒施洗。信徒寥寥無幾。公元一八八九年十二月九日，馬偕等人到頂雙溪禮拜堂，然後到新社去，之後往噶瑪蘭平原。十二月二十二日再回到新社，十二月二十四日從新社再到頂雙溪禮拜堂巡視及協助教會。

公元一八九三年八月十八日，馬偕第二次例假回國前往訪諸教會，諸教會出席禮拜歡送馬偕，當時馬偕也去訪問過頂雙溪禮拜堂。很遺憾，頂雙溪禮拜堂沒有出席禮拜歡送馬偕的紀錄。關於初代教會，筆者能知道的事僅如此而已。

註釋

1 They Went Forth, by John MacNab, 1933 P. 66.
2 齋藤勇編，マッカイ博士の業蹟一〇三頁，マックドナル作。
3 From Far Fomosa, by G. L. Mackay, 1896, P. 159.
4 Ibid. op. cit. P. 150.
5 Ibid. op. cit. PP. 146-147.
6 Ibid. op. cit. PP. 157-158.

7 齋藤勇編，op. cit. PP. 151-152.（鐘天枝牧師的筆記）
8 G. L. Mackay, op. cit. P. 161.
9 北部臺灣基督長老教會傳道局發行，羅馬字，北部臺灣基督長老教會歷史，四十三頁。
10 Ibid.
11 G. L. Mackay, op. cit. PP. 154-156.
12 北部臺灣基督長老教會傳道局發行，op. cit. P. 43.
13 Ibid. op. cit. PP. 89-90.
14 G. L. Mackay op. cit. P. 191.
15 Ibid. op. cit. PP. 161-162.
16 北部臺灣基督長老教會傳道局發行，op. cit. PP. 70-71.
17 臺灣基督長老教會總會年鑑，1966, P. 89.
18 G. L. Mackay, op. cit. PP. 159-160.
19 北部臺灣基督長老教會傳道局發行，op. cit. P. 72.
20 Ibid. op. cit. P. 67.
21 齋藤勇編，op. cit. PP. 150.（鐘天枝牧師的筆記）。
22 G. L. Mackay, op. cit. PP. 162-163.
23 Ibid. op. cit. PP. 156-157.
24 齋藤勇編，op. cit. PP. 134-135.（嚴彰作）。
25 G. L. Mackay. op. cit. P. 157.
26 Ibid. op. cit. P. 335.
27 Ibid. op. cit. PP. 223-224.
28 Ibid. op. cit. P. 223. 公元一八八九年十二月十一日，馬偕的日記。
29 Ibid. op. cit. P. 316.
30 Ibid. op. cit. PP. 183-184.

12 後輩繼承宣教設立的教會

馬偕等人去宣教過、但未設立教會的地方有很多；有些地方差不多要成立教會了，但很惋惜，他才享年五十八歲就蒙召息勞。因此，留下這些地方讓他們的後輩去繼承，設立教會。

臺北公館：臺北公館靠近艋舺、大稻埕，所以馬偕和門徒於公元一八七三年七月中旬曾到艋舺、大稻埕、臺北公館醫療宣教，之後入山中轉向錫口、北投、金包里等地。馬偕於公元一八七四年九月十七日的日記寫著：「往公館、錫口、水返腳、雞籠去佈道，有時候沒有房子住宿，我們在外面的露天睡覺，煮飯和唸書。」馬偕外出佈道都率領三、五個門徒，有時候十幾個門徒同行，一方面宣教，一方面教導門徒。

景尾（今景美）：既然常常到臺北公館去佈道，景尾距離臺北公館不遠的地方，而且也可以從景尾轉向往錫口（松山）、三重埔（南港）去佈道，所以馬偕等人在公元一八七四年一月二十一日往景尾去宣教，那邊的人很蠻橫，拾起石塊和磚塊的碎片就向馬偕等人投擲，此後他轉向錫口、三重埔去，在各處宣揚福音。

同年六月十三日，馬偕等人再去景尾宣教。馬偕說：「那裡的人不親切。」此後就往新店去佈道，在新店患熱病，休息了許久，有機會就外出傳福音。因爲景尾的人很反對，所以沒辦法在該處設立教會。新店的人起初是反對馬偕等人的宣教，可是看到馬偕他們的醫療服務而心存感激，終於有人接受他們所傳的福音，教會被設立，日日興旺。

正如耶穌在〈馬太福音〉第二十四章四十節至四十一節所說的：「那時，兩個人在田裡，取去一個，撇下一個。兩個女人推磨，取去一個，撇下一個。」上帝救世的福音已傳到，不接受是終身的一大損失。

屈尺：屈尺位於新店和烏來之間，馬偕等人於公元一八七五年四月中旬往新店去宣教，此後也去屈尺傳福音，再從屈尺前進時，原住民從山裡出來，他們之中有些人認得馬偕，因爲馬偕等人在新店或屈尺傳道時，曾看過馬偕一副美麗的黑鬍鬚。原住民比手勢，叫那些跟從在馬偕背後的臺灣人不可再前進。馬偕隨即照辦。那位原住民才走向馬偕，以手摸馬偕的胸膛，然後也摸自己的胸膛，表示互相是朋友。其中一位原住民跟馬偕要手帕，馬偕把手帕給他，並贈送布料給他們。他們看起來很害怕，也恨臺灣人，馬偕他們在那裡待一天就返回新店。

公元一八七九年十一月十八日，馬偕的日記寫著：「至北投和硫礦窟的地方，到處播揚福音，後來到後埔仔（南港）、枋寮、新店、屈尺、王毅的家裡去。」屈尺當時雖然沒有教會，可是有信徒和求道者。他們要走路到新店教會作禮拜。

新莊仔（三芝）：新莊仔靠近淡水，也靠近大屯山的山麓。住在淡水的馬偕比較有機會到那裡去佈道。他於公元一八八八年一月一日的日記如下：「今天到新莊仔（靠近大屯山的山麓）去佈道，大家很喜歡聽道。」大概是村子小、信的人少，又靠近淡水，求道者或信徒容易到淡水禮拜堂去參加禮拜，所以沒有設立教會在新莊仔村。

社寮島：公元一八七二年九月二十六日，馬偕帶著阿華和一位挑行李的未信者，從淡水出發走路經過關渡、大稻埕、艋舺、錫口、水返腳、五堵、七堵至雞籠，沿路佈道，分發佈道論、十誡的海報。快到半夜，才到雞籠海關去找外國人蘭得先生，在那裡過夜，二十七日早晨乘舟往社寮島宣教。當時社寮島人口約二百人，其中大約有五十人是屬於平埔族。馬偕到社寮島時，如同保羅到雅典時先行走在城裡，調查環境，然後才宣教，是一樣的作法。

馬偕先參觀昔日荷蘭人所建造的砲臺（要塞）和一個石洞，並吟誦雕刻在石洞內的文字，了解社寮島的人種和職業，然後才開始宣教、傳主的福音、宣揚上帝的名。那些平埔族人非常專心聽道。馬偕和阿華在離開社寮島前，就運用平埔族人喜歡唱詩歌的心理，開始唱聖詩歌，讚美偉大的造物主上帝。那些平埔族人聽到馬偕和阿華唱詩歌，隨即停工，有的在漁船上，有的站在淺水中欣賞聖歌，依依不捨地送別馬偕等人。馬偕他們晚上回到雞籠，住宿在客棧。

翌日（二十八日）前往暖暖，在路邊唱聖詩歌，再回到雞籠去做醫療宣教。二十九日上午，在外國商人約翰·陶德的商行，主理英語禮拜向外國人傳道。當時，馬偕和社寮島的平埔族人在心裡互相有所共鳴，所以馬偕和阿華再次僱船駛向社寮島，看見平埔族人，又再向他們傳揚主的福音，一直到九月三十日才回到淡水。此後，馬偕若有機會就會到基隆和社寮島去宣教。公元一八七五年六月中旬，他的日記寫著：「再到雞籠和社寮島去，在海邊向漁夫傳道，他們很親切。」

馬偕在社寮島早就買了一間房子，不是要作爲禮拜堂之用，而是要當住宿兼教室來教導門徒之用，我們暫時稱之爲傳道館。因爲馬偕外出傳道時都率領門徒同行，起初的門徒是在公元一八七二年四月二十五日拜馬偕爲師父的阿華。同年六月十日，南部教會信徒許銳從臺南走路到淡水也去作馬偕的門徒。同年十月二十八日，陳火和他的弟弟陳能也去拜馬偕爲師，翌日吳益裕和劉求也去加入門徒的行列。所以馬偕從臺北走路到錫口、水返腳、五堵、七堵、雞籠，沿路佈道後就可以到社寮島所買下來的房子住宿，或者在雞籠地區，如雞籠市、暖暖、八斗仔等地，在傳福音之後也可以到社寮島的房子住宿，利用早晨及上午教導門徒，晚上時，那間房子也可以當作佈道所向社寮島上的人民宣教，所以社寮島雖沒有設立教會，但是早就有求道者和信徒，他們禮拜日都往雞籠教會去作禮拜。

如果我們看馬偕在公元一八八五年六月中旬的日記，則能體會上述的事情：「從淡水坐船至雞籠，在那裡看見法國戰艦（八艘）已離開雞籠，我就到社寮去。雞籠和社寮的房子很多都傾倒損壞了，很多人搶劫東西。在社寮島，有法國兵的許多墳墓。再乘輪船至雞籠，然後又回到社寮島去，在那裡聚集會友一同禮拜。法國兵已經離去了，社寮島很安靜。」可看出社寮島已經有信徒，不過沒有設立教會而已，只是有一間房屋，作爲住宿與教室之用。

如再看馬偕於同年八月九日起數日間的日記，會更清楚這件事情。其日記摘要如下：「率領門徒至社寮島，在那裡一同讀書。從艋舺走路要再往雞籠去的途中，沒有地方住宿，所以在途中的草寮仔過夜。至社寮島時，看到我們的房子被颱風摧毀，屋頂和門窗全被風刮掉，甚至房子裡所有的東西都不見了，我們不能夠燒飯吃了。」

八斗仔：八斗仔距雞籠不遠。據馬偕的日記說，他們一行人於公元一八七六年五月再到金包里，並往八斗仔和雞籠去宣揚主的福音。此後馬偕等人常到八斗仔去宣教。公元一八七七年二月中旬，他們在雞籠和八斗仔做數日的佈道，聽道者有時候也有五十名。同年三月至八月中間的日記說：「劉和、陳雲騰、寬裕、林孽、陳萍和我往雞籠和八斗仔去傳揚福音。」雞籠和八斗仔是鄰近地區，因聽道者和信徒少，所以沒有設立教會和建立禮拜堂，所以要往雞籠去參加禮拜。

大島（當地漁民也稱之為大嶼，今稱彭佳嶼）：大島位於臺灣東北方距離基隆一百六十一多公里的海面上，附近還有兩個較小的島嶼，其一叫作花瓶嶼，其二稱爲鳥島（今稱棉花嶼）。

花瓶嶼：花瓶嶼海拔一百五十七英尺（約四十八公尺），沒有人住，沒有動物和植物，這島是不規則的巖石所造成的，僅能作爲海鳥休憩的地方。[1]

鳥島：鳥島也不適於人居住。島的一邊是二百英尺（約六十公尺）高的危崖峭壁，從那一側徐緩地傾斜到水邊，形成一塊約二、三英畝（約十三公頃）寬的地面，平坦而無樹木，盡是一片柔軟的草地，因此海鳥不築巢，僅在草中生蛋，草沒有花，很多昆蟲。鳥島是鳥生活的地方，無數的海鷗和海燕聚集在這裡，鳥兒回來時，在島上飛翔片刻，而後成群著陸，掩蓋了整片島嶼。人們從彭佳嶼來這裡撿拾鳥蛋，夜晚則手拿火把，生擒牠們，把牠們摔死、拔毛、加鹽、烘乾。有的人也在這裡釣大海龜，有的海龜達五英尺（約一點五公尺）

長。[2]

大島比這兩個島嶼大得多。海拔五百五十一英尺（約一百六十八公尺），面積約十英畝（一百一十四公頃）。住有一百個漢人，來自基隆等地。他們住在有石造的矮屋，四圍有花草樹木，種植玉蜀黍，他們把玉蜀黍放在臼子裡搗成粉，做成稀粥吃。其他的食物還有粟、南瓜、豆、醃鳥肉及貝類。他們沒有種稻，而是養羊。島上沒有其他動物，如牛、豬、雞、鴨等。[3]

據馬偕於一八七九年七月八日的日記，他第一次率領偕師母和數位門徒，連和、基隆洋行的曼醫師等，在夜半乘帆船要往鳥島和大島去看看。風浪大，都暈船。經過花瓶嶼到大島，他們就在大島上過夜。那裡的人很有禮貌，招待馬偕等人，然後他們安然返回基隆。《臺灣遙寄》裡記載那次旅行宣教說：「我們在島上獲得島民親切的招待，甚是愉快，他們雖然貧窮而無知識，卻能以仁愛對待我們，並很有興趣聽我們所講的福音。」[4]

馬偕等人到大島去宣教三次。第三次記載於公元一八八六年六月二十日的日記中：「率領葉順和葉俊，將往大島和鳥島去，遭遇到大風，船被吹到蘇澳方向的海上。沒有看到山，所以舵手不知道方向。我看到星辰，才叫舵手改變方向。翌日抵達雞籠。過兩天再動身到鳥島去。抵達時，舵手拿著火把，拾鳥蛋、生擒鳥、跳下海裡去捉拿大隻龜。然後到大島去，在那裡傳主的福音。一百人來聽道，並分發佈道論給他們。」這些島民雖貧窮，然而馬偕卻有福音傳給他們，他們也喜歡聽福音，雖然當時沒有設立教會，可是他們之中有的信了福音而後逝世，因此馬偕等人辛苦的工作是不會枉然的。現在教會所需要的就是馬偕等人的傳道精神，即「你們往普天下去，傳福音給萬民聽。」日記寫得當然很簡約，如果要更詳細知道馬偕等人在大島的宣教，請參看《臺灣遙寄》第十九章。（事實上筆者已經把重要的事情都敘述於此了。）

頭份、龍潭坡、鹹菜甕（今關西）、新埔：馬偕來臺灣學的是閩南語，他沒學過客家語，因此，馬偕對客家人的宣教一定是辛苦，可是馬偕不怕語言的困難，因爲福音是萬邦、萬族、萬人的，他自童年時代就已經有這種思想和信心，而且他也蒙上帝揀選，往普天下去，傳福音給萬民聽。因此他在北部傳教時，遇有外國船入港時，無論在淡水或雞籠，他隨即去見船長，請求船長讓他向水手傳福音；他雖不會講高山族的高山語，但他不怕危險，往竹塹地區向中央山脈的深山裡，去向山胞作醫療宣教；他不會說原住民語，可是藉手勢和通譯就隨即向原住民傳道；他也去過屈尺、甚至烏來的深山中作醫療宣教，對平埔族的宣教，他不敢忽視，而且非常的關心，更何況是向客家人的宣教呢！他不但在月眉和中壢的客庄宣教，設立教會，他也到頭份、龍潭、鹹菜甕和新埔去向客家人宣教，他藉著門徒中的客家通譯，做上帝所賦予他向萬民傳福音的工作。

客雅庄、月眉、貓裡（今苗栗）等都是客家人的教會。據馬偕於公元一八八七年十一月中的日記說道，馬偕等人到了頭份街（即現今的頭份）去宣教：「頭份街有很多客家人來聽道，他們很親切的樣子。」

公元一八八九年十一月一日的日記如下：「至龍潭坡，都是客家人。然後往鹹菜甕（筆者註：或稱咸菜硼，即今之關西）去，客棧不讓我們住宿，我們到街外去，住宿在別的客棧。老闆的家族都患著寒熱症（筆者註：瘧疾），躺在床上。我們開始清掃客棧，豬舍也不例外。許多人因為寒熱症來討藥，因此，客棧一下子像醫館似的。街上的人很多都患了寒熱症，恐怕有一半患病。昨夜原住民從山裡下來，殺死六個人。我們距離那座山不遠，原住民是從那裡過來的。」可見馬偕很早就到龍潭坡和鹹菜甕宣教。

公元一八八九年十一月一日，馬偕的日記如下：「在新埔作禮拜。」可見馬偕等人早已在新埔宣教，才有求道者和信者，雖未設立教會和建禮拜堂，但是卻能在信者或求道者家庭作禮拜。惋惜的是，馬偕雖已經有若干客家門徒，但他是在能說流利的閩南語（大約近公元一九〇〇年）之後才開始致力於客家人的傳教，但就在隔年（公元一九〇一年）六月二日逝世了。此後，在客庄的宣教工作才繼續由其門徒鍾阿妹、鐘天枝、張玉明以及稍後輩些的嚴寬懷、劉阿飛、莊聲茂、林彼得等傳教者接棒。

通宵：馬偕等人早就去過通宵、後壠宣教，而加拿大長老教會派來的第二位北部宣教師閏虔益牧師也去過，畢竟後壠和通宵很近，豈能放棄馬偕等人所曾傳過的通宵呢？請看馬偕在公元一八七九年十一月十六日的日記：「到通宵去，然後到後壠、新港社。在這中間遇到閏虔益，我許多日子在後壠和新港社獲得好機會，許多人來聽道。經過竹塹、中壢，沿路回到淡水。」可見馬偕等人和閏虔益等人都在通宵和後壠宣教過一段時間。在馬偕時代，終於設立後壠教會，而通宵則等到公元一九一五年才設立教會。

大甲：公元一八九二年一月二日，馬偕的日記寫著：「往大甲去，在街上佈道，為八十五個人拔牙，並與許多人談論道理。有個中國官叫我要在該處設教。」

馬偕陪伴南部宣教師李麻牧師和德馬太醫師從淡水走路，經過坪頂、桃園、中壢、竹塹、白沙屯，因腳起水泡，德馬太醫師和馬偕脫去鞋子赤腳行走，李牧師患瘧疾坐轎子，於公元一八七二年三月十四日下午三點抵達大甲。

當時馬偕趁李牧師躺在客棧的床上休息時，便和德馬太醫師出去逛大甲街。因此，他對大甲稍有認識。他說，大甲是很污穢的地方，城牆約十尺（約三公尺）高，許多人跟著他們走。那次是陪伴李牧師和德馬太醫師回中部的時候，另一方面是要視察大甲溪以北——他將來的教區。馬偕先在淡水、臺北、雞籠、蘭陽、中壢、竹塹、後山（東部）等地區奠定教會的基礎後，才開始開拓大甲、貓裡、月眉、土牛、田寮、外埔、愛寮腳、後壠、通宵等地方。在那些地方，許多教會也成立了，大甲教會差不多也要成立的時候，馬偕即病倒而逝世，至公元一九〇九年七月十四日馬偕逝世八年後，大甲教會才宣告成立。馬偕的門徒鍾阿妹傳道師受派爲該會首任的傳教者。

註釋

1 Ibid. op. cit. P. 189.
2 Ibid. op. cit. PP. 184-185.
3 Ibid. op. cit. P. 185.
4 Ibid. op. cit. P. 186.

13 馬偕克服種種的困難

艋舺是北部臺灣異教的大本營，而且是最大、最重要的城市，也因艋舺是完全由華人建立的城市，所以在政治、經濟、宗教上都激烈地反對外國人的進入。關於馬偕首次到艋舺宣教的事情，據馬偕於公元一八七二年九月二十六日的日記所載：「走路到關渡。然後沿河邊走到大稻埕去，很熱鬧的地方，有外國茶行在那裡，我去探訪那些外國人。此後和阿華以及一個挑行李的一起到艋舺去，我們分發佈道論並唱聖詩歌，再走路到錫口，在那裡分發佈道論、十誡的海報。」那次馬偕和阿華在艋舺分發播道論和唱聖歌的事，對艋舺人來說是首次、突然、甚至時間短暫的事件，因爲馬偕等人之後就隨即離開往錫口去，所以艋舺人來不及反應。

據《臺灣遙寄》記載，馬偕和阿華在公元一八七二年首次到艋舺，馬偕就感受到這座城市似乎有一種「以後要對付他」的特殊的氣氛。[1]

馬偕所感動的果然實現，因爲之後他在艋舺宣教時常常受到阻礙。例如公元一八七三年二月中旬的日記寫著：「有一次，我們到一處靠近艋舺的地方，受人的暴辱，以石塊、土泥向我們投擲，他們嗾使狗咬我們，並對我們大聲叫罵。」據馬偕日記記載，馬偕等人再到艋舺去，看到許多侮辱馬偕的海報，如畫了馬偕的像，手裡拿著刀子在挖人的眼睛，並寫著唆使民眾的字句說：「當把馬偕驅逐出去，不可以給他住宿，孔子的教訓完全至上，臺灣不需要洋教的道理」等等。所以在《臺灣遙寄》才有如後的記述：「艋舺市民不論老少，每日為錢——為現款忙碌。他們是物質主義者，而且是執迷的淘金者。我們每次訪問，走過街上時，都被誹謗、嘲笑和辱罵。許多兒童跑到我們前方，用尖聲大叫和嘲弄的呼喊，有的跟在後面向我們投擲橘子皮、泥土及臭蛋。艋舺人對外國人的憎恨以及他們天真的無知、虛偽、迷信、肉慾、傲慢、譎詐之邪惡，贏得了勝利的棕櫚。然，當記得，喔，驕傲的城市，我這雙眼睛將見到你受辱，倒地不起。雖然目前你是強大、驕傲而且充滿惡毒的，然而你的力量必將消滅，你必將被降低。你那污穢的街路，顯示著道德的腐敗；你那卑低的房屋，表示你在上帝面前的卑賤。喔，悔改吧，艋舺，你這邪惡的城市！否則喇叭即將吹響，你流淚也是枉然的啊！」[2]

這段記述比馬偕在公元一八七五年四月二十四日的日記較為詳細些。可能因為日記需要簡潔，所以出版《臺灣遙寄》的時候，馬偕把它修改得較為詳細些吧？馬偕在艋舺的東西南北已設立了教會，如大龍峒、錫口、後埔仔（新莊教會前身）、和尚洲、南港、新店等諸教會，當時僅艋舺尚未設立教會，因此，他一定要設立教會在艋舺。

公元一八七六年三月十四日，馬偕在武營頭、萬安街那裡（前警官學校、今龍山國中後面）開設艋舺教會。[3]過了數日，艋舺的武官派人到四個村莊和市鎮去譴責官吏、唆使民眾，要阻撓馬偕等人所執行的工作，所以禮拜堂就移轉到新店頭街（前桂林路第二分局、現萬華分局）對面。當時艋舺由三大姓的領袖統治著，市民都要服從，他們說：「艋舺有三大姓就無耶穌教；有耶穌教就無三大姓。」[4]之後，艋舺的武官也去阻擋說：「此地是官府所在地，不可以設禮拜堂。」馬偕不服，武官就捉拿房東下監獄。馬偕同情房東，與武官交換條件：「釋放房東，馬偕所設立的教會搬走。」一言爲定，雙方照約履行。

馬偕隨即又在草店尾街（現龍山區公所）對面租屋設立教會。可是公元一八七七年四月八日上午九點，艋舺三大姓的人僱人與民眾千餘人前去拆毀禮拜堂，到下午四點全部被拆毀，禮拜堂無蹤無跡。官廳賠償一百二十元。三名暴徒被官廳捉拿並被銬起來。[5]另一方面，艋舺當局也發出佈告通知人民，勿將房屋或其他財物出租或賞給洋番仔宣教師，以免被監禁或處死。

但是馬偕在公元一八七七年十二月初又在艋舺東邊，第四次租到了一間低矮的小房子，馬偕便掛起一個有木框的紙製匾額於門上，題名「耶穌聖堂」[6]。不久後，幾個士兵經過，看見那牌子，隨即回去報告將官。將官派遣數位軍官去叫馬偕離開，說那片地皮是屬於軍方的。馬偕對他們說：「拿出證據來。」他們一方面答道：「這就是。」一方面就提出證據來。那時，馬偕無法再辯，僅說：「這個房子是我向市民租來的，今夜不能遷出。」

過了半夜，憤怒的士兵在街道遊行，叫罵威嚇。甚至衝進屋子裡，用武器對著馬偕示威，他險些在黑暗中喪生。天亮後，一大堆群眾跟前跟後、互相擁擠並嘲笑他們，有的從屋簷下以穢物、石塊向馬偕投擲，馬偕不得已才離開那裡。當時因爲面對人山人海的暴徒，讓他只是走到不遠的艋舺河岸，也費了數小時才登上小舟，順流到四點八公里外的大龍峒禮拜堂，去找他的門徒們。馬偕在那裡停留，直到晚上講道後，才與門徒們進入一間小室，向天父禱告讓他們能進入艋舺城市。

禱告後，馬偕等人立刻再回艋舺。那時夜色已深。馬偕又找到一位老人肯租借小房子給他做宣教之用，同時也找到了那間房子的地皮所有人。馬偕等人就和他們簽定契約書，均經簽字蓋印。時已過半夜。翌晨，馬偕在門上揭開「耶穌聖堂」的匾額。不到半小時，街上擠滿了人。憤怒的城民也擠滿一間大廟前的廣場。整日只見民眾來往不絕。第二天，全市騷然，千萬民眾的喧嚷不絕於耳。馬偕等人仍然在街上行走，有時替人拔壞牙齒。第三天有許多癩病患者、乞丐及無賴之徒被僱前去搗亂，以其腫脹的耳朵和使人作嘔的怪貌，逼向馬偕等人，以爲馬偕他們就會離開。

那天下午四、五點左右，吵鬧到極點。數百人把辮子綁在頸上，用藍布束腰，表示預備動武。有一個人蹲下，拾起一顆石塊投擊房屋，轉瞬間，呼嘯之聲震耳欲聾。他們爬到屋頂上，有些在屋內，把整個房子完全打碎，一切東西都搬走，甚至連地基石都用手挖出來，且向那塊地方吐唾沫。馬偕等人不得已，過了一條街，進入一間客棧。可是有許多人立刻爬上那間客棧的屋頂，還有更多人在爬牆，他們想衝進屋內，其吶喊聲有如獸吼。此時客棧的主人請求馬偕等人離開，以免他們的客棧被搗毀。

剛好有一個中國官吏坐大轎到客棧門口，帶著護衛隊在身邊，且有一隊士兵跟隨其後。同時，淡水的英國副領事司格達先生也在其中。中國官吏要求副領事命令馬偕離開艋舺，領事立即答道：「我沒有發這種命令的權利，反過來說，貴官須知馬偕也是英國國民之一，應加以保護。」[7] 副領事離去的時候，馬偕送行，當馬偕返回客棧時，那官吏幾乎要跪下來懇求馬偕離城去。馬偕把拔牙齒的鉗子與《聖經》給他看，告訴官吏他絕不離開，因爲他只是替人拔掉無用的牙齒和傳福音而已。

那位官吏悄然而去，卻留下一隊兵士去守護那地。過了兩、三天，城民的憤怒漸漸消散了。此後，政府當局雖然要提供城外一筆土地讓馬偕建堂，但馬偕斷然拒絕。因爲馬偕一定要在艋舺城內設教會，他的意志堅不可破，一定要貫徹到底，所以就在原址重建一小屋。在兵士巡邏且維持秩序中落成並啓用，但是艋舺三大姓仍然反對馬偕的宣教工作，前去聽道信教的城民都被三大姓歧視，而且宣佈與他們絕交。

公元一八七七年十二月初，第四次租屋爲禮拜堂的事件，如上述都記載於《臺灣遙寄》裡面，其內容與馬偕於一八七七年十二月中的日記所寫的記事是大同小異，可是很難找出日期和記事前後的一致。茲將馬偕的日記記錄於後以資參考：

公元一八七七年十二月四日禮拜日：今天作禮拜時，兩個乞丐到艋舺禮拜堂裡來搗亂，雖請求他們出去，他們都不肯。外面也有一大群的人站著、看著。

十二月十日：在艋舺，有人來拆毀禮拜堂。

十二月十一日：我僱水泥匠來修繕。下午我往新莊去拔許多人的壞牙齒。民衆很親切，晚上再回到艋舺來。

十二月十二日：上午我自己往大龍峒去，然後沿路至錫口去，在途中給人家拔牙齒，共八十顆。民衆站在路中等待我。有的在路邊坐在長椅子上，有的抱孩子來。大家很親切。又往三重埔（南港）去，回到錫口（松山）的時候，在途中聽到艋舺禮拜堂又被拆毀。我馬上和陳火（榮輝）一起到艋舺去。到了之後，看見一大群的民衆站在宮廟的門外。

翌日（十三日）：領事（實際是副領事）司格達先生來了，他也順便去探訪中國官吏。中國官吏派遣二十個兵丁去看顧禮拜堂。可是民衆整天很生氣，在禮拜堂門口走來走去。

二月十四日：民衆整天大憤怒，恫嚇要拆毀禮拜堂。

二月十五日：領事覺得情勢危險，便再來禮拜堂。我們出去行走時，受民衆大侮辱，嘲笑我們。當中國官吏來的時候，領事才回去。中國官吏請求我要暫時逃避民衆，我就和他所派遣的七個人一起到大龍峒去。

大概是馬偕離開之後，下午四、五點時，禮拜堂就被拆毀了。據公元一八七八年五月十二日馬偕的日記說，馬偕再於該地開設禮拜堂，三百人去參加禮拜。

此後，因教會的發展，馬偕又再購得一筆廣闊的土地於八甲庄（即現住址，貴陽街二段九四號），公元一八七九年又建立一間規模更大的禮拜堂，於十一月十六日竣工。獻堂典禮時，會內和會外一百五十七人去參加。馬偕當時向艋舺城民說：「你們若再拆毀這間禮拜堂，我馬偕就要再建一間比你們的廟宇更高的禮拜堂。[8]

翌日，公元一八七九年十一月十七日，馬偕、六個門徒及偕師母從郊外返回艋舺禮拜堂。偕師母當時坐轎，馬偕和六個門徒走路。他們在一條街上遇到迎神賽會的隊伍，當時他們正要解散離開，但當他們看到馬偕等人時，雙方都停立不動。不一會兒，他們拿炬火衝向偕師母，對著她的臉，幾乎把她的眼睛毀掉。有十幾個人拉著兩個門徒的長辮，其餘的人把另一個門徒撞倒在碎路石上。激動的暴徒更加粗暴起來。打鑼聲與呼叫聲更加響亮。情勢漸趨危急。這時有一位老人從右邊一間房子裡急衝出來說：「這個人是馬偕，就是洋番教師，不要妨害他和他的同伴，聽我說吧！繼續你們的遊行吧！」[9]。幸甚，街路旁邊另有一條狹路，那位老人急催馬偕等人逃入這狹路內避難。馬偕一直走到艋舺禮拜堂，立即在禮拜堂裡講道。

公元一八八四年，清法戰爭期間，這間禮拜堂又被暴民破壞，禮拜堂內財物盡遭洗劫。傳道師陳雲騰及基督徒們遭受百般的侮辱。公元一八八五年六月九日，清法戰亂停止後，馬偕和英國領事會見劉銘傳巡撫，報告信徒遭遇暴徒的逼迫，財物被劫，有的被殺死，七間最好的禮拜堂被拆毀，其他一部分破損的禮拜堂也不少。同年九月十日，馬偕接到清國政府要賠償北部教會墨西哥金一萬元作爲再建禮拜堂之用的消息。同年九月二十八日接獲此款，於十月二十九日以一部分的賠償金，在艋舺教會的禮拜堂原址動工，再建築一所美而堅的石造的禮拜堂——具有高達七十英尺（約二十一公尺）的石造尖塔，其避雷針更高達三英尺（約一公尺）。

根據馬偕十二月十五日的日記所寫如下：「艋舺教會禮拜堂的建築差不多要竣工了。」大概十二月下旬建築竣工並獻堂吧？因確實的日子不清楚。獻堂時，馬偕爲八位信徒施洗，講道題目用希伯來書十三章八節：「耶穌基督昨日、今日、一直到永遠，是一樣的。」並對艋舺人說：「本來的禮拜堂，是以土角建造的小房子；現在是以石建築的，較以前的大，並有塔比你們的廟宇更高，你們若再拆毀，我就要用鐵來建築。」艋舺市民看見這麼高的塔，都說「艋舺的風水塔」，有的人說：「三哲香塔」，因爲能給艋舺帶來好風水，所以稱之爲「風水塔」。因爲艋舺人那年有三名考進秀才，所以稱之爲「三哲香塔」，此後大家也去信基督，有的也去做教會的朋友。[10]

艋舺人與馬偕等人的感情漸趨融和。

公元一八八七年某一天，在大拜拜遊行中，馬偕與阿華故意到廟旁，站在十字街頭、道路邊及城牆邊看熱鬧，但並未受到干涉或誹謗，艋舺人甚至含笑而去。艋舺三大姓的領袖們也在行列中，還停下來對馬偕等人親切招呼。日暮前，馬偕等人總計替民眾拔掉五百一十三顆壞牙齒，並向大眾演講。

這是多麼大的變化啊！不僅如此，許多人也到禮拜堂去求道。公元一八八七年十二月十一日，馬偕的日記寫著：「今天很多人到艋舺禮拜堂來，要聽道，有的是從僑門來的。我帶他們參觀新禮拜堂，然後向他們傳道。」

公元一八九三年八月十四日，馬偕第二次例假要回加拿大的前四天（筆者註：《臺灣遙寄》記載回加拿大之前夕，與馬偕的日記有出入），馬偕去訪問艋舺禮拜堂，有許多群眾觀禮，因正在舉行兩個結婚典禮。艋舺領袖們發了請帖給馬偕，要邀請他坐轎遊行街道，接受城民的敬意。馬偕回覆說，給他一點時間考慮。後來馬偕決定「准許他們隨意辦理」，如同以前他們隨便胡鬧一般。

大家就在同一個舊廟附近的廣場上，組織了一行隊伍。隊伍裡有八個音樂隊，用鈸、鼓、鑼、簫、胡琴、琵琶、手鼓、嗩吶等樂器，行於前頭，其後跟著執旗幡、短旗及長旒旗的成人及男孩。整個行列中有許多人，依照華人的慶祝方式，大放鞭炮。五個領袖、一個城主、一個武官、兩個文官，依序隨於其後。繼之，三把具有三層大紅邊的「榮譽傘」列於馬偕之前，這三把「榮譽傘」是民眾所獻而記有獻名者。馬偕坐在一個美麗、垂著絹絲線的轎中。轎後依順序有六人騎馬，二十六頂轎子，三百位步兵及各種遊行團體。馬偕等人就這樣在艋舺城遊行一番，接受眾人的敬意。

當馬偕等人晚上抵達艋舺碼頭，已有小汽船在等候。信徒都停立而齊唱聖詩：「我認救主無驚見羞，好膽干證道理。」馬偕等人上船時，信徒和非信徒均對他們報以熱烈的喝采。在船上，有二個音樂隊伴隨馬偕等人到淡水，且下船送馬偕到住宅處。在宅前，民眾遊行狂舞已達到極點，這件事是艋舺領袖們及市民自動發起的，異教徒對馬偕的態度完全改變了，艋舺的種種困難就是這樣被馬偕克服了。當時馬偕無限感慨地說：「這榮光非歸於我們，喔，主啊，並非歸於我們，而應歸於祢的聖尊名！」[11]。現在的艋舺禮拜堂是於公元一九二三年重建的。

註釋

1 From Far Fomosa, by G. L. Mackay, 1896, P. 164.
2 Ibid. PP. 164-165.
3 北部臺灣基督長老教會傳道局發行，羅馬字版，北部臺灣基督長老教會歷史，一一七頁。
4 Ibid. P. 118.

5 Ibid. PP. 118-119.

6 G. L. Mackay. op. cit. P. 165.

7 Ibid. P. 168.

8 北部臺灣基督長老教會傳道局發行，op. cit. P. 120.

9 G. L. Mackay, op. cit. P. 169.

10 北部臺灣基督長老教會傳道局發行，op. cit. P. 121.

11 G. L. Mackay, op. cit. P. 171.

14 噶瑪蘭平原的宣教

噶瑪蘭平原就是現今頭城至南方澳一帶的平原，其名稱是從原住民語音譯的，亦可以音譯爲蛤仔難。自清朝嘉慶初葉（公元一八〇〇年）起，漢人曾逐漸征服臺灣各地原住民的部落，並使他們屈服於漢人，遷就漢人的文字、生活方式和宗教崇拜。平埔族廣佈於臺灣各地。在臺灣北部，其根據地爲噶瑪蘭平原。此地肥沃，宜於種稻。住民都種稻維生。但天氣潮濕，在生活上令人感到艱苦，且瘧疾疫癘，到處猖獗。

原住民原本的房子是在地上加高地板，但後來被漢人逐漸同化後，他們的房子形式也改成如漢人一般了。原住民的天性單純率直，容易受欺；不知節儉，也沒有儲蓄的習慣，具「生番」原始的性格。[1] 因此，雖然他們擁有東海岸豐盛的漁場，土地是肥沃的，但漢人遷居開拓後，他們的生活漸漸受到威脅。因爲他們多是文盲，對於法律不甚了解，所以事事均爲漢人所操縱。漢人官吏、投機者及商人常欺騙這些頭腦簡單的人們，甚至搶奪他們的耕地，此種遭遇實值同情。

當時清廷爲要保護這些弱勢民族，即制定「加留餘埔」制度，爲他們規定土地屬其特權，防止漢人侵入其界限內開墾，並給他們有收大租的權利，漢人在該地方耕田，要繳大租每年一甲若干稻穀給平埔族人。日本占據臺灣經過十年之後，向平埔族人收買土地，他們就沒有租可收了。[2]本來臺灣的製鹽業是自由的，僅須繳鹽稅即可，但清廷給平埔族免除鹽稅的優待。雖然十八世紀前葉起，製鹽改爲國營，但還是准許平埔族免繳稅金。

他們的宗教，本來都是崇拜自然的，根本沒有宮廟，神像或僧侶，也沒有上帝的觀念，卻信著無數的物魅（萬物有靈）和鬼魂。他們崇拜無數的祖先，也相信許多未開化民族所有的迷信，時有宗教性質的聚集狂飲。[3]後因受漢人宗教的潛移默化，之後普設寺廟，供神像及祖先的神位。

所以馬偕剛到臺灣傳教時，原住民的宗教已屬佛教式的偶像崇拜及道教的鬼神崇拜之混合，再加上某原有的自然崇拜及迷信，例如他們生病時，便請道士驅邪，或請平埔族女巫用一顆珠子放置在一隻銅製的筷子上，例如珠子能存置在銅筷子上，其病就能痊癒。外出時，若在途中聽到伯勞鳥的叫聲，就認爲是不吉祥，雖然有急事，但還是立刻轉身回家。如果在他的田裡有死的狗，就不要那塊田了。娶親三天之內，若是飯碗、茶杯不愼被打破，隨即離婚。[4]

噶瑪蘭平原曾經有過三十六個繁榮的平埔族村莊，即濁水溪以南的東勢十六社，該溪以北的西勢二十社，大約可以說：前者（十六社）屬於現今的羅東縣、後者（二十社）屬於現今的宜蘭縣。[5]自從日本占領臺灣以後，漢人遷居此地者日增，加上日本政府也廢除了中國政府本來對平埔族的保護政策，以致平埔族漸漸成爲生存競爭的落伍者。有的被漢人同化，有的則移住奇萊地方，即東海岸（俗稱後山）。

馬偕在《臺灣遙寄》說：「我們既然在北部及西部漢人之間，獲得了傳福音和設立教會的立足點，便開始注意噶瑪蘭平原已開化的平埔族。」[6]那麼什麼時候開始往該地去宣教？一百多年之前，交通不方便，沒有適合的交通工具，也沒有現今的鐵道和公路，到底從什麼路線、如何到該地去宣教？其宣教的情形與結果如何？噶瑪蘭平原的平埔族人情、特質如何？這些是我們在這節所要關心的。

平埔族人的特質

在臺灣，無論什麼地方的平埔族人，其人情和特質大概都差不多。前面已說過了，茲綜合列舉於後：

（一）感情比漢人豐富：他們重感情，喜歡唱歌。筆者於公元一九三五年在頭城教會工作時，有一位老宣道婦被稱呼為大老娘（因為他的先夫君在平埔社做大老，一種很尊貴的武官地位）。當時她約七十幾歲，唱起詩歌來，不但歌喉好，持續唱一、兩個小時也不會疲倦，而且還要唱下去。因重感情，所以其頭目說，要信耶穌基督，全社的平埔族人不考慮地、無條件地都相信，並且很熱情，因此，平埔族人的性情或許比較不堅固、不穩定。例如他們尊敬的馬偕逝世不久後，從馬偕等人傳給他們的福音漸漸忘卻得乾乾淨淨。

（二）因懶而成貧：這也是平埔族人的特性。今天工作賺的錢用光了，才再開始工作。要工作的時候，不一定會找到工作，所以就變成貧苦的人。總而言之，懶性兼無遠慮而不知節儉。

（三）缺乏目標：如能一天吃過一天、有鴉片可吸食、酒可喝，那麼其他都不管了。因此，漢人如果給他們一些錢，可以暫時吃喝的話，家財、田野賣掉，則是一點兒都不要緊。

（四）盲目接受漢人的迷信及偶像崇拜：他們原來是臺灣的原住民，但因接近漢人，潛移默化，又因為本性爽直、頭腦單純，盲目接受漢人的迷信、偶像、宮廟等傳統信仰，使他們一直墮落。

（五）平埔族人的優點：態度爽直、情感熱誠，因此很容易和他們做朋友。筆者記得曾從冬瓜山（現今的冬山）往訪先父年輕時曾在武淵教會駐堂傳教過的一家平埔會友，其家中最老的一位會友，筆者都稱呼他為紅毛仔伯。見面時，他約八十餘歲，筆者約五十餘歲，他還記得我童年兩、三歲時候的事情，也記得先慈、筆者、舍妹和舍弟的名字（他是未見過舍弟，因為舍弟當時還未出生，是之後他打聽到的），並說，他們常常思念我們。紅毛仔伯還帶我去看多年前先父駐任過的禮拜堂用地，是在他家附近。該社信徒好像只剩下他們一家人而已，作禮拜時就要到羅東教會去。他們一家人很親切，和藹可親，令我不禁回想當年的情境。紅毛仔伯逝世時，他家裡的人還送我一張他在世的相片以為紀念。他們似乎把筆者當作小孩子童年外出而如今回家似的那樣熱情接待我，當然我不敢逗留接受他們的招待，可是他們在說話和表情上，都把我當成一家人看待，很親切、爽直，和藹可親，這是平埔族人的特性之一。

噶瑪蘭平原宣教開始

馬偕和他們的門徒何時往噶瑪蘭平原去宣教呢？他在《臺灣遙寄》裡說，他們在北部及西部向漢人傳道，獲得立足點之後，才開始注意噶瑪蘭平原的平埔族人。那麼在該地的宣教一定是較晚些才開始的。可是據馬偕的日記，噶瑪蘭平原的宣教很早就開始了。

第一次在該地的宣教是於公元一八七三年十月二十日開始的。馬偕當時的日記寫著：「從雞籠走路至三貂嶺，然後至頂雙溪，在那裡給人家拔壞牙齒以及宣揚主的聖名。翌日走路至頭城。十月二十二日至打馬煙平埔社，在這裡，經過許多平埔人的鄉村。到蘇澳這裡，各地方醫病和傳播主的福音。過了許多日子就離開蘇澳，沿路到三貂嶺、雙溪、雞籠去，在各地方播揚過主的名。」

第二次是在公元一八七五年四月二十六日。馬偕當時的日記如下：「準備要到噶瑪蘭去。阿華、陳雲騰、芳德、連和、蔡生和我一同去。他們都是傳道師。我們都赤腳走路到石碇，而後趕到粗坑（今粗坑崙，仍位於石碇區內），在這裡找不到地方過夜，僅有一所小小的寮仔，遇著下大雨，大家全身被雨淋溼了。」

四月二十七日：「再動身，道路不好，至湖桶（湖桶古道，今坪林）休息。從這裡能看見海，到海邊時，我們靠海邊走，然後至頭城。從這裡我們僱用一艘船，天亮至三結仔街。」

四月二十八日：「天亮至三結仔街找地方住宿，然後到街上去給人家拔壞牙齒和佈道。

許多人來聽道。許多病人要領藥，我們因此廢食。他們一群又一群地來，因此我們貼告示在我們住宿的客棧，叫他們從一道門進入裡面來看病，看完病，從另一道門出去。我們每天很忙，不是協助拔牙齒，就是分發藥物，還要一邊佈道、一邊唱詩歌，另一方面做見證。從天亮至黃昏不停地工作，傳播主的名，並有許多平埔族來觀看。我們住在一間叫做客館的客棧，很污穢，裡面都是蝨子，很不衛生。」

四月二十九日：「從田裡經過，走路至利澤簡（位於宜蘭五結）。此後搭船至頭城，從海邊走路至大里簡（位於宜蘭頭城）。大家很高興。從大里簡爬山、走路，山陡峭、道路不好，然後至雙溪，很美麗的地方，靠近溪邊。之後走到暖暖，然後回到三重埔（今南港）、大龍峒。」

當時在噶瑪蘭平原的宣教實在辛苦，可是還未能設立教會，因爲一年一次的巡迴宣教，怎能設立教會呢？而且不夠門徒可派駐堂。

第三次是在公元一八七六年九月下旬至十月上旬。當時馬偕的日記如下：「近來到各處去傳道，有時候睡在山裡的石洞中，有時候在山坡上睡覺，因爲沒有地方住宿。從頂雙溪走路到頭城、三結仔街，去過平埔社、利澤簡和蘇澳，也往羅東去，市鎮很熱鬧。從此返回頭城，然後越過草嶺。在寬裕的岳母（高夏嫂）家裡暫歇。」（筆者註：高夏嫂，是新店教會的會友，公元一八七八年三月十日受洗，非常勇敢做見證。馬偕等人從頭城越過草嶺至新店，在她家裡暫歇時，她還沒受洗，而是聽道者。）

第四次是於公元一八七八年十月中旬，馬偕帶南部宣教師甘爲霖牧師一同去訪問宜蘭。[7]

第五次是在公元一八八二年十二月十六日。其日記如下：「再往噶瑪蘭去、葉順、劉在、陳琛、高振、洪安與我一同去。到番社頭（今壯圍紅葉村）、三結仔街、蘇澳。到了蘇澳的時候，看見好幾間房子被原住民搶劫。我們趕快到南方澳去。在途中行走時，有四個漢人在我們後面，被原住民殺死。我們轉一個彎，保全了性命。在番社頭以帆布做帳幕，傳福音，機會很好。」

馬偕等人雖然已經去過噶瑪蘭平原做過四、五次醫療宣教，可是還未能設立教會，因爲距離淡水或臺北太遠，並且一年去一次或二年去一次的宣教能有什麼功效呢？馬偕等人於公元一八八二年以前，在噶瑪蘭平原的宣教還沒有積極進行，這也不能怪他們，因爲噶瑪蘭平原的宣教有種種的困難。茲舉其大概於後：

馬偕等人往噶瑪蘭平原去宣教所走的路線有三：

第一條路線：淡水─艋舺─雞籠─三貂嶺─頂雙溪─頭城：這條路線除了途中偶爾會有盜賊搶劫之外，並不會遭到原住民的襲擊。筆者兩歲（公元一九〇八年）的時候，和先慈坐轎子、先父跟隨在後面，從臺北走路經三貂嶺往噶瑪蘭地方去。因爲先父當時受派往武淵教會（靠近冬山）駐任傳教，走那條路線比較安全。可是三貂嶺也是一個峭急的山嶺，且雨量多。要走那一條路線，要選擇天氣好的時節。一百多年前，沒有天氣預報，而且天有不測風雲。

約於公元一九一九年春夏之交，先父與林清廉牧師從臺北出發，一同走那條路線前往蘭陽（即昔時的噶瑪蘭地方）。林牧師是在任的牧師，身體健康、手足敏捷。先父是個身體軟弱而退任的傳道師，之前兩次越過三貂嶺到宜蘭、羅東都很平順無事，但那次則不然了。他們走到基隆和三貂嶺之間，颱風的前奏曲便開始了。正在爬三貂嶺時，晴與細雨互相交替，時晴、時細雨。

林牧師有急事，愈爬愈快。但先父是爲著找前所牧養過的武淵平埔教會會友，聊天散心。他們爬三貂嶺時，先父的衣服時乾、時溼，因怕沒有人作伴易遇盜賊，一面急喘、一面追趕。行至宜蘭，住宿在客棧，颱風正式來臨。

先父在途中雖避過颱風，可是在客棧裡已患感冒。感冒癒後，探訪武淵教會會友，此後再沿原路線回到臺北。但因那次噶瑪蘭旅行過勞，舊病（肺病）再發，於公元一九二〇年十二月二十八日，享年三十九歲逝世。

第二條路線：淡水—艋舺—深坑—石碇—坪林尾—頭城：這條路線雖沒有陡峭的山嶺，但從臺北到頭城的距離太遠，且很可能會遇到原住民的殺害。第二次世界大戰（公元一九四四年）的春夏之交，美國轟炸機空襲臺灣時，筆者一個人從新店走路從這條路線走到宜蘭，途中在坪林尾（現今的坪林區）訪問一位信徒，住宿在他家，翌日上午從礁溪走路，直到晚上八點才到達宜蘭。草鞋穿破五、六隻。

翌日，鄭蒼國牧師送了些食米給我，背上旅行袋，我再從原路線回到新店，時已夜間，不過還沒到坪林尾的時候，我搭便車回到新店，否則當時一定是要在坪林尾過夜的。想到馬偕，一百多年前的路當然不比筆者當時所走的路那麼寬而平坦，且有原住民殺害的危險。

筆者在山中走路，也遇著美機空襲的警報，可是並不害怕。筆者當年三十八歲，腳穿草鞋，走這條路線並不覺得疲倦，假使我那一段路不搭便車的話，只是在時間上有所影響，但在體力上並不會增加我的負擔。回想馬偕第一次往噶瑪蘭平原去宣教，他當時走第一條路線。第二次即採取這第二條路線。雖然可能會遭遇原住民的殺害，但是他當時率領許多門徒同行，比較安心。

第三條路線：淡水—臺北—水返腳—平溪—頭城：這一條路線最險峻，地勢險惡難行，從這條路線往噶瑪蘭平原去最吃力。馬偕等人也曾經走過這條路線，所以他的門徒郭主（即郭希信牧師，也就是筆者的先叔祖父）才能知道這個實情。[8] 由此可知，馬偕走過以上這三條路線。

馬偕的體格強壯，走路的腳步快，可是最初的門徒與他同行也不輸他。他們與馬偕差不多同輩。除了阿華比馬偕小八歲之外，吳寬裕與馬偕同年，或大一歲。林孽較馬偕小三歲，王長水小馬偕五歲，換句話說，馬偕率領門徒們往噶瑪蘭平原宣教時，門徒們較馬偕年輕些，尚且是本地人，比馬偕更能適應臺灣的環境，去噶瑪蘭平原宣教，對馬偕而言可說是非常困難的事，所以剛開始是一年才去一次，或二年一次的宣教。

在噶瑪蘭平原積極宣教設立教會

馬偕等人在噶瑪蘭平原的平埔社宣教、設立教會，是從公元一八八三年才積極開始的。

因為據馬偕自公元一八七三年十月二十日至公元一八八二年十二月十六日，第一次到第五次往噶瑪蘭地方宣教的日記中所述，一點兒也沒有提到設立教會、施洗及禮拜人數等的記事。惋惜的就是他於公元一八八三年的日記失掉了，除了找到他那一年的日記以外，是沒有辦法清楚知道他在公元一八八三年在噶瑪蘭平原宣教並設立教會的情形。

可是由馬偕於公元一八八四年二月的日記，有二段記事可窺其一斑。其記事如下：

公元一八八四年二月：「至打馬煙、奇立板（今壯圍）、婆羅辛仔宛（今五結）、蘇澳、南方澳、掃笏（今五結）、打那美（今冬山）、埤頭、東門頭、武暖（今礁溪）、淇武蘭、奇立丹、大竹圍。」

二月十四日的日記寫著：「這次到噶瑪蘭去給六百三十人施洗。前次（公元一八八二年）給四百九十人施洗。別世信徒二十四人。還剩下信徒一千零九十六人。」

雖然馬偕於公元一八八三年的日記失掉了，可是在他公元一八四四年的下列二段日記，可以窺探馬偕等人在公元一八八三年才開始在噶瑪蘭平原積極宣教設立教會的事情。所設立教會數是十二所（筆者註：蘇澳還未成立教會。依馬偕所記錄的施洗名冊，公元一八八三年他一行人往噶瑪蘭平原去過二次，設立十四所教會，即上記十二所教會，增加番社頭、奇武荖，施洗人數四百九十人無差），以後愈傳愈活躍。公元一八八四年七月二日，馬偕的日記是個好的證據，如下：

「至打馬煙、原住民部落頭、奇立板、婆羅辛仔宛，南方澳。在此處（筆者註：南方澳）整夜沒有睡過覺，因為怕原住民襲擊。然後至奇武荖、珍珠里簡（冬山）、埤頭、打那美、東門頭、三結仔街、辛仔罕、武暖、淇武蘭、奇立丹、大竹圍、掃笏。原住民的襲擊很頻繁。有一個人被原住民殺死，我看過他的頭顱。走至雞籠、社寮。」可見馬偕等人往噶瑪蘭平原去宣教一年不僅一次，是兩次了，並且增加其宣教地方，即珍珠里簡、三結仔街、辛仔罕等。

雖然自公元一八八四年八月五日至一八八五年六月九日止，臺灣在清法戰亂之中，但馬偕等人於公元一八八五年五月二十九日率領門徒葉順、嚴清華、吳寬裕和其他若干門徒，和挑行李的洽仔，冒險經由三貂嶺往噶瑪蘭平原去訪問該地所設立的教會。

那天中午到暖暖時，馬偕、葉順、嚴清華、吳寬裕和洽仔領先過了一條溪，就被法兵捉拿去，馬偕囑咐吳寬裕和其餘的門徒回到暖暖去。馬偕和嚴清華、葉順、洽仔被押往雞籠法艦裡去受審，翌日（三十日）上午八點釋放，再一起前往暖暖率領門徒們，隔天到打馬煙，該禮拜堂叫作「馬加列·馬澤紀念禮拜堂」，會友們非常高興地歡迎馬偕等人，晚上的禮拜座無虛席。此後訪問大竹圍、奇立丹、淇武蘭、武暖、辛仔罕、三結仔街、東門頭、掃笏、打那美、埤頭（坡頭）、珍珠里簡、奇武荖、蘇澳、南方澳等禮拜堂及開拓地區。在南方澳的那段期間，沿路醫病、拔牙齒。到了利澤簡、婆羅辛仔宛、奇立板、番社頭、打馬煙、頭城、頂雙溪，再回到暖暖。

公元一八八六年三月中旬，馬偕等人再往噶瑪蘭地方巡視教會。據他的日記，到當時爲止已設立十八間教會，即番社頭、奇立板、加禮宛、婆羅辛仔宛、流流仔（今五結）、南方澳、奇武荖、珍珠里簡、埤頭、打那美、掃笏、東門頭、婆羅辛仔罕、武暖、淇武蘭、奇立丹、大竹圍、打馬煙。在那次的巡視中，共計為一千一百二十三人施洗（據馬偕所記錄的施洗名冊，應改為一千零二十位），並設長老二十六人，執事四十六人。可見他們的工作一定是相當忙碌的，期間需要一個多月。（筆者註：馬偕於一八八五年六月一日的日記記載說：「辛仔罕禮拜堂整潔，東門頭晚上都聚集作禮拜，利澤簡、婆羅辛仔宛，這些禮拜堂是土角建造的，是蓋草的、且房子很大。」八個月前的日記裡提過利澤簡這一間教會，但八個月之後，即公元一八八六年三月中旬，其日記說，設立禮拜堂十八所，並列舉十八間教會的名稱，但沒有利澤簡這一間教會，也沒有說過這一間教會已廢止，所以十八間教會應該再加一所，共設立十九間教會。）

馬偕等人於公元一八八六年十月五日再往噶瑪蘭平原宣教設立教會，其日記如下：「十月五日去過打馬煙，其次番社頭、埤頭、掃笏、羅東、三結仔街。十月七日往訪陳輝，並讓他請客，如今他做大官，擁有許多親兵，即五百名平埔族人。他看來很親切，雖然他是勇武的人，但他的親兵送我下船，我們就離開打馬煙。」那次的宣教旅行還新開拓羅東。（筆者註：陳輝是馬偕多年的好朋友。）

公元一八八七年三月二日，馬偕等人從新社出發，三月三日又到噶瑪蘭平原巡視教會並開拓新的地方去傳道。那次在各教會中，共計為一百七十九人施洗（據馬偕所記載的施洗名冊是二百四十五人），新開拓冬瓜山、銃櫃城、中洲營盤、叭哩沙、月眉、阿里史的平埔社。珍珠里簡教會三百三十人參加禮拜，並屠宰一隻牛設宴。另外在阿里史平埔社，以竹搭一座十尺（約三公尺多）的高臺，向五百位聽眾傳福音。附近有很多原住民，僅距離一千餘步而已。多數帶動少數，馬偕等人向距離一千餘步外的原住民傳福音。阿里史平埔社人贈與馬偕一隻紅牛和兩隻鹿。做工獲得酬謝是當然，更要緊的是他們對馬偕的尊敬，願意接受他所傳的福音。

公元一八八八年一月八日，馬偕等人又從新社往噶瑪蘭平原巡視教會及做醫療宣教，並設立大里簡教會，在大里簡教會爲十五人施洗（但施洗名冊只記錄九名）。在三結仔街去參加聽道者有三百人，並爲他們拔去許多壞牙齒。該次巡視既往所設立的眾教會，並加強宣教於前次所開拓的地方，如銃櫃城、叭哩沙、阿里史、羅東、北關等地方。並且再開拓新地方，如大洲、大湖、抵窯埤、舊埔城、礁溪等地方。這次馬偕等人在阿里史平埔社傳福音時，紮營武官陳輝等人屠宰一隻牛和一隻羊設宴，大家共享。馬偕等人到處主理禮拜，禮拜堂都滿座。在掃笏禮拜堂佈道，參加聽道者二百多位，馬偕連講二小時，聽眾都安靜聽道，可見馬偕是一位善講的佈道家。昔時的聽道者都異口同聲承認這一點，許多人都說，馬偕所講的道，雖已經過幾十年也不會忘掉。辛仔罕禮拜堂也叫「威爾森禮拜堂」，那次嚴清華和馬偕在該堂給六十五人施洗，一百七十三人守聖餐。這間禮拜堂在噶瑪蘭平原是最大的禮拜堂。

據馬偕的日記，公元一八八九年六月二十八日，靠近蘇澳的地方，許多平埔族人派代表去向馬偕申請前往設教。已經申請過六次。馬偕一方面要協助與監督西部和北部已設立的教會（雖然各教會都有其門徒爲傳道師駐堂傳教，可是跟從馬偕學習的時間很短，需要馬偕的關心），另一方面要教導門徒。公元一八八二年在淡水炮台埔（今紅毛城）建立一間神學院，但也要應付各地教會的需要，門徒受訓一年半就受派到各教會去駐任傳教，已受派在各教會工作的傳教者，經過一年半也要回來再教育。加上還要計劃宣教、設立教會、監督建堂，往各教會去舉行聖餐或施洗等，忙得團團轉。

公元一八七八年六月十二日，北部第二位宣教師閏虔益牧師與其家眷從加拿大抵達淡水，要與馬偕同工。他首先要學習臺語，因在臺灣水土不合，健康欠佳，更令人心酸的是，他來臺三個月後（九月十三日），他五歲的兒子突然病逝。閏虔益牧師本身也因身體欠安，於公元一八八二年五月二十日離開淡水，到廈門去休養，同年十一月九日與家眷離開臺灣回到加拿大，日後因不合適臺灣的氣候而無法再到臺灣來宣教。閏虔益牧師雖然來臺有四年五個月，但學習語言至少要半年，另外他在公元一八八二年五月二十日就前往廈門去休養，實際上與馬偕同工僅三年的時間。

公元一八八三年三月，北部第三位宣教師黎約翰牧師自加拿大抵達淡水，除學習臺語的時間外，大概有七年的時間跟馬偕同工，可是因患肺病的關係，不能常常外出走動，因此，大部分在偕醫館工作，後於一八九一年四月二十三日蒙召息勞。所以雖然在公元一八八九年六月二十八日，在蘇澳的平埔族人第六次派代表到淡水申請設教，但實際上馬偕無法立刻抽身前往。

馬偕等人約半年之後（即公元一八八九年十二月十二日）才到噶瑪蘭平原去，一方面巡視並協助既往的教會，一方面設立教會建造禮拜堂，又開拓新的宣教地方。那次的旅行宣教去過二十八個平埔社，外出十數天，整整有十天在噶瑪蘭平原。新宣教的地方是破布烏、蚊仔熏埔、紅柴林等平埔社，並在蚊仔熏埔和紅柴林擇地將建造禮拜堂。到阿里史時，紮營的武官陳輝屠殺一隻牛，將牛肉送到馬偕等人要去佈道的地方。

此後馬偕等人數次前往噶瑪蘭平原宣教，設立教會並巡視教會。公元一八八七年二月以後所提及的新開拓地方大部分都已設立了教會，並建造了禮拜堂，此後再設立新的教會，即天送埤教會和擺厘教會。

馬偕等人最後在噶瑪蘭平原巡視教會是在公元一九〇〇年五月一日起到六月十日，回到淡水爲止。馬偕最後要離開噶瑪蘭平原諸教會最後一站，也是他平生最疼愛的教會，即打馬煙教會，眾會友沿路唱聖詩歌行至渡船碼頭送行。船將離開時，眾會友還唱著歌，依依不捨，馬偕亦然。可是他覺得以後沒有機會再到噶瑪蘭去與會友相會，只轉過身並對著打馬煙教會的眾會友，眼淚汪汪、默默無言，只搖著手與他們辭行。六月十日，他回到淡水，聲音開始嘶啞，從此咽喉一直失聲，當時雖曾去香港醫治，藥石罔效，於公元一九〇一年六月二日蒙主恩召息勞，享年五十九歲。

在噶瑪蘭平原宣教設教會的困難

馬偕起初三、四次往噶瑪蘭平原去宣教的困難，在《臺灣遙寄》的書裡說得很清楚，茲依筆者的想像，綜合其困難的原因，列舉於後：

第一、關於「天時」方面：噶瑪蘭的雨量較全島其他的地方大得多，因此旅行是非常困難且辛苦的。

第二、關於「地利」方面：一百多年前的道路不比現今的平坦，而是崎嶇彎曲，山嶺陡峭。因此旅行吃力辛苦。

第三、關於「人和」方面：爬山越嶺，行走山路，偶爾會遭原住民殺害，因此，心理上要隨時保持警戒，加上當時平埔族人還沒了解馬偕等人的用意前，因爲崇尙不同的宗教，自然對馬偕等人的宣教都反應冷淡，甚至反對。

茲配合筆者上述的想像，由《臺灣遙寄》摘錄些當時馬偕等人往噶瑪蘭宣教的情形以資參考：

有一次，馬偕帶了一批門徒從淡水出發，取道基隆南方的山脈，進入噶瑪蘭平原。該地方的雨量比臺灣其他地區都大得多，所以旅行常是困難而艱辛的。雨天時，崎嶇小路多半沒入水中，所以必須在泥濘中跋涉前進，因此在山麓或經低谷時，常聽到漢人被原住民追捕以及斬殺所發出的呼救和慘叫聲。

還有一次，馬偕等人因天黑迷路，全身淋溼又飢餓，徬徨不知所措、在稻田邊轉來轉去，雖常跌入泥田中，但仍繼續前進，在黑暗中終於摸到一堆稻草堆，就在那稻草堆旁邊過夜。[10] 馬偕等人因宣教遭遇的困難，不僅是旅途坎坷，還時要警戒原住民襲擊的危險。

之後，馬偕等人到了一個鄉村，村民冷眼相看，男人們喊叫著說：「番仔！」或「紅毛鬼！」女人和兒童則跑入屋內且嗾使兇惡的狗追擊他們。[11] 後來福音雖傳開，但起初卻是沒有人要接受福音。馬偕等人雖處於那種惡劣的情形下，但連一句怨言都沒有，反而爲福音受苦而心感愉快，因上帝與他們同在。

馬偕等人不屈不撓的艱苦奮鬥，終於獲得上帝的應許。某日，有一個番社頭海邊的三個漁民請他們去傳道。那次的收穫太大了！晚上，他們拿船上的帆，用竹桿搭了一座帳篷。在其端放了幾塊石頭，石頭上放了一塊木板，作爲講臺。有一個人用一個割去尖端的海螺，當作喇叭，召集村民。許多人從家裡搬出長椅子並排列成行。

馬偕等人便開始唱聖詩歌、講道、互談、討論、回答許多問題一直至深夜。翌日，村民決定造一間房子作爲禮拜眞神之用。他們沿著海岸，乘船進入番界採運木材回來，以泥與穀殼混合造成一塊塊磚頭，在陽光下曝曬。他們用磚頭築牆壁，用茅草蓋屋頂，用泥土造講臺。之後的每一天晚上，有人吹海螺，召集大家出來聽馬偕等人講救主的福音。幾個星期過後，男孩和女孩學會了許多詩篇和詩歌，大人們也多少獲得了基督教的知識。那些貧苦的平埔族人雖然有許多缺點，但在接受福音第一個村子中的居民，有許多人相信上帝、至死不變，該村民名義上成爲基督徒。[12]

馬偕在那段日子中，住在一個地勢低且發霉的房間，夜裡睡在一個箱子上。眾人把廢棄的偶像、崇拜的器具搬到馬偕住的地方去。馬偕不止一次用偶像、錫箔（筆者註：即臺語金銀紙）及祖先的牌位燒火以烘乾他的衣服，並僱三個人把其他偶像的器具通通送到淡水他的博物室去。

噶瑪蘭平原諸教會的教勢

綜合《臺灣遙寄》和馬偕部分日記、施洗名冊和郭水龍牧師的隨筆《北部教會史實隨筆》（手稿，未發表），將馬偕等人自公元一八八三年至公元一九〇〇年六月十日（最後由噶瑪蘭回到淡水的日子）止，於噶瑪蘭平原設立諸教會的教勢列表於後，以窺其一斑。

噶瑪蘭平原諸教會教勢表

教會名稱	施洗人數 一八八三年	施洗人數 一八八四年	施洗人數 一八八六年	施洗人數 一八八七年	施洗人數 一八八八年	施洗人數 一八八九年	施洗人數 一八九〇年	禮拜人數最多	禮拜人數最少
番社頭	?	四十一	三十六	十二		二十五		一百三十	
婆羅辛仔宛	?	五十三	四十四	三	二				八十五
淇武蘭	?	三十	二十八	十					六十五
武暖	?	五十二	二十八	二十六	一		二		六十五
打馬煙	六十六	四十三	八十二	二十三		十八	十一		
掃笏	?	一百一十九	三十四	二			十三	二百	七十五
南方澳	?		一百一十九	十		六		滿座	八十五
打那美	?	五十一	十六	六	一		二	滿座	五十
埤頭	?	二十六	一百一十四	十三			五	滿座	一百三十

教會名稱	施洗人數 一八八三年	一八八四年	一八八六年	一八八七年	一八八八年	一八八九年	一八九〇年	最多禮拜人數	最少禮拜人數
奇立板	?	四十	九十二			二	三	一百四十	七十五
東門頭	?	六十八	四十二	十九		六	一	滿座	六十五
奇立丹	?	五十六	二十四	十二			二		一百三十
奇武荖	?		一百一十三	八	十一			一百一十四	三十六
大竹圍	?	三十九	二十七	四			二	滿座	四十二
利澤簡									
加禮宛			五十九	八	三			滿座	五十
流流仔			五十一	十二				一百五十一	八十
珍珠里簡			一百六十一	十二		九	十	三百三十	七十二
辛仔罕			五十	六十五	六十五	十七	三	滿座	七十
頭城									
北關									
阿里史					五	十三		八十五	五十八
銃櫃城						十		一百	五十
冬瓜山								滿座	六十
中洲營盤									
月眉									
叭哩沙									
三結仔街					六十九	一	四	三百	九十
礁溪									
大里簡					九				
豚妖埤									

教會名稱	施洗人數 一八八三年	一八八四年	一八八六年	一八八七年	一八八八年	一八八九年	一八九〇年	禮拜人數最多	禮拜人數最少
舊埔城									
大洲									
大湖									
羅東									
蚊仔薰埔								佈道會二百人	
紅柴林								佈道會一百人	
頂破布烏								一百	五十
蘇澳								滿座	
八王城									
擺厘									
天送埤									
小計	四百九十	六百一十八	一千一百二十	二百四十五	一百六十六	一百零七	五十八	註：公元一八八三年施洗人數的小計是確實的。	
共計	施洗成人與小兒二、八〇四名								

（一）教會數四十二所（其中叭哩沙、月眉、中洲營盤等不一定成立教會）。

（二）成人與小兒受洗禮者二千八百零四名（因資料不夠，一定有漏洞的地方）。

　　茲再將馬偕等人於公元一八九〇年八月二十七日自淡水出發經由噶瑪蘭平原，第一次往花蓮港地方宣教，於九月十三日早晨再回到南方澳，在該平原平埔社二十二日之入巡迴二十二間禮拜堂的記事，作一個列表於後，使我們更了解馬偕等人在噶瑪蘭平原的宣教如何的活躍與成功。

教會名稱	禮拜出席人數	陪餐者人數
南方澳	參加禮拜八十五人；	陪餐者六五人。
加禮宛	參加禮拜五〇人；	沒有舉行聖餐。
流流仔	參加禮拜八〇人；	陪餐者四五人。
婆羅辛仔宛	參加禮拜八五人；	陪餐者四五人。
奇武荖	參加禮拜八六人；	陪餐者四七人。
珍珠里簡	參加禮拜一〇〇人；	陪餐者五七人。
冬瓜山	參加禮拜六〇人；	沒有舉行聖餐。
埤頭	參加禮拜一三〇人；	陪餐者七六人。

教會名稱	禮拜出席人數	陪餐者人數
打那美	參加禮拜五〇人；	陪餐者三六人。
掃笏	參加禮拜七五人；	陪餐者五六人。
奇立板	參加禮拜七五人；	陪餐者五三人。
東門頭	參加禮拜六五人；	陪餐者五六人。
三結仔街	參加禮拜九〇人；	陪餐者六九人。
武暖	參加禮拜六五人；	陪餐者三七人。
辛仔罕	參加禮拜七〇人；	沒有舉行聖餐。
頂破布烏	參加禮拜一〇〇；	沒有舉行聖餐。

　　其他像銃櫃城、紅柴林、奇立丹、大竹圍、頭城、大里簡等舉行大眾佈道，所以信徒有多少人參加？沒有記錄。

　　馬偕等人訪問二十二所噶瑪蘭平原的平埔禮拜堂，長達二十二日之久，於十月四日動身，兩天後（六日）回到淡水吧？因爲馬偕說，這次的旅行費了四十天，並說，從奇萊平原回到噶瑪蘭平原時，一天訪問一間教會。

馬偕等人在噶瑪蘭平原二十二日之久，所做的工作摘要如下：

（一）到達平埔村莊，立刻訪問有病人的家裡，而後在戶外空地施藥、拔齲齒。（因村民都愛吃檳榔，牙齒多有損壞。）

（二）記錄每戶的家族名單及所有物，瞭解每戶的情形，以尋求各傳道所是否有能力自立的可能性。

（三）與長執開會討論捐獻、修理禮拜堂及聖日參加禮拜的問題。

（四）對兒童、青年及婦女，批閱之前發給他們的習題，並考試，再選擇新的題材編成習題給他們練習。

（五）分老人、婦女、青年、男女兒童各組，教導一小時的歌唱。

（六）使傳教者作簡短的輪流講道，而後由馬偕詢問他們剛剛所聽的是什麼事。

（七）由會眾選出教會委員：由馬偕依教會儀式任命之。

（八）爲幼兒及成人施洗。

（九）執行聖餐式。

馬偕等人盡量擠出可能的時間，常常每日在上午、下午或晚間工作，信徒得到勉勵，教會獲得堅固。[13]

噶瑪蘭平原宣教的惋惜

照此看來，對平埔人的宣教竟能如此的成功，是因馬偕等人的信心，盡力於上帝所交付他們的責任，刻苦耐勞，榮神益人所致。很惋惜的就是那麼多的教會於馬偕逝世後不久，只存了羅東和蘇澳而已，其因何在？

一、團體性的信仰：頭目歸依上帝，則全社人從之。除了少數人，其餘的人並未眞正了解福音，沒有自己的信仰。

二、信徒偏於感情：因蒙受基督教醫療的好處而入教，沒有眞實的信仰。

三、平埔族人的懶性：沒有經濟力量去維持、經營教會。

四、當時教會駐堂的指導者言行不一致，甚至有道德敗類。

五、教區廣大，一時間信徒多，指導者少。

六、在那段期間（二十九年間）宣教師很少（馬偕以外），只有一位醫生、三名牧師（女宣教師沒有），而且來臺宣教師等到學會本地語後，卻因種種事故而回國。華雅各醫師的夫人逝世後，華雅各醫師就回到母國；一位牧師水土不合回國、一位牧師死在淡水；吳威廉牧師較遲來臺，即一八九二年十月二十三日才來臺。

七、因漢人在各方面較優秀，平埔族人不敵其生存競爭，漸漸移居他處，剩下少數人沒有力量維持教會。

以上所列原因，實可成爲我們現今傳教的殷鑑，可是馬偕等人當時在噶瑪蘭平原的宣教工作沒有徒然，並其功也不可滅。當時信而得救的人不少。雖然許多人移居他處導致教會衰微，而後廢止，可是有的人還在他處維持信仰，造就信仰的後裔。

註釋

1 G. L. Mackay, From Far Fomosa, 1896, P. 206.
2 郭水龍牧師隨筆，「北部史實」一九六九年，手記第十三章。
3 G. L. Mackay, op. cit. 1896, PP. 207-208.
4 郭水龍牧師隨筆，op. cit. chap. 11.
5 齋藤勇編，マッカイ博士の業蹟第三五頁，（移川子之藏、馬淵東一作）
6 G. L. Mackay, op. cit. P. 215.
7 Campbell, Missionary Sucess in Formosa, vol. II. P. 530.
8 齋藤勇編，op. cit. P. 112.（郭希信牧師作）
9 G. L. Mackay, op. cit. P. 216.
10 Ibid.
11 Ibid. P. 217.
12 Ibid. PP. 217-219.
13 Ibid. PP. 234-235.

15 清法戰爭，教會遭受大逼迫

有形的教會在一般歷史中，難免會受到國際問題、政治、經濟情況及世俗潮流等的影響。公元一八八四年至一八八五年的清法戰爭，使臺灣教會，尤其是北部教會，遭遇了極大的災禍。許多信徒的財物被搶劫，信徒本身受侮辱，甚至受苦楚、慘死。七間最好的禮拜堂完全被毀，其餘禮拜堂也受到波及。然而由於上帝的恩典，雖遇逼迫，但教會仍趨興旺，信徒亦與日俱增。

越南原爲清國直屬領土。自公元一八五三年起法國覬覦東方資源，屢次侵越，清國便派兵援越，但一般平民亦有激於義憤，組團抗拒者，例如廣東欽州人劉永福在越南組織黑旗軍抵抗法軍。但黑旗軍勢力不大，並且沒有新式武器，人數也不到二千人。[1]

公元一八八三年六月，越南順化京城被攻陷。七月，法國強迫越南訂立順化條約，迫讓越南成爲法國的保護國，並允許法國駐兵在境內各地。八月，法國要求清國承認《順化條約》，清剿黑旗軍，重訂界線。因爲雙方在談判中的條件差距很大，所以一直到九月都沒有結果，法軍便不宣而戰，攻擊駐越之劉永福，十月攻陷興安，十一月攻陷山西。

公元一八八四年春天，法軍乘勝進攻北寧一帶的清國駐防軍，清國軍隊連戰連敗，要地多失陷。同年四月，清法在天津簽訂五款協定，其中一項要求清國軍隊限三週內撤回本國。談判未成，法派兵巡查越北邊境，視清軍尚未撤退，隨即發動戰爭。此次戰役法軍大敗，傷亡頗多。法方責備我方違約，要求鉅大賠款。因雙方堅持，不能妥協，法國於六月十二日表示法國將自由行動，竟派遣艦隊封鎖福州，並砲轟臺灣的基隆。[2]

因臺灣當時是清國領土，故成爲攻擊的目標之一，雙方正式宣戰。法艦隊再攻臺灣。八月五日上午八時砲擊基隆砲臺。[3]法兵於九月進一步登陸占領基隆港及附近一帶。十月一日，法艦出現在淡水港口，十月二日第一次炮轟砲臺埔及淡水市街。此後第二次炮擊後，於十月八日登岸，敗於我軍而退。十月二十日法司令孤拔提督宣言封鎖臺灣沿海。一八八五年六月九日清法媾和，法艦及其在基隆的戰隊於六月二十一日始由臺灣海峽退出。[4]

當法艦封鎖基隆和淡水港之前，法人侵臺的消息立即傳遍臺灣北部各地。因此，臺灣人民都加以警惕戒備，而且憤氣塡膺，不但對所有外國人抱有敵意，也懷疑本地籍之傳教者及基督徒「通番」，那時所謂通番即「與法人串通聯合」之意。所以人民對所有的基督徒加以百般虐待，甚至折磨致死。茲舉數例如後，以追念馬偕、昔時本地傳教者以及會友的信心和勇敢：

禮拜堂被拆毀

當雙方開火時，暴徒蜂起把當時最好的七間禮拜堂拆毀或燒毀，所有的東西也都遭搶。[5]那七間禮拜堂據馬偕的敘述如下：

（一）基隆禮拜堂。馬偕說：「我登岸時，除了垃圾之外，不見基隆教會的形跡。」[6]

（二）大龍峒禮拜堂。馬偕說：「在大龍峒，近柯玖住宅，暴徒拆毀禮拜堂，使其化爲一巨大的土堆在其遺址上，且在其旁邊，以拆毀教堂的磚塊，積了八英尺（約二點五公尺）高的石堆，塗以黑泥後，在面對大馬路的一邊，用漢字大書誌銘：「黑鬚髯馬偕橫於此，彼事終矣。」[7]

（三）新店禮拜堂。馬偕說：「暴徒突然襲擊新店禮拜堂建築物，本地傳道師夫人和家眷幾乎不及逃脫，險些喪命。」[8]公元一八八五年四月九日，馬偕的日記寫著：「新店禮拜堂被毀至平地。」

（四）艋舺禮拜堂。馬偕說：「公元一八八四年法國侵臺時，艋舺禮拜堂被暴徒拆毀，其材料都搬走一空，並侮辱駐堂傳道師和信徒。」[9]

（五）八里坌禮拜堂。馬偕說：「在與法國戰爭攪亂中，這間最後建造的禮拜堂被毀。」[10]

（六）錫口禮拜堂。馬偕在法國侵臺後說：「在新店、艋舺和錫口，我們在十二個星期中建完了三座華麗的大禮拜堂。」馬偕於公元一八八五年四月十九日的日記寫著：「錫口的禮拜堂被人拆毀，我們站立在禮拜堂原地唱聖詩歌，旁觀者很生氣，以石塊投擲我們。」

（七）和尚洲（現今的蘆洲）禮拜堂。馬偕於公元一八八五年四月十九日的日記寫著：「洲裡的禮拜堂都無蹤無跡，連樹木也被吹走。」[11]

馬偕的門徒李牛港傳道師說：「自己故鄉的禮拜堂幸甚無事，其他被拆毀的禮拜堂有八所。」[12]那麼，馬偕所說的這七間以外，還有那一間呢？要調查北部教會一百多年前的史實，實在是一件很艱鉅的工作，因爲當時還未設小會、中會，所以沒有比較正式的紀錄。雖有《臺灣遙寄》一書，但那是馬偕於公元一八九五年十月十六日結束他第二次例假，從加拿大溫哥華搭船回臺灣之前，將一大堆文書資料（筆記、觀察、日記及報告的摘要、科學研究、描寫文的斷片、人物的略寫等）交給加拿大人麥唐納博士編輯而成的；加上馬偕交給他的日記、報告都是摘要，而不是全部。[13]所以從《臺灣遙寄》來看，我們所知道的事是一部分而已，而且記事前後交織錯雜，因此，關於特殊問題，找此書是很難獲得幫助的。恰巧馬偕於公元一八八五年八月九日的日記摘要記著說：「與阿華、偕英陽往金包里去，看到禮拜堂都壞掉了，所以在街上作禮拜。」也就是「露天的禮拜」。不過馬偕所謂七間被拆毀的禮拜堂是最好的，大概當時金包里禮拜堂不是最好的，才不算在內吧？

屹立的信仰

新店教會當時不僅禮拜堂被毀，而且基督徒也受到大迫害。例如暴徒侵入禮拜堂，擅取講壇桌子抽屜中的陪餐者名簿，於是暴徒們四、五十人成群，依名簿尋人，至其家搶劫財物，毆打其家屬，然後放火燒屋，毀壞其家中一切物品。傳道師夫人與其家眷，因受到突然的攻擊，幾乎都猝不及防備、來不及逃生。新店的信徒有三十六戶被搶劫至無家可歸、一無所留。

一對年逾六十的夫婦，即劉貴夫婦，被拖到教堂前的新店溪，暴徒們要他們在「放棄基督」或是「淹死」二者中擇其一。劉貴夫婦不理會這種威嚇，毫不懼怕地選擇基督，於是他們夫婦被暴徒們拖到水稍深之處：「若改教的話，就給錢。」但劉貴夫婦再度拒絕暴徒們的威脅。暴徒們惱羞成怒，將他們拖到更深的溪裡，再三脅迫他們放棄基督，但始終被劉貴夫婦遭受拒絕。最後這對老夫婦殉教、死於新店溪裡。可見劉貴夫婦眞是寧死也不肯違背上帝。三天之後，他們的軀體才浮出水面，他們的孫子就買二副棺木埋葬他們。這位孫子後來仍然熱心事奉上帝。

有一位基督徒，也是屬於新店教會，被暴徒們在十指間以劈開的小竹片夾住，用繩子縛緊，強迫他改教，但他不爲所屈，於是繩子愈綁愈緊，以致十指間迸出血漬，但他仍然拒絕改教。最終，他被毆打昏厥。暴徒們散去之後，他才漸漸甦醒過來，後來恢復健康，成爲更虔誠的基督徒。

另一位信徒被暴徒們以竹篾箍住頭，並且用木片綁住他的小腿，直到他昏厥過去。他被暴徒們拳打腳踢，已經奄奄一息，只有等待一死，但後來他又活了過來，沒有死。

暴徒們還捉住一位青年，將他的長辮拋過一棵樹的樹枝上，而後猛拉其髮尾，使他的足趾無法著地，又對他吐唾沫，嘲弄他：「這是要給你加入番仔教的教訓。」

另有一位信徒因懼怕危險，急急逃入家中，緊緊地關閉家門。暴徒圍住他的家，嘲笑他：「現今你們的上帝在那裡？爲何你們的上帝不能保護你呢？」

許任嫂是新店教會一位熱心的基督徒，其夫君原來是個乩童。他們倆信主之後，她也善於引人入信。法國侵臺時，她們的家財被洗劫一空，可是仍然熱心事奉主。

林雨路也是新店教會一位熱心的信徒。每禮拜日率領全家人或會外人到禮拜堂作禮拜。他善於原諒人。有一個小偷挖他種的蕃薯，但因爲林氏是個很強壯的農夫，把小偷捉住了，林氏叫他不可偷挖。小偷說：「請等一等，讓我再挖些。」這個小偷一共到林氏園地去偷挖三次蕃薯，可是每次林氏都原諒他、並叫他不可再去偷挖，那個小偷後來心裡很難過，就替林氏看顧蕃薯田。法軍侵臺時，暴徒們圍住林氏的房子，當時林氏拿著一些契據跑出去，但暴徒以爲林氏拿錢跑了，立刻追上他，還險些把林氏打死。

高霞嫂（名字叫作林桂泉）的財產全部被暴徒們劫去，她自己也被暴徒們用刀身打，但後來反而更熱心事奉主。她在新店教會被大家稱爲女英雄。

一位長老與其家屬逃到附近一個煤礦裡，在那裡躲藏了十天。夜間往園地覓挖蕃薯充飢。

新店教會共三十六戶，當時受了逼迫，失去房子、家庭和財產，甚至有的遭遇死傷。儘管新店教會的信徒遭受如此大的逼迫，但信仰卻仍然屹立著。迫害過了之後，信徒蒙上帝的引導，開始新的安定及良好的生活。至於那些暴徒的下場，依據後來的調查報告說，有的被原住民殺死、有的死於熱病、也有的受控告被捕而下到監獄服刑。[14]基督是信徒們的主、教會的主，也是社會與歷史的主，這事在基督徒遭受迫害中便加明顯地證明出來。

患難中熱心傳道

陳能是水返腳教會的會友。十四歲時，在三重埔教會（南港教會）聽到福音而入信。他在水返腳做生意。法國侵臺時，當他在禮拜天要前往禮拜堂作禮拜時，看到暴徒搶劫禮拜堂，立刻帶著傳道師蔡生逃走，但他自己的店舖被暴徒洗劫一空。當他帶著蔡傳道師逃走時，有暴徒在後面追趕，兩人不得已只好分開，各自跑入山中去躲藏。

陳熊伏在地上，用蘆葦覆蓋住全身。之後不見暴徒追趕就起身再跑，不料墜落山谷。他索性脫掉上衣，上半身打赤膊，以泰然的神情與態度下山去。暴徒一時認不清楚，讓他避過。他到了友人家裡，打扮成樵夫，回到自己家中。家族的人叫他趕快離開，因爲暴徒要派人去捕拿他。可是他心心念念蔡傳道師躲藏在山中，需要照料，便邀請一個人與他同行，用背孩子的布巾駝著蕃薯和茶水，前往山中找尋蔡傳道師，但都找不到他。據說蔡傳道師僱人領他走路，到淡水去了。之後陳熊仍躲藏在山中，但暴徒絲毫不放鬆，派人到各處找尋他，並貼告示懸賞三百元獎金。陳熊覺得沒有安全感，跑到淡水去。在淡水再度經商，此後入神學院作傳教者。後來中途退休，又回到水返腳做生意，並擔任教會長老，熱心於教會工作，會內會外的人都很尊敬他。[15]

仰望基督

基隆教會有一位年邁的女會友，擁有一棟房子及一些財產，爲要逃避暴徒的迫害，她將房契包在手巾裡，塞入衣服下面的腋間，因爲纏足，所以扶杖跛行，但不幸被抓。暴徒們剝了她的上衣，發現了房契，遂強行奪去，並用長刀的背面打她，直到她的頭至腳都流出血來才放她走。戰事結束後，她重回基隆，仍然信仰基督，毫不氣餒。

基隆教會有二位兄弟，名叫高振和高賜。他們的遭遇最坎坷。高振入信後，熱心於教會工作，被選任爲雞籠（基隆）教會長老，此後作傳道師。法國侵犯臺灣時，暴徒毀壞了他的房屋，沒收了他的財產，並且逼迫他和他的家屬們。高賜是哥哥，有六個兒子，都信奉上帝，當時他的房子和家業也在戰爭中被洗劫一空。

高賜與大兒子逃跑的途中被暴徒捉到，押交給衙門，並誣告他們「通番」。官吏問他們是否通番？父子答說：「沒有。」因爲馬偕之前曾將一件洋服送給高振傳道師，但高振把那件洋服轉送給哥哥高賜。高賜當時逃跑時，穿了那件洋服，因此官吏問：「你若不是通番，你身上穿的洋服從那裡來的？所以你通番是眞的啊！」官吏不讓他們父子申訴，還鞭打他們到重傷，命令他們下監獄。而且在監獄中，常常提押出來鞭打。

高賜關在監獄四個月後，死在獄中，官吏才將他的大兒子釋放了。當時高賜在監獄時，其餘五個兒子逃到八里坌，有人收養他們作爲養子，一直到高振傳道師從宜蘭傳道回到基隆，才到八里坌去討回那五個可憐的侄兒回家。[16]

身體衰弱也不變心

三角湧教會有一位信徒，名叫陳乞來，被暴徒捕捉後，要以人糞灌他，要求他拋棄信教，但他拒絕，並說：「我絕對不放棄信仰，不要你們灌我，我自己飲。」說畢，就自飲之。然後暴徒欲搶劫其財產，但因爲他學有拳術，不敢對他下手。有一天，當他在吃午飯，正在禱告謝飯時，暴徒們一齊襲擊他，削掉他的兩個耳朵，手腱和足腱也被砍斷。陳乞來雖遭遇如此慘變，但他仍不拋棄信仰，反而更熱心信主，雖身體衰弱，他也不變心。陳乞來於七十一歲息勞歸主。[17]

以上所述的只是法軍侵犯臺灣時，北部教會所遭遇的災害實例一小部分而已。

註釋

1 黃大受編著，中國近代現代史，一九六〇年版，一一四頁。
2 Ibid. op. cit. P. 146.
3 J. W. Davidson, Island of Formosa, 1903, P. 221.
4 Ibid. op. cit. P. 240.
5 G. L. Mackay, From Far Formosa, 1896, P. 191.
6 Ibid. op. cit. P. 200.
7 Ibid. op. cit. P. 191.
8 Ibid.
9 Ibid. op. cit. PP. 168-169.
10 Ibid. op. cit. P. 161.

11 Ibid. op. cit. P. 200.

12 齋藤勇編，マッカイ博士の業蹟，一一七頁，（李牛港作）。

13 G. L. Mackay, op. cit. Editorial preface P. 4.

14 Ibid. op. cit. PP. 191-193.

15 北部臺灣基督長老教會傳道局發行，北部臺灣基督長老教會的歷史，羅馬字版，七七頁—七九頁。

16 Ibid. op. cit. PP. 82-84.

17 Ibid. op. cit. PP. 79-80.

16 砲火下的馬偕及門徒

公元一八八四年七月二十二日，法國軍裝載單排礮的三等軍艦駛入基隆港內。八月四日法國的鐵甲艦和礮艦抵達基隆。法人侵犯的消息傳遍了臺灣各地，信徒與傳教者一夕數驚，莫不風聲鶴唳，草木皆兵。當時馬偕看到在他傳道事工的前途上已蒙上了一層陰影，因爲我們兵士與人民認爲基督教是外國宗教，故均誤會外國人及其信徒與法國人是串通聯合的。

當時兵士常常揚言，如果法國軍艦炮轟岸上時，即把馬偕、本地傳教者及信徒全數殺光。八月五日上午八時正，雙方果然開火，戰事已眞正開始。五艘法艦隨即攻毀中國砲臺，兵士死傷慘重，人民由於對抗法軍而無暇迫害教會。實際上，馬偕八月十八日的日記有記載，傷兵到他在基隆設立的醫館去治傷，船裡的醫生去幫忙。（筆者註：公元一八七九年五月十八日，馬偕已經在基隆設立醫館，請曼醫師幫忙。）因此，多數的兵士對馬偕不敢無理取鬧，但一些平素怨恨基督教的暴徒們乃趁此機會迫害信徒，搶劫信徒和禮拜堂的財物。

清法雙方未開始砲擊前，因馬偕深愛基督的教會，不顧戰爭危險，到處往訪教會，安慰、幫助眾信徒。七月和八月初，法艦在基隆港拋錨等待開戰時，馬偕在基隆港社寮島的屋子（教室）裡教導門徒。當時社寮島是處在法艦大砲下及我國暴徒的狂恨中，但馬偕安靜地執教。他勸勉門徒忠實於主耶穌，並提醒他們記得主耶穌在世時也在暴徒手裡受苦。雖然他們以勇敢的精神聽道，但不得不想到法軍的砲擊一旦開始，他們便沒有機會可以逃生。

但上帝為他們安排避難的路。八月五日早晨，教課完畢時，有一位本地傳道者去邀請馬偕訪問基隆十六公里外一個患重病的基督徒。他因愛護信徒，毅然前往訪問，醫治並安慰病人，他和門徒們離開該島後，五艘法軍戰艦就在上午八時正開始砲擊基隆港口，清兵亦反擊。[1] 倘若那時馬偕、門徒及該島的信徒仍滯留該島，料必無法逃脫而死亡了。馬偕關懷會友，解除病人的痛苦，並不顧自己危險、願意捨己為人，反而保全了生命。

一八八四年十月一日，法國艦隊停在淡水港口，砲口朝向淡水的砲臺，預定於十月二日上午八時整開火。英國戰艦在港內保護外國人，並勸告馬偕帶家眷與貴重物品上船逃難。馬偕說：「貴重品！就是在理學堂大書院裡面（現今臺灣神學院的前身）及其周圍，我知道他們是不能上船的，那些在主裡的兒女們，曾經與我傳道遊行，越山涉河，在我生病時服事我，不怕水路和陸路的危險，在敵人面前未曾畏懼，他們就是我的貴重品！他們若留在岸上，我絕不能上船。他們若要受苦，我也要與他們同受苦。」[2] 後來，馬偕果然與家眷留在岸上，拒絕上艦。據英商約翰．陶德的敘述，十月二日上午約六時四十分，中國從要塞向法艦開火，四艘法艦於二分鐘之內應戰。[3]

雙方開火之時，馬偕把孩子們安置在屋子的地下室，偕師母走出走入。馬偕和阿華在門外步行著，砲彈在他們四周飛過又爆炸。有一個砲彈打毀了理學堂大書院的一部分，另一個砲彈打毀了女學堂的一角，又另一個砲彈打中了馬偕等人前面的一塊石頭，石頭飄散在空中碎成無數的微塵。在馬偕等人的稍稍西邊之處，另一個砲彈落入地底並鑿成了一個大孔。砲彈如雨，馬偕等人都受到上帝庇佑而化險爲夷，終獲平安。

砲火停止之後，有六個未爆炸的砲彈，各重五十磅（約二十二公斤），馬偕叫人謹慎地搬入船中，再沉入河裡。

距離學堂不遠的地方，有個教會外的人，看到了一個未爆炸的砲彈，使用鑿和槌子去敲它，想要取出裡面的火藥，不料砲彈竟爆炸，把他的四肢炸飛到旁邊的樹枝中間去了，因流血過多，幾分鐘後就斷了氣。那人將死時，看見他衣袋裡的東西掉落在地上，還勉強地說了一句：「請拾起那塊銀元。」

據《臺灣遙寄》本文，由宣戰開始，馬偕就不眠不休。以致砲擊戰發生後就病倒在床、失去知覺。當時他的主治醫師（淡水外國人的醫師）約翰遜所寫的記事說：「我是馬偕的主治醫師。馬偕自戰爭開始因對信徒們的焦慮而過度疲勞，加上淡水的氣候炎熱，病勢加重，導致急性腦膜炎。由於多日不眠，以致身體極度疲竭。體溫一直高達一〇二度（約攝氏三十八點九度），一切藥物均不能使他安眠。有一天，馬偕接近危急之際，每個人都以爲他性命難保。幸甚，我聽到汽船『海龍號』的淡水約翰·陶德先生帶冰來。依我的懇求，約翰·陶德先生將全部的冰用來冷敷馬偕發高燒的額頭。他隨即安睡了三十六小時之久，冰用盡了，醒過來時，病勢就痊癒了大半以上。」[5]（筆者註：這件事大概不是發生於這時候吧？因爲法艦砲擊後，十月八日，法軍登陸與中國軍會戰，「海龍號」怎麼能入港？而且在淡水十月初的氣候會熱到使馬偕的病勢加重嗎？令人懷疑。恐怕是公元一八八五年九月中旬，馬偕病倒，不能退燒的記事編入在那部分也不一定。）

清法在淡水戰役中，清國負傷兵都收容在淡水「偕醫館」。當時在醫館裡從事醫治負傷兵的，是淡水的外國醫師約翰遜與英艦柯克哈特號軍醫布羅恩，他們對負傷兵的服務值得稱讚。因此，公元一八八四年十月十九日，中國淡水砲臺防備司令孫開華提督親自到「偕醫館」去銘謝。[6]當時馬偕不在，因爲他在十月十二日接到英國領事的命令，離開淡水往香港避難去了。

同年十月八日，法國兵登陸淡水，敗給清國兵。十月第二個禮拜，據馬偕十月十二日的日記，因英國領事的命令，馬偕的家眷與加拿大長老會派到北部的第三位宣教師黎約翰牧師及其家眷，離開淡水前往香港。馬偕和葉順於十月二十一日搭船前往香港。四天後，船駛進香港時，聽到法艦封鎖淡水，知道他們已無法回淡水，就寫信給加拿大長老教會說，臺灣的教會受窘逐，禮拜堂被拆毀，學堂關閉，會友被搶劫。

因臺灣被法艦封鎖的關係，馬偕一直住在香港。公元一八八五年，馬偕的日記寫著：「在香港有如後的門徒和傳道師與我同在：葉順、劉在、蔡生、連和、洪胡。每日教他們新舊約《聖經》和科學，他們也很用功準備道理。聚集禮拜時，他們輪流講道。」馬偕當時的門徒是葉順和劉在，昔時是門徒、而當時已做傳道師的是蔡生、連和與洪胡。除葉順於前一年的十月二十一日跟隨馬偕前往香港外，其餘三名傳道師和一名門徒是怎麼接去香港的？何時去的？不得而知。馬偕於同年三月六日的日記寫著：「四位傳道師再回去廈門，馬醫生及其夫人也在香港。」四月十二日的日記說：「至廈門，我的門徒連和、蔡生、洪胡在廈門，並巴牧師、甘爲霖牧師、馬醫生也在那裡。」日記中的馬醫生無疑地是南部教會的馬雅各醫師，巴牧師是巴克禮牧師，還有甘爲霖牧師，可是四位傳道師回廈門，僅剩連和、蔡生和洪胡在廈門，那麼還有一位是誰？且往那裡去呢？不得而知。

此後，馬偕一聽到封鎖臺灣的消息已解除，即令家眷暫留香港，自己再搭乘「海龍號」要回淡水。據他的日記說，那天是公元一八八五年四月十日，因歸途中，在臺灣海峽突遇可怕的暴風雨，海浪激盪，不得不改變航線，退回中國避風。他因關懷臺灣的教會心切，不久又向淡水出發。四月十五日，他抵達淡水港口，當時才知道解除封鎖的消息是誤傳的，因此「海龍號」差一點就被法艦的大砲擊沉。

馬偕在四月十五日的日記寫著：「海龍號駛至淡水港外，我們看見兩艘法艦投錨在港口，各在一邊。海龍號入港時，其中一艘法國艦便開火，然後另一艘也開火。砲彈從海龍號的船首飛過。那時我在甲板上看得很清楚。在法艦上的水手立刻再吹喇叭，他們準備要再開火。我們的海龍號隨即後退。然後我們的船長乘小舟去見法艦長官。據說，如果我們的海龍號沒有後退而停止的話，法艦要再開火使我們的船沉沒。法艦不准我們登陸，因此我們再駛回至廈門。當我們在淡水港外時，曾看到門徒、傳道師和會友在理學堂大書院前面觀望看我們，我們因不能登陸而非常傷心。」馬偕是如此疼愛他的寶貝，即神學院、女學堂、其他一切設施、一切的傳道事業、他的門徒、教會、傳道師等等。

馬偕正是上帝派到北部教會的使徒，他才是不怕兇狼的牧羊人。他的日記繼續寫著：「因此，不得已再返回廈門，然後再乘海龍號啓行到澎湖。我們的船長去會見駐澎湖的法國海軍將帥孤拔，他終於准許海龍號可以駛入淡水港。海龍號立刻啓航並返回廈門，當夜向淡水啓行。」

馬偕等人於四月十九日下午駛入淡水港時，法國戰艦已離開了，一般煤煙船駛近「海龍號」載馬偕等人登陸。抵達淡水，和門徒及傳道師、學堂的學生和會友再相會，無不喜極而泣，大家高與極了。雖然在基隆地區，清法雙方的戰爭還未平息，但馬偕隨即動身訪問臺北地區諸教會，於五月十七日封立嚴清華和陳榮輝爲牧師之後，五月二十九日出發前往訪問噶瑪蘭三、四十間教會。

公元一八八五年五月二十九日前後，因清法還未媾和，馬偕從駐淡水英國領事那邊申請到通行證，其內容如下：

「英國駐淡水領事，公元一八八五年五月二十七日呈駐雞籠法軍隊總司令。

此通行證之持有人，爲神學博士偕叡理牧師，係英國國民，現居臺灣，爲宣教師，因欲往雞籠訪問該地的禮拜堂及會友家庭，並擬過雞籠，赴東海岸的噶瑪蘭平原，訪問該地會友。因此，敬請雞籠法軍隊總司令准其進入雞籠並自由且安全地通過該處。其隨行爲二名本地傳道助手，嚴清華及葉順。

駐淡水英國領事費里德」[7]

五月二十九日，馬偕獲得通行證後，手執英國旗，帶著嚴清華、葉順、吳寬裕及一位挑夫洽仔，由淡水溯河而上，至臺北、錫口、水返腳，許多中國兵讓他們過關，然後去拜訪軍隊總司令劉銘傳。他是法人攻臺灣前到任的臺灣巡撫，是一位思想進步，同情寬懷的人，很親切地款待馬偕等人。

當劉巡撫與馬偕表示互相守信之後，馬偕隨即改換停戰之旗。當馬偕這位教會英雄即將和國家英雄劉巡撫道別時，劉巡撫告訴馬偕說：「你們將受到我統率下兵士們的尊敬，但請不要接近法軍，以免遭到攻擊。」[8] 劉巡撫八個親兵送行馬偕等人離去。

當日中午，馬偕等人終於走到暖暖。馬偕與葉順、嚴清華、吳寬裕與洽仔，離開跟從他們的人，走過一條溪，洽仔拿著白旗一起向法軍的戰線前進，已到戰線即停立。在較高處的法軍見到馬偕等人，即派遣八名步兵下去，其中二名是武官，距離還遠，一位武官搖動手帕叫馬偕等人再往前進。馬偕和門徒腳步快，到了一個轉彎的地方，忽然見到三、四名法國兵士蹲下去，拿起鎗械，隨時可以向馬偕等人開火。馬偕轉頭看後面拿著白旗的洽仔，就比手勢叫他趕上來。那些兵士看到白旗才沒有開火，隨即站起來。

接著，馬偕出示通行證與護照。一個兵士前來拿去，兵士們用手帕蒙住馬偕等人的眼睛，馬偕叫吳寬裕及其他的門徒回暖暖去，只有馬偕、嚴清華、葉順和洽仔被押送，晚上六點至雞籠海關。押送的兵士對馬偕等人很客氣，首先帶他們去見一位大官，然後乘一艘小船至一艘戰艦Atalanta，登法戰艦上去見艦長。當時領港的Mr. Bently也在場，向艦長說明馬偕是加拿大的宣教師。艦長很親切款待馬偕等人。翌日（五月三十日）上午八點，便讓他們登陸，法兵再蒙住馬偕等人的眼睛，率領他們到山上靠近暖暖的地方。

法兵們也拿著白旗，在那裡和馬偕等人辭行。從暖暖地方，有二位劉銘傳巡撫的兵士去率領他們下山。在路上，因氣候很熱，約一百度（攝氏三十七度左右），馬偕換衣服，然後走到三貂嶺山麓停步稍作休息，因為大家都很疲倦，可是心裡卻深深地感謝上帝的帶領。

翌日（五月三十一日），他們到了噶瑪蘭平原的打馬煙禮拜堂，全平埔社的會友都出來歡迎他們。晚上的禮拜滿座。從打馬煙教會開始，一直訪問到噶瑪蘭平原眾教會，終於安然回到艋舺。歸途中，在暖暖地方，即清法軍隊雙方對峙的地界，馬偕等人沿路拿起白旗向前走，很平順地過關，並沿路醫病，幫人拔壞牙齒。

雖然馬偕看到禮拜堂到處受毀，然而信徒都平安愉快，因著教會所受的迫害和艱苦，反使他們更與基督接近，所以非教徒都甚覺稀奇。[9]

馬偕探知清法已於六月九日媾和，並法艦將離開雞籠港，所以在六月二十一日烈日下，從淡水搭煤煙船至雞籠，登法艦、會見艦長，才知道法艦隨即將離開雞籠港，並知道他可以隨便在雞籠海岸各處行走。因此，馬偕就到社寮島去及時搶救島上宣教師的房屋和財物。因為暴徒們正集合成群，企圖在主人未返回前先行搶劫。[10] 馬偕在社寮島聚集會友一同禮拜，之後馬偕非常忙碌，因為七、八間禮拜堂被暴徒完全拆毀，必須準備建堂，還有禮拜堂部分破損的必須修補。

公元一八八五年約八月下旬，馬偕把各教會被害的實情呈訴於清國軍總司令劉銘傳巡撫。劉銘傳並不耽擱和辯駁，採信馬偕的話，一點懷疑都沒有。九月十日，馬偕接獲通知說，清國政府將以墨西哥金一萬元作為北部教會被損害的賠款。九月二十八日接到該款項，馬偕即開始準備在艋舺、新店、錫口和枋隙（大稻埕教會的前身，現今大橋教會的地址）等地建造尖塔禮拜堂。

據馬偕的日記說：艋舺、錫口和新店三地新建的禮拜堂於公元一八八五年十月二十九日動工建築。據《臺灣遙寄》所載，那三間禮拜堂繼續（in）十二個星期建築竣工。[11]「繼續十二個星期」也可以解釋「在十二個星期以內（within）」。

據馬偕的日記說，枋隙禮拜堂於公元一八八六年十月二十五日擇地，十月二十八月開始建築，十二月二十四日建築竣工。以枋隙禮拜堂爲例，建築竣工只要二個月。那麼，艋舺、錫口、新店等禮拜堂之落成要在公元一八八五年十二月底吧。在這四間禮拜堂的尖塔兩邊，馬偕畫了那被火燒著的荊棘，並題以漢字「棘焚而不毀」，即拉丁語**Nec tamen consumebatur**，以示臺灣教會是自逼迫中洗鍊出來的教會。這個被火燒著的荊棘也就成爲我們長老教會的標誌。[12]

註釋

1 G. L. Mackay, Far From Formosa, 1896, P. 190.
2 Ibid. op. cit. P. 194.
3 J. W. Davidson, The Island of Formosa, 1903, P. 227.
4 G. L. Mackay, op. cit. PP. 193-195.
5 Ibid. op. cit. P. 195.
6 J. W. Davidson, op. cit. P. 230.
7 G. L. Mackay, op. cit. PP. 196-197.
8 Ibid. op. cit. P. 197.
9 Ibid. op. cit. P. 199.
10 Ibid.

11 Ibid. op. cit. P. 200.
12 Ibid. op. cit. P. 201.

17 培育臺灣傳道人

馬偕在北部開始宣教時，便對本地傳教者的養成有所主張。他說：「北部臺灣的宣教工作，以計劃本地人去擔任才是上策。其目的在於使自己土地上的人民獲得福音，以上帝眞理的力量啓發他們的黑暗，並驅散因以前一切的朦朧而不望見上帝的聖城而來的錯誤的霧和罪惡的黑雲。這是一切國外宣教工作的目的。」[1]

因此，公元一八七二年四月十四日，馬偕在淡水開始宣教的第六天（四月十九日），有一位較聰明的青年來訪，馬偕一見即看中那位青年，因此，整夜不睡爲他禱告，希望他再去，能接受主的教訓。馬偕當時有意收他爲門徒，訓練他爲本地牧師負責北部教會的工作。果眞，那位青年再度訪問馬偕，並常常帶讀書人去和馬偕討論儒、道、佛等宗教與基督教的比較。那位青年非常注意旁聽兩方激烈的討論，終於在四月二十四日晚上向馬偕告白自己的信仰。馬偕於四月二十五日起僱用他爲自己家裡的雜役，每天教他教義問答，並帶他外出宣教，那位青年就是後來的嚴清華牧師，馬偕都叫他阿華。公元一八八五年五月十七日晚上封立他爲牧師之後，還是叫他阿華。這種稱呼法表示師傅與門徒的命運相連的親密。換句話說，師傅與門徒是同命運的一家人。這種關係是現今學校的師生關係所未能及的。現今學校的畢業生是由學校大量生產的過程中所造出來的，畢業後，學生與老師的關係一點兒親密都沒有。實際上除了幾個較親近老師的學生之外，其他學生的名字都幾乎忘記得一乾二淨。

吳寬裕是讀過書的人，有才幹，因爲維持家計做一名油漆匠。他歸依救主之後，公元一八七二年六月起，馬偕約定每月要給他三塊錢，收他爲門徒（讀書），並約定以後若用功學習，要給他六、七塊錢。因他的母親起初反對，所以十月二十九日才去做馬偕的門徒。他此後做了四十年的傳道工作，直到七十三歲才退休。

同年十月二十八日，陳火和陳能兩位有爲的兄弟也去作馬偕的門徒。陳火就是之後的陳榮輝牧師，他和嚴清華同時受封立爲牧師，之後馬偕還是叫他陳火。

除了馬偕的門徒之外，各地方都有平信徒很活躍地爲主做見證，如五股坑陳塔嫂、洲裡的陳士美，當時神學院的廚師顏有年、月眉教會的陳阿崙、南崁教會的林水源和鎭長等。由他們做見證後，獲得許多聽道者，即請馬偕去設立教會，可說養成本地傳教者是一件很重要的事。

馬偕開始宣教的十年之中，依師傅訓練門徒的方法，非依大量生產的方式，所養成的門徒有二十二名：嚴清華、許銳、吳寬裕、林孽、王長水、陳榮輝、陳雲騰、陳能、蔡生、蕭大醇、蕭田、連和、陳存心、陳萍、洪胡、李嗣、姚陽、陳九、李炎、李恭、劉和、劉求。

福音本地化

馬偕在臺灣北部養成傳教人員的理由很多。茲舉二個重要的理由於後，以資參考。

一、福音本地化。馬偕說：「如今我不必贅述強調在北部臺灣使用本地人傳教的一切理由。他們和語言、氣候、本地人民的社會生活、本地人對教會工作的能力等等有關係。我從起初就深信，在北部臺灣的宣教非爲外國工作人員的能力所能及的念頭，而且每年都證實這見解的正確。」[2]。學會漢文編閩南語字典和一般臺灣人的（非學者的）語言，並且研究儒、道、佛及一般臺灣宗教、天文、史地、博物、醫學等的外國宣教師馬偕，在一百多年前，就強調臺灣傳教本地化，使筆者讚歎叫絕不已。

現今臺灣各教會的外國差會有沒有馬偕這種思想？本地人才能自由掌握自己的語言，本地人才能眞實了解自己人民的社會生活。外國差會應該要認識這一點。外國人講中文，自己以爲講得通，其實是華人以善意和客氣的言詞對他說：「你講得很好，聽得懂」而已，語言都這樣了，何況要了解華人基本的社會生活，如人情、風俗、宗教、經濟等，更談不上深入了解。

北部臺灣長老教會自馬偕起，有一個很好的傳統，就是宣教師要往各禮拜堂去巡視傳教者有沒有把禮拜堂和宿舍打掃整潔？昔時的禮拜堂和傳教者的宿命是連接在一起，現今差不多也是一樣的。一百多年前衛生不好，而且禮拜堂是公共的地方，所以宣教師必須要抽查禮拜堂的整潔狀況。馬偕的日記常記著「巡視某教會禮拜堂很整潔、某禮拜堂不整潔」相關的內容。

有一天，兩位女宣教師去探訪（其實是抽查）一間禮拜堂。本地傳教者夫婦倆看見外國女宣教師蒞臨，依華人「有朋自遠方來，不亦樂乎」的觀念（因每一位宣教師都是從外國遠方到臺灣的，並且差會派的宣教師與本地傳教者有密切的關係），本地傳教者夫婦隨即宰殺雞且不吝惜所節省的一點兒錢，往市場裡去買了山珍海味回去請客。

後來差會在開會時，討論「傳教者因經濟困難是否要幫他們申請提高薪水？如果要提高的話，要決定提高多少等事宜。」但那兩位女宣教師說：「不必提高，因爲我們到某禮拜堂去，看到本地傳教者所吃的都是山珍海味。」某男宣教師也站起來證實自己也有同樣的經驗，因此，差會決議暫不提高本地傳教者的薪水。

筆者在美國時，某一個禮拜天到一間禮拜堂去作禮拜，恰巧遇到一位在臺灣做宣教師的夫婦（我們在臺灣都是相識的）。禮拜後，承蒙他們帶我回到他們家吃中飯，他們以平常的便飯，很親切地招待筆者，所吃的不過是一片豬肉、蠶豆、捲心菜、玉米、麵包和人造奶油和一杯咖啡而已，可是他們的心情也是「有朋自遠方來，不亦樂乎」。以上這是東、西方人情風俗的差異。

又，本地傳教者有沒有達到一百多年前馬偕的思想標準呢？馬偕研習臺灣的人情風俗、儒道佛三教和一般民間宗教、臺灣的人種及史地，並娶漢人女子爲妻，還主張臺灣的宣教要賴於臺灣本地的傳教者。這樣看來，僅把歐美神學說，再表演於臺灣教會講臺上或神學院教室裡，而與臺灣的風土民情和在地人的需要一點兒都沒有關係的講道者，又有何意義呢？臺灣的神學者和傳教師除查經以外，都需要研究本地的專情，如政治、經濟、科學、社會、文學、諸宗教、人情和風俗等。

二、人和金錢。馬偕說：「主張由本地人佈教的另一個理由，也是外國差會裡心地純正的朋友們所認同的，就是關於人和金錢的部分，最爲中肯。本地人能生活在外國人可能死亡的氣候及環境中。本地人能健全而快樂生活的環境，但我這個外國人可能會因間歇熱（發燒）而顫慄，本地傳教者及其家族所需的經費不多，所以比起外國教會用來僱用一位外國宣教師的金錢，卻足以維持更多、更大量的本地傳教者幹部。」[3]

繼之，馬偕估出一位本地傳教者及其家族每月所需的生活費用列表如下：

米三元，鹽、菜四元，炭或柴薪一．五元，挑水煮用一．六五元，理髮〇．九元，鞋、襪、衣服〇．三八元，共計墨西哥金十一．四三元（約合美金十元）。[4]

關於氣候，外國人易於生病或死亡，在一百多年前也是事實，但現今醫藥發達，因文明的進步，已有電扇、冷氣、冷飲，現今在氣候方面也沒有問題。

關於本地傳教者的薪水一事，故郭水龍牧師甚抱不平。他說：「自公元一八七二年馬偕設教以來，傳道師每月薪水很少，家兄畢業作傳道師，其薪水僅五元。當時我八歲幫他燒飯，家父也一起同居。三人每月伙食費五元，怎麼夠呢？一個人每月伙食費需要四元。多數人合夥燒飯，各人每月伙食費也要三元。家兄傳教兼作醫生、賣藥、又作照相師才能過活。（筆者註：馬偕教導門徒《聖經》眞理、神學以外，還教導醫學、藥物學、照相學等。）此後我讀神學，畢業作傳教者也兼作醫生和照相師，否則不能過活。到了日治時代，因無執照，變成密醫，如作賊，也是犯法。因此，我把自己的土地賣掉，作為生活費的補貼。因我伙食費不夠，買豆豉糟粕（製醬油後所剩下來的豆粕）為副食。此後兼作照相師和仲人（調解人）才能過活。日治時代，陳榮輝牧師每月薪水二十元，逝世時，身後蕭條，馬偕拿出錢來埋葬他。不能做副業的，也要種蔬菜或捕魚來補貼。可是宣教師月薪三百元美金，僱用一位廚師、一位看顧孫子的女傭、一名苦力、一名擺桌的人；那時候傳道師的薪水是十元的時代，平等主義在那裡？」[5]

筆者先父作傳道師時，是日本據臺十一年後，那時候是我出生的時候。到了筆者懂事時，即六、七歲時，先父買醬油回來，再加鹽，以節省使用醬油，先父常常叫筆者回社仔（由士林搭渡船過一條河再走路三十分鐘）的故鄉家裡，拿醬菜到士林禮拜堂宿舍的小家庭（上有父母，下有弟妹四人），以補貼副食。在故鄉，筆者有祖母、伯父母、叔母和堂兄弟姊妹十幾人的大家庭。臺灣基督長老教會現在已經達到自治、自養、自傳，並派遣宣教師往東南亞許多地方宣教的時代，已經沒有昔時傳教者生活困難的現象了。總會規定了一個最低薪水的標準，但現今已趕不上一般人民生活的水準了，應該要再調整，以使領得最低標準薪資的傳道師或牧師能安心無慮地專心傳道，也要為弱小教會的傳教者其生活考慮和奉獻，才有上帝的愛在其教會中。

雖然昔時的傳教者的生活那麼困苦，但馬偕初代的門徒們都默默無言，且很快樂、活躍地跟著馬偕學習並受訓成為傳教人員，背負臺灣教會的責任而工作，值得我們稱讚。

馬偕訓練門徒的方法

公元一八八二年之前的十年間，那時候還沒有神學院院舍。馬偕的門徒有二十二位，如果天氣好的時候，教書的地方是在樹下，通常是在大榕樹下或竹林下，以蒼空爲屋頂。白天整天誦讀、研究或查考，夜間則在可以避風雨的地方，爲門徒及其他的人解釋《聖經》其中一段經文。巡迴宣教時，無論在什麼地方，晚上必定講上帝的眞理給門徒聽。門徒即筆記下來以資複習。[6]

在雞籠，岩石上也是他們的教室。在一艘舢舨船上，他們放陶器的鍋子、米、韭菜和芹菜。從上午唸書到中午，然後每人都採集些柴草去燒飯。因每人都有一支尖銳的釘子，用來撥開從岩石上取下的新鮮牡蠣而生吃之。吃完飯再繼續研究到下午五點。然後再採集貝類、活珊瑚、海藻、海膽和釣魚，既可以食用，也可做研究和標本。[7]

到了各地都開始建造禮拜堂之後，他們便到禮拜堂去停留一天、一星期或一個月，每天研究到下午四點，然後一同拜訪會友和會外人。晚上，他們在禮拜堂和信徒一起作禮拜或對外宣教。門徒一方面也可以學習馬偕的傳道方法，也就是腳踏實地的研究。[8]

在旅行中，行走的路上也是他們的教室。他們一面行走，一面互相討論問題，如福音、民眾、宣揚眞理的方法、創造萬物的上帝等等。在路上，他們也採集植物、花草、種子、昆蟲、泥土、黏土作標本以資研究。[9]

在淡水的研究室和博物室，馬偕都讓門徒們使用。裡面有書籍、地圖、地球儀、圖畫、顯微鏡、望遠鏡、萬花筒、雙眼照相鏡、照相機、磁石、電池、化學儀器等，地質學、礦物學、植物學、動物學等無數標本，海貝、海綿、珊瑚等標本，各種蛇、蟲、昆蟲等，偶像、祖先牌位、宗教方面的古董、樂器、袈裟，農業用具、戰爭武器、原住民的遺物等，道士穿著紅色的長袍、一手執一個鈴、另一手執著鞭子的模型像；一個光頭佛教和尚、穿著黃色袈裟、一手執著神聖的經卷、另一手數著唸珠的模型像；一個兇暴獵人頭者、額部和顎部均刺有紋身、身邊攜槍帶弓箭、腰帶上佩一把刀、在手中握著一些犧牲者的長辮髮的模型像；一個原住民婦女穿著粗野的服裝、和操用紡車紡紗的模型像等等。[10]

公元一八七二年八月二十四日，馬偕的日記寫著：「早晨和阿華爬上觀音山，至山頂時，我們唱：『我認救主無驚見羞』和『我目舉起向天』的聖詩歌。」最初，阿華並不知道馬偕帶他到一千七百英尺（約五百一十八公尺）高的山頂去其目的何在？而且手被銳利如刀鋒的野草葉割得出血而疼痛著。因爲當時的阿華，還不能從心裡欣賞自然界的美觀。等到兩人抵達山頂俯瞰淡水，遠望廣大的艋舺平原，並一同唱〈詩篇〉第一百篇（現今臺灣長老會聖詩三十四首《天下萬邦、萬國、萬民》）至末節時，馬偕說：「創造海和天地、美麗萬物的大靈打動了阿華的心，他的本性大激動了。這是他的美感誕生的時候了，他新生的心靈能見聞上帝在創造物中的信息了。從那時候起，他對於自然界的一切東西無不喜愛而熱心地研究了。」[11]阿華是馬偕第一個門徒。此後，馬偕往往以此方法訓練門徒。

據馬偕於公元一八七五年十一月九日的日記，他率領門徒們從五股坑出發，走路經過中壢、竹塹（新竹）、新港社、內社（今苗栗縣鯉魚潭）、大社、埔里社（埔里）、牛眠山（南投埔里）、日月潭、集集、斗六、嘉義、白水溪（臺南白河）、番仔田、拔馬、岡仔林、木柵庄、阿里港（里港）、阿猴（屏東）、打狗（高雄），終於回到臺南府，與南部傳教者舉行講習會。十二月二十九日，他們再從臺南府動身，途經嘉義、新港、中壢回到淡水。這種講習會兼旅行的計劃也是訓練傳教者的好方法之一。因爲自己有老師的培養，他人也有老師的培養。北部有教會，自己也正在爲教會工作著；南部也有教會及傳教者活躍著。大家互相聚集聽講、交換意見、增加友誼，而且能訪問許多南部教會，參觀他們的禮拜堂建物、設施及工作活動，觀察不同地方的花草、果子、人情及風俗，必定獲得不少知識及鼓勵。

傳道人的校舍及宿舍

公元一八七九年十二月二十六日，馬偕第一次例假攜家帶眷離開淡水、經由歐洲，於一八八〇年六月二十四日回到加拿大。翌年（公元一八八一年十月二十一日）離開加拿大經由美國返回臺灣前，自己的故鄉安大略省牛津會友奉獻了美金六千二百一十五元，交給馬偕帶回臺灣以造一座養成傳教者的校舍及宿舍。馬偕以此款項在淡水砲臺埔上、坐北朝南處，造一座可以俯視淡水河面的校舍。

校舍長七十六英尺（約二十三公尺），南北長一百一十六英尺（約三十五公尺），是用廈門運來的小塊紅磚建造的，可容納五十位門徒、兩位教師及其家屬。每個門徒有桌椅可用。這座堂宏的校舍於公元一八八二年七月二十一日落成。當日馬偕的日記寫著：「晚上八點半，英國領事費里德做主理，舉行理學堂大書院（又稱牛津學堂）的奉獻典禮，海關長好博遜、領事夫人、福建丸船長Abboth、李果芳、約翰遜醫生等都在場。大家齊唱《天下萬邦、萬國、萬民》聖歌，Mr. Mac Gregor奏琴，赴會的信徒唱聖歌，阿華祈禱。我告訴大家，出資建築這座理學堂大書院的是住在加拿大牛津郡的人們，他們奉獻的，所以名叫Oxford College，以資紀念。其他還有許多貴賓赴會，共計一千五百人參加。」

理學堂大書院這座校舍坐北朝南，風水極佳，有山有水，在淡水河邊約二百英尺（約六十一公尺）高的地方，環境清靜幽美。南方與觀音山相峙，並俯視淡水河面，北方有巍巍的大屯山，西方臨海，靠近校舍約十數英尺（約五公尺）處與校舍平行，有棵大榕樹的林蔭大道。大榕樹約有十幾棵。先父在學時，於師生圍觀中，常在這棵榕樹蔭下表演拳術，有時候也表演泰山的技倆，雙手捉住樹枝，全身懸吊著，然後運用雙手，自第一棵榕樹開始，一棵攀越過一棵，於三、五分鐘之內全部攀越過去。

筆者在學將近第一年末時，每日清晨曾連續三個月之久在那棵榕樹林下禱告上帝，使貧窮的筆者往日本神學校（現改稱爲東京神學大學）讀六年制的神學。大概是因爲當時的師資關係或筆者剛剛自中學畢業，學力不夠，怎樣用功都唸不懂神學、哲學、英文學、講道學等等。後來上帝果眞聽筆者的懇求，使筆者攜帶當時僅有的三十六元日幣到東京，考試通過，首先在明治學院高等學部英文科讀書，之後再轉入日本神學校讀完六年制的神學。回臺後在教會作牧師、在神學院作教授，始終不斷地在臺灣基督長老教會服務三十六年又三個月，民國六十年七月底依神學院規定六十五歲滿退休。

話說回來，公元一八八四年一月十九日，這座牛津學院的東方約三、四十英尺（約十二公尺）的地方，落成一座女學堂，其目的在於養成教會婦女工作人員。雖然牛津學院建造好以後的某一段時期裡，馬偕還是常常在榕樹下、各地禮拜堂、基隆海邊、旅行路上教書的方法去訓練門徒，期使他們成爲幹練的傳教工作人員、流暢的演講者、巧妙的辯論者及良好的傳教者。

理學堂大書院於公元一八八二年七月二十一日晚上八點半舉行落成典禮，同年九月十四日開學。校長馬偕和老師嚴清華向學生訓話。其他老師還有偕師母、連和、陳榮輝和蔡生等人。除偕師母，其他的老師都是馬偕在理學堂大書院未建設完成前十年間養成的門徒，再從之中選拔出來的。

當日十八位新生如後：

洪安、曾俊、何獅、葉順、郭主（即郭希信）、高才、高振、許菊、劉在、劉琛、李牛港、李貴、陳屘、陳才、陳英、陳和（即陳清和）、陳順枝、陳榮貴。

那十八名新生非由入學考試錄取的，而是馬偕叫各地傳道師推薦入學，但第一批名單有三、四十位之多。後來馬偕再把那些名單發送給各地的傳道師們，查問誰適當、誰不適當？因爲馬偕之前培養的傳道師有二十幾人駐任在二十餘間教會，差不多經過一年半載就會調換移動，因此每個傳道師都駐任過若干所教會，而且作門徒時，也時常跟馬偕巡迴各地教會，有時候一星期，有時候一個月住在一間教會唸書、宣教和探訪會友，因此當時的傳道師很知道各教會青年的素行和才幹。於是各傳教者接到志願者的名單，隨即知道誰適合成爲傳教人員，之後馬偕接到那些傳道師們的意見報告後，便綜合意見，選出上述十八位成爲理學堂大書院第一屆入學生。[12]

自公元一八七二年至一八八二年，養成傳教者是沒有學年制的，依教會的需要，有門徒唸不到一年就被差派去教會駐堂宣教。例如阿華於公元一八七二年四月二十五日去作馬偕的門徒，於公元一八七三年二月十七日就受派，翌日駐任五股坑教會，也就是不到十個月的學習就受派遣。許銳於公元一八七二年六月十日自臺南去幫馬偕做雜役工作，兼作馬偕的門徒，經過一年餘就受派駐任新港社教會（後於公元一八七三年十二月二十五日，馬偕收到許銳在新港社的山中獅潭底被原住民殺死的噩耗），受派駐堂的門徒大約經過一年半載要再回去馬偕身邊學習，馬偕再派新的門徒代替。馬偕以這樣輪流的方法訓練門徒，依教會的需要隨即指名派遣駐堂傳道。當時雖已創設理學堂大書院，但馬偕還繼續沿用他之前帶門徒的方式，因此，沒有學年制或畢業典禮，如果教會需要，隨即便指派。

筆者堂叔祖父郭希信牧師是理學堂大書院第一屆入學生。他說：「公元一八八四年，一部分的學生受派駐任教會。一八八五年中，大多都受派去駐任教會（筆者註：不是同日一齊出校門的，所以沒有畢業典禮）。雖然出校門，有的會再回校數次讀書。回校一次要讀半年。我本身也返校五次唸書。馬偕設立教會是採取如有人申請設教，隨即派神學生前往的方法，然後他時常前往協助。當時派傳道師或神學生往教會駐任時，大家都喜歡往之就任，絕對沒有不願意而辭退的事情。傳道師或信者彼此之間沒有憎怨，這是因爲作信徒得眞神這一事已足夠使之喜悅了。」[13]

雖有校舍、校長、老師們，也有《聖經》爲主要課本及其他學科，如史地、理化、數學、動植物、礦物、地質、照相術、天文、醫學、解剖、藥物、音樂、體育、系統神學、教會史及教義問答等，下午二時要前往淡水「偕醫館」工作，但是沒有入學考試、畢業典禮，也沒有學分制，因此，也就沒有學期及學年考試。也就是說，能學習的人讓他學習，不能學習的人令他退學。所以郭水龍牧師才說：「晚上禮拜的時候，馬偕任意叫任何學生上講臺。講當天所教的課。當天教的，當天晚上試驗。至學期將近暑假或年假都沒有考試，也沒有畢業考試。這是英國的制度。」[14]

在理學堂大書院，馬偕每天向神學生演講五次，他們寫筆記以資溫習和討論。馬偕外出宣教不在時，其他老師則塡補其時間。每天晚上七時至九時，神學生進入理學堂大書院的大禮堂。隔壁的女學堂婦女們坐在中央，兒童們（婦女們帶來的孩子）坐在前面及角落裡，旁觀者（如職員、工友及其家屬）聚集在門口。

首先他們唱聖歌。當時沒有風琴，可是唱得很漂亮。特別是平埔族的歌喉好。有時候全體齊唱，有時候兒童們唱聖歌的第一行，婦女們唱第二行，神學生唱第三行，然後全體齊唱第四行。之後上《聖經》、地理、歷史及其他的課。其次門徒輪流在講臺上演講五分鐘，其後關於態度、服裝、言詞和內容，由同學加以批評。馬偕往往以二、三十分向全體的人講些《聖經》或科學的問題，之後才解散。上述是馬偕在理學堂大書院訓練神學生成爲本地傳教人員的方法。

馬偕對校風也很關心，穿拖鞋的神學生絕對不准進入教堂。他也很注意神學生的整潔，例如每日要梳頭，因爲當時男學生留著辮髮。筆者先父於日據時代在理學堂大書院爲神學生時還留著辮髮。筆者七歲時也有辮髮，因考慮到衛生關係才和先父一同剪掉辮子。馬偕也很關心神學生有沒有刷牙、剪短指甲、挺胸、整潔寢室、整頓教室與廚房。

筆者的堂叔祖父郭希信牧師說：「我在學中，必須特記的事件，就是前往廈門修學旅行。馬偕因忙碌不能率領我們同往，而改由嚴清華老師與連和老師帶領。十八位學生全部去（筆者註：這次的旅行限於公元一八八二年入學的門徒十八位才有資格去）。公元一八八三年四月或五月下午，從淡水搭『小海龍號』出發，（在廈門過兩夜再乘同艘船回來。）過一晝夜，於禮拜天夜晚抵達廈門，住宿在泰山禮拜堂。翌日參觀四個禮拜堂（即新街仔、管仔內、竹樹腳和泰山）之後，往鼓浪嶼參觀病院和女學校。那天晚上在神學校住宿。次日搭『小海龍號』回淡水。此次的旅行對我們非常有益。」[15] 筆者的堂叔祖父沒有說過所獲得的益處是什麼，可是至少知彼知己，由此發現新的眞理，可以改進自己。

馬偕也常常買豬頭、豬肚、豬肝來解剖並說明學理讓門徒們觀察。這在一百多年前是新穎罕見的事。可見馬偕訓練門徒如何的熱心、準備、想辦法，使門徒能夠明白其所教導的內容。希望現今每一間神學院和《聖經》學院的教師，站在科學昌盛、罪惡沉重、人本主義橫行的今日，熱心準備，想出適當的方法，把上帝啓示的絕對性，教導神學生，使其爲上帝忠誠的人。

公元一八九九年八月二十二日，日本據臺時，馬偕向政府提出創辦理學堂大書院（即當時的神學校）的許可申請書。同年十月十六日獲得許可書如下：

加拿大籍人偕叡理閣下：

關於公元一八九九年八月二十二日申請許可創辦神學校之件，特此允許。

臺北州知事村上

馬偕封立二位牧師

一八七二年四月二十五日，馬偕自阿華成爲馬偕首位門徒開始，至公元一八八五年五月十七日止已經過十三年之久了。教會也設立了四十餘間，養成傳道師四十餘位，可是還未設立中會、封立本地牧師及建立各教會互相能聯繫、磋商與計劃本地自己的教會的事宜，這是馬偕的一大失策。恐怕是由馬偕的獨裁主義所影響的。[16] 或許馬偕視當時的教會和傳教者中還未能達到設立中會的資格及作牧師的資格吧？當時法軍侵犯臺灣正在擾亂中，馬偕在公元一八八五年四月十九日從避難地香港冒險回到臺灣，看到許多間禮拜堂被暴徒搶劫，七、八間禮拜堂完全被毀，會友們被窘逐四散，而他之後要做的工作非常多，例如再建禮拜堂、訪問各教會、希望會友能獲得安慰，也需要眾教會派代表聚集磋商教會之後的事宜，因此在公元一八八五年五月十七日晚間才封立嚴清華和陳榮輝爲牧師。他們兩位成爲首屆北部教會的牧師。

當時馬偕的日記寫著：「今晚在淡水神學校封立嚴清華和陳榮輝爲牧師，並有十位長老在場，還有其他許多人參加。」

據故郭水龍牧師的隨筆《北部教會史實隨筆》（手稿，未發表）所記，馬偕自封立二位本地牧師之後，於淡水每月開一次「假中會」，該會定員至少要二位牧師、一位長老出席。當時赴會人員是馬偕和吳威廉牧師、本地嚴清華牧師和陳榮輝牧師及長老們：新店王詣、艋舺林憨、三角湧陳濮、大科崁張春木、木柵張迺鴻、大稻埕李春生、八里岔劉牛、崙仔頂李恭等（筆者註：牧師四位、長老八位，共計十二位出席）。聚集時，都由馬偕和嚴牧師向其他會員講話，滿場贊成。會議後沒有紀錄，當然沒有公印。每月在淡水聚集一次，馬偕逝世後，於公元一九〇五年才由吳威廉牧師設立正式的中會。」[17]

臺灣神學院的大鐘

現今在嶺頭（陽明山）的臺灣神學院，當每早晨起床，禮拜和上下課時，所擊的大鐘是神學院畢業生和老師一生不能忘記的。師生每日行事都依它的命令而進行，怎能忘記呢？鐘聲一響，全嶺頭和山下芝山岩的住民都能聽到。恐怕不知不覺之中，周圍當地的住民朋友們也依它響亮的鐘聲而行事（至少每日早晨，他們還在酣睡中被它叫醒，趕快準備開始一日的工作）？臺神的校鐘是在公元一八四〇年鑄造的，距離現今已一百七十九年了。大鐘是淡水英國商人約翰·陶德先生將離開臺灣時（公元一八九〇年二月十八日）贈與馬偕的，另外還添付二隻澳大利亞牛一併贈送之，馬偕隻身到淡水來時，上無親、下無戚，也沒有朋友，而且四面楚歌。在此情形下無法租屋棲身。幸得約翰·陶德先生的同情及照料，此後馬偕常常受約翰·陶德先生的照料。因此二人是至好的朋友。

大鐘的外面鑄印1840 Quintin Leich（大概是製造廠名吧？），柯維思先生說：「公元一八八三年的春季，我入學於理學堂大書院時，上下課是馬偕自己打鐘。」。[18] 柯先生入學時，還沒有這個大鐘。經過七年之後，獲得這個大鐘時，早晨和上下課的校鐘還是馬偕打的。

據馬偕的兒子偕叡廉牧師說：「家父有用功的習慣，早晨五點已經在書房裡工作。夏季時，上午六點已出現在教室裡是不稀奇的。」[19] 那個大鐘與馬偕脫不了關係。馬偕的大女婿陳清義牧師說：「我十六歲入學於理學堂大書院。然而在學二年之後，馬偕博士回加拿大，學校即停課。他回來臺灣時，臺灣已屬日本統治。他本身打校鐘叫門徒上課。」[20]（筆者註：馬偕於公元一八九三年八月十八日離開臺灣休第二次例假。他從加拿大出發，於公元一八九五年十一月十九日再回到淡水。那時候，日本已占據臺灣。可見陳清義牧師入神學院是在公元一八九一年。）約翰·陶德先生贈與校鐘是在公元一八九〇年二月十八日，因此每日早晨師生的起床、吃早飯和上下課的鐘還是馬偕這位校長敲打的。不管如何，馬偕本身正是當時神學生、傳教者的警鐘，也是今日我們神學生、傳教者和信徒的一大警鐘，他的用功研究、勤於教書訓練門徒、忠誠於傳道和服務的精神與上帝至上的信仰，他雖已逝世，但一直到今天，馬偕還像是臺灣神學院的校鐘一樣每天響亮著。

註釋

1 G. L. Mackay, From Far Formosa. 1896, P. 285.
2 Ibid. op. cit. PP. 285-286.
3 Ibid. op. cit. P. 286.
4 Ibid.
5 郭水龍隨筆，《北部教會史實隨筆》（手稿，未發表）一九六九年手寫，第七章。
6 G. L. Mackay, op. cit. P. 287.
7 Ibid. op. cit. PP. 287-288.
8 Ibid. op. cit. P. 288.
9 Ibid.
10 Ibid. op. cit. PP. 288-289.
11 Ibid. op. cit. PP. 145-146.
12 齋藤勇編，マッカイ博士の業蹟，一一〇頁，（郭希信作）
13 Ibid. op. cit. PP. 112-113.
14 郭水龍隨筆，op. cit. Chap. 9.
15 齋藤勇編，op. cit. P. 112. 郭希信作。
16 郭水龍隨筆，op. cit. Chap. 6.
17 Ibid.
18 齋藤勇編，op. cit. P. 121. 柯維恩作。
19 Ibid. op. cit. P. 96. by G. W. Mackay.
20 Ibid. op. cit. PP. 137-138. 陳清義作。

18 訓練女性成為宣道婦

昔時婦女的遭遇

馬偕一百多年前在北部宣教的時候是男尊女卑的時代。家庭若生了一個女嬰，天生具有若干缺陷如兔唇等，父母則可立即加以扼殺。若生一個女嬰，雖然沒有缺陷，但也不會有人來道賀。幫女嬰命名時非常隨便，叫作「招弟」（因生女而望生男，雖是希望，多少有重男輕女的思想）、「滿仔」或「不仔」（意即不希望繼續生女，這多少也有重男輕女的思想），更甚者，叫作「罔市」或「罔腰」（意即尚可養育或不得已養育，「市」與「飼」在臺語是同音，「腰」的臺語音即養育之意），叫作「豆菜」、「韭菜」、「芹菜」、「蔥仔」、「匏仔」、「卻仔」（卻的臺語音之意是撿取的），都是輕女之意的名字；甚至多產女嬰的家庭，至第三、四胎的女嬰就不要，即時以胎盤（即胞衣）給她壓死，或送給人家爲養女。

女嬰若幸而獲得養育，但到了四歲也必須強迫她纏足，將肥嫩的腳趾壓在腳下，以棉紗帶緊束成一塊，久之使其萎縮，像拳頭的大小。然後把腳裹在一支小而尖的閨鞋裡，這樣才是淑女或千金小姐，才能避免將來失去良好婚姻的機會。纏足是把自然的腳，每日一次或二次緊束一點兒，是非常痛苦的事，並使它們萎縮至拳頭的大小，要一段很長的時間，對於纏足的女子來說，是一件很難忍受的事，可是她們的母親不理會她們的哭哭啼啼，任她們受罪。

待女孩稍長，又必須學習燒飯、洗衣、縫紉和刺繡等工作。一方面要背唸些清國諺語和道德的格言，另一方面又要學習些不良的雜談、卑劣的戲謔和猥褻的話語，以及種種荒謬的迷信。比方說，上元夜（元宵節）未婚嫁的女兒先在自家神桌前，燒香點燭，擲筊占卜應走的方向之後，即走往該方向，而於路上竊聽人語，以其入耳片語，回家後再擲筊，判斷祈願某事之吉凶，這就是所謂「聽香卜佳婿」之類。

還有偷俗，就是未婚嫁的女子，在上元夕夜，偷取他人之葱菜爲婚嫁之吉兆·俗語說：「偷敲葱，嫁好尫（尫之臺語音即丈夫之意）」、「偷敲葱，嫁好婿」。又如七夕（農曆七月七日夜）桌上放著白粉、胭脂，拜七娘媽後，拿紅色和白色的粉各一半散佈在空中，粉落在臉上，就會成美人。

十歲左右，女孩即被關入深閨裡，寸步不准走離家門，除了家族之外，不許和任何男子交談。如陌生人來訪，僅可從門隙偷看，絕不許被人察覺。婚姻全靠媒婆巧言。父母只希望將來出嫁時，可以得幾百塊銀元的聘金而已。

女人出嫁以後，如不生子女，其生活必然悲慘，且終生受苦或悽慘而死；未生子女的家庭往往購買或收養一嬰，或由丈夫另娶一妾。在這種情形之下，女子或婦人自然毫無家庭幸福可言，甚至一點兒自由都沒有。

女學堂蒙主賜福

公元一八八二年七月二十一日，馬偕爲要養成傳道人員，首先在淡水砲臺埔建築一間神學院，稱爲理學堂大書院（或稱牛津學堂）。他想到耶穌傳道時，有十二個門徒隨行，且有若干婦女的服務。馬偕由此獲得暗示，爲要使遭受這種社會習俗束縛的臺灣婦女能接受耶穌的福音和教訓，必須有婦女工作人員的協助，他就設立女學堂去訓練婦女。馬偕說：「許多宣道婦（筆者註：即教會婦女工作人員）是熱心且有能力勝任的工作人員，很能幫助本地傳教者。」她們一直是讓異教徒全家人歸依基督的媒介，而且這些本地婦女工作人員愈來愈蒙主的賜福出去做這份工作，[1] 因此馬偕就在公元一八八三年，在加拿大長老教會婦女國外宣道會的捐助下，於同年將近年末時，開始建造一間女學堂，於理學堂大書院的東方，距離三、四十英尺（約十二公尺）的地方，到公元一八八四年一月十九日舉行落成典禮。建築開始至竣工僅花費十一個禮拜的時間而已，因爲馬偕僱用的大批工人往往工作到半夜。他的神學生時常站在外面唱聖歌以鼓勵工人。[2]

落成典禮時，從宜蘭有百餘人去參加，英國領事司會、宣教師黎約翰牧師演講。[3] 同年三月三日開學，入學的婦女有三十四位，其中多半是宜蘭去的平埔族。因爲昔時臺灣人還未開化，不喜歡女子外出讀書，所以即使就學是免費的、學校也負擔了學生的旅費、伙食費、宿舍費、服裝費，但漢人女子就讀者還是寥寥無幾。因此，女學堂就有餘地給傳道師夫人和較老輩的婦人入學讀書。就學之後，有的人還往禮拜堂去工作。[4]

豐富的課程

雖然女學堂的校舍和宿舍均是由加拿大長老教會婦女國外傳道會捐助而建築的，但經營費用無幾，故只僱用兩位本地人，一位是女舍監和一對傳教者夫婦（住在校內）。學校裡的講課大多是義務的。理學堂大書院的教師也去教課。[5] 據公元一八八四年三月三日馬偕的日記，偕師母和葉順幫忙教書。建校後，積極招生，都是由本地的傳教者推薦來的女信徒，她們來自各教會，且往往又帶去兩、三個女子（即信徒的女兒們），有時候宣道婦連自己的女兒們、媳婦們和她們的親戚都一起帶來。因此，一學期之中，女學堂有八十位之多的學生。[6]

婦女們在女學堂所接受的學課是閱讀、寫字、唱歌、《聖經》地理和歷史、《聖經》教義問答，晝間偶而也參加理學堂大書院的講演會和夜間的其他活動，也接受教授法的訓練及各種必要的學課，以幫助她們未來被派往各傳道所之後能發揮充分的才能，爲教會服務。因此，自建校起，十一年之間，由女學堂受派去工作的宣道婦已達一百個小鄉村。[7] 於女學堂所教授的課程中，閱讀這一門課，除了教些華文以外，多屬於臺語羅馬字，故每位學生均能閱讀羅馬字臺語《聖經》。她們到各地方去工作，一邊訪問諸會友、一邊教導羅馬字，使信徒能自己閱讀《聖經》，教會友唱聖詩，偶爾對未信的婦女傳福音，對當時的教會貢獻甚大。

關於馬偕養成婦女工作人員的觀點

首先是省錢：因爲要維持一大批外國人在臺灣傳道，所需的費用很大。[8] 馬偕是宣教師，而且是開拓時代的宣教師，所以對錢非常關心。一切的一切都在他手中辦理，在他肩上負荷著，因此，對經濟情況有所了解。他不贊成差會派太多宣教師來臺，因爲國外奉獻的金錢一部分要撥給宣教師及其家眷當薪俸，他就不能在臺灣擴張傳道事業了。他所主張的實有其道理，但是否適當？因篇幅有限，不能詳細討論。茲僅舉一項：宣教是上帝的事業，和世間一般事業可否並論？這是一個很重要的問題。天國事業的經濟法和世間事業的經濟法不同。

依愚見，在開拓時代，差會要力於奉獻，宣教師要增加，以便協助宣教，使宣教擴張，教會堅實。臺灣教會很少有人會想到一件很明顯的事，那就是馬偕在北部傳教約二十九年期間，南北宣教師人數的比例相差得驚人。北部男宣教師僅有五位，即馬偕、華雅各醫生、閨虔益牧師、黎約翰牧師、吳威廉牧師等人，其中華雅各醫生僅在臺約二年八個月就回國且沒有再來臺；閨虔益牧師來臺四年五個月，回國後也沒有再來，他先學語言，但因水土不合，中間曾往廈門休假一段時間，因此工作期間不長；黎牧師來臺約八年一個月，逝世於淡水，他也先學語言，但因肺病時做時休，因此工作時間不僅不長且不能操勞；吳威廉牧師與馬偕同工七年餘（吳牧師一年餘之久的例假回國不算在內）之久，可說北部教會最初的傳教二十九年，是馬偕與吳威廉牧師兩位宣教師的活躍工作而已，而且連一位女宣教師都沒有。

但請讀者注意，馬偕二十九年期間在北部宣教時，南部教會有多少宣教師在活動呢？請不要驚奇，南部教會有宣教師二十位，女宣教師五位。不是北部沒有學校、醫院、教會或其他宣教地區，也不是不需要宣教師工作，其實每件事都需要宣教師，但那二十九年之中，有神學校、女學堂、兒童義塾、淡水偕醫館、基隆基督教醫館、北部和西部漢人的教會達四、五十間、東部奇萊地方約三、四所、噶瑪蘭平原的平埔教會四十餘間，既已有了求道者，卻沒有人員和時間去設立教會的還有十餘處，東部地方也還未開拓。總而言之，世間的經濟觀念與天國的經濟觀念是不同的，「凡有的，還要加給他，叫他有餘；沒有的，連他所有的，也要奪去。」[9]

其次，本地人熟悉自己的語言、社會風俗習慣：在這方面，外國人有很大的不便。[10]就以馬偕的經驗來說，這句話很正確。因爲他公元一八七一年十二月二十九日從加拿大抵達打狗，三十一日下午住宿在南部宣教師李麻牧師的家裡到公元一八七二年三月七日離開南部到淡水爲止，馬偕已經學會九百餘字的漢字，乾脆說一千字好了，而且背唸過漢字二百一十四字的部首，以資將來繼續研究漢字。三月十一日從淡水陪送李麻牧師等人走路到中部大社，再隻身從大社走路於四月六日回到淡水，後住宿在約翰·陶德的棧房浴室，從四月九日起就再開始自讀漢字一百字（因爲當時有漢英字典或羅馬字版的漢字典），馬偕甚至在南部李牧師的家裡也學過臺語八聲和若干語句。

公元一八七二年三月十三日，馬偕從約翰·陶德的浴室遷居到他自己所租的房子，翌日，三月十四日晚上就用臺語作第一次的講道，他還覺得在語言表達上程度不夠，可是他卻覺得很有趣。當日他的日記裡寫著：「我決意將所學習的付諸實行，就在今日講話給接觸的若干人聽。不料今晚我試問他們，而他們都會說出我上午對他們所講的話。日間準備，今晚就講給人聽，很有趣。」他在這段日記的空白處還寫著：「頭一次臺語講道。」

馬偕研究文字和語言眞是熱心如狂，往往讀書到半夜，並且練習發聲。四月十一日，他的日記如下：「還在約翰・陶德家裡讀書至夜半。」四月十二日的日記寫著：「到四處去逛逛、觀光，再努力研究，發聲讀，這是最好的方法。」已經學會一千多個漢字、也會講第一次道的馬偕爲什麼從四月十五日起，還要再去找牧童學習臺語呢？因爲他要學習講普通人的話，同時也要訓練自己用臺語講道。

四月十五日馬偕的日記如下：「努力學習，首先試教羅馬字音。僕人們進步很快。外出到牧牛的草原去散步，遇到一群牧童。他們以惡言叫罵並向我投擲石塊，然後跑開。我叫他們來，且教他們唱聖歌，也試講些道。」可見馬偕到淡水不是全然不會講臺語，而是要學習普通人所講的話語和訓練自己講道，並要增加語言的範圍。四月二十日起，阿華數次帶著讀書人去與馬偕辯論，他們都是互相講臺語的。四月六日，馬偕從中部回到淡水，十四天後，就能用臺語和讀書人辯論。對馬偕而言，他一點兒都不怕語言的困難，只怕自己因研究清國的文化（如哲學和宗教）不夠深入而輸掉辯論，對之後在淡水宣教的事工就會有問題，因此，他整夜不睡，用功準備。後來他終於勝過讀書人，甚至勝過一位舉人。

馬偕因要增加單字、語詞、俚語、俗語、鄙語的豐富度，所以才外出找普通人和牧童漫談，可以說馬偕比在臺灣的當地人都還要會說臺語、更知道臺灣漢人社會、平埔族和原住民的社會風俗。因此，馬偕才會說「本地人對自己的語言、對自己的社會風俗習慣是熟悉的。」在這方面，外國宣教士有很大的不便等語，實在是馬偕對他個人苦練的經驗所說出的誠心話，是千眞萬確的道理。因此，他強調要培養本地婦女工作人員，筆者是非常贊同的；但是對於「在開拓期，不喜歡要求增派外國宣教師來協助宣教」是筆者所不能贊同的。

關於基督教，加拿大或英國是先輩，臺灣是後輩（或說是後進教會），雖有語言上的困難、風俗習慣的不熟悉，但來和臺灣教會一同受苦，對宣教士是一種很大的幫助和鼓勵。如果當時馬偕同時也主張增派宣教師協助宣教、教育、醫療等，筆者敢推測，噶瑪蘭平原的四十餘間教會是不會自滅的，基督教眞理也是具多面性的。

北部臺灣教會已經有一百多年的歷史，大部分已能自治、自養、自傳，也派傳教者前往東南亞各地做宣教師，但還是需要外國宣教師的協助，可是外國宣教師已經沒有需要做教會或教會的機關（如學校、醫院、其他慈善機關或某某中心等）的首長，應該是「站在後面幫助華人自己走路，才是賢明的宣教師」。

最後，本地婦女工作人員的工作確實而持久，成績優異：因臺灣北部氣候的關係，外國人來臺容易生病。[11]馬偕的判斷是對的，當時外國宣教師和家眷在北部生病死亡的例子很多。華雅各醫生夫人於公元一八七七年十月三日病逝於淡水。公元一八七八年九月十三日，閏虔益牧師的五歲小兒夭折，葬於淡水。公元一八八六年黎約翰牧師的男嬰夭折，葬於淡水。以上是短短九年間所發生的不幸（筆者按：現在環境衛生大爲改善，醫藥優異、電扇、冷氣、冷飲、暖氣都有。這事情已不容易再發生了）。實際上，昔時差會可以揀選較強壯的宣教師來臺，這應該是辦得到的。

我們華人要到美國留學之前，首先要寄上學業成績表，三位推薦人的介紹信給在美國的申請學校，托福考試要通過，在本國還要參加留學考試、做身體檢查等，一大堆繁複的手續都能做了，怎麼只揀選身體強壯而願意獻身的宣教師就做不到呢？馬偕當時主張養成本地傳教者和婦女工作人員，而忽視了派外國宣教師來臺，是加拿大差會的一大失策。筆者認爲，大概是因爲馬偕的主張過強，使得加拿大國外差會只能聽從的原因吧？

註釋

1 G.L. Mackay, From Far Formosa. 1896. P. 304
2 Ibid.
3 北部臺灣基督長老教會傳道局發行，北部臺灣基督長老教會的歷史，羅馬字版第六十二頁。
4 Ibid. op. cit.P. 63.
5 G.L. Mackay, op.cit, P. 305.
6 Ibid. op cit, P. 306.
7 Ibid.
8 Ibid. op. cit, P. 307.
9 馬太福音二十五章二十九節。
10 G. L. Mackey, op. cit. P. 307.
11 Ibid.

19 續往奇萊平原宣教

奇萊地方，是臺灣東部海岸地帶現今花蓮的地方。有一位理學堂大書院（神學院）的廚師，名叫顏有年，他是宜蘭熱心的平信徒。他身爲神學院的廚師，但是很喜歡傳福音，所以向神學院院長馬偕申請入學，以便將來作一位傳道師，但因爲才能遲鈍，所以馬偕不准許他入學。

顏有年很熱心要將自己所獲得的福音分給他人，所以就將他作廚師所賺的錢，買些藥品，帶著一本聖詩歌集，像賣藥的走江湖般，在公元一八八八年五月往臺灣的東部花蓮港去，他沒有唸過神學院，可是能唱聖詩歌，平埔族人善於唱歌，所以他一方面唱聖詩歌，一方面賣藥。賣藥不是他的目的，傳福音才是他的目的，所以他依當時臺灣教會禮拜時所使用的聖詩歌，叫作養心神詩，首先讀、其次解義，最後唱之。花蓮港的平埔族人都是噶瑪蘭平原加禮宛社的移民，所以花蓮港的平埔社也命名爲加禮宛社或稱之大社，全部有五個村莊：大社、竹仔林、武暖、瑤歌、七結，這五個村莊的居民共計約五百位。（編按：今改爲六個村莊，新增：談仔秉。）

顏有年在花蓮港加禮宛社的宣教非常成功。他自己也設有禮拜堂。因爲他沒唸過神學院，是個平信徒，但是信的人多，他一個人應付不了，便常常寫信給馬偕請他往花蓮港去傳道；頗有年甚至也回去淡水請馬偕到花蓮港去收穫屬靈的莊稼。[1] 馬偕終於答應。但因爲路途遙遠，而且北部已設立教會，教區廣大，能工作的宣教師僅馬偕一個人而已，黎約翰牧師因肺病不能操勞，時做時休，另外還有神學院、女學堂和醫館的工作，巡迴及協助所設立的教會工作也不能忽視，所以馬偕無法專程去花蓮港宣教。因此就研究出一石兩鳥的巧計，即一方面巡迴噶瑪蘭平原的諸教會，一方面從南方澳僱船前往花蓮港，一晝夜就可以抵達，可見當時馬偕的苦心及孤軍無援的悲歎。

前一節提過，馬偕對差會或加拿大教會全體強調的是養成本地傳教者及本地婦女工作人員養成的優點和重要性，他極力主張派外國宣教師來臺宣教三項不利之點：

（一）爲要維持一大批外國人在臺灣傳道所需的費用很大。

（二）外國宣教師要說中國語並熟悉其風俗和習慣有很大的不便。

（三）因臺灣北部氣候惡劣，外國人容易生病。他並說，這是由他二十餘年之久的經驗所得的意見。[2]

以上他所說的意見都是對的，但是也導致日後差會在宣教開拓要緊的關頭上少派宣教師來援，是馬偕和差會的一大失策。在北臺灣，當時差不多僅有馬偕一人打天下而已，失去宣教良好的機會，失去堅固教會的工作，失去「再加一點點功夫就能夠設立教會」的地方，終於失去設立的良機，實在令筆者惋惜不已。有時候，筆者懷疑馬偕過早就生病逝世的原因是和他一個人工作過勞有關。

如果馬偕在北部二十九年宣教時間裡，像南部教會一樣，有二十位男宣教師、五位女宣教師協同工作的話，那麼從世界拔河比賽冠軍、身體強壯的若拉村民以及北歐海盜的後裔克勒特人馬偕，是不會過勞導致身體虛弱，也不會因過多使用咽喉而罹患咽喉癌逝世的。工作多，互相協作最重要，特別是天國的工作，需要全體的協力。無論傳教者、長執和眾信徒的協力活動，都是何等的重要！

馬偕在公元一八九〇年八月二十七日的日記記載，馬偕八點從淡水出發外出旅行，目的其一是往訪噶瑪蘭平原的諸教會，其二是往東海岸的奇萊地方宣教。[3] 訪問完噶瑪蘭平原的眾教會後，九月四日下午抵達花蓮，宣教機會罕見的良好，受到政府、軍官、士兵、人民空前的盛大歡迎，可惜得很，他一個人在北部、西部、噶瑪蘭的工作多，因此，九月十日就離開花蓮，在花蓮港奇萊平原的宣教機會也非常好，但僅停留五日多就離開花蓮港回臺北，好像來匆匆，去也匆匆。

公元一八九〇年八月二十七日上午八時，馬偕帶三位門徒，即陳火、葉順、柯玖，從淡水出發沿臺灣東海岸南下，往訪噶瑪蘭地方的各間禮拜堂。他們首先搭乘汽船溯淡水河至艋舺，而後乘火車至汐止（筆者註：當時火車的鐵路以臺北的大稻埕爲總站，於公元一八八七年三月開工，向基隆延伸，至一八九一年竣工開始使用，但是自大稻埕至汐止的鐵路，於一八九〇年以前就開通使用了），之後步行至基隆。

最善用右手拔齲齒的葉順，在沿路爲許多人拔牙。他們在雞籠禮拜堂主理禮拜。翌日（八月二十八日）從雞籠經由煉仔寮，行經深澳，山高二千八百英尺（約八百五十公尺）。

其山麓崎嶇不平，而且山上有弛鬆的岩石會崩坍下來，所以在那裡行走是很危險的。

黃昏時，他們到了南子吝，是一個住有三、四十戶的漁村。馬偕等人停駐那裡唱聖歌宣教。翌日早晨，該村的林村長帶馬偕等人去看他的地產，並提議願意獻地建禮拜堂，也要放棄祖先牌位及偶像。[4] 機會這麼好，當時在南子吝有沒有設立教會呢？很遺憾的是，因工作人員不足而無法設立教會。

他們向林村長辭行後，就到頂雙溪、鼻頭。鼻頭村民也贊成建造一間禮拜堂，但馬偕有沒有辦法？沒有辦法，因為他不夠人手。他只能做的是離開該村之前，分送藥品、為人拔齲齒並傳福音。可是以後也無法再繼續到此地宣教。

然後他們到了林東，晚上到新社。在新社禮拜堂一小時的唱歌、演講、解答問題。翌日禮拜天，他們舉行三次的禮拜：主日學和舉行聖餐典禮。隔天，他們步行一日的路程抵達頭城附近的海岸地方，叫做打馬煙。馬偕在那裡舉行聖餐典禮，陪餐者有三十九人，為四位嬰兒施洗，並封立長老、執事各一位。此後再乘小船到達番社頭，立刻擊鼓召集漁夫、婦人和兒童，聚會、治病、解答疑問、查經、舉行聖餐典禮，陪餐者有四十一人。

中飯後，他們再乘舟動身，向南沿溪流而下，到下午八點抵達流流仔社禮拜堂，即時開始禮拜。禮拜畢，為一對青年男女舉行結婚典禮。次日早晨（九月三日）再乘舟，不料遇大風浪，經過加禮宛，一直至下午四點才進入蘇澳港。馬偕等人馬不停蹄地隨即進入南方澳港，在那裡講道。當日（九月三日）下午五點，請了六位平埔族基督徒櫓夫，利用僅十二英尺（約三點六公尺）長、完全是無篷艙的船，唱一首聖歌，從南方澳出發，傳道師和信徒們在岸上搖手送行。[5]

有心臟病的人是沒有辦法承受這種急迫的事情的。因爲下午四點至蘇澳港，下午五點就要從南方澳出發向花蓮港去了。在南方澳要找適當的船、也要找六個櫓夫，還要禮拜講道。依筆者愚見，那種禮拜講道一定是草草率率的。馬偕應該要讓二位本地牧師多做些工作，或再從他的門徒中揀選人，封立爲牧師，請他們訪問噶瑪蘭平原的教會，而他則帶些門徒專程往花蓮港的奇萊平原工作，自己才不會累壞身體，也不會變成噶瑪蘭平原諸會友的偶像。

向奇萊平原平埔族宣教

馬偕等人於公元一八九〇年九月三日下午五點，揀選六位平埔族基督徒櫓夫，利用僅十二英尺長的無篷艙小船，從南方澳出發，夜裡沒有一人想睡覺，因爲在海上，夜景也不錯。在右邊，有林木茂盛的山嶺，又長又高像黑牆似的豎立著；左邊則是汪洋無際的大海，天上有繁星閃爍著，水裡有水母及其他海洋生物活動著。

天亮時，船靠近有很長的平地延展的岸邊。馬偕等人和櫓夫們看見原住民的家屋在山麓地，當他們看到有原住民在海邊時，趕快把船轉向海中去，因爲很危險。馬偕於公元一八七六年六月四日曾搭英國軍艦「拉布因號」到花蓮，但因風浪大，在海中拋錨。馬偕、軍艦司令官及重要軍官，由六位水兵駕駛一艘救生船，沒有攜帶任何防衛的武器，想要登岸去看看，可是有幾百位原住民看見他們，隨即從山上下來。幸哉，因爲大風浪所阻，怎麼努力要使救生船靠岸都沒有辦法。這是上帝在那一天操縱著風和海浪，使他們的船不能靠岸，否則當時他們可能被原住民殺害而喪命了。

依馬偕的描述，那個地方的原住民都裸體，面容兇惡，有許多魯莽的探險家被那些原住民在該處殺害了。[6]那天白天，馬偕等人又暴露在攝氏四十八度的烈日下，可見那次的旅行是焦急、不眠、危險和暑氣的苦楚。

柯維思因暈船，臥在船上不知天地。[7]九月四日將近中午時分，船順沿海岸，終於駛進花蓮港，即奇萊平原的商港，那是馬偕過去一直常常想要去的地方。馬偕到達花蓮港時，受官界、軍兵及一般人民的盛大歡迎。一位中國官，即花蓮市的領袖，派人去請馬偕等人吃中飯。

馬偕未曾到花蓮，怎麼會受官界和一般人民的盛大歡迎呢？因爲他們之中有人知道他在北部臺灣的宣教工作。有一位兵士在淡水吃過他給的藥、另一個人曾在雞籠禮拜堂受過醫治、還有一個人認識艋舺教會的傳道師。當天下午，馬偕在花蓮港騎著一位官員爲他預備的小馬，繫有一串小鈴，由一位馬夫陪行，往訪在郊外加禮宛的傳道者，即以前淡水理學堂大書院的廚師顏有年。

此社歡迎馬偕至爲熱烈。廚師顏有年已經成爲一位傳道師，住在屋頂蓋草的小竹屋裡。他們時常互相通信，長久等待馬偕等人的來臨，所以令人難以想像地歡迎馬偕等人。顏有年的屋裡及門前，立即擠滿了人。馬偕在未作講道之前先觀察實際的情形，才知道顏有年做了很好的工作，讓許多人明白福音的意義，也有許多人顯然更厭惡偶像崇拜。因爲馬偕聽說軍官要求住民平日信福音之外，也必須繼續拜偶像，以作爲服從中國的表示。馬偕隨即騎小馬到兵營洽談，不僅得到軍兵們的親切接待，也准他自由傳道。[8]

馬偕立即又騎小馬回加禮宛社，勸勉人信上帝，棄除家中的偶像，以表示改信基督教。那地村莊的頭目及全村民眾都同意信奉上帝，廢除偶像，並將當時以二千元巨款蓋成的神廟（天公廟）改作爲禮拜堂之用。翌日，頭目帶著四位青年，挑八個空竹筐，請馬偕及其門徒逐戶訪問，把每家所有的偶像及全部與崇拜偶像有關的器物都收入竹筐中，燒燬於附近廟庭，致使火光通天，在黃昏時，許多人進入廟裡，馬偕指導著大家同唱聖歌：「天下萬邦萬國萬民，一齊來倚上帝面前，大聲吟詩讚美祂眞，上帝至尊人人著敬。」[9]

那次奇萊平原遊歷傳道的結果，在平埔族人的六個平埔社，肅清了他們的偶像，願意信奉上帝及救主，並奉獻一座原本要敬拜偶像的廟宇（天公廟）作爲基督教集會與崇拜唯一眞神的禮拜堂之用。馬偕就派顏有年、偕士瑤、偕英源三人在平埔社作傳道師。[10]

茲將馬偕於公元一八九〇年九月四日至六日、九日的日記，記錄於後，以資參考一百多年前花蓮港的情形：

九月四日（船還在海上）：「天亮能看見平野，在那裡有原住民，他們的房子都看得見。中午我們抵達花蓮港。在花蓮港有兩條路，兩邊都是茅屋。馬路很廣闊，約有二百尺（約六十公尺）。這裡的人以漢人較多，他們與原住民交易。花蓮港有兵營，且有中國兵約有三百位，並有平埔族人住在漢人中間。總理姓陳，很親切，將他的馬借給我，我騎向平野，至加禮宛。在那裡和傳道師（筆者註：即淡水理學堂大書院的廚師顏有年）聚集禮拜。傳道師住在一間草寮，叫作禮拜堂。」

九月五日：「騎馬到南勢番社去看看，也去過包干社和薄薄社。他們的房屋用茅草覆蓋屋頂。他們的古井口很寬闊，約有一百英尺（約三十公尺），可是愈往底下愈小。深度約二十英尺（六公尺）而已。設有石階，讓人可以下去挑水。」

九月六日：「往七腳川社去。約有一千個住民。在這地方，種植許多果子，如芭樂、桃子、柳橙、楊桃等等。我們去過老籠與大社。」

九月九日：「往原住民部落去，叫做干老爺。也去過拾六股，是臺灣人的村莊，住民二百三十人。再往大社（加禮宛）禮拜堂作禮拜。」

九月十日，馬偕等人從加禮宛社回到花蓮港，為一位武官及其兵士們治牙疾，施藥與治病，然後有數名兵士護送他們至海邊，馬偕等人再駛小船離開花蓮港。船夫因風浪大，辛苦地划船。晚上，船在靠近陡峭山的海岸行進。馬偕等人在船中看到原住民於各處深黑的密林中，燒火以燻獸穴。船夫不敢太接近海岸，因為岩石尖利，原住民殘忍，所以終夜對風浪奮鬥。

天亮了，船內人員全身透濕，疲乏、風浪大，第二天苦航了一天，幾乎毫無效果。自前一個早晨開始都沒有吃東西。船上有米，但不敢登陸煮飯。船夫們幾乎筋疲方竭了。下午三點，船轉過了一個山角，駛入一個淡水的溪流，前面和兩邊有數百英尺高的垂直岩壁，已遠離風浪和原住民，十分安全。他們登陸燒飯和醃鹿肉，大家一起吃。晚上七點再駛離。那個地方叫作石桌階。九月十二日，馬偕的日記寫著：「昨夜風浪大，夜半後抵遠南方澳，大家很累。」

馬偕等人於九月十日早晨雞快啼時抵達蘇澳灣，立刻巡視噶瑪蘭平原的平埔教會。他們以二十二天的時間巡迴了二十二間禮拜堂，之後才回到淡水。

他們於公元一八九一年五月中旬再前往花蓮宣教，因為有三間教會在加禮宛平埔族人的村莊。公元一八九二年五月中旬又前往花蓮港一次。因在臺灣沒有馬偕全套的日記，沒有人知道他在花蓮港平埔社中為多少人施洗？按照常識，第一次去的時候，已經有加禮宛禮拜堂，而且五百位平埔社人悔改除掉偶像，並奉獻一間宮廟為禮拜堂，甚至派三位傳道師駐任於平埔社，三年去過三次，沒有施洗誰能相信？現在苦無記錄而已。

馬偕計劃將來在南勢番族（阿美族）中宣教

要宣教之前，必須調查和研究其種族、語言、風俗、習慣、社會環境、政治、經濟、宗教、思想等等。一百多年前的馬偕已經做過這種重要的工作，所以他一開始宣教時，就能夠和讀書人、甚至舉人，討論儒道佛三教和民間宗教。如果他預先沒做過調查和研究的重要工作，可能早在中部獅潭底或新店屈尺就被槍擊死在原住民手中了。他有一次差點被原住民射殺的一剎那，若他不知道要拍拍自己的胸膛、比手勢、拍拍對方原住民的胸膛，除上帝阻止槍彈打不中他之外，恐怕早就沒有馬偕此人的存在了。不僅關於他自己的生命問題，如不懂華人的事情，也沒有辦法建設那麼多的教會於臺灣北部。

馬偕抵達奇萊平原花蓮港的第二天（九月五日），便騎馬往訪南勢番原住民部落。九月六日和九月七日再去探訪調查和研究。因此，馬偕等人第二次再前往花蓮港時（公元一八九一年五月），一方面他強化平埔族的教會，一方面開始向南勢番做醫療工作。第三次再前往花蓮港時（公元一八九二年五月十三日），雖然在南勢番社還未設立教會，可是已經能聚集他們一同唱聖詩歌、作禮拜。可惜得很，當時臺灣北部教會還在搖籃時代，能操勞活躍的宣教師僅馬偕一個人而已。而且第四位有牧師職的宣教師吳威廉還未受派來臺，但假使吳威廉牧師已受派來臺的話，那也是在馬偕的指導下，無法發揮他的才幹，因為退讓一步或把首位與他人分擔，對馬偕來說是不容易的。關於此事，是馬偕的缺點，他的知己——《臺灣遙寄》的編輯、也是當時《威斯敏斯特評論報》的主筆麥唐納博士，在馬偕逝世時，為故人所作的簡介中也提及過了。[11]

臺灣東部海岸的南部有奇萊平原，是大約四千位原住民的故鄉。他們當時已被漢人同化，可是幾乎還未能踏上文明的大道。筆者剛剛已經說過，馬偕首次抵達花蓮港時，分配三天去訪問他們三次。奇萊平原之長，南北約長十九公里，東西寬約七至九公里，是由溪流所帶下來的碎石及沙土所形成的，沿海岸是一帶沙地，背後有一塊高地，成為一千多頭牛的牧場。靠山一帶係深厚肥沃的黑土，大部分是從林木茂密的山上沖下來腐化的植物積成的。

這個平原是富於熱帶情調的地方。道路非常好，顯然是頗受人費心處理的。路的兩旁點綴著高大多蔭的常綠樹。每隔一點六公里多的路設有竹枝蓋成的休息所，可供挑夫休息。山上有一公畝不需人工灌溉的旱稻，其次有一片地種著芋、野生的靛青（藍染植物）、西瓜、甘薯、南瓜、攀藤豆及漂亮的綠草。

奇萊平原的原住民和其他開化的及未開化的原住民一般，是屬於馬來人種（南島民族），卻較其他原住民最遲到達臺灣。他們的語言是特異的，和平埔族人及高山原住民的語言大不相同。他們一點也不懂華語，沒有任何自己的文字，他們承認華人的管轄權，但是他們不剃髮也不留辮子。老人都剪短頭髮，但一些青年愛好時髦，將他們的長黑髮在中央分開。

他們採用部落制或民族制，按照年輩分成九級。農夫很勤勉，他們會製造陶器。族人大部分住在村莊裡，每個村子以繁茂的竹林圍繞著，且再以深壕溝圍之。村中有個村井在大樹蔭下，非為圓形，二十英尺（約六公尺）深，井口直徑足有一百英尺（約三十公尺），向下漸漸狹小，井底的直徑二、三英尺（約一公尺）。井口上面有個缺口，做成一條較緩的斜坡，是下去汲水的道路。井和這條斜路邊有一根竹欄杆，終日有婦女們頭上頂著水甕來往。

奇萊平原原住民的房子和漢人的房子完全不同。每間長約五十英尺（約十五公尺）、寬二十英尺（約六公尺）、屋脊高十二英尺（約四公尺）。以二英尺（約六十公分）厚的草蓋於屋頂。他們鋪木板是用藤繫結於屋樑，地板離地面高一英尺（約三十公分），有利健康。在房間的一個角落裡，有泥土做的爐竈，屋子兩邊各有一個竹門。

他們典型的衣服既簡單又容易修補。婦女們帶著竹製的耳環，愛用黃銅做的手鐲，通常纏著一塊腰布。男人僅戴耳環爲滿足，身上不掛一絲也不介意。他們都不紋身。爲防禦熱帶的炎日豪雨，發明了一種簡單而有效的簑衣套在頸上，不妨礙行走，亦不失去雙手的自由。米是他們主要的食物。吃飯時放一個大盤子在地板上，全家的人環坐於其周圍，用兩手指和大拇指「取飯」，以一塊生肉佐膳。因此毋須用湯匙、筷子或刀子。

吃檳榔和抽雪茄煙是他們男女共同的習慣，但卻傷害身體。菸草的栽培在當地很普通。

他們有公共浴場。七腳川的村莊有一千位以上住民，在峻峭的高山的山麓，從一塊岩石邊流出一條澄清的冷泉，供村民們使用。浴場設備甚簡陋，以兩條竹片爲導水管。一條長四英尺（約一點二公尺），另一條長八英尺（約二點四公尺），架得七英尺（約二點一公尺）高，冷水終年流不停。男子需在靠外的水流下，女子須在靠裡面的水流下，沒有房屋、圍牆，在青天白雲之下洗澡。整天有人光顧，來往不息。

在那樣的社會中，是不必講究生活的風趣與禮貌的。他們沒有思想和反省的習慣。因此，沒有自覺和羞恥的觀念，他們的生活是很艱苦的。他們的宗教是自然崇拜，心中有無數的迷信，以爲到處都有殘忍兇惡的妖魔。因怕他們的作祟，不得不拜那些妖魔。南勢番沒有祭司、偶像或寺廟。

對這些南勢番，馬偕有何宣教想法或計劃呢？論感想，馬偕是有的，可是因爲他的「經濟觀念」與「由他一個人來打天下」的思想作祟的關係，對於南勢番這種幼稚未開化的民族——他們甚至沒有能力去獵別人的人頭，只能坐以待斃，害怕別的高山原住民去獵自己的人頭；又被當時的漢人欺侮、壓迫和剝削自己的權利，而沒有一點兒知識和能力去抵抗的民族，馬偕也沒有具體的佈教計劃。

南勢番會牧牛、經農、製陶器、製蓑衣以抵禦暑熱及大雨，他們完全是人，而不是牲畜。他們男女分開在冷泉下洗澡，沒有房屋、圍牆，而是在青天白雲之下，甚至終日有人來往穿梭，絡繹不絕，他們也不介意，說明了他們在禮貌、知識上完全是個嬰兒。因此，他們恐懼殘忍兇惡的妖魔，趨向迷信，成爲自然崇拜的信徒，實可同情和憐憫，可是馬偕對南勢番的宣教卻沒有採取任何積極的宣教計劃。但如果馬偕有計劃，恐也不能實施，因爲當時北部教會根本沒有培育宣教人材。

馬偕在任二十九年期間，加拿大長老教會只派四位宣教師與馬偕同工。但不幸華雅各醫生夫人逝世，華雅各醫師回國；閏虔益牧師因水土不合也回國；黎約翰牧師因病死於淡水。上述不幸的事件卻成爲馬偕向加拿大長老教會強調「派宣教師到北臺灣宣教不合算」的有力證據。

馬偕在公元一八九五年約八月中旬，把他的日記摘要及其他資料給他的知己麥唐納博士編輯成《臺灣遙寄》這本書，在書中他主張：「我從頭開始就確信一件事：不希望外國工作者擔任臺灣的宣教工作。每年的經驗都證實我這個見解的正確。」[12]他說，派宣教師來臺，費用要多；宣教師困難於通達臺灣的社會風俗和語言；宣教師在臺灣北部的氣候下容易生病而死亡。

馬偕在養成本地婦女工作人員的事件上，又說：「一般來說，我們只僱用本地傳道師，所以經費省，只不過等於僱用另外的人時（筆者註：從全體的論說觀之，是指僱用宣教師）

的一小部分而已。」[13]他竟強調這種見解是從他二十餘年的經驗而來的。[14]當然他所主張的意見是眞理，筆者不敢否定，但也不過是眞理的一部分而已。天國的事業時常超越世間的經濟、語言、病痛及死亡等，這可從二千年的基督教會歷史明顯看到。

馬偕調查和研究奇萊平原南勢番的資料很清楚，可是對他們宣教的計劃卻差不多沒有辦理，束手無策、聽其自滅。當時的領導人物馬偕都沒有辦法了，更何況是北部的臺灣教會，因爲當時的臺灣北部教會從馬偕來臺起至首次往奇萊平原爲止才只有十八年而已，還是搖籃教會時代，還未能自立，更談不上自養、自傳的問題。

馬偕無意傳福音給那軟弱無援而將自滅的南勢番，其理由如下：

一、奇萊平原因交通不方便，難於進入，[15]在一百多年前，這是事實。如果當時有人才，是可以在花蓮港加禮宛社設立一個佈道中心，交通問題則可以解決。

二、沿海岸南下的航行危險，[16]這也是不能否認的，因爲當時宣教的中心是在淡水。馬偕等人到噶瑪蘭平原宣教都要涉溪越嶺，而且還有被原住民殺害的威脅，加上要從南方澳僱用櫓夫及船，在一百二十度（約攝氏四十八度）的烈日下，經過一晝夜的航行才能到達花蓮港，有時侯，甚至會遭遇大風浪、要翻船的危險，或靠海岸必定會受原住民殺害而喪命的威脅。可是剛剛說過了，如果在花蓮港加禮宛平埔社設立一個專爲南勢番的佈道團的話，這個問題也是會解決的。馬偕自已也說過，如果要向奇萊平原的南勢番宣教需要一個另外而特殊的宣教團體。[17]

很遺憾，在北部教會開拓時代，差會眼看所派遣到臺灣北部的宣教師有的水土不合、有的病死在淡水，又加上聽馬偕的主張，所以在馬偕二十九年中，沒有像南部臺灣的英國長老教會差會派遣二十位男宣教師和五位女宣教師來臺。總而言之，要往奇萊平原的平埔族中宣教，不夠人才是重點。

三、馬偕說：「在臺灣北部，比較有持久性的城市和部落中，還有許多地方亟待我們去傳道，對於這種不安定、日漸衰敗的種族，費太多的氣力似乎是不智的。」[18] 這種想法實屬不妥，福音是萬邦、萬國、萬民的，沒有金錢和人才的時候，可以採用此種比較法，但是馬偕可以向差會請援金錢和人才，或是把自己的調查和研究，送給當時有男宣教師八位、女宣教師三位的南部教會，請求他們的援助或分給他們成爲教區。

公元一八九一年五月，馬偕帶葉順、柯維思、嚴清華和淡水洋行的醫生（幫忙偕醫館林格，到噶瑪蘭去巡視教會之後，從蘇澳再搭小船往花蓮港去，首先在加禮宛平埔禮拜堂堅固教會，然後再到南勢番的薄薄社和七腳川社，即有公共浴場的原住民部落去做醫療工作。

七腳川社的南勢番屠殺水牛與豬歡迎馬偕等人。雖說他們沒有禮貌，沒有羞恥的觀念，沒有知識，可是受到馬偕等人的治病工作還會宰牛和豬報答馬偕等人，可見他們不是沒有希望得救的人。

最遺憾的是，馬偕沒有充足的工作人員，所以僅一年去一次而已，沒有多大的效果。茲記錄馬偕第二次，即於公元一八九一年五月往奇萊平原的簡單日記於後以資參考：「再往噶瑪蘭平原去。從蘇澳搭小船到後山花蓮港去。在加禮宛平埔教會作禮拜。往薄薄社、七腳川社去。同行的人就是葉順、柯維思、嚴清華。那裡的人宰水牛和豬歡迎我們。淡水林格醫生也與我們同行，醫治許多病人。此後再從噶瑪蘭回來，到各地方聚集禮拜。」那次在南勢番社的工作中，沒有言及傳福音的事，大概是南勢番的語言特殊，而且頭腦還幼稚吧？

馬偕等人於公元一八九二年五月十三日，第三次再從噶瑪蘭平原往花蓮港去。其日記如下：「從噶瑪蘭再往花蓮港去，在加禮宛平埔社禮拜。也去過薄薄社、斗蘭、包干、李流。船已駛出，遇到大風浪。船靠在海邊，等待風浪較平靜，才駛至蘇澳。」一年之中僅去一次，對於已設立教會的平埔社有些好的影響，可是對南勢番是沒有什麼作用的。從此以後馬偕就沒有機會再去了，大概是馬偕忙碌，而且交通很不方便吧？

註釋

1 北部臺灣基督長老教會傳道局發行，北部臺灣基督長老教會的歷史，羅馬字版，八五頁。
2 G. L. Mackay, From Far Formosa, 1896, P. 306, PP. 285-286.
3 Ibid. op. cit. P. 226.
4 Ibid. op. cit. P. 227.
5 Ibid. op. cit. P. 228.
6 Ibid. op. cit. P. 229-230.
7 齋藤勇編，マッカイ博士の業蹟，一二四－一二五頁，柯維思作
8 G. L. Mackay, op. cit. P. 231.
9 Ibid. op. cit. P. 232.
10 郭水龍隨筆，北部教會史實，一九六九年，第一章，手寫。
11 齋藤勇編，op. cit. PP. 102-103, by J. A. Mac Donald.
12 G. L. Mackay, op. cit. PP. 285-286.
13 Ibid. op. cit. P. 305.
14 Ibid. op. cit. P. 306.
15 Ibid. op. cit. P. 248.
16 Ibid.
17 Ibid.
18 Ibid.

20 清日甲午戰爭，教會再遇大災禍

一八九四年，即甲午年，中日之戰使臺灣教會再次遭遇到另一次的大災禍。

一八九四年，光緒二十年，韓國內亂，中日雙方均出兵平亂。之後中國通知日本，以「內亂已息」爲由，請雙方同時撤兵。但日本決心挑釁，非但不撤兵，反而繼續增兵。兩國於一八九四年七月一日宣戰。[1]

中國在韓國的軍隊本來爲數就稀少，且備戰較遲，因此戰發後節節敗退。中國北洋海軍時速慢且砲火弱，也在半年之內潰敗於黃海。中國於一八九五年四月十七日《馬關條約》裡，不得已將臺灣與澎湖群島割讓給日本。[2]

之後，日本派陸軍七萬五千名、馬九千四百多匹，海軍艦隊與運輸艦四十多艘，海軍一萬多名，由總督樺山資紀統率，其軍送船於公元一八九五年五月二十九日下午一時投錨於三貂角，同日下午二時第一艘步兵登陸成功。步兵登陸工作自下午開始至整夜不息，因當時遭遇退潮和強大的季節風，登陸非常的困難。[3]

中國軍約五百名在三貂角海岸與日軍交戰，但因寡不敵眾而退。五月三十日，日本四艘因耽擱而遲到的運送船也抵達臺灣，登陸的日本步兵約一萬二千名。五月三十一日，馬匹、軍糧，預備軍需品都運送登陸。[4]六月一日早晨，日本步兵向基隆方面進軍，因道路狹窄彎曲，三貂嶺陡峭，寸步難行，六月一日夜間露宿在三貂嶺。因大雨傾盆，使日軍露營受困。翌日六月二日早晨，再遭受中國軍的砲擊。但日軍經小戰中終於擊退中國軍並分兩路向基隆猛進。中日雙方在日本進軍途中再相迎大戰一場，雙方損傷均等，但中國軍最後朝基隆退卻。[5]

另一方面，因臺灣移交問題，清廷於五月末派李鴻章的義子李經芳經澎湖抵達三貂角，在「橫濱丸」船上與樺山資紀磋商很久，六月三日才辦理完畢移交手續。[6]

臺北紳民聞此條約簽字後，集體向當時臺灣巡撫唐景崧請願，求其固守臺灣、誓不從日，決心死守臺灣。當時守臺的陸軍，連民兵在內，約五萬名左右。巡撫唐景崧駐守北部，總兵劉永福駐守南部。六月五日，唐景崧兵敗，逃往淡水。六月六日乘德籍輪船逃亡至廈門。六月八日，日軍進駐臺北。此後日軍向南進攻，劉永福苦戰不能敵，十月九日，南北各地均失。十月十九日，劉永福離開臺南至安平，十月二十日乘英籍商船逃走至廈門。十月二十一日臺灣失陷，全民的抗敵已盡最大的努力，民族精神，發揚無遺。[7]

這段期間，正值馬偕第二次例假。例假中，公元一八九四年六月十三日，他被選爲加拿大總會議長，任期一年，到公元一八九五年六月中或六月底才滿任。在他快要滿任時，五月二十九日，日軍已登陸三貂角。當時馬偕在十月十六日從加拿大溫哥華乘船要回臺，於海中第六日，即十月二十一日，臺灣失陷。自公元一八九五年五月二十九日，日軍登陸三貂角起，至同年十月二十一日臺灣失陷止，約五個月，在這段期間中，無論南部或北部的教會，都遭受到重大的迫害和損失。

其實在日軍登陸臺灣之前，一些人懷疑基督徒串通日軍，故慘遭嚴重的迫害。當日軍侵入臺灣時，暴民趁機搶劫教會或信徒財物；美國領事在日軍從基隆向臺北行進中，看見一小群暴民，其中一個人手中拿著一環金項鍊十字架，明顯是從基督徒身上搶劫來的。[8]不僅遭遇暴民搶劫，甚至連日軍也誣賴基督徒是唆使暴徒反抗日軍的元凶。因此，大捕基督徒，有的被拘留、虐待和慘殺，禮拜堂也被占爲駐軍之用。當然寺廟也不例外。北部教會的禮拜堂被日軍占用者共二十間，信徒被殺、失蹤者計有七百三十五位。

公元一八九五年八、九月，馬偕返臺前約二個月前，對當時的事變充滿信心說：「臺灣北部的傳道事業所面臨的另一個問題，便是日人的據臺，我們並無恐懼之念，因爲萬王之王比皇帝或天皇大得多，祂將統治一切，我們不做推測，亦不做預先的安排。如以前我們已經面對過的一樣，我們必須面對日本的問題，並以十分堅定的計劃去適應變化後的環境，以十分堅強的信心去傾聽暴風雨中上帝的呼聲。事情未明朗化之前，我們或許將遭遇種種的艱難、危險和考驗，但臺灣早已獻給基督，上帝必將達到祂的目的。」[9]

公元一八九五年十一月十九日，當馬偕返臺抵達淡水時，看見教會遇害甚重，便去見日本政府當局，並在臺北向日人傳道，也開始巡迴北部、西部和噶瑪蘭平原諸教會，安慰會友，復興教會。公元一八九六年十一月二十二日，臺北日本基督教會落成，南部教會外籍宣教師宋忠堅牧師和馬偕亦同往參加慶祝。翌日，即二十三日（據馬偕的日記），馬偕和宋忠堅牧師去見當時的日本總督乃木將軍，顏面蒼白，心如刀割，眼中含淚，告以基督徒受害之狀。當時乃木將軍立刻起身握住馬偕的手，凝視他片刻，說：「原來如此，余聞之也不忍心，抱歉！抱歉！除了道歉之外，沒有其他可言了。現在行政已上軌道，治安漸趨平靜，希望放心。」馬偕聞之，大爲感激。他說：「乃木將軍言寡而意長，語簡而中肯。余見將軍之風采，不禁回憶巡撫劉銘傳將軍，彼等皆爲誠實之人也。」[10]

公元一八九六年十二月七日，乃木將軍和部下前往淡水訪問馬偕，並參觀他的博物館。公元一八九七年一月四日，乃木將軍派自己的部下往淡水拍攝馬偕的博物館。馬偕於公元一八九七年一月十日在艋舺教會舉行中日聯合禮拜。華人三百八十四位，日人二十六位參加。馬偕爲四位日本人施洗，爲三十六位華人施洗。河合龜輔牧師（日本基督教會牧師）也出席與馬偕共同主理禮拜。同年三月一日，乃木將軍敬邀馬偕吃晚餐。

戰後日本教會來臺活動

公元一八九五年九月二十八日，即臺灣還未失陷時，日本的教會以慰勞軍人爲名義，派三位慰問使節，即日本基督教會（長老教會）牧師細川瀏、浸信會牧師士川龜、美以美教會牧師武田芳三郎來臺。九月二十八日，他們從日本宇品港出發，十月三日到達基隆。雖然日本軍在戰爭動亂中有其堅決的政策，但那些慰問軍人的使節盡量和兵站司令部連絡，多方協助並幫助臺灣教會，並且參加教會的禮拜或祈禱會，因此臺灣教會的傳教者及信徒在動亂中，倒也獲得不少的安慰。

細川瀏、士川龜、武田芳三郎三位牧師以慰勞軍人爲名義受派來臺，當然要盡他們受派的責任慰勞軍人，但不敢忘記在臺灣上帝的教會。例如日本基督教會細川瀏牧師由海路往澎湖島，隨即訪問馬公教會，參加禮拜。然後再轉往臺南。十一月十二日（馬偕第二次例假返臺抵達淡水的六月前）由巴克禮牧師夫婦陪同，自臺南出發步行北上訪問南部諸教會。然後他於大社辭別巴牧師夫婦朝大甲北上，經苑裡、後壠、新竹，抵達臺北。隨即在十二月三日晚間，在艋舺教會禮拜堂與馬偕相晤，並且共同舉行日本人與臺灣人的聯合禮拜。

那天晚上，聚會人數約一百三、四十名，其中日本人約十三、四位。馬偕先用臺語向臺灣人講道，繼之，細川瀏牧師爲著日人用日語主持禮拜。隨後馬偕再用英語、由細川瀏牧師譯爲日語，以勉勵日人。繼之，再由細川牧師用英語，由馬偕譯成臺語，藉以對臺灣人勉助。感情交流，同感喜悅。

繼之，日本基督教會傳道局感到臺灣傳道的緊急需要，故於一八九六年六月派遣牧師河合龜輔來臺向日本人傳道。據馬偕的日記記載，河合龜輔牧師於六月三十日去訪問過他。當時馬偕提供艋舺教會禮拜堂爲他們的臨時集會所，以助其教會的發展。

七月四日，馬偕的日記如下：「在艋舺，與河合牧師以及十餘人的日本信徒聚集於禮拜堂。決議河合牧師在臺北爲日本人的牧師。」

九月二十七日，馬偕的日記如下：「在艋舺禮拜堂，河合牧師和我一同講道。我爲兩位日本人施洗。」之前說過，公元一八九七年一月十日在艋舺禮拜堂舉行中日聯合禮拜時，馬偕也爲四個日本人施洗，可見河合牧師是一位很謙遜的日本牧師。頭一次因借用艋舺禮拜堂爲日本人聚會禮拜之用，所以爲尊重馬偕善意起見，請馬偕爲二位日本人施洗；但中日聯合禮拜時，河合牧師當時已經有自己的禮拜堂了，也是堂堂日本人的牧師，照常理，馬偕應爲華人施洗、而河合牧師爲日本人施洗，這樣才是聯合禮拜。特別是施洗的時候，要信仰告白，馬偕不懂日語、日本人不懂臺語，使用英語時也要翻譯。通常講道時，有翻譯較自然；但在施洗典禮信仰告白時。一問一答，問英語譯日語，答日語譯英語，就很不自然了。雖然事情是這樣，河合牧師還是讓馬偕爲日本人施洗。

中日聯合禮拜時，日本人已經有了一間禮拜堂，但因爲是「中日聯合禮拜」，而艋舺禮拜堂較大，較適合用於聯合禮拜，所以單單使用艋舺禮拜堂而已。可見河合牧師是一位謙遜而且尊敬馬偕的日本牧師。

因爲臺灣長老教會自昔時已開始向華人、平埔族人或原住民的傳道，當時也繼續著此事工，所以日本傳道局也決定在臺灣專心向日本人傳道。河合龜輔牧師初來臺時，公元一八九六年六月，還沒有日本人信徒，沒有信徒，就沒有經濟力，所以才和馬偕商量先借用艋舺教會聚會。最初有四位信徒、之後六位，最後有八位同作禮拜。到十一月，有時候達十二位或十九位同作禮拜。

因繼續借用艋舺教會禮拜堂的期間過長，很不好意思，河合牧師就在外買房子作爲禮拜堂。同年九月，獲得大稻埕教會長老李春生先生的資助，在當時新起街（現今的西門）再買一間房屋作爲禮拜堂。之前所購買的房子就暫爲《聖經公會》的書店。因再買的房屋也是簡陋，河合牧師就把宿舍與聚會禮拜的地方用白布隔離。

河合牧師在臺傳道，有人情風俗的不便，生病的痛苦、傳道上的困難，經過非常慘澹的生活，公元一八九六年十一月二十二日，終於在這間簡陋的房子設立臺北日本基督教會，南部教會宣教師宋忠堅牧師和馬偕都去參加獻堂典禮。

翌年，公元一八九七年，李春生長老在西門街外（現今臺北市濟南街教會地址）奉獻三百坪土地、日幣二千元，馬偕八十元及吳威廉牧師八十元爲首，開始募捐至六千圓，於公元一八九九年興工建築禮拜堂，公元一九〇〇年二月十日建築竣工並獻堂。現今的濟南禮拜堂是原日本基督教會的禮拜堂。民國三十六年（公元一九四七年）四月二十八日上午，與二郎牧師回國當日，筆者遷入其宿舍，是爲濟南教會光復後第一任牧師，這座宏大而美麗的禮拜堂與其高級宿舍是日本基督教會於公元一九一七年三月興工再建、一九一八年六月竣工的。[11]

話說回來，公元一八九六年九月，日本基督教會擬派井深梶之助與大儀見元一郎來臺，爲臺灣教會慰問並兼任傳道視察員，但井深氏因事不能擔任，僅大儀見氏於公元一八九六年十月八日由日本神戶出發，一星期後抵達基隆，之後再由基隆經臺北訪問當時的北部臺灣教會中心淡水，參加諸教會代表者的聚會，傳達日本基督教會對臺灣教會的使命。當天晚上，他由海路出發，往澎湖再經安平至臺南。

大儀見氏抵達臺南時，南部中會已散會，故與諸教會的長執聚集開會，傳達他受派來臺的使命。然後由南部宣教師梅監務牧師擔任嚮導往訪嘉義、茄苳莊、彰化、大社等諸教會，後經由苗栗教會抵達後壠教會與馬偕會合。馬偕接著陪他訪問中港、土牛、新港、新竹等諸教會，再返回臺北，轉向新店訪問教會。大儀見氏無論到何處都受到會友們的盛大歡迎，甚為感激，臺灣教會信徒對他也深感欽佩，並感謝日本基督教會大會的厚意及友誼。

依大儀見氏於公元一八九七年七月向日本大會的報告，當時臺灣南部教會三十七間、信徒二千二百十三位、傳道者三十位、神學生十三位、醫院一間、學校一間、宣教師八位、女宣教師三位、北部臺灣教會六十間、信徒二千一百三十二位、傳道者六十位、神學生九位、醫院一間、學校一間、宣教師二位。

公元一八九三年八月十八日，據甲午戰爭爆發前（即馬偕第二次例假回國時）的統計，北部教會六十間，信徒二千六百四十一位，由此可知，戰爭後經過二年，教會數仍舊沒有增加。

可是依筆者所了解的，應該是增加了三間，即公元一八九六年設立坑仔教會、頭北厝教會、內湖教會；不過是否馬偕不在時或因戰爭而廢掉三間教會？不得而知。公元一八九三年八月十八日，馬偕離開臺灣第二次例假時，信徒是二千六百四十一位，與大儀見氏所報告的二千一百三十二名相較，減少了五百零九位。雖然教會有增加，也有替人施洗，例如公元一八九七年一月十日，於艋舺教會舉行中日聯合禮拜時，馬偕一次為三十六位華人施洗（為四位日本人施洗不算在內），因為馬偕第二次例假期間（約二年三個月）太久不在，回來臺灣後過了二個禮拜便又往訪噶瑪蘭平原教會，在約四十間教會中一定也為許多人施洗，並且他也往訪北部和西部地方約四十間教會，因他太久不在臺灣，且許多人尊敬他，所以一定有許多人由他領洗。但是還減少了五百零九位。雖然在戰爭中，信徒下落不明者有七百位，應該不會全部都被日軍和暴徒殺掉吧？依愚見，信徒數目很不確實。比方說，馬偕第二次回國前，他的日記寫著傳道師七十位，但報告時，是六十位，教會數不只是六十間，但報告時是六十間。返回淡水時，確確實實也再設立三間教會。馬偕二年餘不在時，吳威廉牧師與六十名本地傳教者連一間教會也沒有設立，實令人不解。

註釋

1 黃大受編著，中國近代現代史，甲編，一八一頁。
2 Ibid. op. cit. P. 182.
3 J. W. Davidson. The Island of Formosa, 1903, P. 291.
4 Ibid.
5 Ibid. op. cit. P. 292.
6 Ibid. op. cit. PP. 292-293.
7 黃大受編著，op. cit. P. 183.
8 J. W. Davidson, op. cit. P. 306.
9 G. L. Mackay, op. cit. P. 330.
10 齋藤勇編，マッカイ博士の業蹟，一五八頁－一五九頁，逸名氏作。
11 牧尾哲編，臺灣基督教傳道史，第一〇八－一〇九頁。

21 馬偕回加拿大

馬偕在臺灣北部宣教以及設立教會的辛苦，我們已經十分明瞭，在此不再贅言。以往，外國宣教師有例假的機會，例如每幾年的工作之後，教會會賜予一段短暫的時間作爲例假，而薪水照領。馬偕是加拿大長老教會首任來臺的宣教師，恐怕還沒有建立例假的制度，但卻有例假的機會。之後宣教師數量增加了，例假制度便有明確的規定。

猶太人每七日安息一天，叫作安息日，每七年使土地安息一年，不可耕種田地，也就是說六年要耕種田地，第七年土地要安息。猶太人還有七個安息年，就是七七年，即四十九年。他們在當年的七月十日大發角聲，那日就是贖罪日。第五十年當作聖年（或說禧年），宣告遍地的居民已獲自由，也就是說奴隸自由，還有物件、金錢、土地等借貸各歸回爲自己的產業、各歸本家。[1]

現今在臺灣的宣教師，例假制度不同：有的是三年例假一年，有的是五年例假一年，有的是七年例假一年。臺灣基督長老教會本地傳教者規定，每年例假二星期。臺灣神學院教授每七年例假半年。例假是很好的制度，可是如果沒有好好利用並適當的計劃例假日，只是度過無意義的日子的話，不如繼續工作來得好。至少例假要計劃心神的休息、探訪久年沒有機會見面的父母、兄弟姊妹、親戚朋友或旅行觀光增加見識或研究著作等。

來臺七年後首次回加拿大

公元一八七二年三月九日，馬偕抵達淡水，於公元一八七九年十二月二十六日，把北部教會二十二間、信徒約三百位交付給第三位宣教師閏虔益牧師及二十一位本地傳道師，即離開淡水回國開始第一次例假。（筆者註：曾寫北部教會歷史的人說，馬偕第一次例假是於公元一八八〇年，當時傳道師是二十位，教會二十間，信徒三百位。據筆者所調查的教會是二十二間，依設立順序如下：淡水、五股坑、新港社、洲裡（和尚洲）、獅潭底、三重埔（南港）、八里坌、新店、雞籠（基隆）、大龍峒、錫口、艋舺、後埔仔、三角湧、溪洲、紅毛港、崙仔頂、竹塹（新竹）、北門口（在新竹城外）、金包里、枋寮、暖暖等；傳道師二十一位。關於信徒是三百位，因資料不全而無法證實。二十二間教會、二十一位傳道師不是稀奇的，因為傳教者可以兼任村莊教會二所。因第二位宣教師華雅各醫生，其夫人在淡水病故而回國，所以第三位宣教師閏虔益牧師和本地傳道師負責馬偕例假時不在教會的傳教責任。）

馬偕在臺灣北部辛辛苦苦、不遺餘力地工作度過約七年九個月的歲月，將與北部教會暫時離別前夕，門徒和會友們都含淚送別。馬偕帶著他的家眷（即偕師母和長女瑪連，當時瑪連約半歲大）搭乘「爾白號」先到臺南去，馬偕在船裡宣揚主的福音。他在十二月二十九日至臺南後，便往訪巴克禮牧師、李庥牧師，並遇見南部宣教師施大闢牧師。

十二月三十一日，馬偕和家眷一起乘船離開臺南。他們大概往打狗（高雄）去了吧？因爲公元一八八〇年一月一日他們才離開臺灣。之後順便繞到廈門、香港、新加坡、檳榔嶼（今檳島，位於馬來西亞）、印度東南的大城馬德拉斯（今清奈）、西孟加拉邦的首都加爾各答。他們在這些印度地方視察教會和學校，並在許多地方演講，也和許多宣教師談教會的事情。

三月一日，他們到西印度的Madhya Bharat邦前夏季首府印多爾（今印度中部中央邦和摩臘婆地區的商業中心），因加拿大長老教會已在此宣教並設立教會。馬偕他們住宿在John Wilkie宣教師的家裡並獲得許多次講道的機會，到孟買時，馬偕也有機會向學生講道。

四月一日，馬偕與家眷離開印度到埃及，往耶穌生平中活躍的聖地去參訪，參觀耶路撒冷、耶利哥城、約旦河、死海等地。之後前往義大利、法國。他們到英國倫敦時，往訪首先開始在臺南做醫療宣教的馬雅各醫生家族——臺灣北部教會開拓者和南部教會開拓者的家族相會，是如何的歡喜、感激啊！當時馬雅各醫師還在南部工作著。

後來既然已經過倫敦，馬偕怎麼會遺漏掉自己的祖國蘇格蘭呢？雖然馬偕的祖先所住的房子、祖先的禮拜堂，甚至祖先的墓都已被撒德蘭郡的土地代理人給毀掉了（請參看本書第三卷第一節），但是祖國還存在著。

公元一八八〇年六月二十四日，馬偕和家眷安然回到加拿大。船駛至魁北克，他們登陸上岸。馬偕在旅行中好像不像是在休例假，而是像被聘去各地演講或研究發表會似的——他回到自己的國家加拿大，應當可以好好休息，探訪自己的父母、兄弟姊妹、親戚、故舊，帶偕師母去各處觀光，但馬偕除了做上述那些事情外，還到各處去演講，報告大家他在國外宣教、設立教會的夢已逐漸實現了，對創造天地偉大的上帝有一顆不動搖的信心，而願意忠誠於祂的命令，往普天下去，傳福音給萬民聽。

聽他演講的人一定很興奮，講的人（馬偕）一定也受到很大的安慰，無疑地，互相獲得上帝很大的祝福，然後再從上帝獲得更大的能力，擔任祂所委託給個人的工作。約二千多年前，耶穌基督都已說過：「凡有的，還要加給他，叫他有餘；沒有的，連他所有的，也要奪去。」[2]

馬偕自己的家鄉安大略省芳堤娜縣京斯敦市，有一所皇后大學，贈與馬偕神學博士學位，以表彰馬偕在臺灣開拓宣教偉大的成就。這是馬偕從他的實力和成績所賺來的名譽，因爲若是一個人光憑學歷與文憑而不肯犧牲捨己，爲上帝所交託的工作奉獻自己，其學歷證明和學位文憑，在神和人的面前都是無用的廢紙而已。

馬偕在例假中也爲了「要培養臺灣本地傳教者，希望在淡水建築一間神學院」的經費而到處奔走，到各處去演講，所到之處無不滿座，不僅在長老會堂，連他教派的教會也聘請他去演講，所以也到過美國。偕師母也是許多次經由馬偕的通譯而演講臺灣的事情給加拿大婦女們聽，她雖然沒有唸過書，但因敬畏耶和華而來的智慧，使得當時年僅二十歲的臺灣女子偕師母能在加拿大婦女聚會中，勇敢地介紹臺灣，勉勵她們，也期望她們關心臺灣傳教的事業。

馬偕的故鄉伍德斯多克有一家《哨兵評論報》，報社發起一個建築臺灣神學院的活動，主要款項由馬偕的故鄉安大略省牛津郡的人民來募集。當馬偕於公元一八八一年十月二十日離開加拿大前夕，在伍德斯多克的衛理公會舉行盛大的送別會，並接受安大略省的捐款六千二百一十五元美金以建築淡水神學院校舍，即理學堂大書院之用。[3]

之後，馬偕帶著偕師母、長女瑪連、次女以利和長男叡廉（後兩位在加拿大出生），於公元一八八一年十月二十一日辭行自己的本鄉、本家、本國，搭乘火車到舊金山，換搭船於十二月二十九日再度抵達淡水。關於以上記述的馬偕和家眷，故郭水龍牧師說：「請領事證婚，過一年生一女瑪連，六個月後，馬偕帶師母回加拿大，第二年又生次女以利，第三年又生叡廉。然後回臺灣。」[4]

馬偕那次的例假，受到上帝很大的祝福，收穫頗多：

（一）在各地方和加拿大均不負眾望，到處都受到極熱烈的歡迎。

（二）獲得美金六千二百一十五元，達成馬偕多年的宿望，建築一間美麗的理學堂大書院，養成本地人爲傳教者，負責本地教會的傳教責任。神學院因發展原因，於公元一九一四年遷移到臺北市中山北路，後於公元一九五六年遷移到陽明山仰德大道嶺頭，因此，理學堂大書院現今爲北部基督長老教會所屬淡水工商管理專科學校（今眞理大學）校舍之一部分。

（三）上帝增添他一個千金和一個兒子。

（四）接受皇后大學所贈與的神學博士學位。

有美好收穫的例假才是有意義的假期。在《聖經》裡說，我們每星期有一天例假。如能善用這一天，為紀念上帝的救恩，與信徒共享敬拜和服務，互相交誼或在家共享天倫之樂，身心和肉體得安息，若有時間的話，家庭有短時間的郊遊，也才是更有意義的例假。

第二次攜家帶眷回國

公元一八九三年八月十八日，馬偕再次攜家帶眷離開臺灣回加拿大做第二次的例假。第一次例假後，他們於公元一八八一年十二月二十九日再度回到淡水。從第一次例假結束後到第二次例假離開臺灣為止，這段時間很長，約十一年八個月，也就是說，那一次馬偕在北部再度工作十一年八個月後，才獲得第二次例假。

怎麼經過這麼長的工作才休例假呢？那是因他自己的主張而來的。因為馬偕對加拿大教會主張「派宣教師到臺灣北部不經濟、不容易懂華人的語言、人情和風俗，且容易生病而死亡」，因此，第二位宣教師華雅各醫生因夫人病故於公元一八七七年十月十日回國後，經過七個月，差會才派第三位宣教師閏虔益牧師來臺。但第三位宣教師閏虔益牧師因水土不合，於公元一八八二年十一月九日回國，再經過三個月，差會才再派第四位宣教師黎約翰牧師來臺。第四位宣教師黎約翰牧師病逝於淡水後（公元一八九一年四月二十三日），又經過一年五個月才派第五位宣教師吳威廉牧師來臺。總而言之，一位宣教師因事故回國或病故，差會才會開始再派一位新的宣教師來臺。這就是馬偕例假年深月久未到，使他晝夜不息操勞的一大原因。

還有一個原因，是馬偕的個性導致的，原因如下：

公元一八八五年五月十七日，馬偕在北部教會中已封立兩位有才幹的本地牧師。依照一般北部教會歷史研究家所認爲的，當馬偕第二次例假回國時，或回國中途，北部教會已有六十間並有六十位傳教者，信徒有二千六百四十一位（事實上不止這個數目。暫時讓筆者也相信這些數目），而且當時北部教會已經有二十一年六個月的歷史。

馬偕例假回國，而且北部教會也暫時沒有讓他有掛慮的地方不是嗎？當時北部教會不像荷蘭據臺時代，教會全是原住民，且當時北部教會有一半是優秀的漢人，另一半是準漢人（即平埔族），僅有少數的熟番，即使馬偕不在北部，例假回國應不會有什麼可怕的事情發生。

教會是上帝的。清法戰爭，法軍犯臺，臺灣北部遭受到很大的逼迫，南北宣教師們因英國領事的命令，都前往香港避難；南北教會有沒有因大受逼迫，心驚膽落而不能恢復嗎？總而言之，馬偕依故郭水龍牧師（即馬偕的門徒，也做過神學院的教授，也是牧會過許多教會的牧師）的批評說道：「馬偕是獨裁主義者，都是自己裁決。雖然有別的宣教師，但也沒有權利可以和他共同辦理，只好做閒人。」[5]

筆者非專門研究馬偕的人，也不是他的門徒。先父在筆者未出生之前，可能在馬偕那邊讀一年或半年的書，即受派往偕醫館作傳道師，然後再回神學院讀書，當時已屬吳威廉牧師的時代了，所以先父一點兒都沒有傳述馬偕的事情給筆者聽，因此筆者不敢使用「獨裁」這兩個字。

不過筆者最感遺憾的是，馬偕第二次例假時，北部教會已有二十一年六個月的歷史，並有兩位本地牧師，六十間教會和六十位他親手造就出來的傳教師，還有二千六百四十一位信徒（領洗者），且信徒都是漢人和準漢人，居然還未能使北部教會自主辦理自己的教會，甚至一直到他逝世時（教會已經有二十九年的歷史），教會數目也已經有八、九十間，卻還未使臺灣北部教會自立。因此，第五位宣教師吳威廉牧師和家眷於公元一八九二年十月二十三日抵達淡水，馬偕要回國例假也回不去，因爲吳牧師需要半年左右的時間學習當地語言，也要明瞭臺灣教會的情況，因此馬偕才會延遲三、四年——於公元一八九三年八月十八日做第二次的例假。馬偕例假期間，全北部教會的責任才由吳威廉牧師和本地傳教者負責。（筆者註：馬偕第二次例假將回國前，他的門徒，即傳道師們，以銀子一百元送給馬偕餞別，他不肯收，並說，「用這錢再設法建立四間教會，因爲現在有五十六間教會，再設立四間禮拜堂，就成爲六十間禮拜堂。」這些話是馬偕親口說的，記載於公元一八九三年五月一日的日記裡。）但怎麼有人說，當馬偕第二次例假回國時，北部教會六十間，傳教師六十位，信徒數二千六百四十一位？《臺灣遙寄》第三三五頁至三三六頁的統計表是大概的，因此使用那兩個統計表時，必須很小心使用。

比方說，上述的同一事件有二種不同的記事，都是由馬偕親筆的資料而來的。《臺灣遙寄》是馬偕提供自己的日記摘要（不是全部）及其他資料給他的知己（非在臺灣的加拿大人）編輯而成書的。那位編輯是報社的主筆，也是學問高深的博士，而且印刷前也經由馬偕親眼看過，所以書中所寫的事件大概可以相信，可是事件的連接，事件發生的前後、日期、數字和統計等就有問題了。

當然這種缺點是要由忠實用功研究北部歷史的人才能知道的。編輯自己也說：「編輯工作逐漸進行，記事中顯示出不連續的間隙（筆者註：情節齟齬）時，再請馬偕增加材料補綴，原稿大部分寫成後，都由馬偕自己校正。」[6]編輯把馬偕給他的一大堆資料經過研究後，開始編書時，最頭痛的就是發現事件的情節有齟齬之處，連接不起來，所以再找其他資料來補充成書的。

比方說，公元一八九三年五月一日的日記寫著，七十個傳教者聚集歡送馬偕。當時每個傳教者除神學院二位教員、女學堂一位教員外，都駐任於禮拜堂。而同年八月一日的日記寫著，禮拜堂數目是五十六間。這種情節的齟齬要如何補綴？因此，讀《臺灣遙寄》時，要特別注意事情的前後，日期和數字或統計方面，因爲是用最適當的方法來補充的。

話說回來，馬偕第二次例假回國前，根據他的日記，公元一八九三年五月一日晚上，有七十位傳道師和神學生、女學堂的婦女和兒童們，聚集在理學堂大書院開送別會，參加者無論大小均含淚盈目。此後馬偕和家眷往各教會巡視，受各教會以打鼓、吹喇叭熱烈的歡送。

同年八月一日晚上，據馬偕的日記，在理學堂大書院，傳教者以本地牧師嚴清華爲代表，用銀一百元要給馬偕餞別。馬偕不肯收，再還給傳教者說：「用這筆銀一百元，再設法建立四間教會，因爲現時有五十六間教會，再設四間禮拜堂，就成爲六十間禮拜堂。」依照他前段與這段所寫的日記，他第二次例假，傳教者七十名，教會五十六所。其實依愚見所知道的，當時教會不止五十六間或六十間，而是八十四間。

據馬偕的日記，公元一八九三年八月八日，他和家眷至新店教會。教會和市街的領袖拿兩頂大傘歡送他們，並打鼓、吹喇叭歡送他們到新店溪的船裡，以便使他們坐船回淡水。

八月十四日，據馬偕的日記說：「在艋舺，有三百人來作禮拜，禮拜後他們送我們到船上。有二十六頂轎子、六人騎馬、八隊音樂隊，他們歡送我們到淡水，到住宅，並放鞭炮，很善意。」這件事在《臺灣遙寄》記載如下：

「艋舺市民的態度已經有很大的改變。我們於公元一八九三年將離開臺灣回加拿大去的前夕，有了確實的證明。有八個音樂隊行於前頭。其後旗幡、短旗、長旒旗。行列中依照華人的慶祝方式，大放鞭炮，五個領袖，一個城主，一個武官，兩個文官，三把具有三層大紅邊的榮譽傘列於我的前面。我坐在一個美麗而垂著絹絲線的轎中。轎後有六人騎馬，二十六頂轎子，三百步兵，我們就這樣在艋舺城遊行一番，接受眾人的敬意。我們到了艋舺碼頭，已有小汽船在等候著我們。信徒都停立而齊唱聖詩《我認救主無驚見羞》。我們上船時，信徒和非信徒均對我們報以熱烈的喝采。在船上，有二個音樂隊伴我們至淡水，且從船上送我們至住宅。在宅前，民眾遊行狂舞已達至極。」。[7]

在《臺灣遙寄》的記事和馬偕的日記所載的記事是同一個事件，可是日期不對。這件事的發生，在日記上是公元一八九三年八月十四日，而在《臺灣遙寄》是記載於公元一八九三年馬偕第二次例假回國的前夕，即八月十七日。因為據馬偕的日記，他是八月十八日離開臺灣回國的。可是讀《臺灣遙寄》時，關於日期、統計表的數目，甚至記事發生的前後情節，要用功研究和考慮之後，再作判斷才妥善。

八月十七日晚上，馬偕要離開臺灣的前夕，在理學堂大書院，又有淡水的外國僑胞歡送馬偕及其家眷的聚會。據馬偕的日記說：「外國人都來，和傳道、長老、執事、會友共三百二十六人。船長亞斯頓讀英語的祝詞，並送一支千里鏡給我，英國領事也上臺祝詞。傳道師也上臺讀祝詞。」馬偕的日記原本是由英文寫的，馬偕的兒子偕叡廉牧師以羅馬字翻譯爲臺語，是馬偕日記的摘要，而且是日記的一部分而已。因此，有時候意思不能很正確，而且是外國人翻譯的臺語，往往不能正確。

筆者不是說偕叡廉牧師譯錯了。是因爲他雖在加拿大出生，但自嬰兒時代就生長在臺灣，父親講英語，母親講臺語，雖會講兩種語言，但是翻譯文和講話是不同的。比方說，偕叡廉牧師翻譯外僑團體贈送他父親的一支「千里鏡」。事件是眞實的，翻譯也沒錯，因爲望遠鏡的臺語也叫作千里鏡。可是我們不知道那支「千里鏡」的性能、大小和外觀如何。這就是翻譯和講話不同的地方，並使我們知道翻譯工作是不容易的。翻譯「一支千里鏡」的事，現今在臺灣，依筆者所知道的範圍，有二種國語翻譯文：

在《臺灣六記》第一三四頁至一三五頁翻譯爲「一架大的望遠鏡」；在《臺灣遙寄》譯本第二四頁翻譯爲「望遠鏡」。前者的譯文使我們知道那支「千里鏡」是大的，後者連望遠鏡的數目都不知道，更談不上大小。馬偕寫下的英文日記是a magnificent telescope，前者的譯文比後者的譯文好得多，因爲我們就能知道那支望遠鏡是性能強大的，像船長在船上所使用的一支大望遠鏡。很遺憾的是，我們還不知道那架大望遠鏡的外觀如何。如果能譯爲「一支性能強而美麗的望遠鏡」時，雖然不是很完善，但是較前兩者的譯文好。畢竟馬偕的意思是要表達那支望眼鏡是美麗的、而且性能大，能觀察星辰的。要表示那架望遠鏡的大小、外觀和性能，以一句國語來表達，很難找到適當的譯語，更何況一位外國人，要把英文譯爲臺語啊！

很遺憾的是，筆者不能獲得馬偕整本英文日記。現今在臺灣只能看到馬偕日記的摘要，而且是日記的一小部分，以羅馬字譯爲臺語的，這使有意研究馬偕生平和北部初代教會歷史的人頗感不便。《臺灣遙寄》原書是北部教會歷史的一小部分，而且事件的前後，其連接、事件的日期、數目、統計表等，有些地方不明確，有些地方是由馬偕的記憶而來的錯誤，有些地方是編輯用編輯方式而來的事件顚倒。因此那些資料僅能讓我們知道早期北部教會歷史的一小部分而已，而且還有我們不知道的小錯誤或大錯誤。

話說回來，外僑團體贈送馬偕一架廣大而美麗的望遠鏡之外，還贈送馬偕一篇用正楷字寫在綢布上的送別辭：

謹致馬偕神學博士，於離開臺灣前夕，公元一八九三年八月十七日於淡水。

馬偕博士惠鑒：

我們聚集於此，當你將離開臺灣回國之際，祝你旅途平安，並對你過去二十年來在臺灣所創辦偉大的事業的成功，表示敬意。

我們平時不常表示自己的意見，但是我們很欽佩你，由於上帝的幫助，潛移默化我們周圍的華人，已獲得奇異的進步和偉大的成功，在華人基督教宣教史上，實無前例。

多年來，你獻身於此偉大崇高之事業，始終不懈，受到恩惠的人始終感奮，即使是您自思，也必定感到快樂和安慰。從你的努力宣教帶來各樣的恩惠，已足使任何人都敬佩讚嘆。經你的教導，使本地人和外國人之間產生友好關係，僅此亦足以令人誇耀。

我們仍然記得你初到臺灣時的情形，但如今，本地人的態度已大大改善，這大部分應歸功於你。當初對真理懷疑的人，現今已成為門徒親信，以致每一位外國人均可隨意到臺灣各處遊玩，全無受辱之擔心。凡曾出遊者，誰能忘卻駐立於各處清潔優雅的禮拜堂？凡曾在新店等地欣賞風景的人，誰會忘記本地人親切的笑容呢？這一切都是因你的教導和潛移默化而來的。

我們不僅對你的工作深感讚美和敬佩，且因本地人和外國人之間，原本有的嫌隙都漸漸因你而消除而獻上深深謝意。我們外僑全體亦認為和你有特殊的關係。你是我們信仰上帝的模範，尤其在我們遇到患難或死亡時，常受到你的安慰及援助，使我們因你的愛而更理解《聖經》真理。另外，遇有婚禮及其他慶喜時，你也常與我們同樂。因此我們都對你表示欽佩與感謝之意。

茲由臺灣北部之外僑團體、船長、軍官、工程師及在臺輪船代表，敬獻小小的禮物（筆者註：一隻性能強大而美麗的望遠鏡），作為紀念，聊表敬意。如果我們所奉獻的望眼鏡，使你更能明察「上帝每夜所表示的榮光」，而令你深覺快樂欣慰，那我們就因此感到榮幸了。」（筆者註：以下四十三名外僑的名字於此省略不譯。）[8]

由此可見，馬偕對任何人均一視同仁，不論外國人、漢人、平埔族人、熟番、南勢番、生番，在他的眼裡都沒有區別。特別是以前在外地的外國人，對自己的外國宣教師有點兒輕視之嫌，以致疏離，但馬偕卻和外國人非常融和，很關心他們，且傳道和服務他們。

八月十八日，馬偕與家眷將離開臺灣前，他們在宣教師吳威廉牧師的家裡聚集。吳師母唱聖詩《願主保護咱後會有期》時，大家淚眼汪汪地歡送他們到船上。洲裡教會的會友很多也去。當時送別非常熱鬧，如放鞭炮、放槍（禮炮）、奏樂隊。外國輪船「咖斯號」船長詹森放煙火。英國領事升旗。會友站在油車口（由淡水海關沿海岸向海水浴場走路四、五分鐘的地方）和八里坌（油車口對岸）放鞭炮、放槍。二艘煤煙船歡送到海港外。馬偕等人乘「海龍號」，十三位傳道師（天能、葉圳、嚴彰、葉順在內）和神學生同行至廈門、香港。過了許多日子，他們才回到臺灣。僅柯維思隨行至加拿大。

馬偕和家眷回到加拿大後，他到各處宣揚臺灣教會的消息，受到大家熱烈的歡迎。公元一八九四年六月十三月被加拿大長老教會總會選為總會議長。當總會最後將閉會時，馬偕說：「對於上帝完全的話語，人當以不搖動的忠實來面對耶穌基督，以不害怕的忠義，我們當向前順服聖靈。」然後請雷得博士作閉會的禱告，可是雷得博士眼淚直流，所以馬偕便自己禱告閉會。

雷得博士對馬偕宣教開拓偉大的功績，受到了很大的感動而哽咽，眼淚直流，不能出聲禱告。馬偕實在是一位對臺灣北部教會開拓動業不朽的宣教師。

馬偕擔任一年加拿大長老會總會議長，任滿即和家眷於公元一八九五年十月十六日從溫哥華港乘船，並於十一月十九日再度回到淡水。北部教會很高興他們再回到臺灣，可是馬偕眼看教會因日本侵臺而喪失許多會友、損失許多教會的財物，憂心如焚，隨即往訪駐臺的日本乃木將軍處申訴教會的遭遇，又立刻開始教會復興的工作，各處巡視教會，安慰和鼓勵會友。他時常和吳威廉牧師、本地牧師嚴清華、陳火及教會長老們商討教會事宜。

茲將馬偕於第二次例假回國時的北部教會數目例舉於下，以資參考（公元一八九三年八月十八日爲止）。

一、馬偕第一次例假回國時，已設立的教會名稱列舉於前（本節之二），於此不重複。其數目共計二十二間。

二、馬偕第二次例假回國時，已設立的教會，依設立順序，列舉其名稱如下：（北部和西部地方的部分，依設立年代的順序）水返腳、新莊、板橋、中港、社後、坪頂、新社、中壢、後壠、桃仔園、頂雙溪、龜山島、月眉、大科崁、貓裡（苗栗），北投、南崁、土牛、圓窟、士林、灰窯仔、大湖口等共計二十二間。

三、噶瑪蘭平原地方部分，共計四十二間。請參看本書第四卷十四節末段教會名稱。

四、東部奇萊平原地方部分，共計三間。請參看本書第四卷十九節。

由此可見，至馬偕公元一八九三年第二次例假回國前，在北部二十一年之久，與其門徒們所設立的教會總共計八十九間。但其中要扣除三重埔（南港）教會一間，因公元一八八二年一月二日廢止；並後埔仔教會一間，因公元一八八二年三月十九日新莊教會成立時，教會名稱改爲新莊。

據馬偕於公元一八九三年五月一日的日記，當馬偕在理學堂大書院被大家歡送時，七〇位傳道師赴會，花蓮港和噶瑪蘭平原等交通不方便的地方，有多少傳教者沒有去赴歡送會，不得而知，因爲日記僅記錄去赴會的傳道師而已。

當時信徒數目多少呢？有人說，第二次馬偕例假時，信徒是二千六百四十一位。筆者才不相信。其理由如下：

一、自公元一八八三年至一八九〇年，馬偕和嚴清華本地牧師僅於噶瑪蘭平原，依不齊全的資料統計就曾施洗過二千八百零四人。

二、自公元一八七三年二月九日，即馬偕在北部頭一次爲五位本地人在淡水教會施洗起，至一八七九年十二月二十六日（馬偕第一次例假回國的日子）止，於北部和西部地方的信徒是三百人。這是可靠的數目，因爲教會數目少，容易計算。

三、第一次例假前設立二十二間教會，第二次例假前，約十二年中間，又在西部和北部地方設立二十二間教會，因此，第二次例假前在北部和西部已有四十二間教會（因爲扣除一間廢止，一間新發展而改名稱的）。這四十二間教會於馬偕第一次和第二次例假的中間，約十二年之久，增加多少領洗的信徒不得而知，因爲馬偕在北部宣教二十九年之久，沒有給北部教會自立、自治，沒有中會，沒有記事簿冊，僅他自己有日記，除臺灣北部教會能獲得他全套的日記之外，沒有人確實知道當時的信徒數目。

四、東部奇萊平原（花蓮地方）頭一次去的時候，五百位平埔族人悔改除掉偶像，宮廟獻爲教會，並派三位傳道師駐在三間教會。馬偕等人第二年再去宣教，即公元一八九一年五月中，第三年又去宣教，即公元一八九二年五月中，他一定施洗過。有三間教會，沒有信徒才怪？

馬偕第二次例假於公元一八九三年八月十八日離開臺灣回國時，信徒數目應該是超過二千六百四十一名很多才對。

據愚見的推測（因為沒有確實的記錄，所以根據一部分的事實來推測，尚不致至太荒唐。）如下：

（一）在噶瑪蘭平原的教會，每間教會每年平均領洗者十位，不包括未洗禮者的信徒死亡三位。在噶瑪蘭平原的平埔教會每間、每次受洗者都二、三十位，至少十數位。自公元一八九〇年（當時受禮的全信徒數二千八百零四人）起，至馬偕第二次回國的一八九三年八月十八日止，據他的日記，他和門徒去過三次。當時教會四十二間，其增加信徒數的計算即十人乘以四十二乘以三等於一千二百六十人，馬偕在該平原初次施洗是在公元一八七三年，至第二次回國是十年之久，其領洗的信徒數死亡數計算，即三人乘以四十二乘以十等於一千二百六十人，因此該平原的信徒數還是二千八百零四人。這數目不是舊的，而是新陳代謝後的數目。

（二）北部和西部的教會，每間、每年平均領洗者為六位，每間平均死亡三位，教會數確實四十二間，當馬偕第一次例假時有三百位信徒（這也是確實）。他自公元一八七九年十二月二十六日第一次例假回國起，至第二次例假於公元一八九三年八月十八日回國止，此期間確實十四年四個月餘，信徒的增加和死亡的計算即三人乘以四十二乘以十四等於一千七百六十四人的增加。

（三）噶瑪蘭平原信徒數二千八百零四人。北部和西部地區信徒數三百人和增加一千七百六十四人，共計四千八百六十八位。如果再扣除一千位爲移動往南部的、死亡的，還剩下三千八百六十八位。這是筆者的推測而已，但非全無根據。是推測，如沒有證實，還不能爲準。

（四）花蓮方面還有三間教會，一定有信徒，多少不得而知。

註釋

1 舊約聖經利未記第二十五章一節—一七節。
2 新約聖經馬可福音第二十五章二十九節。
3 G. L. Mackay, From Far Formosa, 1896, PP. 291-292.
4 郭水龍隨筆，北部教會史實，一九六九年，第四章手寫。
5 Ibid. op. cit. Chap. 6; Chap. 13.
6 G. L. Mackay, Editorial Preface P. 4.
7 G. L. Mackay, op. cit. PP. 170-171.
8 Ibid. op. cit. PP. 321-323.

22 宣教與教育

馬偕在北部開始宣教時，便很重視教育。約二千年前，我們的主耶穌基督在世時，曾做過傳教、教育和醫療的工作。馬偕學習耶穌也做這三項工作。關於教育，馬偕曾設立神學校、女學堂、義塾和夜學。他既不是專門宣教、而與教育沒有關聯，也不是專門辦教育、而與宣教沒有關聯，而是在於馬偕的宣教與教育是不能分開的密切關係。

流動學校

人是複雜的高等動物。怎麼稱人是複雜、高等的，又是動物呢？因爲人是有動物的肉體，而且具有一般動物所沒有的知、情、意和靈魂。因此，筆者稱人爲複雜的高等動物。有肉體而沒有靈魂，是下等動物而已，有靈魂而沒有肉體是善靈或惡靈，即鬼魂而已。具有肉體和靈魂，而沒有知、情、意者，是像白癡的人而已，不過有些人，像野蠻人，不講理、不講情，到處傷害人的也多得是。耶穌在世時，救人的靈魂、醫治人的肉體、教導人要有智慧、愛情和意志。耶穌臨世是要救全人，不是救人的一部分。總而言之，耶穌要救贖全人，因此做宣教、教育和醫療的工作。這三項工作，在於耶穌是結合無間的，所以馬偕學習基督做這三項工作。

馬偕於公元一八七二年三月九日抵達淡水，可是還沒有開始宣教。他陪送南部宣教師李麻牧師等人回到臺中地方的內社、大社、埔社，於四月六日再回到淡水，暫住在英國商人約翰·陶德先生的浴室，四月十日租到房屋，四月十三日遷入所租的房子，由四月十四日起，便以臺灣話開始佈道，並於四月二十日就開始使用臺語及漢文與讀書人以及一位舉人討論儒、道、佛、基督教等的宗教問題。馬偕首先抵達臺灣打狗（高雄），在二個多月中，已學會漢字約一千字的字音與其臺語簡單的意思，並學會二百一十四字的字典部首和臺語的八音，所以於四月十三日在淡水遷入所租的房子裡，翌日就能使用臺語講道。此後他常常往砲臺埔找牧童，是要學習普通人所講的語言與矯正他所學習過的臺語音以及增加語言的範圍。

有一位來臺約四十年的加拿人宣教師，臺語音的「道德」還是發音成「妥德」，不過可以從全句話了解其意思。許多寫北部教會歷史的人，誤會馬偕首先是和牧童或他的廚師學會臺語後。才會講道或宣教。這大概是從三項原因而來的，一、研究資料不夠。二、誇張馬偕抵達淡水，在很短的時間內和牧童們學習臺灣話之後，便能講道宣教。三、僅在短促間，看些資料，而不夠時間思考和研究等。

公元一八七二年四月二十五日，阿華去當馬偕的雜役時，他就開始教導阿華認識羅馬字。這是馬偕神學校教育的開始。其實阿華於四月十九日首先訪問馬偕時，他整夜不能睡覺，他爲阿華禱告上帝，使阿華悔改信主，將來成爲本地牧師負責自己的本地教會。馬偕一方面教導阿華聖詩、《聖經》、十誡、主禱文等，另一方面於四月三十日起，便帶阿華外出學習宣教實際工作，五月八日又增加一科「地理」課程。六月一日開設一間教會醫館時，再增加一科「醫學」的課程。阿華是個聰慧的青年，到六月初就已經學會調劑、世界歷史的一部分、十誡、主禱文、許多首聖詩歌、以羅馬字寫信、創世記、羅馬書、漢文、宣教實踐工作等。

同年六月十日，南部教會信徒許銳從臺南府去作馬偕的門徒，因所知道的不多，所以馬偕另外教導他。同年十月五日，王長水、林孽以及十月二十八日陳火和其弟陳能也進入神學校。當然那時沒有神學校的名稱，可是實際上是神學校，因爲已有教神學的老師，也有神學生，也有學舍，據馬偕於同年六月十五日的日記說：「我的房子如今變成禮拜堂，醫館和學校，並有神學課程。」同年十月二十九日吳寬裕、劉求也進入神學校。不過吳寬裕的母親不肯，因此，時讀時請假，至馬偕治癒吳寬裕妹妹的病症後，十一月中，吳寬裕的母親才讓他專心唸神學。至公元一八七二年末，馬偕的房子還當作神學校的校舍，偶爾率領門徒外出做短期的宣教實踐工作。

公元一八七三年起，馬偕的門徒增加，宣教地區擴張，並需要在一個地方逗留許多日子再轉向他處，因此原本在房子的校舍就改爲榕樹下、竹林蔭下、行路中、路邊的草寮、別人的家、露天、山中、禮拜堂、海邊等處，變成流動的神學校。門徒隨便來、隨便收，課程也沒有一定的系統，而且沒有學制。如有教會設立，依其需要，即時派遣門徒中較適當的人出去駐堂傳道，經過一年半載再回來深造，調換別的門徒去駐堂。

馬偕在開始宣教的十年間所養成的門徒有二十一位，其他還有半途退學的不在此數。這二十一位門徒，姓名記載於本書第四卷第十七節末，所以在此省略。他們的課程以《聖經》爲主，其他要學習史地、理化、數學、動植物、地質、照相術、天文、醫學、解剖、藥物、音樂、體育、系統神學、教會史、教義問答、宣教實踐工作和醫療實習等。因爲課程多而廣，所以門徒大概要回來深造四、五次，一次的深造時間要一年或半年。

理學堂大書院

馬偕第一次例假結束，於公元一八八一年十月二十一日將離開加拿大返回臺灣之前，自己的故鄉安大略省牛津郡奉獻美金六千二百一十五元交給馬偕帶回臺灣，建築一間理學堂大書院，即當時的神學校。其大小、建築位置、落成典禮、首次開學時期、招生方法，十八位學生的名字、教員、學制、學科、教學方法、校風等等，都記載在本書第四卷十七節第四項，茲不再贅言。

公元一八八二年十八位學生入學，全部都畢業作傳道師。

公元一八八三年二位學生入學，即嚴彰、柯維思，都畢業作傳道師。

公元一八八四年至一八八五年十七位學生入學，十三位畢業作傳道師，但終身爲傳道師者，即夏芥辣、澎宏年、張日新、李任水等。

公元一八八六年至一八八七年十二位學生入學，七位畢業作傳道師，但終身爲傳教者只林三其。

公元一八八八年至一八八九年十一位學生入學，全部畢業作傳道師。曾恩年邁退休。林清火終身爲傳教者。

公元一八九〇年至一八九一年二十三位學生入學，二十位畢業作傳道師。但終身爲傳教者，即高福、偕明珠、李茂夫、郭春木。[1]

以上爲馬偕時代的神學校。看上述的統計，會發現有許多傳教者不能終身爲傳道師，其原因據故郭水龍牧師說，是因爲馬偕時代的傳教者經濟非常的困難。[2] 因爲是宣教開拓時代，本地教會還未能自養、自治、自傳，完全依靠差會一點點薪水過活，若不會兼業的傳教者或家裡沒有財產的傳教者，若不轉業就不能生活。

女學堂

一百多年前，臺灣是男尊女卑的時代。女子自出生至長大、出嫁時，甚至出嫁後都受盡許多不當的束縛。本書第四卷第一項已經詳細地描寫過，在此不再贅言。馬偕爲要解放這些在痛苦中的婦女，因此公元一八八三年在加拿大長老會婦女國外宣道會婦女們的捐助下，於公元一八八三年末建造一間女學堂，並於公元一八八四年一月十九日舉行落成典禮。

開學是同年三月三日，可是當時入學的婦女只有三十四位而已，甚至多半是宜蘭地區的平埔族。漢人的女子很少去就讀，因爲昔時臺灣還未開化，雖然就學免學費，而且女學堂還負擔學生的旅費、伙食費、宿舍費、服裝費，可是漢人不喜歡女子外出讀書。因此，女學堂就有餘力讓傳道師夫人和老一輩的婦人入學讀書。之後，其中有人就被派往禮拜堂做婦女傳道的工作。[3]

因經營費用無幾，所以只僱用本地人一位為女舍監及一對傳教者夫婦住在校內為教員。據馬偕的日記，大概是傳道師葉順夫婦吧？理學堂大書院的教師也去幫助教課。[4]因為女子去就讀的很少，所以之後就招募傳道師夫人或較老輩的婦人去就讀，因此，她們往往帶信徒的女兒、自己的女兒、親戚的女兒一起去，使女學堂在一學期之中，曾有八十位之多的學生。

婦女們在女學堂所接受的課程是閱讀、寫字、唱歌、《聖經》地理和歷史、教義問答、教授法及其他。「閱讀」這一門課，除教些中國文字以外，多屬於臺語羅馬字之習讀。自建設該女學堂起，十一年之間，由該學堂受派去工作者已達到一百個小鄉村。[6]她們受派的工作是探訪會友，教會友羅馬字，使會友能自己閱讀《聖經》，教會友唱聖詩，偶爾對未信的婦女傳福音等，此貢獻對於當時的教會來說甚大。這間女學堂於馬偕逝世後不久，即公元一九〇七年就改為專收十二歲以上的女子，使她們有機會獲得普通的學問和《聖經》的教訓，另外為造就婦女傳教工作人員即再另設婦校。

義塾

馬偕曾設義塾免費教導兒童。當時還沒有國民學校，只有家塾或教學的先生所開辦的私塾。馬偕所開辦的學校是沒有收學費的，所以稱爲義塾。公元一八七四年設有三間義塾。每間義塾有一位教員。至公元一八九〇年已設立十五間義塾。全部有四百位兒童。[7] 義塾都設在各地方的禮拜堂。上課自禮拜一開始至禮拜六爲止，但是禮拜日要到禮拜堂去學習唱聖歌、羅馬字的教義問答與背唸《聖經》，好像主日學，但是當時還沒有主日學這個正式的名稱。

義塾的課程是漢文、史地、算術等。義塾是當時社會與教會的橋梁。兒童的父母往往來教會聽道信福音，兒童於禮拜日在教會受宗教教育，長大信主者也不少。據馬偕的日記說，淡水禮拜堂設義塾是在公元一八九一年八月一日。八里坌教會的長老汪式金也曾作義塾的教員。有一位聞名的教員是李種松，他曾教過崙仔頂教會和洲裡教會的義塾，此後他考中秀才，而轉任爲神學校的漢文教師。[8]

夜學

馬偕爲讓老婦人及貧窮的女子學習《聖經》和教義，因此在他自己的房子裡設夜學。不僅在淡水地方，甚至有的人是來自數十公里的遠方，攜帶米及其他食物去住宿於女學堂的宿舍，參加夜學。有的唸一星期，有的唸一個月才返回故鄉。夜學年中不停，使馬偕每夜不能早此安靜休息。[9] 可見馬偕一方面宣教，一方面也非常重視教育。

註釋

1 北部臺灣基督長老教會傳道局發行，羅馬字版，北部臺灣基督長老教會的歷史，五八頁。

2 郭水龍牧師隨筆，北部教會史實，第七章，一九六九年手寫。

3 北部臺灣基督長老教會傳道局發行，op. cit. P. 63.

4 G. L. Mackay. From Far Formose, 1896, P. 305.

5 Ibid. op. cit. P. 306.

6 Ibid.

7 北部臺灣基督長老教會傳道局發行，op. cit. PP. 44-44.

8 Ibid op. cit. P. 55.

9 牧尾哲編，臺灣基督教傳道史，九六頁。

23 基督教醫院

馬偕在北部開始宣教時，不僅很重視教育，同時也非常注重醫療工作。他學習耶穌在世時做傳教、教育和醫療的工作，他也做這三項工作，並創辦基督教醫院，目的是爲了除去病人的痛苦，傳福音使他們獲得上帝的拯救。

馬偕開始醫療宣教

在本書第一卷第二節「狂風中的燈火」中的後段已說過，在一百多年前，臺灣的衛生環境很不好，易於生病、又沒有醫院。當時雖有中醫師，但是沒有中醫學校，所以只是接受醫學知識和實習，憑祖傳或自己的經驗而已。加上當時的人很迷信，以爲生病是由於沖犯鬼神而來的，因此，往往依靠巫醫，以符咒治病，或問神託佛、吃香灰，因此而喪命或延誤治療時機，使得許多病人在痛苦中掙扎，而後喪命。

當時內外科病症的種類與現在一樣，什麼都有。不過最恐懼且最普遍的疾病，在當時是瘧疾，還有水土和氣候不合而來的熱症，牙疾也是非常普通的疾病。

關於馬偕藉醫療宣教的事情，請參看本書第四卷第五節。馬偕開始宣教，差不多同時也開始醫治病人。其一、幫人拔齲齒，其二、西醫式的診病和施藥。他在巡迴宣教時都以這兩種類的方法兼施。爲要入院的患者，或需要診治的人家和教會有一個關聯，馬偕首先將自己所租的房子充當醫療所和禮拜堂，當然那也是他的棲身之處。

公元一八七二年六月一日，馬偕在日記說：「如今我也診治病症，並且開設醫館，我到村莊裡去找患者，帶若干患者來到我的醫館。晚上六十位患者來參加禮拜，很注意聽道。我講完，阿華也做見證。」醫館既設，又到村莊裡去勸患者就醫，並免費診治和施藥，患者就到他的房子，就是禮拜堂也是醫館。

據馬偕六月五日的日記說，才經過四天，就有二十位患者去求醫。因爲當時還不知馬偕的爲人，並且當時有人嫌惡洋鬼子，所以當時二十位患者去求醫算是不少的數量。爲著需要住院的患者，馬偕另外用竹搭一間房子給住院患者使用。馬偕的工作加重了。宣教、教導門徒的課程、診治患者並調藥、晚上講道。

當時門徒只有阿華一人。六月十日，臺南府南部會友許銳到淡水去幫馬偕做雜役兼作門徒。馬偕診治患者僅託阿華調劑藥品。六月十一日起至十五日止，馬偕日記裡說：「每天看病人，調劑醫藥給他們並治好若干人。有一個人來住院幾天。他聽到我們所讀的，便說要再來。晚上的禮拜都有幾十人，有時候八十個人。我的房子如今成了禮拜堂、醫館和學校。」

同年六月二十一日，淡水洋行的醫生富蘭克林去幫忙馬偕診治患者。據當日馬偕的日記如下：「洋行的醫生富蘭克林來幫助我，我給他五十元美金，並向他買些藥品。以前病人未曾親身接近過他。」當時五十元美金好像可以建築二間普通大的禮拜堂。（因爲馬偕第二次例假前，傳道師全部籌集一百元美金贈與馬偕爲餞別金，馬偕不收，並說用那一百元美金再建設四間教會，可見五十元美金給富蘭克林醫師當作謝禮是非常可觀的。）馬偕的醫術高明，於同年八月二十三日替一個孩子開刀，割掉長在手裡大如人頭的瘤。

吳寬裕於同年十月二十九日去作馬偕的門徒，因其母親反對，所以時讀時請假。同年十一月，吳寬裕的妹妹患病，問神託佛，請司公（即道士）去趕鬼驅邪，並請中醫。錢花光了都沒有功效。馬偕和阿華帶藥物去探訪，並爲她妹妹診治，終於治癒。吳寬裕的母親才讓寬裕去作馬偕的門徒。此後吳寬裕一生作傳道師。可見「服務人」對傳教的協助是非常的重要！

據馬偕於公元一八七二年十二月一日的日記，患者去醫館領藥時，馬偕的門徒向他們傳福音。因馬偕的醫療宣教工作而信主的人也有；雖不信、但對基督教不反對的人也有；雖還未信，但因獲得馬偕的診治和施藥，而當馬偕等人在宣教時遭遇欺侮時勇敢擁護他們或排解的人也不少。

因醫療和宣教的合作，效力那麼大，那麼重要，所以馬偕也教導門徒醫學，使門徒駐任於各禮拜堂也做醫療宣教。醫療宣教在臺灣的南部教會早已開始，在世界傳道史上，這種傳道方法很早就有。不！耶穌基督首先便開始了這種傳道方法。

馬偕自從到淡水，經過一年後，診治過一千零二十三位患者，拔了六百八十位齲齒患者的牙齒。

租屋爲基督教醫館

馬偕自公元一八七二年四月開始宣教起便開始診治患者，直到六月一日，他在自己棲身的房子裡分爲禮拜堂、診所、學校（教門徒）三部分，也搭竹屋當作病房，並致贈謝禮給洋行的外國醫師富蘭克林，也向他買藥。

患者多了，禮拜人數也增加了，馬偕自己也要有安靜的地方居住，因爲這些理由，公元一八七三年五月五日，馬偕就在撓仔街租屋作爲醫館和禮拜堂之用，離開他自己的棲身之屋，並請淡水港邑的外國洋行一位固定的醫師林格，[1]去幫忙並負責診治患者。馬偕除了每日做林格醫師的通譯，也傳授醫學知識給門徒，並率領門徒到醫館去幫忙及學習。很多患者去找林格醫師看病，馬偕也覺得林格醫師非常可取，因爲他醫術高明，奉獻精神也旺盛。洋行的外國人都贊成這項善舉，所以第一年，他們贈與醫館二百七十二元美金。第一個月的患者一百三十位，全年的患者，初診五百九十三位，複診五百三十五位。[2]林格醫師工作到公元一八八〇年爲止。

宣教師華雅各醫師來臺

加拿大長老教會國外宣道會鑒於馬偕一人在臺灣北部宣教、醫療並養成本地傳教者會過於忙碌，而且宣教工作的機會良好，必須再擴張以盡教會的使命，就在公元一八七四年十月指派宣教師華雅各醫師、也是牧師來臺，協助馬偕的醫療工作，但不是作基督教醫館的負責人。醫館的負責人及醫療工作還是託林格醫師。華雅各醫師是在加拿大長老教會總會服務許多年的諸書記中之一的華神學博士的兒子。華雅各醫師畢業於神學院，再實習二年的醫學。[3]

公元一八七五年一月二十九日，華雅各醫師和家眷入港。翌日，馬偕等人下船迎接他們，安排他們暫時住在淡水鼻仔頭。馬偕暫時遷移到廣興隆（東洋館西鄰）的左邊宿舍，直到在砲臺埔新建二棟房子，馬偕和華雅各醫師兩家各住一棟為止。

華雅各醫師不僅在醫館診治患者，有時也往各地去巡迴診治患者。據馬偕於公元一八七五年二月至三月中的日記所載，馬偕等人在三重埔（南港）宣教時，三十五位患者去看病。翌日有四十位，此後不久有四十五名患者去求醫。馬偕即請華雅各醫師和門徒王長水去三重埔協助宣教和診治患者。

華雅各醫師來臺後、馬偕等人在巡迴宣教中，仍然一邊診治患者，另一方面宣教。在淡水的醫館還是林格醫師負責與診治患者。如果沒有後來發生的意外，北部教會的發展一定很可觀的，因為華雅各醫師是神學院畢業的，也是正式的醫師，而馬偕是神學院畢業，再深造過醫學的牧師，雖不是正式的醫師，但醫學知識高深，臨床經驗也相當豐富；兩人在醫療和宣教合作時，其力量很大，而且當時醫療宣教的機會非常的好，可是世上往往好事多磨。公元一八七七年十月三日上午零時半（即深夜）華雅各醫師夫人別世，翌日葬於淡水。華雅各醫師來臺僅二年八個月，最後同年十月十日帶著兩位喪失母親、可憐的女兒回加拿大。這對於馬偕和北部教會，都是損失了一位宣教開拓時代很重要的大人物。

後來在淡水基督教醫館，林格醫師還是繼續負責幫忙。

公元一八七八年，傳道師們診治過患者的數量是一千四百五十六位。馬偕診治過二千九百一十六位，並拔齲齒一千四百三十六位。

公元一八七九年三月十五日，馬偕買建醫館的土地，同年九月十四日，在淡水建築一間新的醫館竣工並舉行開幕典禮，會友和醫館的助手們都去參加。宣教師閏虔益牧師讀《聖經》，馬偕講道。

雞籠基督教醫館

公元一八七九年五月五日，馬偕等人在雞籠宣教時，曾請雞籠洋行的外國醫師曼醫師去幫助診治患者及開刀。據馬偕的日記說，在雞籠醫療宣教的機會也很好，因此，他於同年五月十八日在雞籠開設一間基督教醫館，並請曼醫師負責幫忙。據馬偕於公元一八八四年八月十八日的日記所載，法國侵臺之中，中國傷兵到他在雞籠所設立的醫館治傷。船裡的醫生去幫忙。這間醫館以後如何？不得而知。

偕醫館

美國密西根州南部的城市底特律有一位船長馬偕夫人，贈與馬偕美金三千元，希望馬偕建築一間偕醫館，以紀念她的丈夫船長馬偕。關於這間偕醫館，在《臺灣遙寄》裡，馬偕說：「有一間具有多間病房及各種必要設備的醫院。起初我僅有一個房間，但是在公元一八八〇年爲著建醫院的目的，以三千元美金的經費，建造了一座宏大而便利的建築物，是底特律的馬偕船長夫人爲紀念她的丈夫船長馬偕而捐贈的金錢。該醫院現在名爲偕醫館。」[4]船長馬偕夫人還捐贈五百元美金給馬偕，在新社建築一座宏大而美麗的禮拜堂，爲紀念英國長老會派往中國大陸的世界偉大宣教師賓威廉牧師。馬偕畫藍圖，陳火牧師監工，竣工時，經費絲毫無差。[5]

淡水基督教醫館由林格醫師負責至公元一八八〇年爲止，自公元一八八〇年起，偕醫館由洋行的外國醫師約翰遜幫忙，至公元一八八六年爲止。此後，自公元一八八六年至一八九二年洋行的外國醫師禮德幫忙負責。洋行外國的醫生自公元一八八六年繼續負責偕醫館至一八九二年爲止。據馬偕於公元一八九〇年一月三十一日的日記，洋行的外國醫師安基爾去偕醫館幫忙，作禮德醫師的助手。安基爾醫師自公元一八九二年起，繼續禮德醫生的工作，負責偕醫館的全部責任。馬偕說：「安基爾醫師擔任這重要任務，他也和前任者們一樣，都不惜犧牲時間，爲宣教作極有效率的服務。」[6]據馬偕的日記，洋行的外國醫師魏金遜去幫忙偕醫館的工作，那是在公元一八九七年一月五日。可能他是繼續安基爾醫師負責幫忙偕醫館的工作。

清法在淡水戰役中，清國負傷兵都收容在淡水偕醫館。當時的醫師是約翰遜，英艦「金龜子號」的軍醫布羅恩也去幫忙醫治負傷兵。因此，公元一八八四年十月十九日，中國淡水砲臺防備司令孫開華提督親自到偕醫館去銘謝。[7] 當時馬偕已離開臺灣前往香港避難。據馬偕的日記，公元一八九二年三月二十九日，中國政府請一位代表攜帶一百元美金去贈與偕醫館，可見偕醫館的工作不僅受民眾的頌讚，而且政府也了解偕醫館的工作，對於民眾、軍兵和國家有很大的貢獻。

據馬偕的日記，公元一九〇〇年四月二十五日，偕醫館獲得日本政府的職業許可。馬偕一方面在神學校教其門徒醫學，一方面在偕醫館給他們有實習的機會，並時常率領他們去巡迴醫療佈道。因此，門徒之中，在醫學方面有幾位較出色的，即陳能、郭主（筆者註：此後改稱爲希信）、林清火、柯新約、陳錫、林有能等獲得醫師執照。[8] 即使是沒有執照的門徒也都學會些救人的技術，例如柯維思先生，當馬偕躺在病榻中吃葡萄，哽在咽喉，約五分鐘不能呼吸、顏面變黑時，他施以人工呼吸，使那粒葡萄在呼吸開始一剎那吞下去，使其起死回生。又，門徒林孽在紅毛港時，把吃鴉片自殺將死的人，浸在水中，救他一命。[9] 馬偕成百的門徒在各地禮拜堂以診治施藥，全體所救的患者之例不勝枚舉。

茲將馬偕時代的醫療成績與醫館的醫師統計列表於後，以窺其一斑：

一、初診與複診的患者

(1)公元一八七二年六月：二〇位。首次開基督教醫館時。

(2)公元一八七二年全年：一千零二十三位。馬偕在巡迴時和在醫館裡。

(3)公元一八七三年全年：一千一百二十七位。在淡水基督教醫館。

(4)公元一八七五年全年：三千位。馬偕在巡迴時和在醫館裡。

(5)公元一八八一年全年：五千一百二十八位。在偕醫館。

(6)同年全年：一千二百一十三位。傳教者們在禮拜堂裡。

(7)公元一八八四年（因負傷兵在內，無法計算其數。）在偕醫館。

(8)同年（因負傷兵在內，無法計算其數。）在基隆基督教醫館。

(9)公元一八九〇年全年：一萬一千六百八十位。在偕醫館。

(10)馬偕在臺一生給人拔齲齒，三萬顆以上。[10]

(11)本地傳教者們在馬偕時代給人拔齲齒，合計也有三萬顆（筆者推測）。

二、醫師與其工作期間及服務地方

(1)富蘭克林醫師：公元一八七二年六月至一八七三年五月，在基督教醫館。

(2)林格醫師：公元一八七三年五月至一八八〇年，在基督教醫館。

(3)華雅各醫師：公元一八七五年一月三十日至一八七七年十月十日，巡迴時與在醫館。

(4)曼醫師：公元一八七九年五月五日—？，在雞籠醫館。
(5)約翰遜醫師：公元一八八〇年至一八八六年，在偕醫館。
(6)禮德醫師：公元一八八六年至一八九二年，在偕醫館。
(7)安基爾醫師：公元一八九〇年至一八九七年一月，在偕醫館。
(8)魏金遜醫師：公元一八九七年一月至一九〇二年，在偕醫館。
(9)馬偕：公元一八七二年六月一日至一九〇〇年六月十日，巡迴時與在醫館。
(10)馬偕的門徒：公元一八七三年至一九〇二年，巡迴時、在醫館與在禮拜堂。

從列表看，醫療的醫師很多，但其實除馬偕與其門徒之外，每年的醫師可說是一位而已，因爲一位離開再補充一位。

偕醫館的問題

首先，在《臺灣遙寄》裡，馬偕說，偕醫館是公元一八八〇年建築竣工並使用，是底特律的船長馬偕夫人捐獻三千元美金建造以紀念她的丈夫船長馬偕的。但公元一八八〇年適逢馬偕例假歸國中，向來初代北部教會一切的問題，尤其建設的工程事件，一向都由馬偕處理，他不在，又怎麼會建造那間如此宏大的偕醫館呢？因此，民國六十年五月，臺灣神學院畢業論文中，有一篇論文的作者推測，馬偕結束他的例假於公元一八八一年十二月二十九日返回淡水時，直到公元一八八二年才計劃與建築偕醫館，並於公元一八八三年某月才開幕啓用。

筆者不敢反對他的推測，因爲這間偕醫館的建築時期對筆者根本是個謎。例如船長馬偕夫人捐獻美金三千元是何時交給馬偕？誰繪製藍圖？誰監工？建築竣工後的奉獻禮拜是誰主理、誰講道？在一百多年前，那麼宏大的醫館，奉獻禮拜教會有多少信徒去參加？政府、淡水地方人士誰去參加並獻祝詞？關於這些疑問，《臺灣遙寄》一點交代都沒有。關於這麼大的事件（在當時），甚至偕叡廉牧師翻譯他的令先尊馬偕的日記時，也沒有指摘出來，是否馬偕的日記原本就沒有記載這件大事呢？

其次，臺灣神學院畢業論文的作者是假設偕醫館在公元一八八三年建築竣工，這乃是有可能的，但是他沒有求證，僅說因爲馬偕的公元一八八三年的日記失掉了，故可能於該年竣工，這不能做求證的理由和根據。總而言之，事件是實在的，可是怎樣構成的，對筆者來說，幾乎是矇在鼓裡。

第三，據馬偕的日記，馬偕於公元一八七九年三月十五日買了建醫館的土地，九月十四日新醫館建築竣工，並舉行開幕典禮，會友、朋友和醫館的助手都去參加；宣教師閏虔益牧師讀《聖經》、馬偕講道。不到一年，即公元一八八〇年，又建築使用一座紀念船長馬偕的偕醫館。是新建未到一年的新醫館拆掉再重建（如果是這樣的話，太浪費）？還是擇地再新建築（如果是這樣的話，未到一年前所造的醫館做何用途呢？）這件事也沒有一個交代。

最後，偕醫館的土地和建築物還在淡水。傳教中心遷移到臺北市中山北路，偕醫館停止活動，新的馬偕紀念醫院出現。雖然事情是這樣，兩間醫院一定有所關聯。因此，茲舉五項理由於後，而作一建議：

一、偕醫館是當時美金三千元建築的，是一筆鉅款，要紀念船長馬偕，而幫助馬偕的醫療宣教，使馬偕方便而有效地工作，利益北部教會設教甚鉅。

二、奉獻者有指定要紀念其夫君船長馬偕。紀念事業如沒有能力繼續開辦而廢止，那就沒有話說，其實北部教會還開辦較偕醫館更宏大的醫院，而且也有分院。

三、我們要維護船長馬偕夫人對馬偕和對北部教會的好意，以及她要紀念其夫君的目的。

四、希望將來有人像船長馬偕船長夫人要紀念其心愛的人，相信有能力維持其紀念事業之中，不會廢棄其所要紀念的事業，而勇敢且安心願意奉獻。

五、華人是「飲水思源」思想很濃厚的民族。

因以上四、五項的理由，是否在現在的馬偕紀念醫院裡設法再建一棟「船長馬偕紀念病房」或一間「船長馬偕紀念藥局」、「船長馬偕紀念……」或再光復淡水的偕醫館，如此才有道義。筆者在此鄭重聲明，絕對沒有一點兒意思反對紀念馬偕而設的「馬偕紀念醫院」。

民國四十四年（即公元一九五五年），在臺外國差會主張暫時（約三年）關閉馬偕紀念醫院，而北部大會主張不能暫時停辦，必須繼續開辦。可是聯合差會最後攤牌，如不聽他們的意見關閉三年，就把所有的職員及醫務人員全部解職，待三年的整頓後再重新出發，開辦者、外援，即金錢和人員（醫務和護理），全部撤退。

當時北部大會選舉筆者爲北部大會議長，並派爲馬偕醫院董事長，以及爲北部大會與外國聯合差會間的聯合委員會會長，處理這件艱鉅的工作。一方主張停辦三年，另一方主張必須開辦，但如此就沒有經濟能力。

筆者站在兩方之間，要使兩方滿足，並使教會有益，患者受惠，便採取使外國聯合差會能夠滿足的程度，立刻改革醫院內容，以鐵面無私、不惜犧牲自己生命的危險（因爲當時收到醫院方面來的許多恐嚇信件），革除醫院久年來所堆積的弊害，使北大與聯合差會兩方都滿足而繼續開辦馬偕醫院。因此筆者哪裡會反對紀念馬偕的事業——馬偕紀念醫院呢？筆者是對教會歷史來看偕醫館（即紀念船長馬偕的醫館）的事件而已。筆者對現今的馬偕醫院必須改善，使教會獲得榮譽，患者受惠等事，另有許多意見，但是不屬於本書的範圍內。

註釋

1 G. L. Mackay, From Far Formosa, 1896, P. 319, P. 331.
2 北部臺灣基督教長老教會發行，羅馬字版，北部臺灣基督長老教會的歷史，五一頁。
3 G. L. Mackay, op. cit. P. 331.
4 Ibid. op. cit. P. 316.
5 Ibid. op. cit. P. 223，公元一八八九年十二月十一日馬偕的日記。
6 Ibid. op. cit. P. 331.
7 J. W. Davidson, The Island of Formosa, 1903, P. 230.
8 齋藤勇編，マッカイ博士の業蹟，一二四頁，柯維思作
9 Ibid. op. cit. P. 123. 柯維思作。
10 Ibid. op. cit. P. 93. 偕叡廉作。

第五卷

George Leslie MacKay

All for Christ

臺灣初代教會歷史

1 南北教會的友好關係

馬偕說：「雖然臺灣長度不過三百九十五公里，然而住在南部的人和北部的我們，相離好像有一個大陸在彼此中間。沒有海上的直接聯絡線，而且陸路冗長且討厭、困難、危險。南部宣教由英國的長老會擔任，雖然其北境達到我們北部宣教最南端站的地點相距不遠，但是爲一切實際上的事務，仍覺得互相像在異國似地遙遠。在許多年之中，從淡水或從臺南的宣教師們或偶而相見一次，可是僅像『船在夜間相遇，而在船要經過時彼此招呼』而已。」[1]

由上述的文章看來，當時南北教會互相沒有什麼聯絡和關係，因爲交通非常不方便。可是當時除南北兩個長老教會之外沒有別的新教，所以雖然水陸交通很不方便，還是克難一切以互相來往。一百多年前，例如南部宣教師李麻牧師和德馬太醫師由水路帶馬偕到淡水，馬偕再由陸路陪送他們回到內社、大社、埔社，他一個人再由陸路回到淡水。二個月後，南部教會會友許銳因同情馬偕孤軍無援，爲要幫助馬偕的宣教，便從臺南府步行到淡水作馬偕的門徒兼雜役，協助馬偕外出宣教。公元一八七三年，馬偕派他前往苗栗方面的新港社和獅潭底傳道，於同年十二月下旬不幸被原住民獵取頭顱而殉道。

馬偕三月九日到達淡水後，經過七個月，即公元一八七二年十月十四日至十七日，也去過南部教會最北境的宣教站，即內社、大社，他替南部教會工作，堅固那裡的教會。十月十八日南部宣教師德馬太醫師也南下到大社與馬偕會合，共同工作、宣教、教育兒童等。十月二十一日，南部宣教師甘為霖牧師也前往內社、大社和馬偕等人相會、交誼、宣教，並共同進入番界。後來因聽說原住民藏匿在山林中，要獵取人頭才返回大社，於是唱聖歌、祈禱後才辭別。以上紀錄表示公元一八七二年中的南北教會互相親密的關係。

公元一八七三年馬偕的日記說，南部宣教師甘為霖牧師於三月下旬由臺南府搭船去探訪馬偕，那次是南部宣教師首次去北部並探訪馬偕。四月一日，馬偕等人帶領甘為霖牧師前往五股坑、洲裡、艋舺、中壢、新港社訪問北部教會，然後至南部所設立的內社教會。甘為霖牧師從內社南下，馬偕等人再由內社進入番界，意欲登雪山。關於那次的事情，馬偕於《臺灣遙寄》裡說：「來淡水訪問我的第一位宣教師是甘為霖牧師。他和我到內陸去旅行，在城市和村莊中傳揚福音。」[2]雖然交通不便，旅行中有許多困難和危險，但南北宣教師克服一切困難、互相探訪、一起傳道。因此，北部教會的會友有機會接觸南部教會的宣教師，獲得他們的教導，南部宣教師也能與馬偕在北部地區各教會、各地方共同宣教，馬偕等人獲益匪淺。

馬偕等人於公元一八七三年就在新港社宣教設立教會，他與門徒如有機會到新港社時，順便往訪內社、大社、埔社等南部教會和南部教會會友交誼、禮拜，南部教會會友也能獲得馬偕等人的教導。南北教會的宣教師自馬偕開始宣教起，就很親密地來往。

公元一八七四年馬偕等人於九月至十月中，又一次往內社和南部教會的會友一起禮拜，因爲馬偕已經走那麼遠的陸路到新港社去宣教了，順便訪問南部教會的會友也是應該。南部教會最北境的教會就是內社、大社、埔社，北部教會最南境的教會是新港社、獅潭底，這是關於當時而言的。因爲是鄰居的教會，有機會時相探訪是應該的。

公元一八七五年四月五日，馬偕率領三十四位門徒和會友從五股坑走到內社和大社教會去作禮拜，互相交誼，並做醫療宣教，於聖日與他們共守聖餐，紀念我們主耶穌的大慈愛。

據馬偕的日記說：公元一八七五年十月二十八日，南部宣教師李麻牧師到淡水來，請馬偕和本地傳道師去南部互相開靈修會，馬偕的狗Prenie也一同去。馬偕一行人沿路順便往訪內社、大社、埔社、牛眠山、日月潭、集集、斗六、嘉義、白水溪、番仔田、拔馬、岡仔林、木柵庄、阿里港、阿猴、打狗和臺南等地教會。每逢禮拜天，馬偕都在南部教會講道，第一次在內社教會，第二次在白水溪教會，第三次在阿里港教會，第四次在阿猴教會。因此，南部教會都有與馬偕等人互相往來。馬偕在阿猴病倒，七天不能外出。馬偕等人在打狗時，聚會七天，大概是奮興會或許是醫療佈道會吧？然後在臺南府開了三、四天的靈修會，於十二月二十四日才動身北上，經由嘉義至新港社教會參加禮拜。公元一八七六年一月五日才回到淡水。馬偕此行共歷時七十四天。那次的旅行，馬偕的感想記錄在《臺灣遙寄》裡說：

「公元一八七五年李麻牧師到淡水來，我和他及北部九位傳道師出發去旅行，歷經七十天之久。我們先視察北部我們所有的教會，然後越過山嶺、經過沙地、叢林及峽谷，一直到南部教會最北境的諸教會。我們逐一視察他們的一切工作。然後我們在臺灣府（即臺南）的一個傳道師及長執的靈修會與宣教師們及本地工作者會面，互相歡談了好幾天，從北部去的我和傳道師們，都獲得了一個好機會能與南部的弟兄們共同討論問題。之後我曾訪問過南部數次，很敬愛南部的教會，他們的宣教師們都專誠地工作，會友們極其眞摯而熱心。」[3]可見南北教會無論兩方的宣教師或傳教者們都很友好。

有一個趣味的插曲，即柯維思先生曾聽到馬偕率領門徒前往臺南去的事。他說：「馬偕的門徒至臺南，當他們洗手腳時，南部弟兄們就招請要與北部「嬰兒教會」的門徒討論宗教上的問題。北部的門徒答道：「等洗完手腳，換好衣服、吃完飯後再討論吧。」待討論開始，北部的門徒善於應答，不僅如此，北部提出學問上的問題是南部弟兄未曾聽過的，使他們驚異，進而欽佩，從此以後不敢稱北部教會爲「嬰兒教會」的門徒。[4]當時馬偕除了教導門徒神學以外，還教史地、動植物、醫學、天文及其他。相聚、交誼、了解，進而融和，在教會是非常重要的事。

據馬偕的日記說，公元一八七八年四月，他們一行人往竹塹、新港社、後壠宣教時，也專程往內社探訪南部宣教師李庥牧師與師母。宣教師外出到異鄉宣教，有時難免覺得寂寞，喜歡與本國人相聚。同年七月，南部宣教師巴克禮牧師到淡水探訪馬偕，住在他家裡許多日子。同年十月十三日，甘爲霖牧師從臺南到淡水來，由馬偕等人帶領他往崙仔頂、大龍峒、新店、雞籠、頂雙溪、蘇澳、南方澳、三結仔街、頭城等地諸教會去視察兼宣教。

回來淡水後，馬偕、門徒李炎、李嗣陪送甘爲霖牧師至竹塹。甘爲霖牧師因要例假回國，就在竹塹辭行南下。馬偕等人因要向竹塹城宣教，決心總進攻，希望能設立一間竹塹教會，所以不能再陪送甘爲霖牧師南下。那次馬偕等人在竹塹城宣教十一日之久。不僅馬偕、李炎、李嗣以醫療宣教總進攻竹塹城，可能甘爲霖牧師在頭一兩天也同工，終於同年十一月十七日租屋爲禮拜堂並獻堂，門徒阿華和宣教師閏虔益也去協助幫忙，否則禮拜堂雖然獻堂，但因竹塹城民非常的反對而被拆毀也不一定。

關於甘爲霖牧師那次被帶領去噶瑪蘭平原頭城至蘇澳間的平原，視察北部教會的事情，馬偕在《臺灣遙寄》裡說：「數年後（筆者註：五年四個月後）甘爲霖牧師第二次來探訪我，同往噶瑪蘭平原旅行（筆者註：其路線即由雞籠起點經頂雙溪、頭城至南方澳，再沿原路返回淡水）。他是個愉快的同伴。在雞籠某一個晚上，我們（筆者註：甘爲霖牧師和馬偕）相約從翌晨起，十天不講英語。我們預定翌日早晨出發旅行，黎明前甘爲霖牧師就叫喊說：「攏總起來（筆者註：全部起床，因爲還有馬偕的門徒們隨行）。」我們立刻出門，沿蜿蜒的小路走，一直談話，而且絕不講一句英語。最後我的朋友（筆者註：即甘爲霖牧師）轉向我說：「馬偕！這樣半吞半吐、欲言又止地講中國話是可笑的，兩個蘇格蘭人應該要高明一點兒！我們再用自己的本國話交談吧。」」[5] 可見當時南北宣教師如何地親密融和。

據馬偕公元一八八二年的日記，甘爲霖牧師從南部又到北部。馬偕和其門徒陳雲騰去巡迴北部教會及宣教，即往五股坑、新店、枋寮、板橋、錫口、暖暖、雞籠、金包里、八里坌、新莊、大稻埕、洲裡、艋舺、三角湧、崙仔頂、水返腳、中壢、後壠、新港社、紅毛港等教會。

據馬偕的日記，於公元一八八六年甘爲霖牧師再從臺南去和馬偕商量教會的事，然後馬偕等人率領甘爲霖牧師到若干北部的教會去傳福音。

南北宣教師因爲是同民族、同教派，所以互相交換視察各方的教區，一起宣教相助，並互相聯絡教會問題，使南北教會在實際問題上有一致及平衡。因爲篇幅有限，只舉一例以示其一斑。

如南北教會傳道師薪水相差懸殊，會使薪水低的一方發出不平，因此或許宣教師會灰心辭職（初代教會還未自養，差不多全靠外國差會的經濟援助）。南北宣教師那麼和睦來往，一起宣教相助，因此南北教會會友在當時不分彼此，而且當時還沒有南北教區的界限線，雖然在經濟上，宣教有南北教會的分別，但是互相尊敬，互相尊重對方的傳教，同時相聯繫，非常的自然，至少在馬偕時代，不像近代我南你北的雜聲。大概是因爲初代教會數目少，因此未宣教開拓的地方廣，毋須爭取南北教會教區的地盤吧？

舉一例來說，現在苗栗縣三義鄉的鯉魚潭是在大甲溪的北方，如果依公元一九〇九年南北宣教師會所擬的案，以大甲溪爲界線的話，是屬北部教會的教區，馬偕也去宣教過，李麻牧師和甘爲霖牧師也去宣教過，但最後李麻牧師在公元一八七二年十月二十七日於鯉魚潭設立佈道所。[6]

據馬偕的門徒劉寶琛說：「以前馬偕要往鯉魚潭、埔里社方面去設立教會，途中夜宿在河野地。其處番害有名，是可怕的地方，幸甚無事。這也是上帝的庇護所致的。」[7] 依公元一九〇九年，南北宣教師所擬的案，埔里社是屬南部的界限，不過埔里社終因與淡水的距離很遠，而且除馬偕以外，在北部每年僅有一位宣教師與他同工而已，因此馬偕要在埔里社設教會是艱鉅的工作，因此最後沒有設成教會。如果設立成功的話，在一個地方南北二所同宗同派的教會，於李庥牧師、甘爲霖牧師、馬偕的時代是沒有問題的，或許會常常做聯合禮拜，而促進全臺灣自初代就成立合一的教會也不一定。

至馬偕逝世後八年，南北宣教師會才擬案，於公元一九一〇年二月，南北教會通過於西部以大甲溪爲界限線分南北教區案。因此，鯉魚潭教會才移交北部教會。當時如果有個賢明的教會領袖出現，提出免南北的界限線，立刻聯合的話，南北教會該如何地融合啊！

註釋

1 G. L. Mackay, From Far Formosa, 1896. P. 324.
2 Ibid. op. cit. P. 326.
3 Ibid. op. cit. PP. 326-327.
4 齋藤勇編，マッカイ博士の業蹟，一二三頁（柯維思作）。
5 G. L. Mackay, op. cit. P. 326.
6 臺灣基督長老教會總會年鑑，公元一九六六年，新竹中會鯉魚潭條項。
7 齋藤勇編op. cit. P. 114-115.（劉寶琛作）。

2　初代教會的特色

改教後，持守所信的而不易搖動，是初代教會特色之一。

堅信不移

當時信教不是容易的事，因爲有親戚朋友的反對，鄰居的譏刺，因此，要改信，必須要克服那些困難。更甚者，要克服那些困難往往要喪命。但雖然如此，還是堅信不移。

吳寬裕起初是首位逼迫馬偕的信徒，也是逼迫首位門徒阿華的人。他往往在阿華作禮拜後回家的途中抓他的辮子，刁難他，戲弄他，打他。此後吳寬裕自己知道不對，發現基督教有眞理，到教會聽道後，知道上帝差遣耶穌基督來救人類，才信上帝的大恩典。當他要作一個基督徒，並要作馬偕的門徒學習神學，將來作一個傳道師，把所信的宣揚給他人時，但他的至親，即他的母親反對，不贊成他的信教。當馬偕與阿華去拜訪吳寬裕的母親，目的要說服她時，母親一怒之下，拿起臼杵（即舂米的木棒）朝自己的兒子吳寬裕的頭上打下去，馬偕見狀危險，立刻走近去把臼杵奪過來，否則後果將不堪設想。那時信教雖然是如此的危險，但吳寬裕還是不怕生命的危險，要信耶穌基督的救恩。

劉澄清是秀才，身材高大，口才好，住在後壠，常與禮拜堂的傳道師辯論，約二年之久。他速辯速輸。他有個親戚是基督徒，邀請他去禮拜堂作禮拜，他還準備要與傳道師辯駁。傳道師當天講「人的榮光如花草」，劉澄清聽了受感動，便悔改信主。他每個禮拜都到教會去作禮拜。但是困難來了，就是他的兄弟、親戚要陷害他——讀書人窘逐他，沒有人要跟他講話，兒童們不肯到他的私塾讀書。因很久沒有教書，經濟非常困難，可是他仍然堅信不移。當淡水開辦神學校時，才到神學校唸書，終身爲傳道師。[1]（筆者註：嚴彰先生在齊藤勇編《マッカイ博士の業蹟》裡發表公元一八八二年神學校第一屆入學生十八位之中，沒有劉澄清的名字（該書一二九頁）；可是北部臺灣基督長老教會傳道局發行的《北部臺灣基督長老教會的歷史》裡，發表公元一八八二年神學校第一屆入學生是十七位。到底確實是十七位、十八位或十九位？不得而知。）

公元一八七三年，洲裡有一個商人陳士美，撥一間房間做馬偕傳教的地方，周圍若干公里村莊的人都去聽道。其中有一位老師及老父也去聽道。當時有一個最有勢力的地方領袖逼迫基督徒，就強占那位老師的小田地。老師與老父準備要向艋舺的官吏告狀，可是那個洲裡的地方領袖搶先誣告基督徒與洋鬼子勾結，想要造反，並賄賂官吏。當馬偕、陳士美、那位老師及老父及其他五位基督徒，共九個人，往衙門去見官吏，除馬偕是外國人及老師的兒子不滿十六歲被釋放之外，七位基督徒皆被綁入獄。

官吏時常押他們出來跪在燒紅的鐵鏈上，拷問鞭打，然後再把他們押解至離七日之路程的臺灣府（臺南）。在臺灣府監禁的某一天早晨，那位老師及老父被押赴刑場，先在老父前斬殺其子（即老師），再斬殺其老父。兩顆頭顱放在籃子裡，送回艋舺，並沿路宣傳、盲從「洋鬼子」的人的命運乃是如此。

籃子上貼著一張字條，寫著「入教人的頭顱」，然後把兩顆頭顱掛在艋舺的城門口，其餘的人（五個人）被帶回艋舺，其中二人因受刑和飢餓而死，陳士美再活了八年，堅信不移，始終信仰基督，並勸告其他囚人也要同樣堅信。

陳士美在獄中，當監視狀況比較寬鬆時，便常寫信給馬偕。其中最重要的話是：「我陳士美相信萬物—天地、天使和人都是上帝所創的。我相信救主耶穌降生為人、為士美而死。我相信上帝愛護在獄中的我，聖靈給我安慰，使我高興。福音也傳到了淡水，我很感謝上帝。」他給馬偕最後一封信的結尾是說：「我相信救主耶穌有力量救我，給我永久的生命。」[2]不久他就死在獄中了。那個害人的領袖和其他參加惡事的人們都未受過制裁，可是之後，他們承認自己的錯，並說基督徒完全是無罪的。

將基督徒的頭顱掛在城門口示眾，恐嚇人民信主的命運是死。可是當時基督徒堅信不移，顯示這種逼迫是沒有效果的。

勤於禮拜

初代的基督徒對於作禮拜非常重視。依現今的基督教報刊的報導，禮拜人數最近一直減少，因此，禮拜堂顯得過大。請看初代教會如何地重視共同的禮拜。當時因爲禮拜堂數目少，筆者故鄉的崙仔頂教會（現今的三角埔教會前身）未建設之前，基督徒要往淡水教會作禮拜。雖然有淡水河可利用，但也要搭一個鐘頭的小船才能到達淡水。

筆者曾牧會過的三重埔教會（南港教會），有一位執事（現今已作長老）名叫黃廷興先生。他的故鄉是在三峽山中的一個村莊。四十年前，他要到三峽教會作禮拜時，必須走五、六小時的山路，也就是說，雞未鳴之前就要動身走山路，才能赴上午十點開始的禮拜。來回要十一、二小時。相信大家聽了會覺得很稀奇，可是對一百多年前的基督徒來說，這是平常的事。

新店劉寬於公元一八七三年聽道，因當時還沒有禮拜堂，他每星期都走路到淡水去作禮拜。他從禮拜六動身，禮拜日晚上禮拜完畢，再出發走回新店，已經是禮拜一早晨了。[3]

我們不能說，昔時比較有閒暇時間，現代是工業社會較忙碌，所以要去作禮拜就比較困難。是否現今教會林立，交通方便，十幾分鐘，最多半個鐘頭就能到禮拜堂？而且當時的講道時間長，如馬偕往往講一個鐘頭，有時候講兩個鐘頭。昔時基督徒很親密，禮拜後往往再談話交誼。現代呢？講道三十分鐘或二十五分鐘而已。前後一個鐘頭，禮拜式就完畢。而且禮拜結束後，各人各奔其路。

勤於作禮拜不是閒暇或忙碌的問題，而是信仰問題。有人說，現代的講道沒有意義，傳教者僅在講臺上自言自語而已，和聽眾的問題離十三個天外的事，結果聽眾坐著「舂米」（打瞌睡），待唱詩歌時，才驚醒過來。因此到禮拜堂去作禮拜沒有什麼意義。這種狀況，當然傳教者要負一半的責任，不能怪聽道者的批評，因為傳教者也要研究現代人的需要和問題何在，並要以普通人聽得懂的語言把上帝的話表達出來，進入聽道者的心裡去。

馬偕當時講道一、兩個鐘頭，聽眾不會厭倦。因為他勤於研究《聖經》和社會一切問題。他不是僅坐在書房裡呆板地閱讀，而是外出與民眾接近，經驗豐富。因此，他的講道是有力量、確信、熱情，能打動人心的，聽眾聽了會厭倦才怪呢！

話雖然這樣說，現代基督徒不關心禮拜，自己也要負擔一半的責任。因為地上的公同禮拜是天上禮拜的具體表現，即共同服事上帝，聽祂的話，與聚會會友交誼，互相幫助，共同工作（傳教與服務）。因為是地上的公同禮拜，不如天上的完全而已。而且禮拜中各項行事都是重要的，無論是奏樂、默禱、唱聖歌、祈禱、讀經、講道、獻金、報告祝禱等。講道是其中的一部分，恐怕是最重要的部分，也是可以改善的。如果你有機會拜訪傳教者，把自己的問題與他討論，或帶他往訪有問題的會友或求道者，互相討論，那時候，傳教者就會更知道會友的問題和需要，或你看到好書有助於傳教者的，也可以介紹給傳教者知道。那麼傳教者就不會在講臺上自言自語，他的講道就會與會眾有關聯，有接觸點。

筆者曾收到故郭水龍牧師的公子郭復生長老寄贈我的一本書，是龔天民牧師所著關於佛教的書本。不久拙著《臺灣民間宗教》出版時，他寄錢來訂購拙著十本，說要送給朋友，其中他一定也送給傳教者讀，是筆者料想到的。這樣的作法也可以幫助傳教者知道此臺灣民間的事情，對傳教者有益。馬偕當時的講道，信徒聽不倦，是因為他常常閱讀醫學、天文、地理、歷史、動植物、人種學、地質、漢文、普通人的語言等，並時常外出與人交流，官吏、人民、男女老幼，他都接觸過，所以他的講道就是談話，不是自言自語不自然的演講。

做見證設立教會

基督徒做見證、設立教會也是初代基督徒特色之一。五股坑陳塔嫂、花蓮港加禮宛社的顏有年，就是平信徒做見證、設立教會的人。他的事在本書已說過了，不再贅言。

水返腳曾恩也是其中之一，是前往新店做茶葉的生意人。公元一八七四年得到福音。因當時新店還未建設禮拜堂，所以每禮拜日他都往三重埔（南港）去作禮拜。公元一八七八年新店已設立禮拜堂，就被選為長老。雖然沒有唸過神學校，但他很熱情做見證，馬偕便於公元一八八四年派他前往噶瑪蘭平原地方的奇武荖為傳道師傳教。法國侵臺時，他回到水返腳，被反基督教的人誣告他通番（串通法國），經幾層審問，幸得釋放，再往奇武荖、後壠、番社頭、洲裡、暖暖等地宣教，至年邁才退休。[4]

基督徒張乃煌是屬於內湖教會，他平素在山裡種茶葉，性情忠厚爽直，有膽量，不怕權勢，多髯。有一年夏天，當他擔重擔越山過嶺，滿頭大汗時，到三重埔（南港）聽到馬偕講道說：「凡勞苦擔重擔的人，可以到我這裡來，我使你們得安息。」[5]他覺得有趣，走近請教馬偕其意思，馬偕詳細地說明其意思給他聽，於是他明白並信主的福音了。他一方面往禮拜堂去作禮拜，一方面盡力邀請自己的親戚信福音，並鼓勵信的人在內湖建堂。官廳信用他，選他當保正（現今的里長），民眾尊敬他，會內會外有名譽。[6]

噶瑪蘭平原的平埔社的宣教幾乎失敗，因爲當時平埔社的基督徒，其信仰過於單純，而且在知識和意志方面較漢人弱，往往被漢人欺騙、勒索，有的不得已遷移他處，不能把教會繼續下去。可是當時信而得救的人，也是堅信不移，勤於作禮拜、做見證而設立教會者也不少。

初代教會有這三項特色，所以雖遭遇二次的戰爭（清法、清日），教會受大逼迫，還存續下來，繼續活動，至如今已擁有一百多年的歷史了。臺灣現今有許多教派，還是長老會最古老，其教會數、信徒數、對社會的服務機關最多。

註釋

1 北部臺灣基督長老教會傳道局發行，羅馬字版，北部臺灣基督長老教會歷史九一頁—九二頁。

2 G. L. Mackay, Far Formosa, 1896. PP. 111-112.

3 北部臺灣基督長老教會傳道局發行 op cit. PP. 94-95.

4 Ibid. op. cit. PP. 72-73.

5 新約《聖經》馬太福音十一章二十八節。

6 北部臺灣基督長老教會傳道局發行，op. cit. PP. 76-77.

3 本地的傳教者

初代本地的傳教者都是馬偕一手養成的，所以帶有幾分馬偕的性格。因爲他們都是華人或受漢人所潛移默化的平埔族人，所以馬偕所沒有的，初代傳教者還很徹底地將其發揮出來。

北部教會是馬偕首先開拓建設的，可是如果沒有門徒（此後成爲傳教者）與他同工，馬偕一個人是沒有辦法發揮力量的。馬偕來臺三十年之間，除他以外，加拿大差會只派四位男宣教師來協助他的工作，女宣教師一個也沒有。實際上每年才有一位宣教師與他同工而已。因爲不是一齊派來的，而是一位因事故回國，經過大約半年後才又派一位新的宣教師來，新的宣教師來臺要學習約半年的臺語才能工作，因此嚴格來說，有時候一年連一個宣教師與他同工都沒有。

在馬偕三十年之久（即公元一八七二年至一九〇二年）的宣教期，南部教會全部有二十位男宣教師及五位女宣教師繼續宣教設立教會，而且早北部七年開始宣教。馬偕逝世時，北部教會八、九十間、神學院一間、醫院一間、雞籠基督教醫院一間，但雞籠基督教醫院何時中止，不得而知。各禮拜堂多數是兼醫療所。女學堂一間、義塾數十間。雖然沒有主日學的名稱，可是義塾的學生在禮拜天要到教會受宗教教育。這樣的成績可以與當時的南部教會的成績比擬。這都是馬偕與本地傳教者的協助無間而來的，這不能歸功於馬偕一個人。所以筆者在本書都使用馬偕等人的字句或其門徒的字句來表現，因爲是初代教會史的緣故，所以我們是不能忽視初代的基督徒與本地傳教者的協助，否則僅馬偕一個人是沒有辦法成就這樣的大成績。

忍苦耐勞工作

初代本地傳教者與馬偕一樣忍苦耐勞工作。馬偕所到之處，無論如何艱難、困苦、危險，門徒都與他同在。馬偕走路，爬山過嶺，本地傳教者也與他走路爬山過嶺。馬偕到番界去，本地傳教者也和他同往、同命運。馬偕睡在山坡上、石洞、河原，本地傳教者也不例外。反而往往要照料馬偕，因爲馬偕常常病倒，不是出水痘（天然痘）、便是患感冒發燒、不是患無名熱，就是患瘧疾。一次病倒要一星期才能康復，有時候要一個月才能復原。本地傳道師是「本地產」的，對水土、氣候都比馬偕更有抵抗力，因此更能忍苦耐勞。

馬偕做醫療宣教，本地傳教者也不例外。馬偕宣教設教會一手包辦，但是有許多門徒作他的幫手，也就是說，本地傳教者受他指派或與他同工，可是本地傳教者受派至駐堂時，如果是單身，也是一切包辦，如整潔禮拜堂、宣教、醫療、牧會等等；如果是已婚者，僅有妻子跟傳教者一起同工而已。那是開拓時代，不得已如此一個人包辦。可見當時的本地傳教者在宣教開拓時代如何的辛苦，其忍苦耐勞與馬偕比擬，有過之而無不及。

盡忠工作

馬偕等人宣教設立教會，馬偕會隨時派他的門徒去駐堂成爲傳教者，門徒因學習不多，恐怕是一年半載的學習而已，所以如無盡忠工作，教會是無法維持的。一定要盡忠查經、溫習與馬偕學習時所抄寫的筆記，或看其他的眞理書本。

先父之前擔任傳道師，受派於噶瑪蘭平原的武淵教會（馬偕逝世後設立的）、北投（嗄唠唦）教會、士林教會等。他很勤讀，閱讀許多關於改邪歸正、眞理問答、醫學書籍、中西偉人故事、小說、日語獨習書（雖沒有機會正式讀日語，但日語很流利）等，這種忠實閱讀準備宣教的態度，對筆者兒童時代的影響甚爲鉅大。

當時本地傳教者在未自養時代，只專靠外國差會一點薪水，生活很清寒，這是筆者至死不能忘記的事，可是還願意宣揚福音，使未信的人能信福音，使信的人靈性能進步。故郭水龍牧師說：「當時伙食費每月一個人要三元，傳道師薪水五元，我八歲給他燒飯，家父也和家兄同住，一家三人，僅吃飯一事的確已是不足的。陳榮輝牧師薪水二十元，逝世時，身後蕭條，馬偕給他埋葬。別的傳道師逝世，傳道夫人要再嫁（筆者註：不能生活，迫不得已。）一名女傳道師薪水一個月三元，很節省，僅吃飽而已（筆者註：沒有其他雜費）。」[1]

據公元一九一〇年七月十五日（即馬偕逝世九年後），差會接納傳道局的決議，郭水龍牧師的薪水六元，王春生五元，先父郭珠記四元半，劉澄清三元半，陳添貴三元不等。這些薪水的數字與馬偕時代的薪水的數額是差不多。先父在北投嗄嘮唎地方爲傳道師時，已生有二男三女。公元一九二〇年十二月二十八日，他因病享年三十九歲逝世。

因生活上的關係，先父在療養期間，便將最小的女兒送給北投教會會友當養女，長大招贅，現在她的兒女孫滿堂，她的丈夫有固定的職業並擁有房地產。家母自小沒有讀過書，爲要養育所剩下的二男二女，不得已每天無論在風雨炎日下都在田園裡，手拿鋤頭替人家辛苦除草。筆者是大兒子，商業學校與中學校畢業後，又獻身前往東京日本神學校苦學六年，使家母和舍弟、舍妹的生活更陷於困苦。大妹獲得其未婚夫的幫助，使其中學畢業，再往日本東京深造保母科一年之後出嫁。其後爲國校老師，也是一直爲士林教會長老之一。舍弟中學畢業，經過二、三年後往大陸福州謀生，其後爲臺灣東部一間衛生所血液檢驗技師。二妹在日據時代就讀第三高女，每年學費都向親戚借，畢業後又再唸一年保母科，才爲公立幼稚園的老師。她每月從薪水抽出一半，繼續還完借款。她在大甲教會一直爲教會長老之一。

筆者日本神學校畢業後，僅因不在自己的臺灣神學校唸書，外國差會藉口說差會錢不夠，不能聘用。筆者還未從日本神學校畢業時，家母和二妹三餐所吃的稀飯是三分之一的飯而有三分之二的水分。當筆者畢業時，家母要跟我住，希望吃一餐正式的乾飯，但外國差會不聘用，因爲當時未自養的教會還受外國差會的經濟援助，結果失業，甚至連吃稀飯都成問題。

南部教會臺南的東門教會潘和黃兩位牧師有事情，同時相約提出辭呈，臺南傳道局就和筆者交涉作東門教會的傳道師，因該堂中，長榮中學和女學的學生佔半數以上，那個工作適合剛畢業日本神學校的筆者，所以我便答應了。

南部傳道局第一次開會議決筆者派往臺南東門教會爲傳道師，使筆者喜極而泣。當筆者束裝帶家眷將前往臺南時，當時的傳道局局長（或書記）劉忠堅牧師來信說，潘牧師暗中計畫再回東門教會聘爲牧師，之後會再開傳道局理事會議，重新考慮筆者的任職。可是筆者等了二十天都沒有消息，鄭蒼國牧師等人才向他們的朋友募捐不及一年的薪水，讓筆者到信徒有七、八位的教會去作傳道師。每月薪水約傳道局所規定最低薪水之一半額。這是公元一九三五年四月的南北教會的一件歷史。結果家母不能吃她所希望的乾飯，大概因早時過勞，不夠抵抗力患急性腎盂炎，入院於彰化基督教醫院。她說，她的腎臟痛得要命，但她的心非常的平安，不久逝世。家父屬於馬偕時代末期的傳道師，因病年輕而逝世。幸家母堅信上帝，一方面帶領人往教會聽道，或教未信者讀羅馬字《聖經》，一方面忍苦耐勞，做粗工養育年幼的四個兒女，使全部就學，否則後果不堪設想。恐怕筆者和舍弟、舍妹都成爲太保、太妹也不一定。哪裡會產生一位牧師，二位女長老呢？

當時的傳道師除非是自己的家裡有財產田地，不然僅依靠一點點薪水，到人生終身大事（娶妻）時，是無法進行的。馬偕第二女婿故柯維思先生說：「例如陳雲騰、葉順、葉俊（筆者註：傳道師）等人結婚時，都是馬偕拿出一些自己的錢而援助之，其他承蒙援助這一類的傳教者也許還有吧。」[2]馬偕的大女婿陳清義牧師說：「博士（筆者註：指馬偕）愛護門徒，全部的門徒結婚費用都是馬偕拿自己的錢補助的。」[3]

本地傳道師在經濟上雖這樣困苦，但是還是願意爲主作工，這發揮了本地傳教者的盡忠。本地傳教師因軟弱半途而退縮的，當然也是有，但是大體上都能盡忠工作，甚至其兒子們跟著做傳教者的也不少，甚至連其女兒們也願意嫁窮傳教者。

神蹟在身

南部會友許銳作馬偕的雜役兼門徒，經一年的學習，就受派往苗栗方面的新港社（熟番社）駐堂傳道，在近鄰的獅潭底（熟番與生番的界限，馬偕等人常常到的地方）被原住民獵頭顱去。如果像馬偕那樣，有本地傳教者三、五人同往獅潭底，是比較安全的。他一個人外出到獅潭底去宣教是非常危險的。

公元一八七二年六月十日，許銳從南部走路專程到北部來，要幫助馬偕的傳教，並被造就要作上帝的差用。未造就前，父母養育他長大，不知費了多少心血；馬偕一年養成，也費了很大的苦心。許銳和阿華一起唸書，因資質較差的關係，馬偕便改變方法另外教導他。公元一八七三年十二月下旬他在獅潭底被原住民殺死，令人心酸。而且他是要作上帝的工，在宣教開拓時代非常需要他，爲什麼上帝沒有保護他呢？神蹟在那裡呢？

神蹟是神所做的奇事，我們有時候不能了解或無法說清楚而已。明知是危險，但感覺向熟番與原住民傳道的責任、不怕或願意冒險去傳教，這不就已經是一件神蹟了？我們在這件事上還要找什麼神蹟呢？這不是一般人所願意去做的事，而是上帝特別選召他做祂特別的工作的人才能去做的。這完全是神所做的。但也恐怕是他對原住民的知識不夠，才被殺死。

可是這件事與當時的熟番、生番，甚至與今日的原住民悔改信福音不無關係。因爲時間已經過了太久，是我們不知道上帝所做的奇事而已。

但是也有很清楚的神蹟，我們看了立刻便能知道的：

公元一八八三年大約在二月，有一天馬偕和阿華在三角湧禮拜堂，被二、三名暴徒向馬偕和阿華投擲石頭。對準向馬偕投擲大石頭的人是林瑞源（請參看第四卷第十一節）關於當時的事情，阿華詳細地寫著說：「馬偕和若干門徒在禮拜堂講道，那些領袖們喝酒計劃叫兩、三個暴徒，用石頭擲入禮拜堂裡面，有一塊石頭恰巧從馬偕的頭頂經過，還有一塊從我的耳邊經過。這兩塊石頭僅差一寸的距離，不然我們兩個人就死掉了。（筆者註：向馬偕投擲的林瑞源此後認錯，悔改信主之後不久逝世。那塊石頭飛過馬偕的頭頂，碰在牆壁上破碎成爲三片。）那晚上有二百餘人在禮拜堂的前後，每個人都拿刀和槍，決心要將禮拜堂內的人殺光，之後再跑進番界躲藏。馬偕立刻寫信，利用夜間，託人帶書信到淡水去（筆者註：向淡水英國領事求救），那帶信的人被暴徒捕獲，書信被燒掉。一晝一夜，禮拜堂的門不能開啓。翌日，官吏探知這事，趕快叫差役帶我們出來，率領我們到艋舺。幸甚也有軍兵一同到禮拜堂來，否則也會被殺掉。那時候三角湧的暴徒如鬼。每人都說，你們靠官，我們靠山。每個傳教師去駐堂都被洗劫一空。最後那些暴徒不是被政府殺掉，就是走入山中被原住民殺掉，此後暴徒就少了。」[4] 這就是更顯明、更容易了解的神蹟。暴徒林瑞源悔改信福音，而後死矣，才是更大的神蹟。

明知受派往三角湧教會駐堂是非常的危險，而卻不怕，還願意去駐堂，這若不是神蹟，那麼是什麼呢？他們是愚人嗎？狂人嗎？不是！上帝差遣，他們不得不去，這是上帝的作爲，也就是說，這是神蹟。

陳雲騰是在未設立理學堂大書院之前去作馬偕的門徒。有一次和馬偕等人在番界聚集禮拜、禱告，忽然幾個原住民手拿著刀槍在馬偕等人的背後。禱告完畢，原住民們便離開了。原住民嗜好獵人頭，沒有防備的人在眼前，而且原住民所憎恨的是漢人，爲什麼不獵去建大功？難道那些原住民豈是愚番或慈悲溫柔的嗎？不是，「兩個麻雀不是賣一分銀子嗎？若是你們的父不許，一個也不能掉在地上；就是你們的頭髮也都被數過了。所以，不要懼怕，你們比許多麻雀還貴重！」[5]

還有一次馬偕等人將往臺灣北部的番界地區，夜宿在獅潭底山中的樹下，以石爲枕，天亮睡醒了，看見有人的屍體橫在距離他們不遠的地方，因爲那夜原住民出草（意即獵人頭），[6]局外人以爲那是恰巧的，可是對於經驗那事的人來說就是一個神蹟，如果不是上帝的作爲，他們怎麼願意作傳教者呢？薪水如此稀薄，生命如風前之燈火。這是因上帝的差遣，上帝的命令。

吳寬裕傳道和其夫人許多次因傳教險些喪命。假使他們眞的喪命，也是上帝的神蹟，不過是我們還未能了解而已。有一次，他們在三重埔（南港）教會駐堂時，數百名暴徒圍住禮拜堂，要殺死傳道師。當時三個人拿著鏢子入門找他們，吳傳道師與夫人迫切禱告，最後那三個暴徒出去說，裡面都沒有人呀。其實當時吳氏夫婦都在裡面禱告著。[7]上述吳寬裕的事，

或其他傳教者身上所發生的事件濟濟，不再贅言，

註釋

1 郭水龍隨筆，北部教會史實，第七章，一九六九年手寫。
2 齋藤勇編，マッカイ博士の業蹟，一二五頁。
3 Ibid. op. cit. P. 141.
4 北部臺灣基督長老教會傳道局發行，羅馬字版，北部臺灣基督長老教會的歷史，二七頁—二八頁。
5 新約馬太福音十章二八節—三十一節。
6 北部臺灣基督長老教會傳道局發行。op. cit. PP. 80-81.
7 Ibid. op. cit. P. 33.

4　馬偕的宣教逸事

不實海報

公元一八七三年二月二十五日，馬偕從五股坑往八里坌宣教，翌日忽然看見樹幹上、房子的外牆貼著海報，畫著有「馬偕手拿刀子、挖人的眼睛、剖人的心肝」的圖樣，並寫著許多侮辱的話。馬偕把它們撕掉了，然後到艋舺、大稻埕和士林，也看到同樣的海報。

公元一八七四年二月，大概是在五股坑教會或圓窟教會，馬偕爲一對青年男女證婚時，還未開始前就有人誹謗說，那對青年男女會被挖眼取心。結婚典禮完畢後，都沒有他們所想像的那種事發生，那些誣賴的人反而受馬偕所講「做夫婦的道理」所感動，還說：「眞好，眞好，我們錯了。」

公元一八七五年六月中旬，馬偕在三角湧宣教時，有人問馬偕說：「是否外國人挖眼取心去做鴉片?」馬偕告訴他們沒有這回事，順便傳道給他們聽。

這種謠言從那裡而來呢?公元一八七〇年夏天，天津的氣候酷暑，人心不安，民間有了種種謠言。當時，天津的法國天主教修女辦了一間仁慈堂育嬰堂，專門收養貧苦無依的孩子，她們並用金錢獎勵，引起人們的懷疑。恰巧那時候，天津有土匪，迷拐人口，發生挖眼剖心配藥的傳說。

挖眼剖心的配藥是如何製法呢？當時大家相信，華人的心和眼睛配藥熬銀，其成效非常好，也就是說華人的眼睛配成的藥，可使一百兩鉛，煉出銀八兩，其餘仍爲鉛。

據被捕的匪犯武蘭珍供稱，當時是受天主教民王三指使她迷拐人口，給其挖眼取心熬銀。此後法國領事豐大業，天津交通大臣崇厚、道、府、縣等主席帶回武蘭珍至天主教仁慈堂勘查，結果發現沒有什麼一回事，於是帶犯人歸案。

不久，人民對此案覺得過於草率，紛紛表示不服。法國修女收養貧苦的女子，明明是要挖眼剖心配藥熬銀，怎麼說沒有這回事？所以有的人就在法國教堂與修女口角、打架。清朝知縣和法國領事豐大業聞訊也去處理現場。法國領事來勢洶洶。放鎗要打知縣，鎗彈打中知縣從僕一人喪命，群眾見狀，擁擠前來打死法國領事，火燒教室，拆毀仁慈堂，並殺傷教民男女幾十人，誤殺俄國商人三名，英美兩國教堂也被各毀一間。

群眾心理的力量實在深大，這就是所謂天津教案。教案已發生，法英俄美提出強硬的要求。法國要求道、府、縣主席要償命。曾國藩受清廷派來辦案，他對仁慈堂男女一百五十多人一一詳細審查，他們都說是由家屬送去養育，並非拐帶。至於挖眼剖心的事，當曾國藩初到天津時，提出告狀的數百起，可是沒有一個人能拿出確切的證據，天津城外也沒控告遺失幼孩的人家。因此，曾國藩上奏呈請清廷明諭佈告天下，使眞相大白。並請將道、府、縣主席三人革職治罪。清廷照准。

臺灣是當時清朝的版圖，人民來往不斷，便把公元一八七〇年的天津教案於公元一八七三年拿到臺灣，計劃重演，幸甚沒有像天津教案發生人命事件。

無抵抗主義

昔時村莊的婦人都使用木桶做便器，上面遮蔽桶蓋，放置在床邊暗處的地方。大概三、四天之後才拿出去外面的見天廁池，把糞便倒掉，然後在水溝窟把便器洗一洗，再拿回來放在床邊暗處的地方。男人大號時，都往外面去，使用稻草編製的立屛所圍住的見天廁池。

公元一八七三年二月下旬，馬偕等人往八里坌、新莊、艋舺、大稻埕、士林等地巡迴宣教。三月一日將走近淡水時，適逢一位老婦雙手拿著水桶的便器，要到外面的見天廁池去把桶中的糞便倒掉，有人叫罵馬偕等人，並唆使那個老婦將糞便潑馬偕等人。她立刻口出惡言，從後面衝向馬偕等人，把整個木桶的糞向他們潑去。依孔子的教訓說：「四十而不惑」，但那個老婦卻輕易地受人的唆使，那麼容易做出那種不道德的事情來。有好的道德教訓和箴言，而無能力實行，這是世人一般的情形，因爲世人的心裡面沒有新生命。

受糞便所潑的馬偕等人呢？他們信上帝，有上帝的新生命在他們心裡。據馬偕當日的日記說：「我們沒有和她抵抗，仍然進行我們的路程，然後坐在人家門口前面的路邊休息。那家的主人，從家裡出來，很有禮貌，倒茶給我們喝，並請我們到他家裡去休息，也請我們有機會再來。有苦就有甘，有冷就有熱，有敵人就有朋友，這是眞的，世間就是這樣。」無疑地，馬偕一定傳福音給他和他的家人聽。他來臺灣的目的就是要傳福音，有機會聽福音而接受的人，有福了。

馬偕受侮辱都採取無抵抗主義。因爲當時不比現今守法。在昔時，自己所做的就是法，計較或抵抗反會更慘。假使馬偕與老婦理論，周圍的人一定圍住馬偕，老婦一定說，是馬偕譏笑她，所以才以糞便潑他；誰會替馬偕辯解呢？不僅在昔日，現今也是一樣。問題是，在於是否有上帝的新生命而已？馬偕等人蒙上帝的救恩，在他們心裡有上帝的新生命，這與老婦不同。耶穌說過了：「只是我告訴你們，不要與惡人作對。」[1]

那麼基督教的倫理是弱者的倫理嗎？是助長惡勢力的倫理嗎？絕對不是。基督徒的倫理是由上帝而來的倫理，聽上帝的話，即《聖經》的倫理，是上帝啓示的倫理，其最後的目的是爲上帝的榮耀而做的倫理。一般倫理是出於人自己，只顧人與人的道德關係，並且沒有上帝生的力量，其目的只爲人的幸福而已。這就是人本主義的倫理，但基督徒的倫理不僅在於人與人之間，有秩序、有道德行爲、人受惠就滿足的倫理；基督徒蒙上帝的救恩，有聖靈的能力，聽上帝的命令而行事的人，上帝沒有命令就沒有行事，上帝如有命令，什麼困難的事都願意去做。

上帝有沒有命令我們，怎麼會知道呢？那要靠聖靈的指示。耶穌說過了：「只等眞理的聖靈來了，他要引導你們明白一切的眞理。」[2]

以前，有一個兒子要外出謀生。他的父親叫他在外要忍受一切的侮辱，才能與人相處和平，不會與人發生問題而喪命。兒子說，知道了。父親說：「那麼讓我考驗你一下。如果有人吐唾沫在你臉上，你怎麼辦？」兒子答道，他可以用手帕把它擦掉。父親說：「不成。人家向你吐唾沫，你是可以擦掉，雖人家對你沒有辦法，但事情弄到那種局面，你不會給人家打死才怪呢！」兒子問，那麼應該怎麼辦？父親說，讓唾沫自然乾掉才是上策。可是筆者的想法與這位父親完全不同，因爲把它擦掉和讓它自然地乾掉，其結果所表示都是一樣的。

基督徒的倫理不是人自己所思考出來的倫理。基督徒的倫理是根據上帝的啓示而來的，有聖靈的引導和能力，而且其目的乃是要榮耀上帝。耶穌說：「你們的光也當這樣照在人前，叫他們看見你們的好行爲，便將榮耀歸給你們在天上的父。」[3]

與和尚「有緣」

公元一八七四年三月中旬，馬偕在洲裡時，適遇一和尚，隨即請他到禮拜堂裡坐，互相談論。因爲兩方都是宗教家，旁邊的人看見牧師與和尚「有緣」，覺得很稀奇，也跟著他們到禮拜堂裡去看熱鬧。馬偕與該和尚當然是談論宗教的事情。馬偕當日的日記寫著：「最後，和尚自己說，他們沒有眞理，基督才是眞的。聽見的人很贊成我們，幾乎討厭那個和尚。和尚就進入禮拜堂後面的房間（筆者註：要閃躲民眾）互相談話。這位和尚在未做和尚前，曾到過歐洲工作，恐怕是因爲品行不好，才剃髮爲僧。」

從這段日記看來，這個和尚原來品行不好，因要解脫罪惡的社會而進入佛教當和尚，依一般的情理看來，是一個令人欽佩的人，他所說的話一定是誠心誠意的話，絕非虛言。如果他說的話有甚麼不對的，可能是因他研究佛教沒有徹底而來的，他覺得自己和一般和尚一樣沒有能力實行佛教的眞理，只爲自己的解脫、誦經禮佛度日子，對社會毫無貢獻，而且他看到馬偕曾受民眾的叫罵侮辱，還孜孜做醫療宣教，獻身捨己，以救眾生，所以才說佛教沒有眞理，基督才是眞理。

其實佛教也有許多眞理，只是該和尚不知而已。據《開元釋教錄》（公元七三〇年撰）所統計，當時中國的佛教經典有一千零七十六部、五千零四十八卷。不久以前，筆者聽佛教一位和尚的演講後，詢問該和尚，才知道現今佛教的經典已超過萬卷。基督教的經典僅二部（新、舊約），六十六卷。他們卻有萬卷的佛經，怎麼說佛教無眞理？至少佛教有四聖諦（四項高尚的眞理）、八正道（八項要達到安靜無煩惱的境界之道路）、三法印（即諸行無常，諸法無我，涅槃寂靜）、三歸依（即歸依佛、歸依法、歸依僧）、五戒（即不殺生、不偷盜、不邪淫、不妄語、不飲酒）等等，件件都是眞理。大概是這位和尚研究不夠，才說佛教沒有眞理。如果筆者是和尚的話，與佛教研究專家龔天民牧師辯論，當然筆者不是他的對手，可是僅依現今筆者所知道的佛教常識若與馬偕辯論，是不會那麼容易被馬偕駁倒的。像科學有許多眞理一樣的，或像孔子有許多倫理道德的眞理一樣，佛教亦有許多眞理，可是我們必須永記不忘的有下列二項：

一、佛教的眞理是從人所找出來的眞理，人是很不完全的，所以所找出來的眞理是相對的眞理，不是絕對的眞理。

二、人的力量有限，對實行道德眞理，或宗教眞理的力量很不夠。

早時臺灣有一位和尚羅道英，生於公元一八九五年（即馬偕逝世三年後），自少出家，其法名「妙吉法師」，聞名臺灣和中國大陸，是艋舺龍山寺的方丈（主持者），也是全省佛教的領袖。他曾在日本佛教聞名的佛寺深造過，也曾前往中國武漢地方有名的佛寺視察，並入學於武昌——當時有名的太虛大師主持的佛學社。可是妙吉法師發現佛教有許多很好的眞理，而沒有實行的力量。他也發現基督才有能力把宗教眞理付諸實行，因此他便學習基督犧牲捨己的精神，在武昌一方面修佛學，一方面開辦義塾和施藥。當他完成學業將離開武昌回臺時，太虛大師所開辦的佛學院周圍的人民都淚下沾襟地爲他送別。佛學院一位教授說：「今日眞菩薩離開我們了。」

有一位德國宣教師艾香德博士在漢口創辦一所道風山，向佛教徒與和尚傳福音。在妙吉法師未返臺前，艾香德博士曾和妙吉法師談過一次道，妙吉當時受很大的感動，深知基督的犧牲捨己的精神才是佛教所缺的。妙吉法師回臺後不久，成爲一位臺灣佛教的領袖，但他知道要改信基督教才對，可是他身爲全省佛教的領袖，很不好意思改宗。爲不傷佛教名譽，他想最好還是以基督的教訓和犧牲捨己的精神改革佛教爲上策，可是他覺得這也不是爲人誠實的辦法，終於在公元一九二八年三月五日，整夜禱告上帝給他有一個適當的解決，因爲他在心中的爭戰使他幾乎想要自殺。

禱告到天亮時，艾香德博士被當時北部教會宣教師孫雅各牧師，帶領到龍山寺去追訪妙吉大法師的下落，恰巧發現妙吉大法師，並知道他的事情，立刻替他禱告上帝的聖靈引導。艾香德博士認爲這是上帝的引導，如果慢一天到臺灣去找妙吉大法師，恐怕他已不在人間，妙吉大法師則以爲那是「有緣」。

艾博士贈送妙吉一本《聖經》，之後的一星期，每天都到龍山寺去跟妙吉大法師談道。妙吉終於悔改信基督，在佛教中傳基督的犧牲捨己救人的眞理，並說佛教如果要獲得生命必須接受基督捨己救人的眞理。因此，被佛教徒誣告他在大陸受過赤化，因此被日本政府監禁半年，但因查不出有赤化的思想及行動，於是在公元一九二九年秋天被釋放。日本政府擬復其職爲龍山寺方丈，但被妙吉大法師拒絕，政府才推薦他擔任當時臺北師範學校的「宗教比教學」教授。

翌年元旦，他患感冒，此後變成肺病，住院於紅十字醫院。因爲沒人和他談道，使他覺得非常寂寞，所以轉入馬偕醫院，當時馬偕醫院沒有設立肺病傳染病房，但因他是一位聞名全省的和尚，所以就在醫院圍牆內特設一間隔離的房子給他療養治病。

妙吉大法師在中國大陸時，聖公會的牧師介紹他與艾香德博士聯繫，所以臺北聖公會的牧師、信徒以及孫雅各牧師等人，常常到醫院去和他談道，使他獲得很大的安慰。他在病榻中每日以書信傳道，使其長兄成爲基督徒，並每日寫信向佛教徒傳道。當時尙無肺病特效藥，當他病入膏肓時，要求在教堂浸禮，因他身體虛弱不適於浸禮，才在馬偕醫院病房裡改以「滴禮」的方式完成他洗禮的志願。可惜得很，他在公元一九三〇年四月二十日魂歸天國，此後臺灣若干佛教徒與基督教徒聯合舉行追思會，以紀念這位一生尋求人生眞理的宗教名人。

佛教有許多眞理，如一般科學界、倫理道德界有眞理一樣。但是人從上帝所創造的宇宙，通過人的省察所找出來的眞理，因人不完全，或說，是罪人，所以還是屬於不完全的眞理。同時人自己也沒有力量順從眞理而行。當時的和尚向馬偕表示，基督是眞的。基督就是絕對的眞理，是上帝特別啓示的眞理。耶穌說：「我是眞理，是道路，是生命。若不藉著我，沒有人能到父那裏去。」[4]

公元一八七五年六月二十七日上午，雞籠教會禮拜堂落成典禮。臺北和南港有許多信徒去參加，非常熱鬧，也有許多人去求醫病。翌日，民眾把這件好消息傳開，寺廟的和尚聽見了，心裡很不高興。馬偕等人恰巧經過一所寺廟前，一位和尚以很生氣的態度罵馬偕等人。和尚很誇口驕傲，馬偕不得已只好和他討論宗教，和尚不懂宗教，無法應付，令旁聽的民眾嘲笑和尚之不知。翌日，馬偕等人專程拜訪那和尚，與他聊天。但是他不敢再生氣了，而且很客氣地泡茶請客，甚至對馬偕說，晚上他會到禮拜堂去訪問馬偕等人。晚上和尚眞的去訪問馬偕等人，態度很親切。那次又是表示了馬偕與和尚「有緣」。

公元一八八七年十二月二十四日，馬偕等人在現今艋舺教會前面的廟前，分發佈道論與日曆給民眾。因民眾都想得到馬偕分發的佈道論與日曆，民眾愈來愈多，有人勸馬偕進入廟內分發較適當，因爲在廟內分發時，看到的人少，比較不會擁擠，而且每人都能獲得一份。馬偕就依民眾的要求進入宮廟裡分發，可是廟裡的和尚喧嚷並叫眾人出去，民眾反而圍住和尚，幾乎要打和尚，並說宮廟不是你的，是民眾的。馬偕看見情勢不妙，趕快走近去排解，因怕和尚挨打，並請民眾安靜聽他說話。此後民眾很高興跟從馬偕等人到艋舺禮拜堂去，馬偕便利用機會講福音給他們聽，馬偕又一次救和尚「免挨打」，馬偕眞的與和尚「有緣」。

馬偕怎麼與和尚們「有緣」呢？因爲他身爲牧師，但佛教、道教、儒教等也有所研究，否則他就不敢接近他們。今天如果和尚（特別是大陸來的正式法師）對傳教者或基督徒講四聖諦、八正道、三法印或他們的佛學（或佛教哲學），你會不會與他們討論？今日的和尚不像昔時的和尚了，他們都研究過佛學、基督教的《聖經》和宗教比較學等。筆者希望讀者閱讀拙著《臺灣民間宗教》，除基督教及回教之外，臺灣一切的宗教都在裡面。筆者相信有助於我們與臺灣一切的宗教信徒或與他們的宗教家談論宗教眞理，使我們與他們「有緣」。

和道士或儒學者討論宗教

公元一八七五年六月中旬，馬偕等人往桃仔園去做醫療佈道，馬偕等人晚上往宮廟裡睡覺。當時桃仔園應該有客棧吧？因爲是南北部旅行者來往經過的地方。怎麼他們不住客棧裡呢？恐怕所帶的路費用完，或許當時客棧非常骯髒，充滿著蜘蛛、蝨子、跳蚤，房間小，六月裡天氣熱，或許客棧不敢給洋鬼子住宿吧？不管理由如何，據馬偕的日記說，他們往桃仔園去做醫療佈道時，晚上往宮廟裡去睡覺。

在桃仔園道教的宮廟或三教混合的宮廟多，純粹的佛教寺廟少，大概不是佛教寺廟吧？馬偕無論什麼教派的廟宇都敢進去，因爲他不僅研究過佛教、儒教、道教，連民間宗教都研究過，並隨時可以和道士、和尚或儒學者討論他們的宗教，或與基督教做比較，順便對他們傳福音。

六月夏季睡在宮廟裡的石板上，雖然沒有蚊帳，頂多只是會被蚊子攻擊，雖然沒有被單，但一定比睡在山中的石洞或山坡上安全多了。

數年前，有一群教會主日學教員，到嶺頭去訪問臺灣神學院。當時筆者是該院的教務主任，帶他們視察校園並指著遠方一座山，向他們介紹說，那個山名叫觀音山。其中有一位主日學教員隨即接著問道：「怎麼是觀音山呢？」

我不知道他本來的意思是要叱責我說出「觀音」這個名詞，所以我再詳細地對他說明：「其形如同觀音的面孔，所以一般人稱之為觀音山。」

「我們是基督徒，怎麼說那個是觀音山呢？」他明顯的在叱責我。

「那麼我們應該要稱之為什麼山呢？」我請教他。

他想了一想就回答：「叫它為彼得山或保羅山也可以，觀音山是異教徒的名稱，我們基督徒不該這樣稱呼。」

他好像是忠實於基督，並且熱心於基督的信仰，但是他對於異教太偏見、太輕視和排斥，影響了基督教與異教間的關係，如感情及雙方的協助，以致上帝普世的愛不得實現。

所以我繼續對他說：「臺北郊外有一鄉村，名叫和尚洲（馬偕時代的洲裡），在那兒有個長老教會，臺灣光復後才改為蘆洲。但在還沒改名之前，我們基督徒都稱那個教會為和尚洲教會。請問哪，要把這個鄉村改為彼得村或保羅村以前，我們要愛惜和尚洲的居民，愛好一般所公認的那個和尚洲的名稱，不是嗎？否則，你怎能時時刻刻地住在和尚洲，對兒童們或成人傳福音呢？」他無言以對。

我們基督徒如果要達成上帝給我們在異教中的使命，不可排斥異教徒。世間一切的宗教在基督裡成全。耶穌說：「不要禁止他，因爲不敵擋你們的，就是幫助你們的。」[5] 我們要學習基督，對於異教，和祂一樣，要寬大並有包容性。耶穌基督一句有名的話說：「所以你們要完全，像你們天父完全一樣。」[6] 據近代的研究翻譯如下更好理解：「所以你們都要寬容，像你們的天父寬容一樣。」我們是被造者，也是有限的，我們要感謝上帝救了我們，但是不要因爲我們和上帝有這樣的關係而阻礙了容納異教徒，無論在什麼事情之下，別因不同宗教的關係而發生偏見相待的態度。

馬偕被異教徒叫罵，嗾使狗咬他，以糞便潑他，以石頭投擲他，他口不出怨言，反而愛他們，醫治他們的疾病，常常往訪宮廟的道士與和尚，邀請他們到禮拜堂去。如今睡在他們的宮廟裡有何不可呢？臺灣傳教者要不要這份工作？上帝命令我們往普天下去傳福音，不僅叫我們看顧自己的信徒而已。希望大家常到宮廟裡去看看他們熱心地感謝神明、懇求神明、信仰神明，因此獲得心的平安。我們要了解他們並要對他們傳主的福音。

上廟宇戲臺講道

公元一八七五年四月二十三日，馬偕在大龍峒教會時，適逢月白風清，便帶門徒往附近去傳福音。看到外面正在演外臺戲，是大戲。也就是說，戲班是長大的成人，所演的戲就叫作大戲。戲臺下人山人海，馬偕等人便在距離戲臺不遠的一棵大榕樹下，開始做醫療宣教。

他們一方面給人家拔齲齒，一方面傳福音。

一百多年前沒有戲院，演戲都在露天臨時搭臺演戲的。每逢家庭喜慶，神佛誕辰或向神佛懇求平安或答謝平安都請戲班去演戲助興。家慶時是在自己家前的空場上演戲，與敬神有關係的，通常是在廟裡或在廟宇前面的空場上搭臺演戲。演戲的費用由若干富人捐助或由村人或由街民募集。因此，看戲時不用買票。不過看戲的人自己要拿椅子去坐著看，若不用從自己家裡拿椅子去的人，就站著看，視各人的方便而定。雖然當時已設有戲院，可是與神有關的演戲，一向都沿用上述的方式。

戲的情節無論是歷史的或虛構的事情，大都是表現善有善報，惡有惡報，或描寫忠臣和奸臣的行爲，忠臣爲國盡忠而死，使人感動而泣，奸臣終於被捕治罪，使人心痛快。戲子的服裝也有奇怪可笑的。唱歌說話都用文言，觀眾不甚了解，但是由其動作稍知其意。當時戲班中沒有女戲員，女角色都是由男人模仿扮演的。當筆者是個小兒童時，常拿椅子往村上或街上的廟宇前面的空場上去看演戲。當時筆者也看大戲，即成人戲班演的戲，其中特別喜愛看布袋戲，因爲動作快，如飛簷走壁、騰雲駕霧、吐劍光，非常刺激。

普通白字戲仔，即孩子所演的童子戲，其臺詞和歌詞均用白字（即土語）。戲童需要由教戲先生授以四個月的演藝技術，才能上戲臺公開演戲。他們長大之後就加入一般成人所演的戲，俗稱大戲。

馬偕等人沒有學習過演大戲之藝，也沒有戲服。戲班唱歌、說話都要用文言。唱歌配樂，不論用北管或南管，馬偕等人都未曾學習過。臉譜，即面部化裝的圖案，如演忠臣有忠臣的臉譜，奸臣也其特別的臉譜。這在馬偕等人更沒有學習過，不過馬偕有一副美麗的黑鬚髯，只要面部漆紅粉水，手拿著一隻七星大刀，立即成爲紅面關公是很簡單的。可是他未曾背唸過臺詞，怎麼能上戲臺呢？其理由是很簡單的，約略如下：

馬偕等人在大榕樹下做醫療宣教時，被民眾看見了。因爲馬偕有一副美麗的黑鬚鬚，而且是外國人，民眾中有人先與演戲的負責人商量，並與戲班連絡，前來邀請馬偕等人上戲臺演唱詩歌，並講些道，目的在於多弄些花樣。馬偕等人趁這好機會，便立刻答應上戲臺了。

據馬偕當夜上戲臺的感想日記如下：「大龍峒禮拜堂建築得很完善，離大馬路約三十丈（約九十公尺），並有走廊，很涼快。我們出去見證眞理。適逢他們正在演外臺戲。戲臺下民眾多得很。我們站在榕樹下傳福音兼給人家拔齲齒。因月亮光明時，機會很好。有觀眾請求我們上戲臺，唱詩歌、講道，有這樣的好機會，我們不推辭，立刻上戲臺，傳主的聖名，唱詩歌，讚美祂。有四、五千人聽道。他們很肅靜傾耳而聽，民眾沒有戲弄嘲笑，並說我們是先生，正在做好事。」依筆者的推測，約一百多年前，一次向五千人佈道是未曾有的。

嗜好海水浴

柯維思先生說：「先生（筆者註：指馬偕）嗜好海水浴。」[7] 故郭水龍牧師說，馬偕在社寮島買一筆土地和一間房子，夏天都率領門徒住宿在那裡，去海水浴。[8] 據會游泳的筆者看來，馬偕是不會游泳的人。因爲他那樣地喜歡海水浴，但是沒有一個他的門徒說馬偕會游泳，或說他會游泳多遠。筆者可以下個結論，馬偕是不會游泳的人，僅喜歡沐浴玩水而已。

公元一八七九年約九月末旬，從錫口走路要往大龍峒途中，在天黑地暗的夜間，不料跌落橋下，險些被溪水沖走，可見他是不會游泳的人。

有一次馬偕率領門徒數名往三重埔（南港）教會去。因天氣酷暑，馬偕招呼其門徒往雞籠河游泳、洗個澡，使身體涼快些。門徒在一個地方游泳，馬偕一個人在另一個地方沐浴玩水。他的廚師陳雲騰暗中去偷看馬偕是否會游泳？就在那時候他看到馬偕一浮一沈，才知道馬偕不會游泳，因他在玩水時，不愼腳踏入深窟，陳雲騰立刻跳下水裡，潛入水中，把馬偕擡到岸上施救，才沒有死。

因陳氏是馬偕的救命恩人，其功大如天，馬偕才高升他爲門徒。此後嚴清華牧師的妹妹嫁給他，人們稱他爲「傳道老爺，紅赫赫（筆者註：有勢力）。」[9]因此，他容易得財，成爲一富者，之後便辭去傳道職，經營歐美雜貨店，因他的大兒子不節約，入不敷出，終於破產，陳雲騰才再回到教會當教師，教外國宣教師臺語。他就是故陳榮宗牧師的令尊。[10]

獲得金牧杖（十四週年紀念）

公元一八八六年三月九日北部教會宣教滿十四年，也就是說馬偕來北部宣教已屆滿十四年，因此教會聚集紀念設教十四週年。當時北部所設立的教會，據筆者的調查，北部和西部地方有三十一間、噶瑪蘭平原有十五間，共計四十六間，數目可觀。

當日一千二百七十三位信徒參加設教十四週年紀念。屠殺牛三隻、羊三隻。理學堂大書院與女學堂都升校旗，並且用樹葉做紀念門。紀念典禮開始前，參加人員排列爲兩行，自女學堂爲起點，走到理學堂大書院，進入大禮堂。因參加人數一千多人，一半還需要站在大禮堂的外面。

本地牧師嚴清華負責司會。教會贈與馬偕一支金杖，價值美金一百元。昔時的美金一百元可以建築四座禮拜堂，所以那支金杖是個大禮物。幫忙偕醫館的約翰遜、廈門英國宣教師汲牧師及北部宣教師黎約翰牧師、黎師母也在場。許多人登臺祝辭，馬偕答詞，說最傷心的就是清法戰爭中受領事的命令離開臺灣，心裡很思念北部教會，可是法國封鎖臺灣，不能早些回來與教會同受苦，使他很難過。其實在戰爭期間，他曾冒很大的危險，用許多手段和方法與法艦總司令交涉，最後終於回來和北部教會同受苦，在法國侵臺戰爭中還到各處去訪問教會，安慰教會。

紀念典禮完畢，教會放煙火和鞭炮。一千二百七十三位信徒聚集讚美耶和華上帝，其盛大熱誠、喜樂，實令參加的會眾大受感動，滿心感謝上帝，榮耀上帝的聖名。

教會贈與馬偕的金杖是馬偕犧牲捨己、順從上帝的命令，往普天下傳福音給萬人聽的象徵。因爲他到北部臺灣，受人誤會、排斥、咒罵、欺侮，但他沒有一句怨言，孜孜以醫療施藥或其他方法，服務民眾，傳耶穌基督救人的福音，才能在十四年間設立那麼多的教會而獲得教會所贈與他值得建築四座禮拜堂的一支金杖。那支金杖也是教會對他的尊敬、欽佩、讚美和感謝的象徵。那支金杖也是牧杖的象徵。馬偕不僅做醫療宣教，設立教會而已，他還關心會友的靈性增長和門徒工作的順利，因此時常巡迴教會，教導傳教者，並協助傳教者傳教、牧會、指示禮拜堂的整潔、安慰和勉勵傳教者和信徒。設教十四年紀念會完畢，馬偕又率領他的門徒再往噶瑪蘭平原諸教會巡迴宣教。

聖誕節的先見

教會外的人有許多節日，因爲每逢神佛誕辰都有拜拜的習俗。在臺灣，神佛多得很，而且一家人可以崇拜許多不同的神明，因此，宗教節日甚多。臺灣俗語說，三天一小拜，五天一大拜，因此，消耗精神和經濟頗多，導致家庭經濟困難，阻礙社會公益的建設。例如，臺北地方的三重市（今改制爲三重區）一次的神農大帝誕辰拜拜，曾一夜之間花掉一億元新臺幣之說，許多年來，政府呼籲大家拜拜要節省之後，每次也要花費五千萬元。

很遺憾的就是，近年來由於沒有眞實的信仰，而僅接受歐美基督教文化的人，使聖誕節一直俗化，諸如有聖誕大拍賣、聖誕舞會、聖誕夜總會等，當然做出這些風俗的不是基督徒，這是我們所知道的。可是有基督徒因熱心而淺慮：「當大家酣睡中來個報佳音！」擾亂鄰舍的安寧，實屬不該。雖然基督徒於十二月二十四日晚上，各在家裡煮些特別的菜餚和買一棵聖誕樹，贈送禮物給兒童，但花費不會多，很值得，不是拜拜設流水席的豪氣請客所能比擬的。

馬偕於一百多年前就有先見，主倡初設的臺灣教會如在十二月二十五日開始舉行聖誕節，此後會發生弊害。他的預言眞的應驗了。年假期間，他都在艋舺教會休息，不喜歡十二月二十五日的聖誕節。他在課堂上對門徒說：「《聖經》沒有記載守聖誕節的事，也沒有人知道耶穌基督的誕辰，看守羊群的猶太人率領羊群至曠野是自四月起至十月止。因此，十一月牧者便帶羊群回家，以爲天使於十二月向牧者報佳音，根本已經不對。」[11]

馬偕在主日學課程會舉行祝賀會，使兒童背唸教義問答、《聖經》、聖詩等，然後給主日學學生獎品以資獎勵，可是絕對不在十二月二十五日舉行。馬偕在世中，艋舺教會絕對沒有十二月二十五日的聖誕節，僅有主日學的祝賀會在一月一日舉行。不僅艋舺教會如此而已，就是馬偕在世中，北部教會也沒有舉行十二月二十五日的聖誕節。馬偕不僅不喜歡十二月二十五日舉行，也不喜歡聖誕節，可是他不是因此而否定聖誕才反對聖誕節，乃是知道聖誕節很容易俗化。他沒有反對受難節、復活節或升天節，因爲這些節日較不會俗化。

筆者是贊成舉行聖誕節，但不可以俗化。如果能節省那消耗沒有意義的金錢爲靈、肉救濟之用，舉行嚴肅的禮拜，以感謝道成肉身救萬民的上帝之大慈愛，並且那天也以同樣的意思舉行適合兒童的聖誕祝賀會，一方面使兒童眞正認識上帝的大恩典，賜其獨生子來救人類，另一方面送獎品給主日學學生，以獎勵他們對主日學的興趣，或歡送其中一些晉級或進入少年團契、青年團契的主日學學生——當然，如能做到這一點，於十二月二十五日舉行聖誕節是沒有關係的。

有人說，十二月二十五日這個日子是由異教節日而來的，是不適合舉行聖誕節之日，可是人們已經都忘記是由異教演變來的，而且我們的聖誕節其內容是紀念道成肉身的耶穌誕生，怎麼怕這一天呢？比方說，現在許多教會在禮拜時，講臺上插生花。這是由何種宗教而來的風俗呢？這是由佛教的思想而來的。佛教看一草一木都是眾生，眾生必須得救，並且佛教是傳大慈大悲的宗教，不忍一草一木被拆毀。首先看見一朵花被風雨吹斷或打斷，就顯出非常的慈悲心。所以拿回去插在盛水的器具上，欲使被拆斷的花兒延長兩、三天至十幾天的生命。

由此來看，進步至今日的插花風俗，我們不是都採用了嗎？不僅風俗，如佛教用語，我們也不是經常使用了嗎？比方說，解脫、大慈大悲、發願、讀經等等，怎麼還怕使用異教日呢？筆者的意思不是「那麼耶穌也可以叫作菩薩」，筆者的意思是說，人家已經都忘記是異教的慶祝日或異教的語句了，怎麼我們不可用呢？鞭炮原來是驅鬼用的，現今有時候也用在這意思上，我們在慶祝時，也不是使用了嗎？

基督教是入世的宗教，不是出世的宗教。臺灣神學院的塔，除頂上的十字架以外，是不是佛教式？重要的問題是，在裡面有沒有講上帝的話，有沒有在敬拜上帝。

政府打鑼正名

馬偕初來臺灣宣教，民眾和衙門都叫他紅毛番仔或外國番仔，意即洋鬼，到處咒他，侮辱他，嗾使狗咬他，甚至向他投擲石塊、豬糞、潑糞便，可是馬偕一點兒都沒有抵抗，反而替人醫病，給人拔齲齒，服務人群，向民眾傳福音。人不僅是感情的動物，也是理性的動物，能反省，能了解。馬偕的爲人、其工作、其愛護人民，終於被人們了解。

馬偕來臺傳道經過十四年半之後，公元一八八六年十月十四日，大稻埕衙門僱用人到街上巷間去打鑼，公布告訴民眾「不可叫馬偕『番仔』，要稱呼他偕牧師」。

昔時廣告或宣傳等的器具尚未發達時，衙門如有什麼事情要公布，都僱用人在街上或巷間，首先打幾下鑼，使人們注意準備聽將要公布的事情，然後打鑼的人站住幾分鐘，把要公佈的事傳播出來。因爲當時沒有利用喇叭形的擴聲筒，所以公布後，一邊再打鑼，請大家注意聽，一邊行進約二、三十步，再停腳，把要公佈的事情再講出來：「從今以後請大家別叫馬偕『番仔』，要稱呼他偕牧師。」

衙門打鑼公布，覺得一天不夠徹底，十月下旬又在艋舺與大稻埕地方打鑼，告訴民眾們：「別叫馬偕『番仔』，要稱呼他偕牧師。」如此，連續五天。馬偕於十月二十九日的日記感慨地說：「實在與昔日不同了，我初來臺灣時都不是這樣呢！」

這是否對我們傳道上有個很好的暗示：宣教往往會遇到困難，恐怕是從民眾的誤會或冷淡而來的，恐怕由宗教敵愾心而來的。遇到困難，我們要反省而毋須管它，我們如果能眞實地順從上帝的命令，願意犧牲、捨己愛人，以適當的方法，把上帝的福音傳揚出去，其他的事上帝會安排的。因爲傳道事業是上帝本身的事業，我們只是祂的僕人而已。我們的主耶穌基督本身也經驗過了，祂因傳道受人咒罵、欺侮，甚至被釘死在十字架上，但祂終於勝利。如今萬邦、萬國、萬民，稱祂爲主，爲祂奉獻金錢、時間、學問、技術，甚至生命等。

基督的僕人馬偕亦然，他終於勝利。衙門僱工打鑼五、六天，別叫他『番仔』，要稱呼他偕牧師。果眞，第二次例假要回國前，艋舺市民的領袖們邀請他，以刻花且蓋絹線的轎子給他坐，前面有八隊音樂隊、幡旗、長旗、短旗、三層大紅邊的「榮譽傘」，沿街放鞭炮，有武官、文官，二十六頂轎子，六人騎馬，三百位步兵和民眾跟隨在後，於艋舺城市遊行一番。這完全以迎神賽會的方式，尊敬馬偕，歡送他例假回國。

常常病倒受門徒的照料

公元一八七三年一月中旬，馬偕抵達淡水未達一年就病倒了。他在日記中說：「近日都下雨不停，水自山丘上一直沖灑下來，我租的房子在較低的地方，房子後面有山丘。因此水流進我的房子裡。水上升，室內各項東西都溼了。水自上面流入又自下流出，房子裡時常潮溼。一切東西都發霉。如今我患了瘧疾。時冷時燒。」

馬偕租的房子在較低的地方，下雨後因潮溼會發霉，誰都知道的，何況他是博學的人，當然這是我們更知道的。但因爲沒有人要把房子租給「番仔」，馬偕雖明知是衛生不夠的房子，但還是不得已棲身，實在令人心酸。

公元一八七四年三月，他又生了病。他的日記說：「患瘧疾好幾天了。身體痛苦。但是門徒晝夜照顧我，沒有離棄我。門徒雖然是貧窮的人，但他們的心卻充滿了愛心。到比較舒服一點兒時，我就坐在床上，門徒圍在我身邊，我便開始教他們書。」馬偕常常病倒，是因爲住在不夠衛生的地方，病後又沒有休息的時間。病倒後稍微舒服一點兒，又繼續開始工作。所以再經過三個月又病倒了。請看下面他的日記：

「公元一八七四年六月，去景尾，那邊的人不親切。也到新店去。有一位在洲裡聽過道的人，把地方借給我們。很暗，很潮溼。我患瘧疾了，住在那房間很久。若有機會就佈道。」他病後隨即又往後壠、貓裡地方去傳福音。他與門徒回來淡水時，又病倒了。他的日記寫著：「又患病了，我的學生殷勤照料，日夜在身邊，眞愛我，也僱用船給我遊八里坌海邊，希望我能趕快痊癒。」

馬偕每次病倒，都由門徒照料。而且年齡也已經三十一歲了。如果有個師母在身邊照料就比較不會麻煩門徒。所以他心中好像有所打算。公元一八七五年五、六月的日記，他寫著：「但是我想如有一定的地方，像住在禮拜堂裡是很適合（筆者註：自昔至今，臺灣長老教會的傳教者家眷所住的宿舍都與禮拜堂連接，往往一間禮拜堂隔爲兩間，前間爲禮拜的地方，後間爲傳教者家眷的住處），只要能引導人從黑暗入光明，不論住什麼地方，無論用什麼方法都可以（筆者註：如有師母同住在一間禮拜堂，也可以傳教），我們的目的是要拯救人。雖然我患病，全身疲倦，痛苦，我還是沒有休息。晝夜都是希望傳揚我們主的福音。我有時整夜發燒，全身脹起瘡來，頭痛，門徒也在我身邊照顧我，給我敷膏藥，或以水施涼。」

公元一八七五年十一月九日，馬偕率領門徒往南部去旅行，十二月四日至阿里港，翌日就病倒了。十二月六日至阿猴（現今的屏東）一個禮拜，久患病不能外出，經過七日後稍癒，便於十二月十二日在阿猴講道，並舉行聖餐。如果他不是單身漢，有師母在身邊，會勸他休息，並託門徒替他講道。

馬偕於公元一八七七年一月八日在新店傳福音時，因患痘瘡（天然痘），是激烈的傳染病症，患者普通死多、癒少。加拿大宣教師華雅各醫師禁止馬偕的門徒接近他。華雅各醫師回到淡水，未進入家裡之前，在自己的住宅前面把衣服脫下，並燒掉，再消毒自己的手才進入自宅；可是華雅各醫師回去後，門徒們紛紛進入新店禮拜堂宿舍裡照料馬偕，以冷水敷其額頭。

因發燒奄奄一息，馬偕經過二十天才痊癒。[12] 柯維思先生說，馬偕患天然痘是在大龍峒禮拜堂，這可能是他的記憶有錯吧？關於這事，據馬偕於公元一八八七年一月八日的日記如下：「因爲在新店患痘瘡，許多日子，我住在那裡。身體軟弱。然後回淡水。林格醫師來看我。至二月五日才稍痊癒。」此後一年三個月多，就與張聰明結婚。結婚後再患一次大瘧疾之後，就不再聽到馬偕生病。

那大瘧疾是發生於公元一八八五年九月中旬。除逝世前患咽喉癌症之外，那次的瘧疾是他所患的諸病症中最嚴重的一次。因清法戰爭開始，馬偕就不眠不休以致病倒，一時失去知覺，體溫一直高達四十八度。一切藥物均不能使他安眠。當他的復原已沒有希望時，恰巧「海龍號」自香港到淡水的約翰·陶德先生帶冰過去。主治醫師向約翰·陶德懇求將全部的冰用來冷敷馬偕發高燒的頭。之後，馬偕隨即安睡了三十六小時之久。冰用盡了，馬偕醒過來時，病勢痊癒了大半。

最後，公元一九〇〇年六月十日，馬偕自咽喉異常病倒起，之後未能康復，至公元一九

○一年六月二日下午五點逝世，在病榻中約一年，實可同情。可是他本人是不怕死的，雖在病榻中還工作著，到壽命終了爲止。

脾氣壞，心仁愛

據郭水龍牧師的隨筆，馬偕的脾氣壞。他說：「馬偕脾氣很壞，神學生如有不合宜的事情，當面大聲指責。」[13]大概馬偕的脾氣壞，由筆者的研究，可以承認這是事實。因爲他的好友麥唐納博士，即《臺灣遙寄》的編輯說：「依偕叡理自己所想的，甚至依據最愛他的人的評斷，他不是完全的人，他有自己的能與不能，也有弱點。」[14]

如果我們看他每天早晨先到理學堂大書院打校鐘提醒學生上課，我們可以想像他對神學生的課程是非常嚴格的，所以稍有不合宜的事情發生，即大聲責罵。他的兒子偕叡廉牧師說，他的父親再三、再四對他說：「人當正義和眞實。」又說：「不可食言。」[15]可見他是個嚴父，加上他非常的忙碌，因此，他容易發脾氣。

他的二女婿柯維思先生說：「有一次，管伙食的值班不在。我和同室的高年級學生陳英於飯後把碗筷收拾在抽屜，被先生（筆者註：馬偕）看見，他把碗筷都丟出去教室外面。當時我是新生，不知道校風，因此哭泣了。」[16]

雖然馬偕的脾氣壞，可是他的心非常的仁慈。他的門徒們雖知道他的脾氣壞，可是還讚美他的仁愛。柯維思先生說：「恩師克己、相助門徒。論恩師，愛門徒可舉，例如陳雲騰、葉順、葉俊，當結婚時，恩師拿出自己的金錢相助。陳火做金錢貸借保證人，債主無法償還，保證人陳火又沒有能力賠償，恩師拿出數百塊錢替陳火賠償。門徒蕭大醇又老又病，恩師將雞籠社寮島自己的房子給他住，過日子，死後葬於自己的庭裡，是眾人所知道的事實，也是他的兒子常常所感激的。」[17] 不過當時據郭水龍牧師所說的馬偕薪水三百元美金，而門徒在清朝時只領薪五元，至日治時代領八、九元，實在是沒有辦法生活。陳火牧師逝世後，身後蕭條，如沒有馬偕的幫助，是沒有辦法出葬的。[18]

賜平埔人族姓

據郭水龍牧師說，噶瑪蘭平原或東海岸等地的平埔族人原來都有名字但沒有「姓」（筆者註：可能一百年前的平埔族人都姓潘）。名字相同的也眾多。男人名字最普通的如下：「杜歹、杜遙、阿轉、厓肴、阿濛、阿督、喊脫」等。女人的名字最普通的如下：「椅班、毆乳、排絲、阿允、阿咪」等。[19]

有一次，馬偕等人在噶嗎蘭平原宣教時，要找個青年，名叫「杜歹」的。全族二十幾位叫「杜歹」的青年都去了。恰巧二十幾位「杜歹」都姓「潘」，馬偕那時候覺得好笑，說：「你們平埔族人全部都姓潘，又都同名字，最好還是改姓吧！」那社的頭目聽了覺得有道理，就聚集全社的人說：「馬偕說得對，我們來改個姓。」馬偕便拿一張紙、撕為五十張，把五十個較普通的姓，寫在這五十張紙上，搓成粒，放在竹筒內。眾人站著看。

頭目向天說：「我現在要用筷子挾出竹筒中的一團紙塊。」說完了話，便挾出一團來，把它展開看，就是「偕」字，所以那個社就姓偕。別的平埔社聽了，改姓爲「偕」的也有。[20]

因此當時平埔族人姓偕的，約有好幾百個人。之後派傳道師駐任在平埔社宣教時，平埔族人便改掉潘姓與傳道師同姓。也就是說，有的姓郭、陳、林、李、王、高、劉等，沒有改姓而依照原來姓潘的也有。

禁止陋習

北部教會與眾不同的還有禁菸、酒的習俗。當然，教會也有吸菸、飲酒的會友，但是大體上是禁菸酒的。當然沒有什麼具體的禁令，而是一種傳統上良好的習俗而已。筆者曾前往泰國參加一次神學研究會、新加坡二次、香港二次（其中一次是被邀請去演講「今日臺灣佛教」），赴會者都是從歐美和東南亞地區去的神學者和牧師，即教會的領袖。因此，筆者接觸了許多北部臺灣長老教會以外的長老會和各教派的教會等的領袖們。與會期間，筆者發現北部長老會以外的教會領袖們對菸酒一點節制都沒有，有神學者或牧師每月吸四包香菸是常事，許多神學者和牧師要回國的時候，很開心帶些洋菸和洋酒。

筆者曾聽說北部有一位已故聞名的傳道師，佈道或講道前要先飲一小杯酒，才能活潑地講道或佈道。筆者從小很歡喜聽他講道。有一次，開會的時間差不多了，可是筆者需要小解，就進入該傳道師的宿舍往其宿舍後面的廁所，因爲禮拜堂是店面，沒有別條路可走，但那時看見他正在舉起一小杯酒並飲下一口。

筆者當時是一位少年，嗅覺敏銳，隨即知道是他在飲酒。筆者對飲酒的看法，不像清教徒那麼嚴格，他雖已是酒精中毒的人，但對酒還是個節制的人，絕非暴飲的人，那麼就讓他喝一小杯吧。

筆者作傳道師的時候，到了一間教會，探訪一位長老，他是作代書的人。但在我之前，有一位婦人拜託他幫她寫一份文件，當他正要吸菸時，不速之客的筆者臨到，於是他不敢公然在傳教者面前吸菸，所以寫不出來，只是他手拿著筆，面對著十行紙，時間雖已流逝十幾分鐘卻不能下筆。那婦人又急著要拿文件，所以他不得已走到裡面去吸一支菸後才出來，然後拿起筆，不到十分鐘，在三張十行紙上寫完一份文件。

筆者對抽菸的看法，也不像清教徒那麼嚴格，而且也知道這位長老是菸中毒的人，但是已知道吸香菸是無益的，並也在努力改掉吸菸的習慣。因此，就讓他抽一支香菸，寫完一份文書吧。事實上，北部教會也沒有禁菸酒的規定，只是屬於信徒自己的良心問題而已。

自馬偕起，北部教會的傳教者與信徒大體上沒有吸菸飲酒的習俗。這是從馬偕的禁菸、禁酒運動而來的，從此形成北部教會良好的傳統。[21]

記得有一位資深的加拿大宣教師，到北部臺灣神學院作教授，一支煙斗時刻不離口，被本地教授與傳教者厭惡，回國後，北部教會的領袖們就不再聘他來臺教書了。

現在筆者不討論飲酒吸菸在宗教上到底有沒有罪？筆者要說的有二：

其一、對健康有害。有一天，馬偕在淡水理學堂大書院，看到工人們在一堆磚塊下發現一條毒蛇。一個工人用一支竹桿把牠釘在地上，另一個工人從他自己的煙管中挖出一點煙油，放入蛇的口裡，那條蛇立即蜷縮，然後伸開，全身發抖，不久後，它淡白色的肚子翻上來，死了。

馬偕說：「這種情形，我若不是親自看見，我是不會相信的。」[22] 因爲那支煙管傳承了四代，所以其煙油是非常強烈的。煙葉中含有一種有機鹽基叫作尼古丁，這種尼古丁鹽對於常吸菸的人是一種大害健康的毒品，現代醫學也證明吸菸容易患肺癌。馬偕知道吸菸對健康不好，所以提倡禁菸運動。

其二、花費無益之錢：把金錢花在損害健康的食品，不但沒有意義，也會影響對傳教工作的奉獻。如果全世界的基督徒（包括傳教者）願意不抽煙，把吸香菸的錢奉獻爲傳教之用，教會不怕沒有經費往普天下去傳福音，服務社會。

美國某一所神學院一位教授自少不知，就吸香菸，雖知道這是不對，但是已經中毒，沒有辦法改掉。他在神學問題上常與人筆戰，頭頭是道。辯輸的人不敢示弱，對他說：「你會說，但不能實行，例如吸菸，不僅是壞習慣，而且損害上帝所賜給你的健康，甚至花費無益的金錢，不如把吸菸的習慣改掉，把省下來的金錢獻給上帝做有益的工作，更能榮耀上帝，如此才能更符合你說的神學理論，否則你只是個假道學先生而已。」那位教授立刻實行第一步，就是公眾面前絕不吸菸，使人跌倒。他教書時往往不知不覺把粉筆當做香煙咬著，吸有損而無益的香菸至中毒不能自拔的程度，實屬可憐。還未中毒以前趕快改掉吧！因有礙健康，而且容易患癌症，甚至影響對傳道工作的奉獻。

酒害亦然。因為酒中含有酒精，能使人神智迷亂。醉醺醺，說話不三不四，甚至是一種慢性的自殺。筆者曾在《讀者文摘》看到一篇有關菸酒害的文章，其簡略的意思如下：妻子如要謀殺丈夫，而不會構成謀殺罪，甚至還能博得鄰人的讚美，其方法很簡單，即每晚丈夫下班回家時，先點火使他吸一根香菸，然後邀他飲二杯酒就夠了。丈夫因菸酒的中毒，慢慢的死掉，法官驗屍又找不出傷痕來，醫師診斷的結果，不是胃出血或肝硬化，就是肺癌，鄰人會讚美這位太太很會體貼丈夫。在現代菸酒銷路最好的時代，不要忘記馬偕留給北部教會這個好習慣。

昔時纏足很流行，女子一定要纏足才是淑女。臺灣俗語說：「纏足才是娘，不纏足不成樣。」臺語「娘」是淑女之意，「樣」是樣子的意思。纏足是把自然腳每天束緊一點點，久而久之，使其成為像小竹筍的樣子，結果行走不方便，對於全身運動有礙，當然傷害了健康。馬偕昔時也提倡放腳會。[23]

現今纏足已經絕跡了，在此不再贅言。不過筆者不能不說的一項重要的問題就是傳教者應該像馬偕關心社會的問題。基督教的傳教者除了傳教以外，對革除社會惡風俗也有責任。記得數年前，有教會的長老要推銷過濾器，提倡「飲水治百病」，除一位基督教醫師和筆者之外，好像沒有一位傳教者關心、發言、投稿以革除此種迷信，依筆者所探知的，受害的人大有人在。

因筆者一位住在嘉義的朋友，就是被「飲水治百病」的迷信所致，腎臟來不及排除每天所飲那麼多的水量，便病倒了，在省立嘉義醫院住院數週間，險些喪命。筆者的堂兄因信

「飲水治百病」的迷信，耽誤治療肝癌的機會。筆者的家庭雖使用過濾器，但不是因爲相信「飲水治百病」的迷信。基督教不僅是出世的，也是入世的。馬偕於一百多年前舉行禁菸（包括鴉片）、禁酒、放腳會等運動，革除社會的惡習是值得學習的。

臺灣昔時沒有夾竹桃和連翹。夾竹桃，植物名，夾竹桃科。常綠灌木。葉狹長，夏秋間枝梢開花，其花淡紅色或白色，很可愛。其花五瓣，淡紅嬌豔似桃花，葉狹長似竹，故名夾竹桃。葉有毒，爲東印度原產，種在庭園中以供觀賞。

馬偕栽了一百零四株在理學堂大書院旁邊。[24]筆者在嶺頭臺灣神學院常常剪來插在花瓶中，放在家裡的桌子上觀賞。雖其葉有毒，可是不是激烈的，插在花瓶後才洗手，沒有什麼關係。夾竹桃現今很普遍，各處都有。連翹，植物名，木犀科。落葉灌木，花淡黃色，可愛，莖、葉和根部可供藥用，種在庭園中可供觀賞。當傳教者受派往地方教會去駐堂時，馬偕都剪這兩種莖枝給傳教者帶到禮拜堂去栽培。[25]因爲馬偕希望禮拜堂是整潔的，其周圍美觀。因此革除惡習、美化禮拜堂，是各時代的傳教者所當學習的。筆者在園中或路旁看到這二種可愛的、淡江色的花和淡黃色的花，便回憶起馬偕的偉大。他不是關在禮拜堂裡只顧信徒的牧師，他也是入世傳道、教示和服務的牧師。

識破「吃教人」

日本據臺時，日本政府不敢輕視馬偕的人格、研究工作、醫療服務工作及宣教工作，因爲他說話有信用。所以，有時候會友受冤枉被捕，馬偕可以作保證人，把他保釋出來。有人利用馬偕的便宜來信教，作假信徒，有事時，可以託馬偕與日本政府交涉以獲得金錢上的利益或被捕後獲得釋放的好處。因此，會外人對基督教的人譏笑說「吃教人」。「教」的臺語音與「夠」同意思，因此「吃教人」有「佔便宜的人」或「欺人」之意。此後馬偕很注意這一點，不再容易上假冒之人的當。

有一天，一個養鴨的人趕一群鴨子從觀音山的山麓去到淡水港內玩水。淡水日本稅關的官員放鎗打兩隻鴨子去當壽喜燒。養鴨的人雖與稅關的官員計較過一番、要他賠錢，可是官員不理會。他突然想起馬偕的勢力可以利用，便登上了小山丘的砲臺埔去見馬偕。

馬偕問他的來意。他說，他是五股坑教會的會友，並告訴馬偕上述的故事。當時馬偕很注意吃教人，就問他：「你眞的是五股坑教會會友嗎？」

養鴨的毫不猶豫地答道：「是的。」

馬偕說：「我每次往五股坑教會宣教時，好像未曾見過你呀！」

養鴨的答說：「馬偕您一個人，信徒如此眾多，您怎麼會認識每個人呢？」

馬偕繼續問：「那麼，你是否知道十誡？」

養鴨人回答得不大自然：「十誡？那……那……哦，知道啊！」

馬偕便問道：「那麼，十誡的第一誡怎麼說呢？」

「第一誡就是，我今天從五股坑趕一群鴨子沿河到淡水港來。」養鴨的不躊躇地答道。

「那麼第二誡呢？」

「第二誡，就是給稅關的日本官員放鎗打兩隻鴨去當壽喜燒。」

「第三誡呢？」

「第三誡是我和他計較，他不肯賠償。」

「第四誡呢？」

「第四誡，日本人不講理，很野蠻！」

「第五誡呢？」

「第五誡就是請馬偕舉起雙手，替我和他計較，因爲我是您的信徒，也是和您太太同鄉的人呢。」

馬偕嚴格地說：「這件事我不能答應你，因爲你從起初便說謊欺騙了我。你是吃教人，不是眞的基督徒呀！」

註釋

1 《聖經．新約》馬太福音第六章三十九節。
2 《聖經．新約》約翰福音第十六章十三節。
3 《聖經．新約》馬太福音第五章十六節。
4 新約約翰福音第十四章六節。
5 新約路加福音第九章五〇節。
6 新約馬太福音第五章四十八節。
7 齋藤勇編，マッカイ博士の業蹟，一一九頁（柯維思作）。
8 郭水龍隨筆，北部教會史實，第九草，一九六九年，手寫。
9 Ibid. op. cit. Chap. 2.
10 Ibid.
11 齋藤勇編，マッカイ博士の業蹟，一三九頁。陳清義作。
12 郭水龍隨筆，北部教會史實。一九六九年。手寫。齋藤勇編，マッカイ博士の業蹟，一二六頁（柯維思先生作）。

13 郭水龍隨筆，北部教會史實，第九章，一九六九年手寫。
14 齋藤勇編，マッカイ博士の業蹟，一〇三頁。Dr. J. A. Mac Donald作。
15 Ibid. op. cit. P. 97. 偕叡廉牧師作。
16 Ibid. op. cit. P. 122. 柯維思先生作。
17 Ibid. op. cit. P. 125. 柯維思先生作。
18 郭水龍隨筆op. cit. Chap. 7.
19 郭水龍隨筆，北部教會史實，第十二章，一九六九年，手寫。
20 北部臺灣基督長老教會傳道局發行，羅馬字版，北部臺灣基督長老教會的歷史，四九頁—五〇頁。
21 齋藤勇編，マッカイ博士の業蹟一五七頁，人忙我閑生作。牧尾編，臺灣基督教傳道史，八八頁。
22 G. L. Mackay, From Far Fomosa, 1896, P. 71.
23 齋藤勇編，op. cit. P. 89. 黑住安臣作。
24 G. L. Mackay, op. cit. P. 292.
25 齋藤勇編，op. cit. P. 138. 陳清義作。

5 理財的智慧

北部教會發祥地

馬偕到淡水來宣教時，首先是租屋棲身，可是那是暫時的辦法。此後教會發展上，宣教師必須有較長久的土地和宣教師住宿的房子，因此，馬偕於公元一八七四年十二月，即來臺二、三年後，在滬尾砲臺埔中國稅關牆壁西方隔一條小道路的地方，向吳春書、吳順、吳芳原等人租一筆永久的山地，西由寶順洋行東界址起，量至東三十五丈六尺（約一百二十公尺），南由路邊土圍起量至北二十丈（約六十六公尺）爲止，其價格是銀六百大元。

公元一八七五年一月三十日，馬偕在英國領事館完成登記。此後因實際需要，陸續再永久租數筆土地。因爲外國人不能在中國內買斷土地，所以立永久租地契約，在中國政府登記後，再於英國領事館登記。

馬偕在淡水砲臺埔丘原上租地建設宣教師宿舍、理學堂大書院（神學校，現在作爲淡水工商管理專科學校舍之一部分，如今已改制眞理大學）、女學堂等，使淡水砲臺埔成爲北部教會發祥地。馬偕逝世後，北部教會又在砲臺埔增設女學校、中學校、婦學及創辦淡水工商管理專科學校。如果我們到淡水砲臺埔丘上去參觀這些學校時，一定對那安靜、舒適和美麗的景緻感嘆不已。

淡水砲臺埔丘原上的北部教會發祥地是在淡水河邊約二百英尺（約六十公尺）高的一個幽美的場所，其西南方之偏有荷蘭人的古要塞，其中有一座高大堅固的紅建築物，後來作爲英國領事館。從教會發祥地的砲臺埔向西可以遙望茫茫無際的大海，朝南可以俯視淡水河面，昂首可以看到觀音山。朝北看，有大屯山巍然聳立著。東方能看到關渡山與觀音山麓，遙望中央山脈。依臺灣民間的風水，有山有水，風水極佳。

一百多年前，淡水砲臺埔丘原上的北部教會發祥地是一片田地、草原和墓地。馬偕有見識，永久租下砲臺埔丘原地爲教會發祥地。公元一八七四年十二月起，他陸續永久租下十幾筆小塊土地。因爲要使所租買的土地成爲一塊完整的大塊土地，有時候割地與他人調換，有時候割賣他人，再租與教會土地連接的土地。可見他對土地及位置美觀上努力之一斑。因此，公元一八八六年八月四日終於成爲整然的一塊大土地，移交給加拿大長老教會差會，請參看本節末，筆者所作的二張圖表。

至公元一九一二年（馬偕逝世十一年後），依土地登記，加拿大長老教會在淡水的土地，除淡水街偕醫館有一分八厘五毛七系連房子之外，有三筆土地如後：

（一）芝蘭三堡，滬尾街，土名砲臺埔十番，一甲四分八厘二毛八系。（厝地坪數）

（二）芝蘭三堡，滬尾街，土名砲臺埔四十一番，一甲六分七厘五毛八系。（原野坪數）

數）。

（三）芝蘭三堡，滬尾街，土名砲臺埔三十四番，三甲四分一厘四毛七系（厝地坪

共計六甲五分七厘三毛三系。

以上是馬偕時代的土地，現在應該增加多了。

馬偕的私有財產

馬偕宣教開始不久，在基隆社寮島買二間房屋，在基隆地區宣教時，可作爲住宿和教導門徒的落腳處。房屋是公元一八七六年三月買的，坐落在基隆二重橋，是江建春的瓦屋二間，定價銀一百二十大元，每年納地價稅。那兩間房屋以後如何，不得而知。公元一八八五年九月，馬偕向何全有永久租一筆土地，坐落在基隆二重橋，是建物敷地，以英尺計算，東至西前面四丈九尺（約十五公尺），後面計量五丈五尺（約十九公尺），南至北計量六丈四尺（約二十一公尺）。定價洋銀一百五十大圓，馬偕於公元一八八五年十二月七月在英國領事館登記在案。此後他在其地上蓋一棟別墅，這是馬偕的私有財產。他每逢夏天都到此避暑。日本據臺時，因外國人不能買土地，加上何全有已永久出租，即表示對該土地放棄所有權，所以該地應屬國有，還有以「該土地位在軍事地區」爲由，最後被沒收。

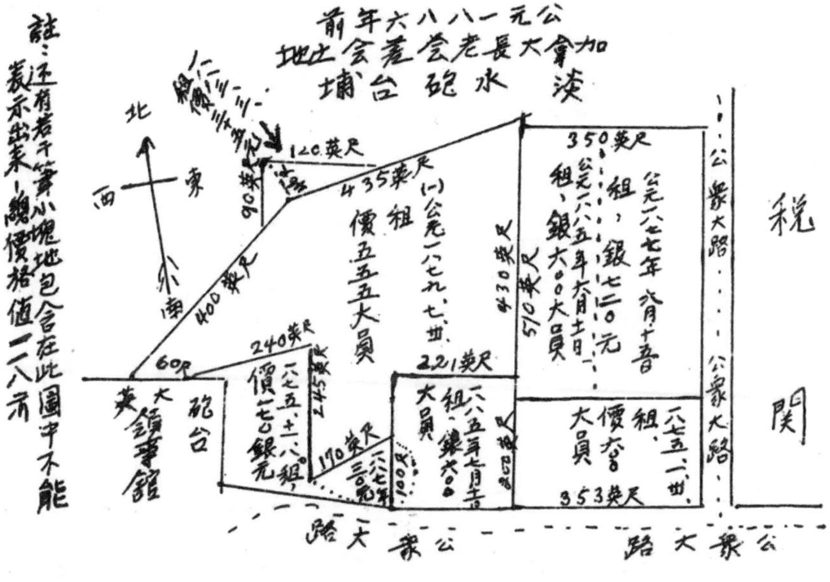

圖一：公元一八八六年前，加拿大長老教會差會土地（淡水砲臺埔）
是十幾筆小塊土地。

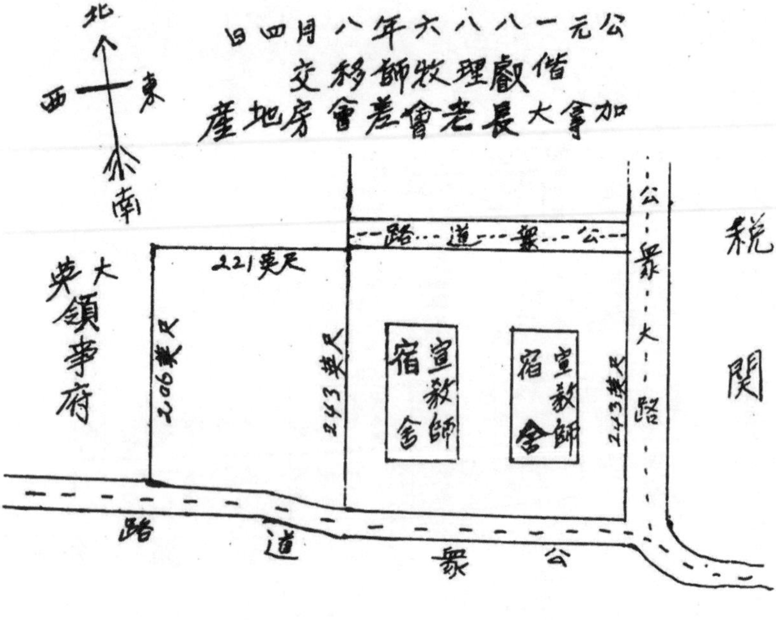

圖二：公元一八八六年八月四日，馬偕博士移交加拿大長老教會差會的房地產，成為一塊整然的大土地。

第六卷

George Leslie MacKay

All for Christ

馬偕逝世

公元一九〇〇年五月一日，馬偕等人往噶瑪蘭平原巡視諸教會，於六月上旬將離開最後一站打馬煙教會時，他與會友、老人和青年約三百位，一邊走路，一邊唱詩歌，到了渡船碼頭，因船非常搖晃，有的下水把船拉緊，使之平穩，讓馬偕等人方便下船，馬偕因此很感激他們的熱誠。

當時馬偕已有預感那次是他到噶瑪蘭平原的最後一次訪問，以後沒有再去巡視教會的機會，[1]因此，馬偕上船後，與眾會友辭行時，淚水盈眶，依依不捨，揮手離去，那時候他大概感覺咽喉與以前有異。

他是使用咽喉最多的人。禮拜日或每晚、對漢人、外國人、平埔人、熟番、南勢番、生番等人講道、唱聖歌，自禮拜一開始至禮拜六止，在日間，無論外出巡迴宣教或在淡水理學堂大書院時，每日教四、五個小時的課，可見未曾有人像馬偕那樣使用那麼頻繁次數的咽喉。因此，他的咽喉稍有異常，他立刻就發現。

他和門徒從噶瑪蘭平原於六月十日回到淡水時，正依他所預感的，咽喉已嘶啞了。六月二十四日，他和門徒前往北投教會時，便叫門徒上去講道，自己少講。他應該要安靜休息，可是因責任、熱心和使命感，驅使他繼續以不自然的聲音還在理學堂大書院每日講課。他於八月十五日的日記說：「我講話較沒有聲量，我寫字在黑板上，讓學生們抄寫，還每天教神學生，因爲我比以前沒有聲量了。」他應該要安靜休息的。

筆者也有同樣的經驗。筆者於民國六十年二月中旬，因心臟病嚴重，趕緊搭乘計程車從嶺頭前往馬偕醫院就診，我先躺在有小車輪的病床上，被次女和護士推入第六病房二等室，那一剎那間我還有意識；但被推入第三病房後（因爲傳教者住在二等病室時，病房費可以免除，而且一間病房只限二名患者入住，較安靜，怎麼移入第三病房呢？而且患者約二十人），然而因爲第三病房的護士們較親切，家人不得已把筆者遷移到第三病房。主治醫師要我入院，到康復才能出院，算算時間，大約也要三、四個月之後了。

可是筆者不能等那麼久才出院，因爲神學院當月十六日開學上課，筆者怎麼可以躺在病床上呢？筆者因責任、熱心和使命感，違背了主治醫師的勸告，就在二月二十三日勉強出院回嶺頭教課；一星期教七堂課，一邊休息，一邊躺在牀上準備教材。筆者因病，即使不教課，薪水也是照領，爲什麼我還要抱病教課呢？因爲筆者對學生有責任、熱心和使命感。

馬偕亦然。雖咽喉已較無聲量，但他還想盡方法教書。夏天時，寫字於黑板上，一面看醫生，一面還巡視附近的教會。那時候，加拿大國外宣道會聽到馬偕患病的消息，立即差派河南省英國女宣教師馬克露醫師到淡水去醫治馬偕，並診斷爲咽喉癌，禁止他發聲講話。

九月十五日，理學堂大書院開學時，馬偕的咽喉已經惡化到「不用禁止他講話，也已經完全不能發聲音」的地步了。他一切都要用筆談了。神學院託郭水龍牧師代課，依馬偕所寫的內容讀給神學生們抄寫。馬偕坐在講臺上默默地聽講。

九月二十八日，馬偕還前往靠近淡水的灰窯仔教會去作禮拜，請柯維思先生代他講道。因爲病情一天比一天嚴重，而且呼吸困難，才於十月中旬前往臺北醫院，由日人醫師黑岩氏和英國醫師魏金遜共同切開馬偕的咽喉，插入銀管，以利呼吸。病況稍好，全家才搬往臺北大稻埕河溝頭租房住，使醫師每日方便到家去看病。[2]

之後，十一月一日，馬偕由魏金遜醫師陪伴以及柯維思、陳清義、郭希信、陳錫等傳道師隨行，搭船往香港就醫。[3] 郭水龍牧師代課至學期結束，神學院才停課。馬偕在香港就醫二個多月，病情時好時壞。當他病況稍好時，收到河合龜輔牧師代表臺北日本基督教會的慰問信時，馬偕回覆感謝的信如下：

（前略）「我敬愛在北部臺灣的日本基督徒，願我們的主上帝祝福他們，願救主耶穌的榮光更顯明於他們。咽喉漸趨良好，其痊癒是有希望的，但講話還感困難。明年一月想要返回臺灣。離開臺灣，我沒有幸福。我覺得主耶穌基督暫時還要給我在臺灣工作的機會，這是在世沒有比這事更有盼望的事，我的希望是對所愛的臺灣人民繼續傳揚那爲罪人的救主死於十字架的耶穌。萬國和眾島嶼將對我們主的再臨而頌讚祂，臺灣也將大聲歌唱，對我們的主基督永遠無限的尊貴與榮耀。」[4]

可見馬偕如何的愛臺灣，雖自己的病情嚴重但還對臺灣宣教的事念念不忘。他如何的希望臺灣人民有一天能頌讚主的再臨，歌唱主耶穌基督永遠的尊貴和榮耀，這是他一生的希望，他能忘記自己的病症，但臺灣人民的得救與「願主的名爲聖」是他不能忘記的事。

公元一九〇一年一月十一月，馬偕因病況沒有好轉，返回淡水一直到他逝世爲止。幫忙偕醫館的英國醫師魏金遜和之前曾幫助過淡水基督教醫館的醫師林格，每月都會去醫治馬偕的咽喉。

公元一九〇一年五月二日報紙說：「宣教師馬偕的病況與當初仍然無異，至今還插銀管在咽喉以助呼吸，但他每日照常能自由談話與運動。幾乎毫無痛苦。」[5]

公元一九〇一年六月一日，即馬偕逝世前一日，其生命如油將盡之燈，一明一滅，奄奄一息，河南省英國女宣教師馬克露醫師施以強烈的注射，暫時維持其餘命。六月二日夜深，上午一時，馬偕不知何故奮然起床往外面去，不管師母、子女和門徒的阻止，在夜深人靜時，頑強地以沈重的病身走到外面黑暗裡，失去他的蹤影。

大家立刻分散到各處尋找。終於在理學堂大書院的大禮堂裡找到他。問他何故來此？他泰然地說：「如今定期考試在即，所以我來這裡要教學生，趕快叫他們來。」親族朋友不管他如何拒絕，依舊勉強要帶他回家，且安靜地問他說：「定期考試的方法如何？」馬偕以顫動的手指拿起粉筆，寫在黑石盤上，因手抖動得很厲害，寫下的字比三、四歲的兒童更爲歪斜，令人不解其意，其中僅能辨認出「考試」此字而已。[6]

這樁突然發生的事件表示馬偕一生的精神及其事業。

他一生爲臺灣人民宣教、設立教會，盡力養成本地傳教者，自己負責自己的教會，同時也表明他對「死亡」一點兒害怕都沒有。

公元一九〇一年六月二日早晨，馬偕已走近死蔭的山谷，安靜地躺在病床上，師母、子女和親戚淚如泉湧，聚集祈禱說：「父啊！您如果肯的話，求你暫留他的命在臺灣。」

當日上午約十點，馬偕再一次突然起床，不管眾人的勸告，以不安穩的腳步，踏出門外，到理學堂大書院的大禮堂做他在世上最後的禱告。[7] 禱告完畢後，他再回來躺在病床上，當日，即公元一九〇一年六月二日，禮拜日下午五時，魂歸天國，享年五十七歲，在臺三十年，依他的遺言葬在淡水外國人的墓地、隔壁的馬偕私人墓地。

馬偕的葬式是在六月四日正午十二時，在淡水理學堂大書院的大禮堂舉行的。當時沒有油印順序單，筆者盡量恢復當時的次序如下，以資參考：

馬偕葬儀次序

——司會者：北部宣教師　吳威廉牧師

流程	內容
一、臺語聖詩	會眾一同
二、祈禱	日本基督教會　河合龜輔牧師
三、故人履歷（日語）	同上
四、讚美歌（日語）	日本人信徒
五、《聖經》朗讀（臺語）	北部本地教會　嚴清華牧師
六、故人履歷（英語、臺語）	北部宣教師　吳威廉牧師
七、臺語聖詩	會眾一同
八、祈禱	北部本地教會　吳寬裕傳道師
九、閉會	

因靈柩是外國式的，上面套有玻璃，會後讓每位參加者依次瞻仰遺容，以資惜別，然後隨即出殯。靈柩前，站的依次是宣教師吳威廉牧師、河南省英國宣教師馬克露醫師、北部教會本地牧師嚴清華、日本基督教會牧師河合龜輔等人爲引導，由醫師、門徒和長老共擡靈柩，親族跟隨在靈柩旁邊，靈柩後面依序有日本官廳各代表、各國領事代表、本地傳教師、神學生、女學堂學生、南部教會宣教師甘爲霖牧師與洋人信徒十數位、本地信徒五百多位。至馬偕私人的墓地（現今淡江中學後面的外國人墓地隔壁）時，齊唱聖詩，然後再供會葬者目睹其偉大的容貌之後埋葬，時已下午二時。當日，日本人有田照相師攝影了當日葬式與埋葬式的現場紀錄。

因馬偕二十九年多在臺灣順服上帝的命令，愛臺灣人民，服務與傳道，犧牲捨己，使教會和社會蒙受上帝的恩惠不淺，會葬者人人皆淚水濕襟。門徒們獻金爲他立墓碑，以表達對恩師的愛護與謝忱。

其金額與獻金者如下：柯維思二十元、嚴清華十元、陳清義十元，五元一位，四元四位，三元四十七位，二元三位，一元一位，五毛十五位，共計日幣二百一十六元五毛，獻金的門徒有七十四位。

關於馬偕，筆者對他的認識如下：

信仰者

馬偕所信的上帝不是由一般人所假說而來的理想的上帝，也不是由哲學者所思考出來的思想的上帝，因爲那些上帝是沒有生命的上帝。馬偕所信的上帝是啓示於耶穌，而由聖靈所印證的有生命之上帝。馬偕在公元一八九四年第二次例假回國時，被選爲加拿大長老會總會議長，議會將結束時，他所說的一句話，可以表示他一生的信仰，於此再重複一次：「對於上帝完全的話，以不搖動的忠實和對於耶穌基督，以不怕的忠義，請我們向前來順服聖靈吧！」

可見他所信的上帝與近代、現代的人本主義的上帝不同。他所信的上帝是靈活的上帝，祂通過祂的話，耶穌基督，而由聖靈的引導使他相信的上帝。因此，他對上帝本身、基督耶穌的贖罪、《聖經》的啓示、聖靈的同在、自己得救的確實與永生、自己一生的目的是以服務與傳道，使罪人得救，榮耀上帝等事，無論得時不得時，一點兒都沒有懷疑。如果我們再看他在二次歲末的祈禱，可以相信他是個具有上述信仰內容的信仰者。

其一、公元一八八五年十二月三十一日，於歲末的祈禱如下：「今天是今年的最後一天。今年經過許多危險，可是還獲得主的拯救。許多次，在天上的主顯出祂的大力量和祂的恩典。許多次我傳揚祂的福音，我所做的工作獲得了上帝的祝福。又要過一年了，使我們愈走進祖家，即我們天裡的住宅。我的父母、姊妹、朋友和臺灣許多信徒也在那裡，而且在那裡有地方給他們住。驕傲的官員啊！你們有一天會跪下尊敬耶穌。在今年的掛慮、憂悶、眼淚、得意、成功之中，我感謝祢。」（筆者註：當時的清官貪污舞弊，阻擋馬偕的宣教，與民眾附和逼迫教會信徒，因馬偕信仰靈活的上帝，終於使他們知道馬偕其人，政府並打鑼公佈民眾不可叫馬偕「番仔」，要叫他馬偕。）可見他所信的上帝是靈活而支配一切，無論過去、現在、未來的上帝。

其二、公元一八八七年十二月三十一日歲末的祈禱如下：「今天是今年的歲末。憂悶、掛慮、艱苦、得意都過去了。永遠地過去了，可是我們要注視於將來。因爲我們的盼望是上帝，永遠的上帝，我們列祖的上帝，有一天我們要經過此世渡到彼岸，在那裡和主的信徒們相會，在那裡和同坐於聖餐桌的聖徒交誼，一起讚美主耶穌，即我們的大君王。」可見馬偕所相信的上帝是啓示於基督的上帝——過去、現今、將來，永永遠遠存在著的靈活之上帝。萬物由祂而來，萬事在祂手中，一切要歸於祂的上帝。這是馬偕留給我們臺灣教會最大最寶貴的遺產。

勇敢的人

他在宣教上是不怕危險的，他知道要傳福音給臺灣人是非常危險的事，但是他不害怕。他明知當時的漢人只知道鴉片戰爭或不平等條約是可惡的事情，而沒有知識辨別哪一種外國人才是眞正的不好。當時的漢人認爲凡外國人都是可惡的人，並且他也知道自己非商人或政治家，只是一個宗教家，而漢人也沒有辨別的知識，以爲凡是外國人就是侵略者，甚至他也明知自己所信的上帝是華人在「四書五經」中所信的天地創造主，獨一無二的上帝，但他們沒有辨別的知識，只因他是外國人，又不同宗教，所以認爲都是可憎的人。他更明知無論那一個民族的逼迫手段都是很厲害的，以臺灣而言，以惡言咒罵，以糞便、豬糞潑身、以石頭投擲、利用群眾心理拆毀禮拜堂，殺害信徒，衙門也與眾共鳴，可是他未曾因膽怯就不敢向漢人傳教。另外，甚至沒有能力講理、也沒有能力辨別外國人，乃對他們的土地和生活未曾發生過任何爭執、一昧見人就要殺的原住民們，馬偕僅有戒備而已，但未曾害怕和退縮以致不傳福音給他們。這一切都證明馬偕是個空前絕後罕見的勇敢人。

他的勇敢當然與其信仰有密切的關係。因爲他所信的耶穌基督、靈活的上帝的啓示者，他還怕什麼呢？

有一位朋友問馬偕：「馬偕，你來臺灣傳教，遭遇反對和許多逼迫，不會灰心膽怯嗎？」

馬偕回答說：「怎麼會灰心呢？」

朋友又問：「爲何不會灰心呢？」

馬偕說：「耶穌是我的主，祂未曾違約過，所以祂所說的，我全部都相信。」[8] 可見馬偕的勇敢，不怕危險、不灰心等德性是由於信仰靈活的上帝，而依祂的命令而行事來的。

志氣堅強的人

馬偕未曾計劃一件事，因在進行中遭遇困難，就中止過。雖有人強力勸告他，但也不會有效的。因此，馬偕往往被誤會是壞意思方面的頑固或固執的人。幸好，他所思想、所計劃、所做的，都屬於榮神益人的事，所以頑固或固執有何關係？他的門徒郭希信牧師說：「與恩師一起傳道旅行，所感覺的就是遇有大雨、洪水或其他的阻礙，他一定不退卻，要到目的地才停止。」[9]

他當然不是完全人，而且自然的力量比他的力量大得多。因此，他的判斷有時候也會出錯，但是他有各方面的知識，可以應付，如有應付不來而中止計劃的，他會再改進方法做足周到的準備，重新把所計劃的貫徹始終。例如他和師母及門徒要往大島（彭佳嶼）宣教，他僱船從淡水出發，途中忽然遇大風浪，船在海中漂浮二天，搖來蕩去，不能達到目的地之前，乾糧與淡水已用盡，最後駛回金包里，又再準備乾糧和淡水，等待天氣較安定再出發，最後終於達到目的地，在那裡做醫療宣教才回來。

他在花蓮港宣教，明知有水路的危險、番害的危險，可是他知道那邊的人一定也需要福音，所以和門徒去過三次。如果他不那麼早逝，東海岸的宣教一定留下他的大貢獻，因爲他研究過那裡的南勢番、平埔族人與漢人的習俗，而且他的志氣堅強。志氣堅強，一半是出於他的資質而來，一半由他的信仰而來的。雖然因氣候、衛生、水土等折磨而病倒，但是原本他的身體可說是非常健康、結實。

忍耐力強大的人

任何困難幾乎都不能使他屈服。他宣教都是用走路的，由臺北大稻埕起站往竹塹的鐵路設施完畢時，即公元一八九三年，經過七年後他就病倒，而後逝世，且所建設的教會大部分不鄰近鐵路邊，因此，他幾乎沒有倚靠過鐵路交通工具。大稻埕至基隆的鐵路設施於公元一八九三年竣工，因對逐一巡迴村莊的宣教也不甚方便，所以他差不多也沒有搭乘過，可以說是偶爾搭乘而已。

他曾利用過淡水至艋舺的煤煙船，但是自他抵達淡水以來，外出宣教，或巡視各教會都是走路的。他一行往往裸足走路，因較方便，腳不會長水泡，而且節省皮鞋的消耗。當時他所穿的衣服和皮鞋在臺灣無法訂購。他一行自北部往中部、自北部往噶瑪蘭平原，每年二、三次、或北部地區、或西部地區，每年數次，來來往往都是用走路。自淡水至阿里港來回率領門徒旅行，歷經七十餘日也都是用雙腳走路。

公元一八七三年四月，馬偕等人在中部和生番頭目商量一同爬雪山。一百多年前登雪山不比今天，一定是危險、很辛苦的事。十幾天過後，差不多已經要到達了，可是原住民最後不爬，頭目也不敢再登上去，最後沒有人帶領，才讓馬偕打消念頭，與原住民一起返回去。可見馬偕的忍耐力如何的大啊！原住民和頭目都輸馬偕，馬偕不是臺灣本地人，氣候的寒暑、潮濕、衛生環境差，依一般外國人是無法忍受的，但是馬偕吃盡苦頭，忍耐到底，有這種忍耐力強大的人，在外國人中實屬罕見的。馬偕的門徒都是臺灣人，不輸他，可是他是外國人，不是嗎？他的忍耐力強大與他的身體也有密切的關係。他不高大，可是很強壯，他身體強壯配合強大的忍耐力、堅固的志氣、好的信仰，在宣教上才能留下那麼宏大的貢獻給後世。

熱情宣教的人

馬偕對宣教工作非常的熱情，他的座右銘是「寧願燒盡而不願銹掉」，這種熱情是克勒特人的特質之一，他一切的作為都是為著宣教。公元一八七二年四月二十日，在淡水才開始宣教時，他整夜不睡覺，準備應付讀書人的辯論，都是為著開拓將來宣教的前途。他因熱情地宣教而東奔西走，廢寢忘餐，常常病倒。

公元一八八四年十月二日，法國戰艦開始砲擊淡水之前，他不顧英國領事勸告他往香港避難，當時還逗留在淡水砲臺埔的教會中心地，都是因為他愛護教會的熱情。之後宣戰開始，他就不眠不休負責照顧神學院、女學堂、學生、信徒等，以致病倒在床，一時失去知覺。馬偕對宣教、養成傳教者、醫治患者等的殷勤態度充滿在他的臺灣工作中。這種熱情多受敬虔主義、衛斯理主義、美國普林斯頓神學院老教授且講課很熱情的何基博士與蘇格蘭愛丁堡大學教授、宣教英雄達夫博士等人的影響而來的吧。他在講道時，非常熱情且雄辯，是聽眾所承認的。

馬偕的弱點

馬偕的好友麥唐納博士於馬偕逝世時，在報紙上評論馬偕許多優點之後，說：「馬偕自己承認，或是最愛他的人評判他的，不是完全的人。他有自己的強項、做不到的和弱點：退讓一步或把首席位置與他人共有，對馬偕而言是一件不容易的事。」其他還有一、二項弱點，但卻因無關重要，茲不贅言。因爲他有那些弱點，所以在北部的其他四位宣教師，當時只能做馬偕所命令的工作，而不能發揮自己的才幹。若不是與馬偕同工的那四位宣教師向加拿大教會或者向他們的親友言及馬偕在臺灣的作風，麥唐納博士怎能知道在臺灣的馬偕有這些弱點呢？

但誰沒有弱點呢？馬偕當然也不例外。當他逝世時，北部教會禮拜堂已經有七、八十間，本地傳教者也有七、八十位，一半的教會已有一、二十餘年的歷史，很遺憾的是北部教會在馬偕時代三十年之久都沒有自己的中會，他自己只封立了二位本地牧師，而一切在臺宣教包括設立教會、臺灣教會與加拿大教會的關係，都是他一手包辦。三十年之久，北部教會不僅不能自養、自治、自傳，甚至連一本帳簿或一本教會的紀錄簿都沒有，這與馬偕的弱點莫不有關。

聽說，臺灣有二、三本馬偕日記的摘錄，是他的兒子偕叡廉牧師從其令尊的日記中選擇出來，以羅馬字的臺語翻譯的，如果能把北部教會事情全譯或全部的英文日記更好，以供北部教會歷史專家研究，我們就不要再盲目地摸索一百多年前北部教會的事情了。

誰沒有弱點呢？所以筆者共鳴麥唐納博士的結論：「馬偕是良善的人、偉大的人物，在世界歷史中，前世紀所出現的、最良善的人物之一，而且雖然到最後的世紀，他也是偉大的人物之一。」[11]

註釋

1 齋藤勇編，マッカイ博士の業蹟，九八頁（偕叡廉作）。
2 郭水龍隨筆，北部教會史實，第八章，一九六九年手寫。
3 Ibid.
4 牧尾哲編，臺灣基督教傳道史九四頁。
5 齋藤勇編，op. cit. P. 164.新聞記事雜錄。
6 牧尾哲編op. cit. PP. 92-93.
7 Ibid. op. cit. PP. 97-98.
8 齋藤勇編，op. cit. P. 121.柯維思作。
9 Ibid. op. cit. P. 112.郭希信作。
10 Ibid. op. cit. P. 103.by Dr. J. A. MacDonald.
11 Ibid.

附錄

George Leslie MacKay

All for Christ

在本書，所使用的文獻不多，而且多是很不完整的。茲列舉於後，並簡單解說，以資參考。

《馬偕日記摘譯》

這份日記摘譯是偕叡廉牧師把馬偕的日記摘出一部分，以羅馬字臺語音翻譯的。筆者向友人借閱，是否爲偕叡廉牧師親手譯寫的正本？或他人的抄本？不得而知。這份日記摘要有助於我們知道馬偕在臺灣漫長的二十九年餘之久的時間，如何辛苦在宣教的一小部分的事情而已。

正如偕叡廉牧師在這本日記摘要的最後記載著：「我將馬偕——我的父親的日記，簡單翻譯少許而已。讀他的日記（筆者註：應改爲「這日記的摘要」），便知道他每日爲主勞苦工作，到各地去辛苦傳揚主的福音，一直到他的咽喉患病，不能再發聲爲止。」因此，該譯本對於要研究馬偕傳或北部教會初代歷史非常的不完整。原因如下：

簡單：僅譯宣教方面的事情之一小部分而已。其中沒有他的家世、幼年、童年、求學等記述，因爲該日記摘要是從公元一八七一年十一月一日，馬偕從美國舊金山上船至公元一九〇一年二月十一日魏金遜醫師與林格醫生去診治馬偕的咽喉爲止。因爲馬偕本身的日記寫到這一天爲止，所以我們從這日記摘要也不能知道馬偕在病榻中的情形，特別自二月十日起至六月二日受主選召息勞爲止，這中間的心境與信仰鬥爭。

摘要其日記的一小部分而已，也就是說，漏了大部分的事蹟。

有些譯語或用語不適當，例如前述「讀他的日記」之類。我們根本都沒有馬偕的日記可閱讀，我們所有的只是簡單而又少許摘要的日記而已。

抄寫而來的錯字，特別羅馬字音的抄錯使全文不明其意。筆者向來是很重視史實的人，因此發現許多日期的寫錯或抄錯。

公元一八八三年的日記原文全部失掉了，因此連那年的日記簡單的摘要都沒有。

From Far Formosa / the Island, its People and Missions, 1896

在本書中，筆者都把它簡單譯爲《臺灣遙寄》。該書是馬偕於第二次例假將完畢時，即公元一八九五年十月十六日從加拿大的溫哥華乘船要返回臺灣的一、二個月之前（約在公元一八九五年九月至十月），把自己的一大批文獻資料，即草稿、觀察筆記、日記及報告的摘要、科學研究、描寫文的斷片、人物的略寫等，交給他的好友麥唐納博士，即加拿大有名的報紙主筆，託其整理、組織並編輯，並與馬偕共同閱讀與研究每一段的文獻資料，分類和編排也經過馬偕的許可。編輯工作進行時，記事中顯出不連續的間隙時，再搜求其他材料，全部的原稿快寫成後，再由馬偕自己校訂，所以該書的史實是可以相信的。該書有助於我們了解馬偕的家世、幼年、童年、求學等時代的少許事情，志願爲外國宣教師的心境，在臺灣對其史地、人文、動植物、地質等的研究，及他約二十一年半之久在臺灣北部的宣教情形等等。可是要寫馬偕傳或北部初代教會歷史，而參考這本書時，它還是很不完全的資料。理由如後：

首先，馬偕作北部教會宣教師是二十九年餘之久。該書的內容是二十一年餘之久的事情而已，缺乏約八年的史實。

馬偕所提供的文獻資料雖然是一大批，但其中的日記及報告是摘要的，描寫文是片斷的，人物是略寫的，因此無法詳細知道馬偕宣教設立教會的情形、日期和教會數目及施洗人數。茲舉一例於後，以視其一斑。

馬偕何時在噶瑪蘭平原開始宣教？從《臺灣遙寄》是無法知道的。公元一九五五年，北部大會歷史部刊行的「北部臺灣基督長老教會年譜」第六頁記載：「馬偕於公元一八七八年十月（中旬）和甘為霖牧師一同訪問宜蘭，在這以前，相信馬偕也曾經訪問該地區」。從這段文章看，編者不敢肯定馬偕於公元一八七八年十月中旬往噶瑪蘭平原「宣教」，僅說「訪問」，並推測以前也曾經「訪問」該地方。編者是參考甘為霖牧師所寫的書，到了該年譜的第八頁才首次提及「馬偕於公元一八八三年率領門徒往宜蘭方面傳道，並在該地方的平埔設禮拜堂十一所。」第六頁裡說「訪問」，並推測以前也曾經「訪問」，第八頁裡說「傳道」並「設禮拜堂十一所。」

公元一九五九年，臺灣基督長老教會總會歷史委員會刊行的「歷史年譜」第一部裡，關於前段所說的「訪問」、「推測以前曾經訪問該地方」、「傳道」並「設禮拜堂十一所」等事仍舊沒有更改。公元一八八二年至一九五三年的《宜蘭傳教七十年簡史》也是記載馬偕由公元一八八三年開始往噶瑪蘭平原宣教設立教會。

《臺灣遙寄》原文第二百一十五頁，關於馬偕在噶瑪蘭平原的宣教說：「在北部及西部的漢人中獲得了宣教機會與建立若干教會之後，我們便開始注意東海岸上的蛤仔難平原中比較開化的原住民。」從這段原文看，馬偕往噶瑪蘭平原宣教的期間一定是較遲些。由於前面所舉這二、三種文獻資料的影響，筆者一向也相信馬偕在噶瑪蘭平原的宣教是從公元一八八三年才開始的。但從這次的研究及獲得些以前所沒有的文獻資料，才知道馬偕於公元一八七三年十月二十日已往噶瑪蘭平原做第一次的宣教了，絕對不是所謂「訪問」的事情。

甚至自公元一八七三年至一八八三年已經往該平原去宣教過六、七次，可能八、九次。至公元一八八三年二月五日至十日，馬偕等人才在該平原設立五間禮拜堂，同年八月十六日至二十四日再設立九間禮拜堂，所以公元一八八三年之中共計設立十四間禮拜堂，才不只「年譜」所云十一間禮拜堂呢。

其次，總會歷史委員會刊行的「歷史年譜」第一部第四十九頁記載，「馬偕於公元一八八四年在宜蘭方面增設禮拜堂三所，並施洗平埔族信徒六百四十名。」可是據馬偕的「日記摘要」，那次的施洗信徒是六百三十名。筆者從馬偕的「施洗名冊」一一加以計算只是六百一十八名而已，其中自一歲至十歲的嬰兒和小孩子居多。

可見《臺灣遙寄》的原文對馬偕宣教設立教會的情形，日期、教會數目和施洗人數如何的簡略且不正確。

再來，編輯在進行中，對於事件的情節連接不起來時，再請馬偕以另外的材料來補充。

以何種材料來補充？如何修訂？馬偕本身才知道了。舉例來說，據公元一八九三年五月一日馬偕的日記說：「傳道師與學生（筆者註：神學生、女學堂的婦女學生、義塾的兒童學生），晚上在神學校歡送我們（筆者註：馬偕與其家眷），因爲他們聽到我們要回加拿大去。七十位傳道師去參加，大小均各含淚盈目。」又據馬偕於公元一八九三年八月一日的日記（筆者註：馬偕第二次例假將離開臺灣的十七日之前）說：「晚上在理學堂大書院，傳教者用美金一百元要給我餞別，嚴清華代表拿這筆銀要給我。我還給他們，並說，用這一百元美金再設立四間禮拜堂，因爲現在有五十六間禮拜堂，再設立四間禮拜堂，就成爲六十間禮拜堂。」可是在《臺灣遙寄》原文第三百三十五頁的教會紀錄表卻有六十間教會。

(1)五十六間禮拜堂變成六十間禮拜堂是如何來的？何時設立的？

(2)馬偕第二次例假將離開臺灣之前巡迴眾教會，圓窟仔教會九十三人參加歡送，到艋舺教會時，才八十位參加歡送禮拜，到五股坑教會時，僅三十三位參加歡送禮拜，這樣興旺的圓窟仔教會不在六十間教會表中，而艋舺教會和五股坑教會卻在其中，爲何呢？

(3)之後巡迴到噶瑪蘭平原諸教會時，奇武荖教會一百一十四位參加歡送禮拜，到頂雙溪、埤頭、冬山、南方澳、頭城等諸教會，沒有會友參加歡送禮拜，卻都列入在六十間教會表之中，而這樣興旺的奇武荖教會卻不在其中。又，一八八八年，阿里史教會於馬偕等人往訪時，宰一隻牛和一隻羊開宴會，翌年再往訪時，又宰一隻牛贈送馬偕等人，把它運送到他們去宣教的各個地方，這樣活躍的阿里史教會也不在六十間教會的表中，爲何呢？

(4)其他如溪洲教會、枋寮教會、龜山島教會也不在此六十間教會紀錄表中，特別枋寮教會至馬偕逝世後還存著呢。

(5)《臺灣遙寄》原文第三百三十六頁，記錄六十位傳教者配合六十間教會。那麼，到淡水砲臺埔丘上去參加送別會的七十位傳教者怎麼剩下六十位呢？其實當時不止七十位傳教者，因爲一時由北部、西部、宜蘭地方的傳教者，在交通不方便時，是不能全部去參加送別會的。筆者知道傳教者會逝世，退休和因事故而辭職，可是不相信會差那麼多。

(6)據馬偕的日記，陳道傳道師，原名陳蛹，曾是淡水砲臺埔丘原上的牧童。馬偕從他那裡學會一般人所說的臺語，公元一八九二年二月十四日，他還在南崁教會服務，怎麼也不在六十位傳道師紀錄表之中呢？其他如高才、陳添貴（公元一八八二年至一八八三年入神學校），曾新思（公元一八八八年至一八八九年入神學校），高福與李慕夫（公元一八九〇年至一八九一年入神學校），劉澄清（公元一八八二年至一八八三年或許稍遲些入神學校），這六位，依傳道局發行《北部臺灣基督長老教會的歷史》第五十八頁說，他們終身爲傳道者服務教會，卻也都不在這六十位傳道師的紀錄表中，如果於公元一八九五年正在編輯《臺灣遙寄》原文時他們都逝世了，那麼，死得太快且太多，令人費解。

最後，記事發生的前後不明。茲舉二例，以視其一斑。

第一，馬偕將做第二次例假時，艋舺市民以迎神賽會的形式使他坐在神明所坐的花轎中，擡他遊行艋舺城市一番之後，再以二個音樂隊陪他搭乘汽船到淡水，在他宿舍前再熱鬧一番。這椿事件記在《臺灣遙寄》原文第一七〇頁至一七一頁裡說，這是發生在公元一八九三年馬偕全家要離開臺灣返回加拿大之前夕；可是又在第三百二十一頁裡記載著「淡水所有的外國人聚集在理學堂大書院，開會送別馬偕，並贈送馬偕一塊絹布，上面以正楷字寫上送別謝辭和一架性能大而美麗的望遠鏡等」的事件，這也是發生在公元一八九三年馬偕全家要離開臺灣回去加拿大之前夕。同時發生二件事，一是在艋舺，一是在淡水砲臺埔丘上的理學堂大書院，這是不可能的。這兩個事件是事實，但馬偕記錯日期。

第二，關於馬偕學習臺語做第一次講道事件：在《臺灣遙寄》原文第一三七頁裡說：「於五個月之內，我的語言（即臺語）精通得能做第一次講道。」這件事情發生在馬偕抵達淡水住在所租的房子，與僕人福仔和牧童學習語言以及靠英漢字典自修漢字等事件之後，以致所有的北部教會歷史的編著者都認爲，馬偕來到淡水幾乎經過四、五個月學習臺語後，才以臺語做第一次的講道。其實不是這樣。

馬偕於公元一八七二年四月十三日遷居在所租的房子翌日，就能以臺語做第一次的講道，且繼續每夜以臺語佈道，也以臺語與讀書人或舉人辯論諸宗教的問題。這個事件應該是發生在未抵達淡水之前，馬偕於打狗李庥牧師家裡，學習約一千字的漢字讀音及其意義，並學會漢字典的部首二百一十四個字，且學會臺語的八聲和若干普通人所講的臺語之後。記事顛倒，使頭腦簡單的人陷入歷史不確實的錯誤中。

《臺灣六記》

該書是一位朋友贈送筆者的，是From Far Formosa原文的譯本。其書名的翻譯根本不對。譯者說，如果譯爲「由遙遠的臺灣」或「寄自遙遠的臺灣」，在出版物上顯得有點「彆扭」。但筆者以爲譯爲「臺灣六記」不如譯爲「臺灣遙寄」來得恰當。

因爲在臺灣的我們一看到《臺灣遙寄》，更會發生興趣，要看洋人到底從遙遠的臺灣寄什麼事件或什麼東西給太平洋彼岸的洋人們呢？而且也名符其實。「臺灣六記」是很普通的書名，不但比較不能吸引人的注意，而且與著者的原意有天淵之隔。譯文不錯，可是因爲對教會的事情不清楚，所以許多譯語與原文不對。

例如《臺灣六記》第三十四章的題目譯爲「外國人與佈道團」之中的「佈道團」（Mission），共譯語已經是不當。北部教會一向就設有佈道團，如平信徒郭先琴先生、劉天來長老和楊漳傳道師所組織的團體，往各地去做大眾傳教。但《臺灣遙寄》原文的Mission是指外國宣教師來臺「宣教」或說「宣道」的團體，在臺灣教會裡都稱爲「宣教師會」或「宣道會」以與「佈道團」作區別。

並且那章的內容概要中有一句Native Preachers，在《臺灣六記》譯爲「本地牧師」，但應譯爲「本地傳道師」才對，因爲臺灣基督長老教會傳教人員，從一百多年前就分爲「宣教師Missionary」、「牧師Pastor」、「傳道師Preacher」，臺灣光復後再增加「傳道師候補」一職，稱爲「宣道師」。以上這四種傳教人員總稱爲「傳教者」。因不知臺灣教會組織而譯錯的地方不勝枚舉。可是我們不能怪譯者，因爲他不知道教會的組織制度。

《臺灣遙寄》

該書是筆者的大女婿所贈送的。該書也是From Far Formosa原文的譯本。書名譯爲《臺灣遙寄》，名符其實。筆者覺得大概是譯文與原文有許多不符的地方，以致該譯本出版後十個月，就有「臺灣六記」譯本的出現吧。

《臺灣基督教傳道史》

筆者從該書獲得有關馬偕與乃木將軍的會面、病榻中的情形和寄給臺灣日本基督教會的一封書信、逝世前一日的事情等很寶貴的資料（在該書第九一頁至九八頁）。

《マッカイ博士の業蹟》

筆者在該書從偕叡廉牧師、明有德牧師與馬偕的門徒們的資料中，獲得不少有關馬偕爲人的暗示。該書並記有馬偕的別世、告別式和埋葬式，是很寶貴的資料。

其他資料

有北部臺灣基督長老教會傳道局編的《北部臺灣基督長老教會的歷史》、總會委員會編的《臺灣基督長老教會百年史》，郭水龍牧師手寫隨筆「北部教會史實」，公元一九六六年，臺灣基督長老教會總會編印的《總會年鑑》，公元一九五五年北部大會歷史部刊行的《北部臺灣基督長老教會年譜》和The Island of Formosa Past and Present by James W. Davidson，馬偕所遺留下來的古文獻資料的斷片，如土地契約書，施洗名冊等等。

有關馬偕的事蹟，上記《臺灣基督長老教會百年史》、《總會年鑑》和《北部臺灣基督長老教會年譜》，應該要一番大修改和補充。

最遺憾的是馬偕時代沒有小會和正式的中會記錄或簿冊，而且也沒有他全套的原文日記，因此，爲要盡量還原馬偕的宣教工作紀錄、初代教會的實況與他的爲人，使身體還未十分康復的筆者費了很大的心血，去摸索，思考和研究。

最後必須注意的，是「讀譯本的人都是出於不得已的」。因爲沒有原書，或有原書而不懂原文時，最好的辦法還是要靠譯本。可是讀譯本的人必須要觀察和思考前後的事件，或再參考其他的文獻資料，才能較了解其確實的事情與其滋味。

比方說，臺灣省文獻委員會出版的《臺灣遙寄》譯本在第二十四頁至二十五頁，已經告訴我們，四月六日馬偕由大社返抵淡水，四天之後租了一間擬作爲馬廄的房屋，馬偕怎麼於四月十日能遷居新屋呢？自四月十日起，是否要大清潔、粉刷和隔間？因爲所租的房屋不是人家房屋而是擬爲馬廄骯髒的地方。

所以把馬偕四月十日的日記中，Here I am in this house譯爲「如今我已經住進此屋」，《臺灣六記》譯爲「我住在這座屋裡」，看了一定會發生疑問才對。可是有些寫北部教會歷史的人不考慮，也沿用這譯文；還有寫北部教會事情的人說：「四月十日馬偕在淡水租賃房屋開始傳道（開設淡水教會）工作。」稍有考慮的人，從譯文的前文看，是不能同意這事的。馬偕在原文使用be動詞說：Here I am this house，絕對不是要表示「如今我已經住進此屋」或「我住在這座屋裡」。原來be動詞有存在、居住及其他許多意思，可是，馬偕在這裡不是要用be來表示「住進」或「住在」，只是表示「存在」而已。四天之久，馬偕爲要租房子宣教，受到淡水居民的反對和阻礙，終於租到原來擬爲馬廄的房子。他站立在那個房子裡面，雖然是很骯髒的地方，但是到能居住的程度，還有許多事情要做，因爲心裡很感動，才在四月十日的日記裡寫說，「如今我在此屋。」四月十三日，他因粉刷乾了，房間的入口以紅布爲門簾，才遷居於這房子裡，十四日開始傳道工作，做第一次的講道。

又如：From Far Formosa第三百二十一頁裡的一句A Magnifient telescope之譯語有三種類。馬偕的公子偕叡廉牧師譯爲「一支千里鏡（筆者註：望遠鏡的臺語）」，《臺灣六記》譯爲「一架大望遠鏡」，《臺灣遙寄》譯本爲「望遠鏡」，如果能譯爲「一隻性能強而美麗的望遠鏡」就更近於原意，並能符合綢布上所寫的謝辭最後段的一句話：「如果我們所奉獻的東西，使你更能明察『上帝每夜所表示的榮光』，使你感覺快慰，我們則幸甚矣。」可見這支美麗的望遠鏡，其性能大，能觀察星辰的。

又在《臺灣遙寄》譯本第五十七頁有一行譯文說：我們爲什麼不如偉大的自然科學家阿爾弗烈、拉薩爾、倭雷士立所說的……。如果以思考的精神讀這個譯文，隨即知道是不對的，怎麼三位科學家能講一句同樣而且很長的話呢？Alfred Russel Wallace（1823-1913）是一位英國有名的博物學者。不能分爲三人。

又《臺灣遙寄》原文第二百二十六頁的一句A conforence of Preachers and office beares在《臺灣六記》把它譯爲「一個牧師與官吏的會議上，應譯爲「一個傳道師與任職者（教會的任職者）的靈修會上」才對。一百多年前，官吏與民眾都反對基督教，怎麼會與外國宣教師、牧師那樣融和地開會呢？因此，讀者必須要讀譯文時，應該要注意前後文章與時代的背景，以思考的精神讀譯文才能了解其眞實的意思。

心靈勵志系列

信心，是一把梯子（平裝）／施以諾／定價 210 元

WIN TEN 穩得勝的 10 種態度／黃友玲著、林東生攝影／定價 230 元

「信心，是一把梯子」有聲書：輯 1 ／施以諾著、裴健智朗讀／定價 199 元

內在三圍（軟精裝）／施以諾／定價 220 元

屬靈雞湯：68 篇豐富靈性的精彩好文／王樵一／定價 220 元

信仰，是最好的金湯匙／施以諾／定價 220 元

詩歌，是一種抗憂鬱劑／施以諾／定價 210 元

一切從信心開始／黎詩彥／定價 240 元

打開天堂學校的密碼／張輝道／定價 230 元

品格，是一把鑰匙／施以諾／定價 250 元

喜樂，是一帖良藥／施以諾／定價 250 元

TOUCH 系列

靈感無限／黃友玲／定價 160 元

寫作驚豔／施以諾／定價 160 元

望梅小史／陳詠／定價 220 元

映像蘭嶼：謝震隆攝影作品集／謝震隆／定價 360 元

打開奇蹟的一扇窗（中英對照繪本）／楊偉珊／定價 350 元

在團契裡／謝宇棻／定價 300 元

將夕陽載在杯中給我／陳詠／定價 220 元

螢火蟲的反抗／余杰／定價 390 元

你為什麼不睡覺：「挪亞方舟」繪本／盧崇真（圖）、鄭欣挺（文）／定價 300 元

刀尖上的中國／余杰／定價 420 元

我也走你的路：台灣民主地圖第二卷／余杰／定價 420 元

起初，是黑夜／梁家瑜／定價 220 元

太陽長腳了嗎？給寶貝的第一本童詩繪本／黃友玲（文）、黃崑育（圖）／定價 320 元
拆下肋骨當火炬：台灣民主地圖第三卷／余杰／定價 450 元
時間小史／陳詠／定價 220 元
正義的追尋：台灣民主地圖第四卷／余杰／定價 420 元
宋朝最美的戀歌—晏小山和他的詞／余杰／定價 280 元
走著瞧：一個走在鄉間小路的中國人／寇延丁／定價 300 元

LOGOS 系列

耶穌門徒生平的省思／施達雄／定價 180 元
大信若盲／殷穎／定價 230 元
活出天國八福／施達雄／定價 160 元
邁向成熟／施達雄／定價 220 元
活出信仰／施達雄／定價 200 元
耶穌就是福音／盧雲／定價 280 元
基督教文明論／王志勇／定價 420 元
黑暗之後是光明／王志勇、余杰主編／定價 350 元

主流人物系列

以愛領導的實踐家（絕版）／王樵一／定價 200 元
李提摩太的雄心報紙膽／施以諾／定價 150 元
以愛領導的德蕾莎修女／王樵一／定價 250 元
以愛制暴的人權鬥士：馬丁路德金恩博士／王樵一／定價 250 元
廉能政治的實踐家：陳定南傳／黃增添／定價 320 元

生命記錄系列

新造的人：從流淚谷到喜樂泉／藍復春口述，何曉東整理／定價 200 元
鹿溪的部落格：如鹿切慕溪水／鹿溪／定價 190 元
人是被光照的微塵：基督與生命系列訪談錄／余杰、阿信／定價 300 元
幸福到老／鹿溪／定價 250 元
從今時直到永遠／余杰、阿信／定價 300 元

經典系列

天路歷程（平裝）／約翰．班揚／定價 180 元

生活叢書

陪孩子一起成長（絕版）／翁麗玉／定價 200 元

好好愛她：已婚男士的性親密指南／ Penner 博士夫婦／定價 260 元

教子有方／ Sam and Geri Laing ／定價 300 元

情人知己：合神心意的愛情與婚姻／ Sam and Geri Laing ／定價 260 元

學院叢書

愛、希望、生命／鄒國英策劃／定價 250 元

論太陽花的向陽性／莊信德、謝木水等／定價 300 元

淡水文化地景重構與博物館的誕生／殷寶寧／定價 320 元

中國研究叢書

統一就是奴役／劉曉波／定價 350 元

從六四到零八：劉曉波的人權路／劉曉波／定價 400 元

混世魔王毛澤東／劉曉波／定價 350 元

鐵窗後的自由／劉曉波／定價 350 元

卑賤的中國人／余杰／定價 400 元

納粹中國／余杰／定價 450 元

今生不做中國人／余杰／定價 480 元

公民社會系列

蒂瑪小姐咖啡館／蒂瑪小姐咖啡館小編著／定價 250 元

青年入陣：十二位政治工作者群像錄／楊盛安等著／定價 280 元

全面滲透——中國正在遙控臺灣／曾韋禎／定價 280 元

主流人物系列 06

馬偕傳：攏是為主基督

作　　者：郭和烈
社長暨總編輯：鄭超睿
審　　訂：林昌華、蔣茉春
圖片提供：眞理大學校史館
編　　輯：李瑞娟
封面設計：楊啟巽
排　　版：旭豐數位排版有限公司

出版發行：主流出版有限公司 Lordway Publishing Co. Ltd.
出 版 部：台北市南京東路五段 123 巷 4 弄 24 號 2 樓
電　　話：(0981) 302376
傳　　眞：(02) 2761-3113
電子信箱：lord.way@msa.hinet.net
郵撥帳號：50027271
網　　址：www.lordway.com.tw

經　　銷：
紅螞蟻圖書有限公司
台北市內湖區舊宗路二段 121 巷 19 號
電話：(02) 2795-3656　傳眞：(02) 2795-4100

華宣出版有限公司
新北市中和區連城路 236 號 3 樓
電話：(02) 8228-1318　傳眞：(02) 2221-9445

2019 年 9 月　初版 1 刷
書號：L1906

ISBN：978-986-96653-8-4（平裝）
Printed in Taiwan

國家圖書館出版品預行編目資料

馬偕傳：攏是爲主基督 / 郭和烈著 . -- 初版 . --
臺北市：主流，2019.09
面；　公分 . --（主流人物系列；6）

ISBN 978-986-96653-8-4（平裝）

1. 馬偕 (Mackay, George Leslie, 1884-1901)
2. 基督教傳記

249.953　　108014824